21 世纪高职高专能力本位型系列规划教材·经济贸易系列

商务谈判

主　编　吴湘频
副主编　田宗碧　颜惠雄
参　编　黄安琪　陈璧玲　李栋梅

内 容 简 介

本书按照"工学结合"人才培养模式的要求,以实际的商务谈判工作流程为基线,以模块和工作任务为载体进行编写,主要分为认识商务谈判、商务谈判准备、商务谈判实施、商务谈判结束和国际商务谈判5个模块。每个模块下设计了相应的若干个任务,主要有认识商务谈判、准备谈判资料与人员、制订商务谈判计划、商务谈判开局、商务谈判磋商、商务谈判沟通技巧、商务谈判的结束与签约、开拓国际商务谈判8个任务。

本书每一任务下均包括任务目标、案例导入、任务实施、知识回顾和职业能力训练,并穿插了案例和知识链接,以满足教学的需要。

本书既可作为高职高专院校国际贸易、市场营销、工商管理及相关专业的教材,也可作为广大财经、商贸人员及谈判学爱好者学习和实践的参考用书。

图书在版编目(CIP)数据

商务谈判/吴湘频主编. —北京:北京大学出版社,2014.1
(21世纪高职高专能力本位型系列规划教材·经济贸易系列)
ISBN 978-7-301-23296-5

Ⅰ. ①商… Ⅱ. ①吴… Ⅲ. ①商务谈判—高等职业教育—教材 Ⅳ. ①F715.4

中国版本图书馆 CIP 数据核字(2013)第 233194 号

书　　　名:	商务谈判
著作责任者:	吴湘频　主编
责 任 编 辑:	李　辉
标 准 书 号:	ISBN 978-7-301-23296-5/F · 3763
出 版 发 行:	北京大学出版社
地　　　址:	北京市海淀区成府路 205 号　100871
网　　　址:	http://www.pup.cn　新浪官方微博:@北京大学出版社
电 子 信 箱:	pup_6@163.com
电　　　话:	邮购部 62752015　发行部 62750672　编辑部 62750667　出版部 62754962
印 　刷 　者:	三河市北燕印装有限公司
经 　销 　者:	新华书店
	787 毫米×1092 毫米　16 开本　17.25 印张　399 千字
	2014 年 1 月第 1 版　2017 年 2 月第 3 次印刷
定　　　价:	35.00 元

未经许可,不得以任何方式复制或抄袭本书之部分或全部内容。

版权所有,侵权必究

举报电话: 010-62752024　电子信箱: fd@pup.pku.edu.cn

前　言

在现代社会中到处都需要谈判,大至国家或国际组织之间,就经济、政治、军事等方面的谈判;中至企业之间就某项业务与对方进行的谈判;小到现实生活中人们在工作、学习、生活等方面的讨价还价。谈判已经成为我们工作和生活不可缺少的一部分。随着我国市场经济的不断发展,商务谈判已在我国的社会生活中占据了重要的地位。

在现实中,一切谈判的共同利益目标是各方都想满足自己的需要,那么应该如何进行商务谈判,遵循什么谈判原则,运用什么谈判策略与技巧,采用什么谈判手段、方法才能使得谈判各方都能满足各自的需要呢?本书展示了从谈判准备,谈判实施到谈判结束的各个环节以便帮助大家解决这个问题。

(1) 本书按照"工学结合"人才培养模式的要求,以实际的商务谈判工作流程为基线,以模块和工作任务为载体进行编写。采用"工作流程导向,工作任务驱动"的思路对教学内容进行整合,将商务谈判主要分为认识商务谈判、商务谈判准备、商务谈判实施、商务谈判结束和国际商务谈判5个模块。每个模块下设计了相应的若干个任务。

(2) 本书为方便教师的教学和学生的学习,每一工作任务下均包括任务目标、案例导入、任务实施、知识回顾和职业能力训练,并穿插了案例和知识链接,以帮助学员理解、消化并掌握完成各个工作任务所需要的知识内容,提升谈判技能。

(3) 本书是商务谈判课程教学改革的成果。在商务谈判课程建设过程中结合工作实践经验,对实践性教学进行了探讨,并进行了一系列教学改革,教材改革是其中一项改革的成果,这也为商务谈判课程的进一步建设奠定了坚实基础。

推荐学时分配见下表。

推荐学时分配

模　块	任　务	学　时
模块1 认识商务谈判	任务1 初识商务谈判	6
模块2 商务谈判准备	任务2 准备谈判资料与人员	6
	任务3 制订商务谈判计划	6
模块3 商务谈判实施	任务4 商务谈判开局	6
	任务5 商务谈判磋商	12
	任务6 商务谈判沟通技巧	6
模块4 商务谈判结束	任务7 商务谈判的结束与签约	6
模块5 国际商务谈判	任务8 开拓国际商务谈判	6
合　计		54

本书由广州科技贸易职业学院吴湘频任主编，广州科技贸易职业学院田宗碧、广东潮汕职业技术学院颜惠雄任副主编，并由吴湘频起草大纲并统稿。全书由商务谈判课程建设团队拟定了写作思路，以工作流程为基线，设计了五大模块八大任务。全书的编写分工如下：广州科技贸易职业学院黄安琪编写任务1和任务8，中山大学岭南学院EMBA中心李栋梅编写任务2，广州科技贸易职业学院田宗碧编写任务3和任务4，广东潮汕职业技术学院陈璧玲编写任务5，广东潮汕职业技术学院颜惠雄编写任务6和任务7。在此特别感谢广州港浩日用金属制品有限公司副总经理房明在教材改革中所提供的宝贵建议。

本书编写过程中参阅、借鉴了国内外相关著作和网络资源，在此谨向相关作者表示诚挚的谢意。由于编者水平有限，书中难免存在不足之处，敬请广大读者和专家学者批评指正。

编　者

2013年7月

目 录

模块 1　认识商务谈判

任务 1　初识商务谈判 3
1.1　认识谈判 4
　　1.1.1　谈判的含义 4
　　1.1.2　谈判的动因 5
　　1.1.3　谈判中的决定性因素 6
　　1.1.4　谈判的种类 8
　　1.1.5　谈判的指导思想 8
1.2　认识商务谈判 14
　　1.2.1　什么是商务谈判 14
　　1.2.2　商务谈判的构成要素 17
　　1.2.3　商务谈判的类型 21
　　1.2.4　商务谈判的方式 24
　　1.2.5　评价商务谈判成功的标准 26
知识回顾 28
职业能力训练 28

模块 2　商务谈判准备

任务 2　准备谈判资料与人员 35
2.1　具备商务谈判者的素质 36
　　2.1.1　商务谈判者应具备的
　　　　　道德素质 36
　　2.1.2　商务谈判者应具备的
　　　　　业务素质 37
　　2.1.3　商务谈判者应具备的
　　　　　身体素质 42
　　2.1.4　商务谈判者应具备的
　　　　　心理素质 42
2.2　组建谈判团队 48
　　2.2.1　谈判队伍的规模 48
　　2.2.2　组建谈判团队 49
2.3　准备谈判信息资料 52
　　2.3.1　准备商务谈判信息资料的
　　　　　原则 53

　　2.3.2　准备商务谈判信息资料的
　　　　　内容 54
　　2.3.3　准备商务谈判信息资料的
　　　　　方法 57
　　2.3.4　信息资料的加工整理 58
知识回顾 59
职业能力训练 59

任务 3　制订商务谈判计划 63
3.1　制订商务谈判方案 64
　　3.1.1　谈判方案的宗旨 64
　　3.1.2　制订商务谈判方案的
　　　　　基本要求 64
　　3.1.3　确定商务谈判方案的目标 65
　　3.1.4　部署谈判策略 66
　　3.1.5　安排谈判议程 67
　　3.1.6　商务谈判的具体安排 70
3.2　进行模拟谈判 76
　　3.2.1　模拟谈判的目的 76
　　3.2.2　模拟谈判的内容 76
　　3.2.3　模拟谈判的方式 77
　　3.2.4　模拟谈判的总结 78
　　3.2.5　模拟商务谈判实训 78
知识回顾 84
职业能力训练 84

模块 3　商务谈判实施

任务 4　商务谈判开局 89
4.1　策划开局 90
　　4.1.1　策划的含义 90
　　4.1.2　开局阶段的主要任务 90
　　4.1.3　开局步骤 95
　　4.1.4　选择开局策略 96
4.2　营造开局气氛 101
　　4.2.1　谈判气氛的类型 101
　　4.2.2　影响开局阶段氛围的因素 101

4.2.3　营造谈判气氛的方法 103
　4.3　开局礼仪 108
　　　4.3.1　布置好谈判会场 108
　　　4.3.2　着装 108
　　　4.3.3　介绍 110
　　　4.3.4　握手 110
　　　4.3.5　递交名片 111
　　　4.3.6　交谈礼节 111
　知识回顾 112
　职业能力训练 112

任务5　商务谈判磋商 116
　5.1　报价与讨价还价 117
　　　5.1.1　报价 117
　　　5.1.2　讨价 128
　　　5.1.3　还价 129
　　　5.1.4　讨价还价阶段的策略 134
　5.2　处理僵局 139
　　　5.2.1　谈判僵局 139
　　　5.2.2　谈判陷入僵局的原因 141
　　　5.2.3　僵局的处理原则 144
　　　5.2.4　打破谈判僵局的策略与技巧 ... 145
　　　5.2.5　商务谈判僵局的利用和制造 ... 151
　　　5.2.6　处理谈判僵局应注意的问题 ... 153
　5.3　掌握让步的技巧 154
　　　5.3.1　让步的基本原则 154
　　　5.3.2　让步的技巧 156
　　　5.3.3　让步的实施步骤 159
　　　5.3.4　让步的方式 160
　　　5.3.5　让步策略 162
　知识回顾 173
　职业能力训练 173

任务6　商务谈判沟通技巧 177
　6.1　有声语言沟通 178
　　　6.1.1　倾听 179
　　　6.1.2　提问 181
　　　6.1.3　答复 184
　　　6.1.4　陈述 187
　　　6.1.5　辩论 189
　　　6.1.6　说服 191

　6.2　无声语言沟通 195
　　　6.2.1　特殊的语音现象 196
　　　6.2.2　眼睛动作的语言 198
　　　6.2.3　眉毛动作的语言 198
　　　6.2.4　嘴巴动作的语言 199
　　　6.2.5　上肢动作的语言 199
　　　6.2.6　下肢动作的语言 200
　　　6.2.7　腰部动作的语言 201
　　　6.2.8　腹部动作的语言 201
　　　6.2.9　其他姿势的语言 202
　知识回顾 203
　职业能力训练 203

模块4　商务谈判结束

任务7　商务谈判的结束与签约 209
　7.1　商务谈判结束 210
　　　7.1.1　商务谈判结束的判断 210
　　　7.1.2　商务谈判结束的方式 213
　　　7.1.3　商务谈判的结果 214
　　　7.1.4　商务谈判结束前应注意的
　　　　　　问题 215
　　　7.1.5　促成谈判成交的策略 217
　7.2　商务谈判签约 220
　　　7.2.1　商务合同 221
　　　7.2.2　商务谈判签约应注意的事项 ... 224
　　　7.2.3　合同成立的形式 226
　7.3　签约礼仪 227
　　　7.3.1　签字人的选择 228
　　　7.3.2　选择恰当的签字仪式 228
　　　7.3.3　签约前的准备 229
　　　7.3.4　签约仪式的程序 230
　　　7.3.5　签约时应注意的问题 231
　　　7.3.6　签约后关系的维护 231
　知识回顾 231
　职业能力训练 232

模块5　国际商务谈判

任务8　开拓国际商务谈判 237
　8.1　国际商务谈判 238

8.1.1 国际商务谈判的概念 238
8.1.2 国际商务谈判的基本程序与
内容 242
8.1.3 国际商务谈判成功的管理模式
——PRAM 246
8.2 了解各国的文化差异与谈判风格 249

8.2.1 文化差异对国际商务谈判的
影响 249
8.2.2 不同国家地区的谈判风格 254
知识回顾 261
职业能力训练 261

参考文献 264

模块 1　认识商务谈判

任务 1

初识商务谈判

CHUSHI SHANGWU TANPAN

【任务目标】

知识目标
- 了解谈判的定义和特征以及谈判的指导思想
- 熟悉商务谈判的定义与要素,熟悉商务谈判的类型与方式
- 掌握评价商务谈判成功的标准

技能目标
- 具有识别日常生活中的谈判活动的能力
- 具有灵活运用商务谈判的知识分析商务谈判活动的能力

实训目标
- 通过对谈判及商务谈判特征与原则的学习,学生能运用商务谈判的基础知识,能够分析日常生活及企业实际的谈判情况,具备分析谈判成功与否的技能

【案例导入】

小王是应届大学毕业生,想应聘到一家公司担任某助理职务,希望每月底薪 2 000 元,而老板最多只能给他 1 500 元。老板这样跟小王说:"给你的薪水,那是非常合理的。不管怎么说,在这个等级里,我只能付给你 1 000 元到 1 500 元,你想要多少?"很明显,小王会说 1 500 元,而老板又好像不同意地说:"1 300 元如何?"如果你是小王,你会如何回答?

【任务实施】

1.1 认识谈判

案例导入中的小王继续坚持 1 500 元,其结果是老板投降。表面上,小王好像占了上风,沾沾自喜,实际上,老板运用了选择式提问技巧,使小王放弃了争取 2 000 元月薪的机会。世界是一张谈判桌,人人都是谈判者。每天你都要多次与人谈判,只是你自己没有意识到,那么,什么是谈判呢?

1.1.1 谈判的含义

谈判(Negotiation)是我们工作和生活的一个组成部分。在现代社会中,可以说到处都充满了谈判。谈判的外延是十分广泛的,大至国家或国际组织之间,就经济、政治、军事等方面的谈判,如联合国大会就某个问题进行的磋商;中至企业之间就某项业务与对方进行的谈判;小到现实生活中人们在工作、学习、生活等方面的讨价还价。谈判已经成为我们工作和生活不可缺少的一部分。无论是人与人之间,组织与组织之间,还是国家与国家之间,其互相交往、改善关系、协商问题的最佳沟通方式就是进行谈判。

谈判不仅是政治家、外交家、贸易谈判家和法律专家的事,也是我们每一个人都必须面对的事。在现实生活中,人们每天都面临着谈判,每天都在与人谈判。因此,为了事业的成功,为了谋求一个美好的生活氛围,我们每一个人都有必要学习和掌握谈判的原理及技巧。谈判是一门学问,它像其他学科一样有着它自身的规律、特点和法则。

【知识链接】

什么是谈判,恐怕至今还没有一个大家一致认同的定义。出现在各类文献中关于谈判的定义,比较有代表性的观点有如下几种。

美国谈判学会会长杰勒德·I.尼伦伯格在其《谈判的艺术》一书中认为,"谈判的定义最为简单,而涉及的范围却最为广泛,每一个要求满足的愿望和每一项寻求满足的需要,至少都是诱发人们展开谈判过程的潜在因素,只要人们为了改变相互关系而交换观点,只要人们为了取得一致而磋商协议,他们就是在进行谈判。"

美国著名谈判咨询顾问 C·威恩·巴洛和格伦·P·艾森在合著的《谈判技巧》一书中认为,"谈判是一种在双方都致力于说服对方接受其要求时所运用的一种交换意见的技能,其最终目的就是要达成一项对双方都有利的协议。"

英国学者马什在其《合同谈判手册》中认为，"所谓谈判是指有关各方为了自身的目的，在一项涉及各方利益的事务中进行磋商，并通过调整各自提出的条件，最终达成一项各方都较为满意的协议的一个不断协调的过程。"

中国台湾学者刘必荣博士认为，谈判不是打仗，而是解决冲突、维持关系或建立合作构架的一种方式。谈判是一种技巧，也是一种思考方式。他还认为，谈判是赤裸裸的权力游戏，强者有强者的谈法，弱者有弱者的方式。

中国内地学者也提出了很多具有代表性的观点。例如，"所谓谈判，乃指个人、组织或国家之间，就一项涉及双方利益关系的标的物，利用协商手段，反复调整各自目标，在满足己方的前提下取得一致的过程"，"谈判是指人们为了各自的利益而进行相互协商并设法达成一致意见的行为"。

从实质上看，谈判的共同特性应包括：第一，谈判具有目的性，总是以某种利益需求的满足为预期目标，均表现为谈判双方各自的需求、愿望或利益目标；第二，谈判具有相互性，是处于平等的双边或多边通过对话谋求合作、协调彼此之间的关系的交往活动；第三，谈判具有协商性，谈判是各方通过沟通信息、交换观点、相互磋商，达成共识的过程。

概括起来，可以把谈判理解为这样一个过程：谈判双方根据双方不同的需求，运用所获得的信息，就共同关心的或感兴趣的问题进行磋商，协调各自的利益，谋求妥协、谈判，从而使双方感到是在有利的条件下达成协议，促成交易，是一个交流和沟通的过程。由于谈判双方的立场不同，所追求的具体目标也不同，因此谈判过程充满了复杂的利害冲突和斗争，正是这种冲突才使谈判成为必要，而如何解决这些冲突和矛盾，正是谈判人员所承担的义务；一项谈判是否成功，就在于参加谈判双方能否通过各种不同的讨价还价的方式或手段，往返折中，最后取得妥协，得出一个双方都能接受的方案。

综上所述，我们可以对谈判进行定义：谈判是双方（或多方）基于一定的目的，进行接洽、协商、交流、沟通以期达成一定结果的过程。

1.1.2 谈判的动因

人类为什么要进行谈判？从本质上说，参与谈判的各方的利益需求是谈判的基本动因。

人们的需求是多方面的，从主体看有个人、组织、国家的不同需求；从层次上看有生理、安全与保障、爱与归属、获得尊重、自我实现的需求；从内容上看，有物质和精神需求。有的需求可以通过自身努力来满足，但大多数的需求必须与他人进行交换才能满足，谈判的直接动力就是利益能得到满足。

谈判的过程是一个"给"与"取"并存的过程，即谈判双方为了获取自己的利益必须付出一定的成本，包括时间、人力、物力及机会成本，其中机会成本是指选择 A 方案放弃 B 方案所要付出的代价，或者选择甲而不选择乙为合作方所不得不付出的代价等。

在双方利益需求的交换中，各方都是为了追求自身利益。一方利益的最大化，必然不能保证对方利益的最大化，对方如果退出，利益交换便不能实现，可见在交换中，双方都不能无视对方的需要。因此，谈判双方就不能仅仅以只追求本方的需要为出发点，而应该通过交换观点达成一致，共同寻找使双方都能接受的方案。

这就是进行磋商，而磋商的过程实际上就是信息交流的过程，谁能掌握信息，谁能更全面、准确、清楚地了解对方的利益需要，谁就有可能在磋商中取胜。可见，各方追求并维护自身利益需要，不仅使谈判成为必要，而且是有关各方进行谈判的基本动因。

【案例 1-1】

有一个商人叫图德拉（Tudela），在 20 世纪 60 年代中期，他只是一家玻璃制造公司的老板。他喜欢石油行业，自学成才成为石油工程师，他希望能做石油生意。偶然的一天，他从朋友那里得知阿根廷即将在市场上购买××万美元的丁烷气体，他立刻决定去那里看看是否能弄到这份合同。当他这个玻璃制造商到达阿根廷时，在石油方面既无老关系，也无经验可言，只能仅着一股勇气硬闯。当时他的竞争对手是非常强大的英国石油公司和壳牌石油公司。在做了一番摸底以后，他发现了一件事——阿根廷牛肉供应过剩，正想不顾一切地卖掉牛肉。单凭知道这一事实，他就已获得了竞争的第一个优势。于是，他告诉阿根廷政府："如果你们向我买××万美元的丁烷气体，我一定向你们购买××万美元的牛肉。"阿根廷政府欣然同意，他以买牛肉为条件，争取到了阿根廷政府的合同。图德拉随即飞往西班牙，发现那里有一家主要的造船厂因缺少订货而濒于关闭。它是西班牙政府所面临的一个政治上棘手而又特别敏感的问题。他告诉西班牙人："如果你们向我买××万美元的牛肉，我就在你们造船厂订购一艘造价××万美元的超级油轮。"西班牙人不胜欣喜，通过他们的大使传话给阿根廷，要将图德拉的××万美元的牛肉直接运往西班牙。图德拉的最后一站是美国费城的太阳石油公司。他对他们说："如果你们租用我正在西班牙建造的价值××万美元的超级油轮，我将向你们购买××万美元的丁烷气体。"太阳石油公司同意了。就这样，一个玻璃制造商成功地做成了××万美元的石油交易，他的竞争对手只能自叹不如。

【分析提示】在当今充满竞争的条件下，谁能掌握对方的需求信息，谁能更全面、准确、清楚地了解对方的利益需要，谁就有可能在竞争中取胜。这个商人正是凭借掌握对方需求信息，清楚地了解对方的利益需要，击败了比他强大百倍的竞争对手，获得了成功，在谈判中取胜。

（资料来源：汤秀莲．国际商务谈判[M]．天津：南开大学出版社．2009:17.）

1.1.3 谈判中的决定性因素

每一场谈判中，都会有 3 个不可或缺的决定性因素。

1. 信息

信息（Information）是指背景资料、情报，它直接影响了谈判者的决策。谈判需要掌握准确的信息，有时我们会发现对方了解你和你的需求似乎比你了解他们的情况和需求更加全面、准确。

2. 时间

时间（Time）是指谈判的时间限定性、确定性和每一方的"死线"。谈判有一定的时间范围，有时看来对方似乎很轻松，没有太多的压力，没有时间的限制，他们似乎对最后期限无动于衷，但这些对你来说的确构成了巨大的压力。

3. 力量

力量（Power）是指参加谈判的人员对于洽谈局势的控制力、洽谈过程中拥有的竞争力、具体问题的决策力。

【知识链接】

荷伯·科恩（Hebo. Cohen）将谈判的力量划分为——竞争的力量，法定的力量，冒险的力量，认同的力量，专业的力量，满足对方的力量，投入的力量，害怕你和有求于你的力量，被肯定的力量，伦理道德的力量，惯例的力量，坚持不懈的力量，说服的力量，情绪的力量。

力量是使一个人充满自信的源泉，它能够帮助你出色地完成每一件事——帮助你去影响甚至左右别人、解决问题、驾驭局势。但总而言之，所有的力量都有赖于你心中的感受，基于你心中的认同。如果你认为自己拥有力量，那么你就拥有。反之，如果认为自己不具备这种力量，那么即使你已经拥有了，也不会在实际运用中发挥出来。简而言之，力量可以使你的能量倍增，可以让你多角度地看待生活，可以使你顺利地去完成每一件事。

【案例 1-2】

有一个被单独监禁的犯人，为了避免他的自残行为，监狱暂时没收了他的鞋带和腰带。充满自卑的犯人在牢房里无助地走来走去，由于没有腰带，再加上体重减轻了很多，他只有用左手拉着裤腰。突然间，他闻到了一股再熟悉不过的香烟味。

犯人通过门上的小孔，看到守卫正在走廊里惬意地抽着香烟。这一幕强烈地刺激着他的每一根神经。为了要根香烟，他急迫地敲着房门。守卫慢慢地踱步过来问："你要干什么？"

犯人回答："求求你，我想要支香烟，就是你抽的这种。"

守卫错误地认为不满足这个犯人不会导致任何不利的后果，因为他已经身陷牢狱，于是守卫并没有理会犯人的要求，立刻转身离去。

但是犯人并不这么想。他知道他的选择，他愿意冒险去达到目的。于是他用右手重重地敲打着房门，当然这有些冒险。

守卫一边吞云吐雾，一边转头问道："你又想要什么？"

犯人回答道："谢谢你，请你在 30 秒内给我一支烟。如果超过这时间，我立刻就以头撞墙。监狱警官把我从血泊中救醒后，我肯定会说是你干的。也许他们不会相信我，但是你也得想想你的遭遇，你会被一次又一次地问话，需要写一篇又一篇的报告来澄清你与此事无关。或许你不在意这些，但是如果你给我一支万宝路香烟，这些无谓的烦恼都会在我点燃香烟之后烟消云散，并且，我答应你绝不再添任何麻烦。"

守卫会从房门的小孔塞支烟给他吗？当然会了！会替他点火吗？会！为什么？因为守卫很快地做了分析，其间的得失替他做了决定。

力量就是要让别人觉得你完全有能力去影响他，不论是帮助他还是伤害他。

谈判是三大因素的完美结合，即掌握分析信息、把握驾驭时间、积极调动力量来影响别人的行为。其目的是协调各方面的需求，或是让事情按照你所期待的方向发展。

1.1.4 谈判的种类

在谈判实践过程中,根据不同的划分标准,把谈判分为不同的种类,见表 1-1。

表 1-1 谈判的种类

标准	种类	特点
谈判人员的数量和规模的不同	个人谈判	指在项目较小或次要的谈判中,谈判双方只派出一位谈判代表,进行"一对一"形式的谈判。能够出席这类谈判的代表,大多有主见、有决断力,善于单兵作战。有时根据需要,在一些谈判成员多、规模大的谈判中,也会安排双方的首席代表针对一些关键和要害的问题进行"一对一"式的谈判
	小组谈判	指在一些规模较大、情况比较复杂的谈判中,为了提高谈判效率,双方各由若干谈判人员组成谈判小组共同参加的谈判。这种谈判组内人员有适当的分工和合作,可取长补短、各尽其能
	大型谈判	指能够影响国家声望、关系国计民生、决定国家或地方经济发展的重大谈判。这类谈判的历时比较长,程序严谨,大多会分成若干层次和阶段进行谈判
谈判主体的不同	企业间谈判	为了协调企业间各种利益关系而进行的谈判
	政府间谈判	国内各政府部门之间或者是各国政府之间的谈判。国内各政府部门之间的谈判是为了协调和理顺各部门之间的关系,提高工作效率。各国政府之间的谈判是为某种具体的事项的协调统一而进行的,并最终达到促进世界的和平、稳定与发展
	民间谈判	为了调解家庭内部矛盾,处理家庭之间的纠纷或者是协调个人之间的关系而进行的谈判。谈判主体可以是基层组织人员、双方单位代表,或者是双方可以信赖的德高望重的邻里、同事、亲友等,当然也可以是当事人直接进行谈判
谈判性质的不同	一般性谈判	指一般人际交往中的谈判。包括家庭场合的谈判,如夫妻为了说服对方同意购买自己满意品牌的电脑所进行的非正式谈判,父子间讨论何时去郊外游玩等;公共场合的谈判,如在戏院,观众之间协商调换座位,与送液化气罐的同志商量送至六楼愿付劳务费的问题等。一般性谈判是随意的、非正式的,双方无须做过多的准备,日常生活中几乎到处存在
	专门性谈判	指各个专门领域中的谈判,包括教育领域中合作办学的谈判、金融领域中的信贷谈判、科技领域中的技术转让谈判、生产领域中的产品开发谈判、商业领域中的贸易谈判等。专门性谈判大都具有明显的经济行为。通过谈判,就某项技术交流、经济合作、经贸往来、资金融通、工贸往来等达成一个有利于双方或多方的一致性协议。专门性谈判是一种有准备的正式谈判
	外交性谈判	指国与国之间就政治、军事、经济、科技、文化等方面的问题或交流而进行的谈判。这类谈判都要有充分的准备,谈判的过程比较正规和严谨,谈判的结果对双方都有很大的影响和制约

1.1.5 谈判的指导思想

1. "双赢"(Win-win)的理念

在现实中,一切谈判的共同利益目标是各方都想满足自己的需要。谈判是从不平衡转变到平衡、从无序到有序的过程,谈判的出发点是"合作"、"磋商"和"利己",从合作的目的开始谈判,经过磋商,双方达成一致协议,最终达到利己的目的。如果将谈判看成是弈棋,非要决一胜负,那么这场谈判肯定不会成功,也不能圆满结束。但是,在谈判实践中常常有人把谈判看作从对方那里获取自己想要得到的东西的一种手段,总想自己得到的越多越好,从而把自我利益的最大化看成谈判圆满成功的标志。

在这种思想指导下进行的谈判，必然产生两种情况：一种情况是谈判的双方都坚持强硬的立场，认为一方所得，即另一方所失，谈判具有"零和效应"，给对方所做出的让步就是我方的损失。因此，把谈判看成一场意志力的竞赛，在谈判中总是等待甚至逼迫别人让步，而自己则坚持较高的或不现实的权利要求。这种谈判的结果，往往演变为"马拉松"式的意志力的对抗赛。

另一种情况是一方态度强硬，以"命令者"的身份出现，步步紧逼，得寸进尺，另一方则被迫让步。强硬的一方，在谈判桌上得到了他们所要得到的东西，成为"赢家"，而"输家"则对谈判结果极为不满，他们可能在谈判以后以种种理由，宣布协议无效，或是在执行协议时打折扣。这种"一边倒"式的谈判产生的消极后果，将使谈判变得毫无意义。

【案例 1-3】

1964年，有一位美国人和他的12岁的儿子在伦敦海德公园玩飞盘。当时，在英国很少有人看过飞盘游戏，因此。他们父子俩的游戏吸引一大群人在旁边围观。最后，有位英国绅士走过来问那位父亲："对不起，打扰您一下，我在这里已经看着你们玩了半个小时，你们到底谁赢了？"英国人提出这个问题，显得他有点傻乎乎，因为如果飞盘玩得好，父子就都是赢家。谈判也是如此。在今天看来，大多数情况下问一位谈判者"谁赢了"，就像问一对夫妇"你们谁赢了这场婚姻"一样的滑稽。

【特别提示】

谈判的指导思想并不是"你输我赢"，谈判双方应树立"双赢"（Win-win）的观念。一切谈判的结局应该使谈判双方都有赢的感觉。采取什么样的谈判手段、谈判方法和谈判原则达到谈判的结局对谈判各方都有利、都有赢的感觉，是我们学习谈判和研究谈判所要达到的目的。

2. "双赢"谈判中应遵循的原则

1）对待谈判对手：对事不对人

所谓的对事不对人的原则，就是在谈判中区分人与问题，把对谈判对手的态度与讨论的问题区分开，就事论事，不要因人误事。

谈判气氛是决定谈判双方关系的一个重要因素。众所周知，在诚挚友好的气氛中谈判，双方的心态比较平和，因而谈判中的难题也比较容易解决。但是遗憾的是，友好的谈判气氛可能时常由于双方互有偏见，或者在谈判过程中对对方形成的不良印象，或者是对对方意图的否定看法等而被破坏。当有此种情况发生时，谈判就无法围绕谈判议题展开，而演变成个人之间的攻击和对抗，从而相互之间的信任和感情被破坏，导致谈判无法正常进行。

【案例 1-4】

在一家服装店，一位老年顾客挑选了一件肥大的上衣，售货员见老人挑的这件衣服过于肥大，就说："这件衣服您不能穿。"老人感到奇怪，就随口问道："怎么不能穿？"售货员说："这件衣服能装俩人。"老人一听，不高兴了，怒气冲冲地质问道："什么叫装俩人？你这是卖衣服的呢，还是卖棺材的？"平心而论，售货员是好意，觉得衣服过于肥大不适合这位老人穿用，但由于说话不得体，不仅生意没有做成，反而招致不愉快。

【分析提示】 上述的案例，谈判一方认为对方的行为举止显得傲慢无理，说的某句话让他感到没面子，他反过来抛出一句杀杀对方傲气的话，这又会进一步激怒对方。促使他采用进一步的报复措施。有时，在双方争执不下的情况下，人们喜欢抛出这样一句话："跟你这种人没法儿谈话。"此句一出，可以想象，谈判的焦点只会从讨论双方的利益和问题转移到个人的脸面和尊严上来。谈判最终不欢而散，什么问题都得不到解决。在另外一些情况下，谈判一方对另一方提出的理由和表述的事件的目的存有疑虑，认为对方可能想利用谈判达到其险恶的目的时，常常会表现出情绪激动，出言不逊，使谈判气氛骤然升温而无法达到通过谈判解决问题的目的。

2）对待双方利益：着眼于利益而非立场。

谈判中的基本问题，不是双方立场的冲突，而是双方利益、需求、欲望的冲突；针对利益寻找双方皆可满足的方式。

【案例 1-5】

有两个人在图书馆里发生了争执，一个要开窗户，一个要关窗户。他们斤斤计较于开多大：一条缝、一半还是四分之一。没有一个办法使他们都满意。图书管理人员走进来。她问其中的一个人为什么要开窗户，"吸一些新鲜空气。"她问另一个人为什么要关窗户，"不让纸被吹乱了。"如果你是图书管理员要解决这个纠纷，你会怎样做？

【分析提示】 成功的谈判是利益的给予和付出的结果，而不是源于各自坚持自己的立场。如果图书管理员只关注两个人阐明的立场，即一个想关窗户，另一个想开窗户，那么是不可能找到上述解决问题的方法的。如果注意到了双方"空气流通"和"避免吹纸"这两项潜在的利益，只要这两项利益得到满足就能找到解决纠纷的方法。为什么不试试打开旁边的另一扇窗户，这样既可以有新鲜空气又避免了穿堂风。

（资料来源：白远. 国际商务谈判——理论案例分析与实践[M]. 北京：中国人民大学出版社. 2008:61.）

这个故事是谈判中的典型例子。谈判中双方的问题看起来是立场的冲突，而双方谈判的目的也是对一个立场达成一致，他们自然要考虑而且要讨论立场问题，因而在谈判过程中常常使谈判陷入僵局。立场和利益的区分是至关重要的。把注意力集中在双方的共同利益上会有很好的效果，其原因在于：首先，满足各方利益需求的方法往往不止一种；其次，双方总可以找到共同利益，否则他们便无法坐在一起讨论和交谈。

寻找立场背后的利益所在，其好处是不言而喻的。立场往往是清晰具体的，而立场背后隐藏的利益却是无形的，而且可能是不确定的。最基本的一个方法就是从对方的角度考虑问题。分析对方所持的每一个立场，并且问自己："他们为什么这样做？"弄清楚这个原因的目的并不在于证明他们的立场是正确的，而是理解这些立场背后的需求、希望、惧怕或是愿望。发觉对方利益所在的一个很有用的方法便是，先弄清楚在对方心目中你方希望他们做出的最根本的决定是什么，然后你再问自己他们为什么没有做这样的决定，他们的哪些利益要求起到了妨碍作用。

如果试图改变对方的想法，首先要做的就是弄清楚他们的想法。注意隐藏在立场背后的人的需求。在寻找隐藏在立场背后的利益时，特别要找出那些激发对方所有人的基本需求。如果能满足他们的这些基本需求，那么和对方达成协议的几率便增加了；而且一旦达成协议，他们遵守协议的几率也会增加。

正是由于在许多谈判中,人们常常将"钱"视为唯一的利益,人类的基本需求反倒容易被忽略。这一点对于个人是如此,对于一个集团甚至一个国家也是如此。只有当谈判一方认为自己的基本需求的满足没有受到另一方的威胁时,谈判才有可能取得进展。例如,在一家中国石油公司收购一家美国石油公司的谈判中,中国公司开出的收购价格远远高于美国竞争者,但中国公司的收购计划最终没有成功。美国政府出于安全和政治方面的考虑拒绝批准这项收购计划,这正是中国公司在谈判中忽视了美方对安全与政治方面的基本需求的结果。

3)对待利益获取:创造建设性的互利方案

在谈判中,人们为何极易陷入对自己的立场的讨价还价之中?其原因有两个方面:一方面是由于谈判的内容往往属于人们自以为的非输即赢类型,如奖金的高低、离婚谈判中对财产的分割、孩子的归属等。这一类型的谈判限制了人们的思维,制约了人们的创造性,使谈判者的目光盯在谈判的结果是输还是赢这个问题上。另一方面是人们往往把问题的解决方法限制在很窄的范围内,比较典型的做法是认为解决问题的办法只有一个,如果这个方案不能解决冲突,谈判只能陷于停顿。

一场好的谈判不是拿一个蛋糕一切两半,而应是不仅仅注意切在什么地方,更应该注意在切分这个蛋糕之前,尽量使这个蛋糕变得更大。这就是我们应该在谈判中注意创造双赢的解决方案。在现实中扩大双方的总体利益是可能的,总体利益虽是客观存在,但挖掘这些现实的潜在利益,却需要双方的合作精神和高超的技艺。谈判中,如果把主要方面的原则先确定好,然后通过双方的努力把"蛋糕"做得足够大,那么其他方面的利益及其划分就显得相对容易多了。

【案例1-6】

有一个妈妈把一个橙子给了邻居的两个孩子。这两个孩子便讨论起来如何分这个橙子。两个人吵来吵去,最终达成了一致意见,由一个孩子负责切橙子,而另一个孩子选橙子。结果,这两个孩子按照商定的办法各自取得了一半橙子,高高兴兴地拿回家去了。

第一个孩子把半个橙子拿到家,把皮剥掉扔进了垃圾桶,把果肉吃了。另一个孩子回到家一吃是酸的,他不能吃酸的,只好把果肉挖掉扔进了垃圾桶,把橙子皮留下来磨碎了,混在面粉里烤蛋糕吃。

从上面的情形,我们可以看出,虽然两个孩子各自拿到了看似公平的一半,然而,他们各自得到的东西却未物尽其用。这说明,他们在事先并未做好沟通,即两个孩子并没有申明各自利益所在。没有事先申明价值导致了双方盲目追求形式上和立场上的公平,结果,双方各自的利益并未在谈判中达到最大化。

【分析提示】 如果两个孩子充分交流各自所需,或许会有多个方案和情况出现。一种情况就是两个孩子想办法将皮和果肉分开,一个吃果肉,另一个拿皮去做烤蛋糕。然而,也可能经过沟通后是另外的情况,恰恰有一个孩子既想要皮做蛋糕,又想吃果肉。这时,如何能创造价值就非常重要了。

结果,想要整个橙子的孩子提议可以将其他的问题拿出来一块谈。他说:"如果把这个橙子全给我,你上次欠我的棒棒糖就不用还了。"其实,他的牙齿被蛀得一塌糊涂,父母上星期就不让他吃糖了。

另一个孩子想了一想,很快就答应了。他刚刚从父母那儿要了五块钱,准备买糖还债。这次他可以用这五块钱去打游戏,才不在乎这酸溜溜的橙子呢。

两个孩子的谈判思考过程实际上就是不断沟通、创造价值的过程。在双方都寻求对自己最大利益方案的同时,也满足了对方的最大利益的需要。

4）对待评判标准：引入客观评判标准

我们虽然一直强调从双方的利益出发来考虑分配方案，以求得令双方都满意的解决办法，然而无论双方如何从对方的角度考虑问题，理解对方的需求，争取提出具有创造性的方案，都无法抹杀双方利益冲突和对抗的一面。这种矛盾冲突在对待方案的评价标准上得到了集中反映。当双方因评判标准不同而无法确定方案的合理性和公正性时，最好的解决方法就是寻求一个客观评判标准。

客观评判标准应当具有中立性、合法性、有效性、科学性和权威性的特点。显然，在确定客观评判标准时，对不同的事物有不同的客观评判标准，所考虑的因素也不尽相同。例如，在与国外商人就产品的价格进行谈判时，对价格的衡量标准就应当包括产品的成本价、市场的变化、汇率的稳定性、竞争对手的情况，以及其他必要的因素。此外，专家的意见、国际协议和国际惯例、一国的法律和规章制度都可以作为客观评判标准。

【知识链接】

你是谈判好手吗？

1. 你认为商务谈判（　　）。
   A．是一种意志的较量，谈判对方一定有输有赢
   B．是一种立场的坚持，谁坚持到底，谁就获利多
   C．是一种得妥协的过程，双方各让一步一定会海阔天空
   D．双方的关系重于利益，只要双方关系友好必然带来理想的谈判结果
   E．是双方妥协和利益得到实现的过程，以客观标准达成协议可得到双赢结果

2. 在签订合同前，谈判代表说合作条件很苛刻，按此条件自己无权做主，还要通过上司批准。此时你应该（　　）。
   A．说对方谈判代表没有权做主就应该早声明，以免浪费这么多时间
   B．询问对方上司批准合同的可能性，在最后决策者拍板前要留有让步余地
   C．提出要见决策者，重新安排谈判
   D．与对方谈判代表先签订合作意向书，取得初步的谈判成果
   E．进一步给出让步，以达到对方谈判代表有权做主的条件

3. 为得到更多的让步，或是为了掌握更多的信息，对方提出一些假设性的需求或问题，目的在于摸清底牌。此时你应该（　　）。
   A．按照对方假设性的需求和问题诚实回答
   B．对于各种假设性的需求和问题不予理会
   C．指出对方的需求和问题不真实
   D．了解对方的真实需求和问题，有针对性地给予同样假设性答复
   E．窥视对方真正的需求和兴趣，不要给予清晰的答案，并可将计就计促成交易

4. 谈判对方提出几家竞争对手的情况，向你施压，说你的价格太高，要求你给出更多的让步，你应该（　　）。
   A．更多地了解竞争状况，坚持原有的合作条件，不要轻易做出让步
   B．强调自己的价格是最合理的
   C．为了争取合作，以对方提出竞争对手最优惠的价格条件成交
   D．问：既然竞争对手的价格如此优惠，你为什么不与他们合作？
   E．提出竞争事实，说对方提出的竞争对手情况不真实

5. 当对方提出如果这次谈判你能给予优惠条件，保证下次给你更大的生意，你应该（　　）。
   A. 按对方的合作要求给予适当的优惠条件
   B. 为了双方的长期合作，得到未来更大的生意，按照对方要求的优惠条件成交
   C. 了解买主的人格，不要以"未来的承诺"来牺牲"现在的利益"，可以其人之道还治其人之身
   D. 要求对方将下次生意的具体情况进行说明，以确定是否给予对方优惠条件
   E. 坚持原有的合作条件，对对方所提出的下次合作不予理会

6. 谈判对方有诚意购买你整体方案的产品（服务）但苦于财力不足，不能完整成交。此时你应该（　　）。
   A. 要对方购买部分产品（服务），成交多少算多少
   B. 指出如果不能购买整体方案，就以后再谈
   C. 要求对方借钱购买整体方案
   D. 如果有可能，协助贷款，或改变整体方案。改变方案时要注意相应条件的调整
   E. 先把整体方案的产品（服务）卖给对方，对方有多少钱先给多少钱，所欠之钱以后再说

7. 对方在达成协议前，将许多附加条件依次提出，要求得到你更大的让步，你应该（　　）。
   A. 强调你已经做出的让步，强调"双赢"，尽快促成交易
   B. 对对方提出的附加条件不予考虑，坚持原有的合作条件
   C. 针锋相对，对对方提出的附加条件提出相应的附加条件
   D. 不与这种"得寸进尺"的谈判对手合作
   E. 运用推销证明的方法，将已有的合作伙伴情况介绍给对方

8. 在谈判过程中，对方总是改变自己的方案、观点、条件，使谈判无休无止地拖下去。你应该（　　）。
   A. 以其人之道还治其人之身，用同样的方法与对方周旋
   B. 设法弄清楚对方的期限要求，提出己方的最后期限
   C. 节省自己的时间和精力，不与这种对象合作
   D. 采用休会策略，等对方真正有需求时再和对方谈判
   E. 采用"价格陷阱"策略，说明如果现在不成交，以后将会涨价

9. 在谈判中双方因某一个问题陷入僵局，有可能是过分坚持立场之故。此时你应该（　　）。
   A. 跳出僵局，用让步的方法满足对方的条件
   B. 放弃立场，强调双方的共同利益
   C. 坚持立场，要想获得更多的利益就得坚持原有谈判条件不变
   D. 采用先休会的方法，会后转换思考角度，并提出多种选择等策略以消除僵局
   E. 采用更换谈判人员的方法，重新开始谈判

10. 除非满足对方的条件，否则对方将转向其他的合作伙伴，并与你断绝一切生意往来，此时你应该（　　）。
    A. 从立场中脱离出来，强调共同的利益，要求平等机会，不要被威胁吓倒而做出不情愿的让步
    B. 以牙还牙，不合作拉到，去寻找新的合作伙伴
    C. 给出供选择的多种方案以达到合作的目的
    D. 摆事实，讲道理，同时也给出合作的目的
    E. 通过有影响力的第三者进行调停，赢得合理的条件

各题目的选项得分如下。
1. A——2分　B——3分　C——7分　D——6分　E——10分
2. A——2分　B——10分　C——7分　D——6分　E——5分
3. A——4分　B——3分　C——6分　D——7分　E——10分

4. A——10分 B——6分 C——5分 D——2分 E——8分
5. A——4分 B——2分 C——10分 D——6分 E——5分
6. A——6分 B——2分 C——6分 D——10分 E——3分
7. A——10分 B——4分 C——8分 D——2分 E——7分
8. A——4分 B——10分 C——3分 D——6分 E——7分
9. A——4分 B——6分 C——2分 D——10分 E——7分
10. A——10分 B——2分 C——6分 D——6分 E——7分

综合得分对应以下结果。

95 以上：谈判专家。

90~95：谈判高手。

80~90：有一定的谈判能力。

70~80：具有一定的潜质。

70 以下：谈判能力不合格，需要继续努力。

【技能训练 1-1】

体验日常的价格谈判

训练背景：各位同学在允许谈判的营业场所购买一件个人日常用品或学习用品，在购买时细心体验购买日常用品或学习用品时的谈判全过程。

训练要求：每位同学交一份购买日常用品的谈判总结报告，包含谈判地点、谈判时间、谈判的方式、谈判的内容，并分析、展示谈判全过程，说明是否是双赢的谈判。

1.2 认识商务谈判

我们根据案例导入中小王求职的例子，明白了谈判是工作和生活的一个组成部分，世界就是一张谈判桌，人人都是谈判者的事实。那人们常常提到的商务谈判又是什么呢？商务谈判和日常生活中经常接触到的谈判有什么联系与区别呢？

1.2.1 什么是商务谈判

1. 商务谈判的定义

商务谈判（Business Negotiation），顾名思义就是"为开展或继续商务活动而进行的谈判"。商务谈判是商务活动的一种，因此，要想认识其真正含义，首先必须了解"商务"的基本概念。

按照《辞海》的解释，商务应理解为商业活动，即贸易（Commerce）或交易（Trade），指货物或商品的买卖行为。英语词典对"Commerce"一般解释为"the Buying and Selling of Goods between Different Countries"指在不同国家间采购和销售货物。Buying 在我们一般商务情景下，可以理解为采购，是依据顾客的需求采购其需要的商品；Selling 则是指营销，是发现顾客需求并满足其需求的过程。而"Trade"的解释为"The Business of Buying and Selling or Exchanging Goods, within a Country or between Countries."即在国内或国家间采购、销售或交换货物的交易。综上所述,商务(或商事),即商业上的事务,通常以社会分工为基础,参与各方彼此交换商品,是国内及国家间的货物或商品的买卖行为,包含大部分的企业经济事务,俗称"做生意"。

商务谈判主要指在经济领域中,双方或多方为了满足各自的需求,围绕涉及双方的标的物的交易条件,彼此通过信息交流、磋商协议达到交易目的的行为过程。它是市场经济条件下流通领域最普遍、最大量的活动。商务谈判的定义涉及了所有有形与无形、动产与不动产的商品买卖的谈判。商务谈判具体内容包括:商品买卖、劳务输出输入、技术贸易、投资、经济合作等,其中商品买卖的购销谈判所占的比例较大。

2. 商务谈判的特性

与日常生活中形形色色的大小谈判比较,商务谈判具有自身突出的特性。主要表现在以下6个方面。

1)以经济利益为目的

任何谈判都是以追求利益为目标,如外交谈判涉及的是国家利益;政治谈判追求政党、团体的利益;军事谈判主要是关系敌对双方的安全利益;而商务谈判的利益性则是指直接的经济利益。这是商务谈判区别于其他谈判的主要特点。

商务谈判发生的根本原因在于人们追求经济上的需要,其目的决定了当事人都必然是注重讲究经济效益,力争多得一些,少给一些。例如,在购销谈判中,供方希望把价格定得尽量高一些,而需方则希望尽量压低价格;在借贷谈判中,借方总是希望借款期限长一些,利息低一些,而贷方则希望利息高一些,期限短一些。谈判当事人的谈判策略与技巧,都围绕实现经济利益展开,离开了经济利益,商务谈判就失去了存在的价值和可能。因此,商务谈判就是以直接经济利益为目的的谈判,谈判者都比较注意谈判的成本、效率和效益。这是商务谈判的基本特征。

2)以价格谈判为核心

商务谈判所涉及的因素很多,谈判者的需求和利益表现在众多的方面,但价格则几乎是所有商务谈判的核心内容,占据重要地位。这不仅是因为价格的高低直接反映了谈判双方利益的分配,而且还由于谈判双方也会涉及价格以外的因素,且这些因素都与价格有着密切的关系,往往可以折算为一定的价格,并通过价格的升降得到体现。因此,价格总是商务谈判的核心。这就要求商务谈判当事人一方面要以价格为核心争取自己的利益,另一方面又不能仅仅局限于价格,要善于拓宽思路,设法从其他与价格相联系的因素上争取更多的利益。与其双方讨价还价争执不休,还不如在其他因素上使对方或本方做出一些主动的让步。只有这样灵活运用以价格为核心的特征,才能使谈判获得成功。

【案例1-7】

一对夫妻在浏览杂志时看到一幅广告背景的老式座钟,非常喜欢。妻子说:"这座钟是不是你见过的最漂亮的一个?把它放在过道或客厅当中,看起来一定不错吧?"丈夫说:"的确不错!我也正想找个这样的钟摆在家里,就是不知道多少钱?"

他们决心到古董店找那座钟,并商定出价不能高于 400 元,3 个月后他们终于在一家古董店橱窗里看到了那钟,妻子兴奋地叫了起来:"就是这钟!没错,就是这座钟!"丈夫说:"记住,我们说过不超出 400 元。"他们走近那座钟。"哦喔!"妻子说道:"钟上的标价是 750 元啊,回家算了。"丈夫说:"还是谈谈价试一试吧,找了那么久,不差这一会儿。"夫妻商量了一下决定由丈夫来谈价钱,争取用 400 元买下。

丈夫鼓起勇气对售货员说:"我看到你们要卖的这座钟上蒙了不少灰,显得有些旧了,一定是很久也没卖出去了,我给你出个价,只出一次价,你别吓一跳,你准备好了吗?"他停了一下来增加效果说"你听着啊,250 元!"

售货员连眼也不眨一下说道:"卖了,那座钟是你的了。"

那个丈夫的第一反应是什么呢?得意洋洋?"我真的很棒!不但得到了优惠,还得到了我想要的东西。"不是!绝不是!他的最初反应必然是:"我真蠢!我该出价 150 元才对!"你也猜得到他的第二反应:"这钟怎么这么便宜?一定是有什么问题!"

最后他还是把那座钟放在了客厅里,看起来非常美丽,好像也没什么毛病,但是他和妻子却始终感到不安。那晚他们睡下后,半夜曾起来 3 次,因为他们感到没有听到钟的声响。这样的情形持续了无数个夜晚,他们的健康迅速恶化,开始感到紧张过度并且都有了高血压。

事情为什么会变成这样的结果?

【分析提示】价格磋商是谈判的需要,通过讨价还价获得期望的利益才能有成就感,才能感到物有所值。假设那个售货员懂得基本的价格磋商,第一次降价至 600 元,那个丈夫认为没有达到他可以接受的 400 元底线,仍坚持 250 元,售货员再降价至 400 元。这时可能的情况是那个丈夫看到已经达到自己的预期,就成交了。即使那个丈夫非常具有谈判力,发现对方仍然有降价空间,一直坚持 250 元,最后也以 250 元成交,那对夫妻也会很高兴,不至于出现后面的事情。商务谈判中价格磋商非常重要,是谈判中不可缺少的部分。一样的产品,有时买者乐于以高一些的价钱成交,这就是谈判。一方完全满足另一方的要求,这就不是谈判。

(资料来源:http://sale.nlp.cn/2009-10-30/51849.html 有改动。)

3)得利有节,让步有界

商务谈判中的经济利益,是谈判各方共同追求的目标,双方都希望能以较少的成本支出,取得最大的谈判成果。但是,每一方的退却和让步都有一定的界限,超越这一界限的利益谈判者可能受到损害或劳而无功。任何谈判者都必须满足对方的最低要求,否则会因对方的退出使谈判破裂,使自己到手的利益丧失殆尽,所以双方应在相互合作中实现利益的最大化。如果将谈判双方在交易中可获得的总体利益用一个完整的圆来表示,那么谈判双方的利益需要可用图 1.1 来说明。

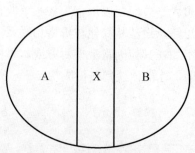

图 1.1　商务谈判的利益界限

在图 1.1 中，假设 A 方表示买方的最低利益，B 方表示卖方的最低利益，X 表示可争夺的利益。如果 A 方（B 方）想独占 X 并且还向对方最低利益延伸，B 方（A 方）就不能得到最低利益，B 方（A 方）会因满足不了本方的最低利益而退出，谈判便会破裂，而 A 方（B 方）的最高利益也不能实现。所以，谈判的当事人不能仅考虑本方的利益，还要站在对方的立场上考虑对方的利益，只有在对方所能接受的临界点之上，谈判才能成功，本方的利益才能实现。如果一方企图突破对方的最后防线，结果往往事与愿违，导致谈判失败，自己也一无所获。

4）"合作"与"冲突"的对立统一

尼伦贝格说，谈判是一个"合作的利己主义"的过程。通过商务谈判，改变和协调各参与方的关系，达成对各方都有利的协议，是谈判各方相互合作的一面；而各谈判方又希望通过谈判，以较少的让步换取尽可能多的利益，体现了谈判参与方相互对立的一面。

谈判是富有竞争性的合作。虽然不是对弈，也不是战争，不是你死我活，你输我赢，但是谈判也绝不是找朋友、推心置腹。谈判双方的这种对立和统一的关系，直接影响着谈判各方谈判方案的制订，谈判策略、谈判技巧的选择与运用。谈判虽然是遵循互利互惠的原则，但双方皆赢的利益结果很难达到。在这种情况下，就允许双方施展谋略，寻获更多利益，这是规则。

5）谈判力决定最终获利多寡

谈判参与方的谈判力及其运用影响着谈判的结果。我们常常提到的实力并不能在谈判中等同于谈判力。实力是一种社会现象，它赋予人们控制他人、事物或者他人行为的能力。实力只有在相互关联的各方之间才会发挥作用。这也就是说，如果各方之间没有任何关系，无论一方力量如何强大和如何有影响力，也谈不上他对另一方的控制和影响。谈判力就是谈判中一方拥有的那种可以影响、控制另一方的决策，解决双方的争端，实现谈判预定目标的能力。

谈判力在客观方面主要受到所谈项目对谈判方的重要性、谈判方所代表的经济组织的实力、谈判时的市场情况及发展趋势、所谈项目自身的特点等因素的影响。而谈判人员的素质及其对待谈判的态度、对谈判策略和谈判技巧的运用能力、谈判班子成员之间及谈判班子与谈判后援队之间的协作能力等，则是直接影响到谈判各方的谈判力的主观因素。

6）注重合同条款的严密性与准确性

商务谈判合同体现了双方协商一致的结果。合同条款实质上反映了各方的权利和义务，合同条款的严密性与准确性是保证谈判获得各种利益的重要前提。有些谈判者虽然在商务谈判中花了很大力气，似乎已经取得了这场谈判的胜利，但在拟订合同条款时，掉以轻心，不注意合同条款的完整、严密、准确、合理、合法，其结果往往是掉进谈判对手在条款措辞或表述技巧上设置的陷阱，这不仅会使到手的利益丧失殆尽，而且还要付出惨重的代价，这样的例子在商务谈判中屡见不鲜。因此，在商务谈判中，谈判者不仅要重视口头上的承诺，更要重视合同条款的严密性和准确性。

1.2.2 商务谈判的构成要素

商务谈判的构成要素是指构成谈判活动的必要因素，也是谈判得以进行的基本要素。谈判人员只有从整体上认识谈判的各项构成要素，才能从全局上把握谈判的主动权，使己方在谈判的进程中做到有的放矢、攻防有度、进退自如，从而达到谈判的预期目的。无论何种谈判，通常由谈判当事人、谈判议题、谈判目标、谈判信息、谈判时间和地点、谈判背景等要素构成，如图1.2所示。其中谈判当事人（主体）、谈判议题（客体）和谈判目标是基本的三大要素。

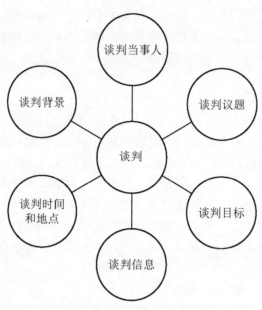

图1.2　谈判的构成要素

1）谈判当事人

没有谈判当事人，就没有谈判。因为交易是事主的生意，谈判是人的交流，当事人作为谈判的主体是谈判形成的原动力。谈判当事人是指谈判活动中有关各方的所有参与者，即谈判的主体。作为谈判主体，可以是自然人，也可以是经组合而成的一个团体，可以是双方，也可以是多方，他们可以只代表谈判人员自身的利益，也可以代表一个组织、一个地区或一个国家的利益。另外，有些商务谈判是一种代理或委托活动，代理人充当卖方（或买方）的发言人，在买卖双方中起中介作用，在这种情况下代理人也成为商务谈判的当事人。总而言之，商务谈判的主体构成是非常广泛的。

谈判是双方或多方利益的较量，参加谈判者必须对自己的言行负法律责任，否则，已完成的谈判无效。因此，严格地认定主体的资格是十分必要的。商务谈判涉及双方的经济利益，为了保证谈判的成功，避免失误，就要事先确认当事人的主体资格。在现实生活中，常常发生谈判快要结束，或是谈判后出了问题才发现对方主体不合的情况。

【案例1-8】

中国内地某公司（以下称甲方）与中国香港某承建有限公司（以下称乙方）曾就乙方负责某酒楼的建筑工程经过若干轮谈判。合同规定：该工程总建筑面积约1 000平方米，预算总造价约300万元人民币，按甲方建筑工程设计院设计图纸施工，质量规格要符合在8级震区使用的条件。第一期工程完工，甲方验收时，发现已完工部分的质量不合格，甲方就工程质量问题与乙方发生严重争执，甲方被迫向当地法院起诉。法院受理此案后，通过香港某律师行的协助，对乙方的资信作了调查，结果发现：乙方确实系在香港政府注册的有限责任公司，但注册资金仅有2 000元港币。根据法律规定，有限责任公司承担责任的能力仅限于其注册资本。这意味着,即使甲方胜诉,乙方无论给甲方造成多大的损失,其赔偿额的最高限也仅限于2 000元港币。甲方得知该详情后,不得不放弃赔偿要求,转而要求解除合同。最后,法院依照甲方的要求,以被告的权利能力和行为能力不足为由,终止了合同,甲方只追回了已付给乙方的全部定金,其他损失只有自己承受。从该案例看到,甲方受损的根本原因在于,谈判前没有查清乙方的关系主体资格,即使合同中对工程造价、质量条款均已做出规定,也不能避免自己的损失。我们可以从这个案例中受到什么启发?

【分析提示】对谈判当事人主体的审定应该注意,谈判当事人主体必须以自己的名称参加谈判并能够承担谈判责任。例如,是否有法人资格,以及与法人资格相应的签约、履约能力,注册公司的详细情况,公司的诚信程度等行为能力。核准落实谈判当事人主体是否有权参加谈判和完成谈判任务是审定谈判当事人资格的必须程序。

(资料来源:万成林,舒平.营销商务谈判技巧[M].天津:天津大学出版社.2003:345.)

在正式的和规模较大的商务谈判中,谈判的当事人根据各自承担的任务,可分为两类:一类是在谈判桌上直接与对方进行面对面谈判的人员,称为商务谈判的台前人员;另一类是并不直接与对方谈判而为己方谈判人员出谋划策、准备资料的人员,称为商务谈判的台后人员。

2. 谈判议题

谈判的客体也是谈判的议题,是指谈判需商议的具体问题,是由各种内容要素结合而成的。各种内容指谈判涉及的交易或买卖的内容,是指商务谈判双方当事人权利与义务共同指向的客观事物。它是商务谈判的起因、内容和目的,并决定当事各方参与谈判的人员组成及其策略。商务谈判议题与谈判项目密切相关,如商品、劳务、工程、技术和资金等。谈判议题不同,谈判组织、内容也不同。商务谈判议题构成了谈判的客体,是一切商务活动的中心。只有针对不同谈判项目开展有针对性的谈判活动,才能实现预期的谈判结果。没有谈判议题,商务谈判显然无从开始且无法进行。

构成谈判的议题大致需要以下几个方面:首先,它必须对于双方具备共同性,与各方利益需要相关,为各方所共同关心,从而成为谈判内容的提案。其次,具备可谈性,对双方来说时机要成熟。在现实生活中,本该坐下来谈判的事,一直未能真正去做,主要是因为谈判的条件尚未成熟。这样的情形并不少见,如两伊战争中,为了使交战双方的代表真正坐到谈判桌上来已经耗费了10年。可见,谈判时机的成熟是谈判各方得以沟通的前提。再次,具备合法性,应符合有关法律规定。各国间的经济贸易一般是在公开、合法,接受有关国家海关监督管理或在有关国家政府批准同意的基础上进行谈判。

商务谈判以经济利益为目的,一切涉及利益的问题,都可以成为谈判议题,因此其涉及的谈判内容很多。例如,按照交易形式分为买卖、合作、合资、租赁、兼并、BOT、特许经营、承包、咨询、招投标等。再如,应用的最广的货物买卖谈判中,议题包括:商品的品质、数量、包装、装运、保险、检验、价格及支付、保证条款、索赔等内容。

3. 谈判目标

谈判目标是指谈判要达到的具体目标,它指明谈判的方向和要达到的目的、谈判主体对本次谈判的期望水平。商务谈判的目标主要是以满意的条件达成一笔交易,确定正确的谈判目标是保证谈判成功的基础。谈判的目标可以分为最低限度目标、可接受目标和最高目标3个层次。

4. 谈判信息

现代商务谈判的信息准备是指在商务谈判之前，对与谈判活动有密切联系的环境信息、市场信息、科技信息、谈判对象情况等进行有计划、有组织、有目的的收集、分析和整理，是对所收集的相关信息及其属性的一种客观描述，是一种特殊的人工信息。

谈判信息的获取和运用是谈判前和谈判进行中不可缺少的环节，离开了全面、准确、及时的信息，决策者便无法制定谈判策略，主谈人便无法找准最佳入题点及谈判表达方式。知己知彼是任何谈判者所追求的。应该把信息的获取、分析及综合视做谈判整个过程中一项十分重要的工作。正确的信息是产生正确的判断和决策的前提，信息的失真则会导致决策的失误。谈判信息有以下 3 点重要的作用。

（1）谈判信息是制定谈判战略的依据。一个好的谈判战略方案应当具有战略目标正确可行、适应性强、灵敏度高的特点，这就必须有大量可靠的信息作为依据。

（2）谈判信息是控制谈判过程的手段。要对谈判过程做到有效控制，必须首先掌握"谈判的最终结果是什么"这一谈判信息，依据谈判战略和谈判目标的要求，确定谈判的正确策略。

（3）谈判信息是双方相互沟通的中介。没有谈判信息作为沟通中介，谈判就不能排除不确定因素，就无法继续磋商和平衡双方的利益并最终达成协议。

5. 谈判时间和地点

谈判有无时间限制，对参加谈判的人员造成的心理影响是不同的。如果谈判有严格的时间限制，即要求谈判必须在某限定的短时间内完成，这就会给谈判人员造成很大的心理压力，那么他们就要针对紧张的谈判时间限制来安排谈判人员，选择谈判策略。由于谈判双方所承受的时间压力不同，可能一方可供谈判的时间较紧，而另一方时间较宽裕或基本不受时间限制，这样双方选择的谈判策略就会有所不同。谈判中的时间因素还有另一个重要的含义，即谈判者对时机的选择与把握。时机选得好，有利于在谈判中把握主动权。相反，则会丧失原有的优势，甚至会在有一手好牌的情况下最后落得个败局。

谈判总要在某一个具体的地点展开，谈判地点的选择，往往涉及一个谈判的心理环境的问题，它对于谈判的效果具有一定的影响，谈判者应当很好地加以理解运用。有利的地点、场所能够增强己方的谈判地位和谈判力量。谈判地点的选择与足球比赛的赛场安排比较相似，一般有 4 种选择方案：主座、客座、主客座轮流、主客场以外的其他地点。

6. 谈判背景

谈判背景是指谈判的当事人与谈判标的均处在某个特定的客观环境之中。任何谈判都不可能孤立地进行，而必然处在一定的客观条件之下并受其制约。因此，谈判背景对谈判的发生、发展、结局均有重要的影响，是谈判不可忽视的要件。

（1）政治背景在国际谈判中是一个很重要的背景因素，它包括所在国家或地区的社会制度、政治信仰、体制政策、政局动态、国家关系等。如果国家关系友好，谈判一般较为宽松，能彼此坦诚相待，充满互帮互助情谊，出现问题也比较容易解决；反之，国家关系处在或面临对抗与冷战状态，谈判会受到较多的限制，谈判过程的难度也较大，甚至会出现某些制裁、禁运或其他歧视性政策。有时由于政治因素的干扰，即使谈判的当事人有诚意达成的某些协议，也可能成为一纸空文。此外，政局动荡，该方谈判者自然地位脆弱；政府人事更迭，有可能导致现行政策的某些变化等。

（2）经济背景是很重要的因素，尤其对商务谈判有直接的影响，它包括谈判所在国家或地区的经济发展水平、发展速度、市场状况、财政金融政策等，这些因素既反映交易方履约的能力，又反映交易条件的高低。例如，经济水平反映了谈判者背后的经济实力，某方占有市场的垄断地位，他在谈判中就具有绝对的优势。市场供求状况不同，谈判态度及策略也会不同。财政政策与汇率也可能影响谈判结果，既反映了谈判方的宏观经济健康状况，又反映了支持谈判结果的基础的坚挺程度等。

（3）文化背景同样不可忽视，它包括所在国家或地区的历史渊源、价值观念、民族宗教、风俗习惯等。在这方面，东西方国家之间、不同种族和不同民族之间，甚至一个国家内的不同区域之间，往往都有很大差异。

（4）组织背景，包括该组织本身的历史发展、规模实力、经营管理、财务状况、资信状况、市场地位、组织的行为理念等，另外还包括组织的谈判目标、主要利益、谈判时限等。组织背景直接影响谈判客体的确立，也影响着谈判策略的选择和谈判的结果。

（5）人员背景主要是指团队的整体情况，包括谈判当事人的职级地位、教育程度、个人阅历、工作作风、行为追求、心理素质、谈判风格、人际关系等。由于谈判是在谈判当事人的参与下进行的，因此，人员背景直接影响着谈判的策略运用和谈判的进程。

1.2.3　商务谈判的类型

商务谈判按照不同的标准，可以划分为不同的类型。

1. 按商务谈判的内容划分

按商务谈判的内容划分，有以下 5 种类型，见表 1-2。

表 1-2　按内容分类的 5 种类型

类　型	特　点
商品贸易谈判	它是一般商品的买卖谈判，主要是指买卖双方就商品买卖本身的有关内容（如质量、数量、价格）和当事人权利、责任和义务等问题进行的谈判
投资谈判	它是指商务谈判的双方就双方共同参与和涉及双方利益关系的某项投资项目活动中有关投资目的、投资形式、投资内容、投资条件等方面所进行的谈判
技术贸易谈判	它是指技术贸易中关于技术内容和性能等方面所进行的谈判
劳务贸易谈判	它是指劳务贸易双方就劳务提供的形式、内容、时间和劳务的价格等方面进行的谈判
索赔谈判	它是指在商务合同义务不履行或未能完全履行时合同当事人双方所进行的谈判

2. 按商务谈判双方接触的方式划分

按商务谈判双方接触的方式划分，有以下两种类型，见表 1-3。

表 1-3　按接触方式分类的两种类型

类　型	特　点
直接谈判	它是指商务谈判双方进行面对面口头磋商的谈判。其优点是有利于双方谈判人员交流思想意见，互相观察对方的表情、态度，审视对方的人品及交易的诚信度
间接谈判	它是指双方不直接见面，而是通过信函、电话、电传和互联网等方式进行的商务谈判。其优点是简单、快捷、成本低，其缺点是不便于当事人相互了解和反馈

3. 按商务谈判的地点划分

按商务谈判的地点划分,有以下 4 种类型,见表 1-4。

表 1-4　按地点分类的 4 种类型

类　　型	特　　点
主场谈判	它是指某一谈判方以东道主身份在己方所在地进行的谈判。优点是易于建立心理优势,能以礼压客,能随时与自己的上级、专家顾问保持沟通,商讨对策,可以在谈判场内、场外两个领域活动;其缺点是需支付较大的谈判成本,容易被对方了解虚实等
客场谈判	它是指谈判人员到对方所在地进行的谈判。其优点是客方可以省却那些东道主必须承担的迎来送往,同时在谈判遇到僵持时可借必须回去请示而方便地暂时退出谈判,能实地考察主方,了解主方虚实等;其缺点不仅要受旅途劳顿之苦,而且也会因为不适应环境而在谈判中产生心理紧张、情绪不稳定等情况
客主座轮流	是指在一项商业交易中,谈判双方交换地点的谈判。客主座轮流谈判情况的出现,一般是交易复杂的不寻常的买卖,它可能是大宗商品的交易,也可能是成套项目的进出口,而且拖延的时间较长,至少不会是单一小额商品买卖。这种谈判,对交易效果影响也较大,因此应注意以下两个方面的问题:一是确定阶段利益目标,争取不同阶段最佳谈判效益;二是坚持主谈人的连贯性,换座不换帅
中立地谈判	它是指在谈判双方所在地以外的其他地点进行的谈判。其优点是对谈判双方来说没有宾主之分,可避免某一方处于客场的不利地位,为双方平等地进行谈判创造了条件。其缺点在第三地谈判会造成谈判成本的增加。双方首先要为谈判地点的选择和确定而谈判,地点确定本身比较复杂。因此,中立地谈判通常为相互关系不融洽、信任程度不高的谈判双方所选用

🔍【案例 1-9】

美国心理学家拉尔夫·泰勒(Ralph Taylor)曾经按支配能力(即影响别人的能力),把一群大学生分成上、中、下三等,然后每等级各取几位学生组成一组,让他们讨论大学 10 个预算削减计划中哪一个最好。一半的小组在支配能力高的学生寝室里,一半在支配能力低的学生寝室里。泰勒发现,讨论的结果总是按照寝室主人的意见行事,即使主人是低支配力的学生。由此可见,一个人在自己的主场或自己熟悉的环境中更有说服力。

4. 按商务谈判方所采取的态度划分

按商务谈判方所采取的态度划分,有让步型谈判、立场型谈判和原则型谈判 3 种类型。

(1)让步型谈判。又称软式谈判(Concession Negotiation),指以妥协、让步为手段,希望避免冲突,为此随时准备以牺牲己方利益换取协议与合作的谈判方法。让步型谈判即把对方当做朋友,而不是当成对头,强调的不是占上风而是互相信任、互作让步,建立良好的关系,强调的不是我方压倒你方,而是随时准备为达成协议而让步。谈判的目的是要达成协议而不是胜利,是为将来进一步扩大合作打好基础。在谈判中出现分歧时,常以友善的言语提出建议,或在有利于大局的情况下尽量做出妥协,避免与谈判对手摊牌。让步型谈判的一般做法是信任对方、提出建议、做出让步、保持友好、发展关系。

这种谈判方法的使用应有前提,那就是双方都是以宽大、谦让为怀,谈判才有可能成功,谈判的成本和效率会使双方满意。否则,极容易使一方受到伤害。因而,在实际的商务谈判中,采用让步型谈判的方法是极少的,一般仅限于合作关系很好或为了长远利益的谈判。让步型谈判一般在眼前的"失"是为了长远的"得"的情况下使用才更有意义。

【案例 1-10】

A 公司想以每亩 60 万元的价格转让一块土地,这块土地有相当的增值前景。但在谈判的报价阶段,A 公司报价为每亩 120 万元,以便试探对方的反应。其实买方事先已对这块土地进行过估价,也调查过周边的土地价格,结论是市场合理价格为 58 万~60 万元。买方提出 50 万元的出价。由于 A 公司急欲将这块土地脱手,随即同意把价格降为 80 万元,即原来的 2/3。你认为最终能否以 A 公司的目标价每亩 60 万元达成协议?为什么?

【分析提示】由于卖方一开始就做出了大幅度的让步,所以在接下来的谈判中失去了主动性,任凭买方"砍价",毫无还手的能力。最终结果是按每亩 55 万元的价格成交。事实上,这块土地至少可以按每亩 58 万元的价格转让。

(2)立场型谈判。又称硬式谈判(Hard Negotiation),是谈判者以意志力的较量为手段,很少顾及或根本不顾及对方的利益,以取得己方胜利为目的的立场坚定、主张强硬的谈判方法。立场型谈判即视对方为劲敌,强调立场的坚定性,强调针锋相对;认为谈判是一场意志力的竞赛,只有按照己方的立场达成的协议才是谈判的胜利。谈判诸方都以各自的实力,提出自己的条件,各方强调各方的意愿,申明自己的观点和立场不能改变,把谈判看成是一种意志力的竞赛,各方都想达成对己方更为有利的协议。在谈判过程中,出现困难和矛盾时,互不让步,或互相要对方改变立场,甚至向对方施加压力,指责批评对方。这种谈判的结果往往是使谈判陷入僵局,无法达成协议。即使某方屈服对方而被迫让步达成协议,其内心的不满也会导致在以后履约中的消极行为,甚至想破坏协议的执行,从而会陷入新一轮的对峙,最后导致相互关系的破裂。

【特别提示】

立场型的谈判因双方陷入立场型争执的泥潭,不注意尊重对方的需要,很难达成协议。一般应用于以下两种情况:一是一次性交往,这种谈判必然是"一锤子买卖",也就是为取得一次胜利而拿未来的合作做赌注;二是实力相差悬殊,在这种情况下,己方处于绝对优势。

【案例 1-11】

欧洲 A 公司代理 B 工程公司到中国与中国 C 公司谈判出口工程设备的交易。中方根据其报价提出了批评,建议对方考虑中国市场的竞争性和该公司第一次进入市场的情况,认真考虑改善价格。A 公司代理商做了一番解释后仍不肯降价并说其委托人的价格是如何合理。中方对其条件又做了分析,A 公司代理商又做解释,一上午下来毫无结果。中方认为其过于傲慢固执,代理人认为中方毫无购买诚意且没有理解力。双方相互埋怨之后,谈判不欢而散。如果你是欧洲 A 公司怎么做才能改变这次谈判的结果呢?

【分析提示】谈判有可能不成,至少可以避免"不欢而散"。A 公司在代表卖方在客场谈判的情况下,并不适宜采用立场型谈判。应按代理地位谈判的要求做到"姿态超脱、态度积极",即使这次谈判并无实质性进展,但也应避免使双方关系交恶,影响将来合作的可能性。

（3）原则型谈判（Principled Negotiation）。又称价值型谈判。原则型谈判要求双方将对方作为合作伙伴而不是作为敌人。谈判的出发点和落脚点均建立在公正的利益目标上，以友好而高效地取得谈判各方均感满意的结果。原则型谈判吸取让步型谈判和立场型谈判之所长，而避其极端，强调公平、公正的价值原则。它不像让步型谈判那样只强调关系而忽视利益的取得，也不像立场型谈判那样只强调自身利益的取得。原则型谈判要求谈判双方尊重对方的基本需要，寻求双方的共同点，寻找各种使双方各有所获的方案。

原则型谈判是一种既富有理性又富有人情味的谈判，与当代谈判强调的互惠合作的宗旨相符，受到世界各国谈判研究人员和实际谈判人员的推崇。这种谈判方法最早是由美国哈佛大学谈判研究中心提出的，因此又称哈佛谈判术。

综上所述，让步型谈判、立场型谈判和原则型谈判，在目标达成、谈判出发点、手段、态度、立场、做法、方案、表现和结果有很大的不同，见表1-5。

表1-5 让步型谈判、立场型谈判和原则型谈判的比较

比较项目 \ 比较类型	让步型谈判	立场型谈判	原则型谈判
态度	谈判的对方是朋友	对手是敌人	双方是问题的解决者
目标	是达成协议	是取得胜利	获得有效率的结果
出发点	通过让步来搞好与对方关系	把对方让步作为保持关系的条件	把人和问题分开
手段	对人对事采取"软"的态度	对人对事采取"硬"的态度	对人"软"、对事"硬"
立场	轻易改变自己的立场	坚持自己的立场	着眼于利益而非立场
做法	提出建议	威胁对方	探究共同利益
方案	找出对方能接受的方案	找出自己愿意接受的方案	达成双方都有利的协议
表现	坚持达成协议	坚持自己的立场	坚持客观标准
结果	屈服于压力	施加压力	服从原则而非压力

1.2.4 商务谈判的方式

商务谈判的方式是指谈判双方（或多方）用来沟通、协商的途径和手段。商务谈判方式分为口头式谈判和书面式谈判两大类。

1. 口头式谈判

口头式谈判是指谈判双方就谈判相关的议题以口头方式提出，并进行口头磋商，不提交任何书面形式文件的谈判，一般是企业派出业务员到对方处登门谈判或者邀请客户到本企业谈判或到第三地谈判等。主要包括面对面谈判和电话谈判两种方式。

1）面对面谈判

面对面谈判是指谈判双方（或多方）直接地、面对面地就谈判内容进行沟通、磋商和洽谈。一般正规的重要的谈判多以面对面的谈判方式进行。面对面谈判具有较大的灵活性。谈判双方能够在广泛了解市场动态，对方的资金、信誉和谈判作风等情况后，再制定出详细的、切实可行的谈判方案，并可以利用直接面谈的机会，进一步了解谈判对手的需要、动机、策

略及人员的个性等，也可根据面对面谈判的情势及时灵活地调整谈判计划和谈判策略。另外，这种谈判的方式比较规范。双方在谈判桌前就座，形成了正规谈判的气氛，能使谈判人员很快进入角色。谈判的内容深入细致。面对面谈判便于谈判双方就关键问题、协议的条款进行反复沟通、磋商和洽谈，更易达成谈判的目标，有利于建立长久的贸易伙伴关系。谈判双方直接接触、沟通后容易产生感情，增进了解，建立起较长久的贸易合作伙伴关系。但这种谈判方式的最大缺点是己方的谈判意图容易被对手摸透，而且决策的时间较短、费用高、时间耗费较长，与客户联系面也相对较窄。

2）电话谈判

电话谈判是指借助电话通信进行沟通和协商，寻求达成交易的一种谈判方式。这种谈判双方互不见面，又相隔遥远，一般多在彼此了解的客户或合作者之间进行，电话谈判的优点是快速方便和联系广泛，可以避免长途旅行，节省开支，具有极大不可抗拒的吸引力；电话谈判的缺点也比较明显，时间紧迫有风险，某些事项容易被遗漏，常因对答仓促，难做完整的记录，引起误解和产生纠纷。电话谈判的技巧是争取主动。做好准备，集中精神，听说有度，把握节奏，及时更正和做好记录。

口头谈判是各种谈判运用得最多的一种形式。口头谈判的特征主要表现在：其一，便于成交。口头谈判双方当面洽谈交易，各方提出的条件和各种不同意见，都可以详细地做出说明，便于双方相互了解，促成交易。其二，便于利用感情成交。谈判人员面对面口头交流便于双方互相了解，增进感情，而在谈判中有些妥协让步完全出于感情因素。其三，便于发挥谈判团队的整体优势。谈判人员在知识、能力、经验等方面相互补充、协调配合，提高整体谈判的能力。最后，便于调整策略。面对面的口头谈判使双方都可以觉察对方表情和动作，掌握心理，借以审查对方的为人及交易的诚实可靠性，利于有针对性地调整策略。

2．书面谈判

书面谈判是指买卖双方利用文字或图表等书面语言交流信息、协商条件。书面谈判一般通过交换信函、电报、传真、网络信息等方式就有关问题进行磋商，求得一致意见。书面谈判方式适用于交易条件比较规范、明确，内容比较简单，谈判双方彼此比较了解的谈判。对一些内容比较复杂、随机多变，而双方又缺少必要的了解的谈判是不适用的。最常见的书面谈判主要有函电谈判和实时网上谈判。

书面谈判的特征主要表现在：其一，利于思考和审慎决策。其二，表达准确、郑重，利于遵循。其三，不容易偏离主题。最后，费用低，利于提高谈判的经济效益等。书面谈判切忌马虎大意，失之毫厘，谬以千里，因此，对谈判人员的书面表达能力和工作作风要求较高。

几种常用的谈判方式的比较见表1-6。

表1-6 几种常用的谈判方式的比较

比较项目 \ 比较类型	面对面谈判	电话谈判	函电谈判	网上谈判
接触方式	直接	间接	间接	间接
表达方式	语言	语言	文字	文字
商谈内容	深入、细致	受限制	全面、丰富	全面、丰富
情感氛围	可利用	无法利用	无法利用	无法利用

续表

比较项目\比较类型	面对面谈判	电话谈判	函电谈判	网上谈判
个性心理	有影响	有影响	不影响	不影响
联系方式	慢、窄	快速、广泛	较慢、较窄	快速、广泛
费用	最大	较大	较小	最少
适用范围	初次合作、重要项目	长期合作、小型项目	日常交易	日常交易

1.2.5 评价商务谈判成功的标准

在商务谈判的理论和实践中,人们往往注重于商务谈判过程中策略的运用,而忽视对商务谈判中结果成功与否的评价。带着"标准"进行谈判,就可避免谈判各方主观、片面地以己方得利的多寡来评价谈判的成败。由于商务谈判是双方或多方的,因此一场成功的谈判不能以其中一方的"感受"来评价。要真正把握商务谈判的真谛,就必须确立商务谈判成功的评价标准,这对谈判计划、谈判目标的确定和谈判过程中策略的运用起着十分重要的指导作用。

1. 目标实现标准

目标实现标准,即既定目标的实现程度和各方对谈判结果的满意程度。谈判目标的实现是衡量商务谈判成功的首要标准。谈判各方达成一个明智的协议,其核心特点就是双赢。双赢在绝大多数的谈判中都应该是存在的,创造性的解决方案可以满足双方利益的需要。这就要求谈判双方应该能够识别共同的利益所在。共同利益就意味着商业机会,强调共同利益可以使谈判顺利进行。成功的商务谈判应当既达成了协议,又尽可能接近预先设定的谈判目标。

2. 成本优化标准

成本优化标准,即谈判总成本与谈判效率的高低。效率高的谈判使双方都有更多的精力拓展商务机会。一场以过多的时间、精力和财力来达到预定目标的谈判,不能被认为是非常成功的谈判。谈判总成本由3部分组成:第一,做出的让步之和。为了达成合约而作某种让步,使预期的谈判收益与实际收益间形成的差额,即最佳目标同协议所确保的利益之间的差额;第二,所费各种资源之和。其数值等于由谈判直接占用和耗费的人力、物力、财力以及时间等各项成本之和;第三,上述的机会成本。机会成本是指因谈判占用人力、财力、物力、时间而失去用这些资源从事其他经营活动而获得的收益。所谓谈判的效率,就是指谈判实际收益与上述3项成本之和之间的比例。如果所费成本很高而收益甚小,则谈判是不经济的、低效益的;如果所费成本很低而收益惊人,则谈判是经济的、高效益的。

3. 人际关系标准

人际关系标准,即谈判后各方合作关系的维持和发展。评价一场谈判成功与否不仅要看谈判各方的市场份额的划分、出价高低、资本及风险的分摊、利润的分配等经济指标,还要看谈判后双方的关系是否"友好",是否得以维持。谈判结果可能是促进和加强了双方的互惠合作关系,或者由此削弱和瓦解了双方的互惠合作关系。但是,必须承认,无论多么充分理解对方，多么巧妙地调解冲突，多么高度评价彼此的关系。谈判各方面临的利益冲突也是无法掩饰、不可避免的。谈判的结果就是要取得利益，但利益的取得却不能以破坏或伤害谈判各方的关系为代价。精明的谈判人员应具有长远的战略发展眼光，不过分计较某场谈判获利的多少，而是着眼于长远与未来，因为融洽的关系是企业的一笔可持续发展的资源。成功的谈判不仅满足了己方的利益需求，而且也要满足对方的获利目标，从而与对方建立起长久的合作关系，实现双方长期的共同发展。

综合以上3条评价标准，一场成功的谈判应该是谈判双方的需求都得到满足；双方的互惠合作关系得以稳固并进一步发展；从每一方的角度来讲，谈判实际收益都远远高于谈判的成本，因而谈判是高效率的。自从中国"入世"首席谈判代表龙永图引入"双赢"一词以来，双赢就成为谈判各方对谈判结果的期望，同时也成为评价商务谈判成功的抽象标准，双赢结果的具体评价也必须依照以上3条评价标准。谈判各方只有正确地树立谈判意识，客观地制定合理的目标、在谈判中互相理解、积极协商，将整个谈判形成一个有机统一的过程，才可能获得商务谈判真正意义上的成功。

【知识链接】

商务谈判能力的"八字真言"。谈判能力在每种谈判中都起到重要作用，无论是商务谈判、外交谈判，还是劳务谈判，在买卖谈判中，双方谈判能力的强弱差异决定了谈判结果的差别。对于谈判中的每一方来说，谈判能力都来源于8个方面，就是 NO TRICKS（诚实、不要花样）8个字母所代表了8个单词——Need, Option, Time, Relationship, Investment, Credibility, Knowledge, Skill。

"N"代表需求（Need）。对于买卖双方来说，谁的需求更强烈一些？如果买方的需要较多，卖方就拥有相对较强的谈判力，相反，你越希望卖出你的产品，买方就拥有较强的谈判力。

"O"代表选择（Option）。如果谈判不能最后达成协议，那么双方会有什么选择？如果你可选择的机会较多，对方认为你的产品或服务是唯一的或者没有太多选择余地，你就拥有较强的谈判资本。

"T"代表时间（Time）。谈判中可能出现的有时间限制的紧急事件，如果买方受时间的压力，自然会增强卖方的谈判力。

"R"代表关系（Relationship）。如果与顾客之间建立强有力的关系，在同潜在顾客谈判时就会拥有关系力。但是，也许有的顾客觉得卖方只是为了推销，因而不愿建立深入的关系，这样，在谈判过程中将会比较吃力。

"I"代表投资（Investment）。在谈判过程中投入了多少时间和精力？为此投入越多、对达成协议承诺越多的一方往往拥有较少的谈判力。

"C"代表可信性（Credibility）。潜在顾客对产品的可信性也是谈判力的一种，如果推销人员知道你曾经使用过某种产品，而他的产品具有价格和质量等方面的优势时，无疑会增强卖方的可信性，但这一点并不能决定最后是否能成交。

"K"代表知识（Knowledge）。知识就是力量。如果你充分了解顾客的问题和需求，并预测到你的产品能如何满足顾客的需求，你的知识无疑增强了对顾客的谈判力。反之，如果顾客对产品拥有更多的知识和经验，顾客就有较强的谈判力。

"S"代表的是技能（Skill）。这可能是增强谈判力最重要的内容了，不过，谈判技巧是综合的学问，需要广博的知识、雄辩的口才、灵敏的思维等。

总之，在商务谈判中，应该善于利用"NO TRICKS"中的每种力，再加上 NO TRICKS。

【技能训练 1-2】

商务谈判的判断

训练背景：

情景 1：刘阿姨到菜市场买菜，正和商贩讨价还价。

情景 2：周末小王想和同学去爬山，但女友想看电影，双方正在为周末的安排进行谈判。

情景 3：毛毛拒绝吃鱼，妈妈正在努力劝说毛毛。

情景 4：王芳刚刚在网上竞价买了一款新服装。

情景 5：A 厂家和 B 公司就某生产原材料展开购销洽谈。

训练要求：讨论并判断上述情景是否是商务谈判？若是商务谈判，请分析商务谈判的三大要素和谈判方式各是什么。

 知识回顾

内容要点

谈判是双方（或多方）基于一定的目的，进行接洽、协商、交流、沟通的过程，以及由此而达成的结果。

谈判的指导思想是"双赢"的观念。一切谈判的结局应该使谈判双方都有赢的感觉。采取什么样的谈判手段、谈判方法和谈判原则来达到谈判的结局对谈判各方都有利、都有赢的感觉，是我们学习谈判和研究谈判所要达到的目的。

商务谈判主要指在经济领域中，具有法人资格的双方，为了协调、改善彼此的经济关系，满足交易的需求，围绕涉及双方的标的物的交易条件，彼此通过信息交流、磋商协议达到交易目的的行为过程。它是市场经济条件下流通领域最普遍、最大量的活动。

无论何种商务谈判，通常由谈判当事人、谈判议题、谈判目标、谈判信息、谈判时间和地点、谈判背景等要素构成。其中谈判当事人（主体）、谈判议题（客体）和谈判目标是最基本的三大要素。

评价商务谈判成功的 3 个标准：目标实现标准、成本优化标准、人际关系标准。

实务重点

认识商务谈判。

 职业能力训练

基本知识训练

一、选择题

1. 按谈判中双方所采取的态度，可以将谈判分为立场型谈判、原则型谈判和（　　）。

　　A. 让步型谈判　　　　B. 集体谈判　　　　C. 横向谈判　　　　D. 投资谈判

2. 谈判是追求（　　）的过程。
   A．自身利益要求
   B．双方利益要求
   C．双方不断调整自身需要，最终达成一致
   D．双方为维护自身利益而进行的智力较量
3. 判定谈判成功与否的价值谈判标准是（　　）。
   A．目标实现标准、成本优化标准、人际关系标准
   B．利益满足标准、最高利润标准、人际关系标准
   C．目标实现标准、共同利益标准、冲突和合作统一标准
   D．实现目标标准、最大利益标准、人际关系标准
4. 原则型谈判的协议方案是（　　）。
   A．一再让步的结果　　　　　　　　B．双方都有利的协议达成结果
   C．最大利益满足的结果　　　　　　D．屈服于对方压力的结果
5. 立场型谈判者的目标是（　　）。
   A．达成协议　　　B．解决问题　　　C．赢得胜利　　　D．施加压力
6. 依据谈判地点的不同，可将谈判分为（　　）。
   A．技术谈判，贸易谈判，价格谈判
   B．价格谈判，外交谈判，军事谈判
   C．国际谈判，国内谈判，中立地谈判
   D．主场谈判，客场谈判，客主座轮流，中立地谈判
7. 从总体上讲，商务谈判的信息在谈判中（　　）。
   A．直接决定谈判的成败　　　　　　B．间接作用
   C．成为控制谈判过程的手段　　　　D．无作用
8. 美国一公司与德国一公司在德国进行谈判，对于美国公司来说，这场谈判属于（　　）。
   A．中立地谈判　　B．主场谈判　　　C．让步型谈判　　D．客场谈判
9. 在商务谈判中，要想做到说服对方，应当（　　）。
   A．在必要时采取强硬手段　　　　　B．使对方明白己方从谈判中获利很小
   C．使对方明白其从谈判中获利很大　D．寻找双方利益的一致性
10.（　　）的核心是谈判双方既要考虑自己的利益，也兼顾对方的利益，是平等式的谈判。
    A．让步型谈判　　B．立场型谈判　　C．互惠型谈判　　D．原则型谈判
11. 商务谈判必须实现的目标是谈判的（　　）。
    A．最低目标　　　B．可接受的目标　C．最高目标　　　D．实际需求目标
12. 根据谈判双方接触的方式，可以将谈判划分为口头谈判和（　　）。
    A．正面谈判　　　B．直接谈判　　　C．书面谈判　　　D．通信谈判
13. 如果交易很重要，在谈判过程中可以考虑采用（　　）。
    A．让步型谈判法或原则型谈判法　　B．让步型谈判法或立场型谈判法
    C．原则型谈判法或立场型谈判法　　D．软式谈判法或价值型谈判法

14. 你认为谈判必须有议题吗？（   ）
     A．必须有　　　　　B．最好有　　　　　C．不一定有　　　　　D．不需要有
15. 商务谈判议题内容的特征为（   ）。
     A．一致性、可谈性、合法性　　　　　B．经济性、利己性
     C．互利性、实用性　　　　　　　　　D．交易性、共同性

二、判断题

1. 谈判过程是一个求得妥协的过程。（   ）
2. 谈判的结果不是"你赢我输"就是"你输我赢"。（   ）
3. 有些商务谈判是一种代理或委托活动，代理人充当卖方（或买方）的发言人，在买卖双方中起中介作用，在这种情况下代理人并不是商务谈判的当事人。（   ）
4. 实力是一种社会现象，它赋予人们控制他人、事物或者他人行为的能力。在谈判中，谈判力就等同于实力。（   ）
5. 商务谈判涉及双方的经济利益，为了保证谈判的成功，避免失误，必须确认当事人的主体资格。（   ）
6. 最低限度目标是在谈判中对己方而言毫无退让余地，宁愿谈判破裂，放弃商贸合作项目，也不愿接受比最低限度目标更低的条件。（   ）
7. 谈判总要在某一个具体的地点展开的，谈判地点的选择对于谈判的效果没什么影响。（   ）
8. 一场好的谈判不是拿一个蛋糕一切两半，而应是不仅仅注意切在什么地方，更应该注意在切分这个蛋糕之前，尽量使这个蛋糕变得更大。（   ）
9. 所谓的对事不对人的原则，就是在谈判中区分人与问题，把对谈判对手的态度与对讨论的问题区分开来，就事论事，不要因人误事。（   ）
10. 如果谈判双方能从对方的角度考虑问题，理解对方的需求，争取提出具有创造性的方案，就完全可以避免双方利益冲突与对抗。（   ）
11. 商务谈判具体内容包括：商品买卖、劳务输出输入、技术贸易、投资、经济合作等，其中商品买卖的购销谈判所占的比例最小。（   ）
12. 谈判力的主观方面主要受到所谈项目对谈判方的重要性、谈判方所代表的经济组织的实力、谈判时的市场情况及发展趋势、所谈项目自身的特点等因素的影响。（   ）
13. 谈判人员的素质及其对待谈判的态度、对谈判策略和谈判技巧的运用能力、谈判班子成员之间、谈判班子与谈判后援队之间的协作能力等，是直接影响谈判各方的谈判力的客观因素。（   ）
14. 最高期望目标是对于谈判者最有利的一种理想目标，己方的最高期望目标可能是对方最不愿接受的条件，因此很难得到实现。所以确立最高期望目标其实没什么必要。（   ）
15. 精明的谈判人员应具有长远的战略发展眼光，不过分计较某场谈判获利的多少，而是着眼于长远与未来，因为融洽的关系是企业的一笔可持续发展的资源。（   ）

三、简答题

1. "双赢"谈判中应遵循的5项原则是什么？
2. 简述商务谈判目标的层次及其含义。
3. 评价商务谈判是否成功有哪3个标准？

综 合 实 训

一、案例分析

日本的钢铁和煤炭资源短缺，渴望购买煤和铁；澳大利亚盛产煤和铁，并且在国际贸易中不愁找不到买主。按理来说，日本的谈判者应该到澳大利亚去谈生意，但日本人总是想尽办法把澳大利亚人请到日本去谈生意。

澳大利亚人一般都比较谨慎，讲究礼仪，而不会过分侵犯东道主的权益。澳大利亚人到了日本，使日本方面和澳大利亚方面在谈判桌上的相互地位就发生了显著的变化。澳大利亚人过惯了富裕的舒适生活，他们的谈判代表到了日本之后不几天，就急于想回到故乡别墅的游泳池、海滨和妻儿身旁去，在谈判桌上常常表现出急躁的情绪；而作为东道主的日本谈判代表则不慌不忙地讨价还价，他们掌握了谈判桌上的主动权。结果日本方面仅仅花费了少量款待作"鱼饵"，就钓到了"大鱼"，取得了大量谈判桌上难以获得的东西。

问题：案例中的商务谈判对日方来说是什么类型的谈判？日方这么做的根据是什么？

二、实训操作

1．实训目的

通过实训，学生能够正确认识商务谈判，并能判断谈判当事人的谈判结果。

2．实训组织和要求

将班级中的学生划分为若干项目小组，小组规模为 5 人左右，中途无特殊原因不允许组员变动，每小组选举小组长以协调小组的各项工作。辅导老师应及时检查学生任务完成情况，提供必要的指导和建议，并组织同学进行经验交流，并针对共性问题在课堂上组织讨论和专门的讲解。

3．实训内容

各小组收集发生在自己身上或亲朋好友身上的有关商务谈判的情况，分析每种谈判情况的主体、客体和目标，并评判该谈判是否是一次成功的谈判。每小组选出一个成功的谈判案例，并向全体同学进行介绍和情况分析。

模块 2　商务谈判准备

任务 2

准备谈判资料与人员

ZHUNBEI TANPAN ZILIAO YU RENYUAN

 【任务目标】

知识目标
- 了解商务谈判者应具备的素质，商务谈判心理禁忌
- 熟悉谈判团队的人员构成、谈判队伍的规模
- 掌握商务谈判信息收集的内容、手段及原则

技能目标
- 具备商务谈判者应具备的基本素质
- 具有组建商务谈判团队，采取合适的手段收集、整理谈判的相关信息材料的能力

实训目标
- 通过对商务谈判者应具备的素质、谈判团队的组建，谈判信息资料的准备方法和手段等的学习，使学生能运用组建谈判团队与准备谈判资料的相关知识，具备一名优秀的商务谈判者应有的良好素质，和根据实际情况组建合适的谈判团队，收集、整理相关谈判信息资料的技能

【案例导入】

A 公司是一家进口给排水设备代理公司,最近有一家有意向的房地产公司 B 公司拟准备购买 A 公司一批设备,双方即将进入谈判阶段。A 公司为了能取得谈判的成功特地组建了谈判团队,并准备了相关的谈判资料,以达到谈判目标。A 公司该怎么组建团队?团队成员该具备什么素质?又该准备哪些材料?

【任务实施】

2.1 具备商务谈判者的素质

根据案例导入,一个成功的商务谈判者应具备的基本素质有哪些?它是如何影响谈判结果的?哪些素质与能力是谈判者所应具备的?

商务谈判是谈判者之间知识、智慧、心理、能力和经验较量的过程,是一种专业性极强的社会活动。商务谈判者是谈判的行为主体,商务谈判者的素质是筹备和策划谈判谋略的决定性主观因素,它直接影响整个谈判过程的发展,影响谈判的成功与失败,最终影响谈判双方的利益分割。可以说,谈判者的素质是事关谈判成败的关键。

那么,要胜任商务谈判工作,应具备哪些基本素质呢?人的思想品德是决定人的行为性质的因素;人的知识、经验、才能是人解决问题的手段;人的身体健康状况是人进行各项活动的基本保障;人的心理状态是人的聪明才智得以正常发挥的保证。因此,一名商务谈判者一般应具备以下几个基本素质:道德素质、业务素质、身体素质和心理素质。

2.1.1 商务谈判者应具备的道德素质

道德素质(Moral Quality)是人们的道德认识和道德行为水平的综合反映,包含一个人的道德修养和道德情操,体现着一个人的道德水平和道德风貌。商务谈判者具备良好的道德素质,是谈判乃至整个交易顺利进行的根本保证,也是建立长期友好合作关系的前提。

1. 诚信为本、讲求信誉

现代经济活动中,诚信是任何企业、个人成功的基本保证,没有诚信的人不可能长久立足,没有诚信的公司企业也不可能发展壮大。谈判不能建立在欺骗的基础上,因为谈判意味着合作的开始。不择手段、尔虞我诈在法制的市场下行不通,也是没有前途的。谈判要讲究策略,但不能违背基本道德规范,才能以良好信誉赢得长远利益。

【案例 2-1】

一个顾客走进一家汽车维修店,自称是某运输公司的汽车司机。"在我的账单上多写点零件,我回公司报销后,有你一份好处。"他对店主说,但店主拒绝了这样的要求。顾客纠缠说:"我的生意不算小,会常来的,你肯定能赚很多钱!"店主告诉他,这事无论如何也不会做。顾客气急败坏地嚷道:"谁都会这么干的,我看你是太傻了!"店主火了,他要那个顾客马上离开,到别处谈这种生意去。这时,顾客露出微笑,并满怀敬佩地握住店主的手："我就是那家运输公司的老板。我一直在寻找一个固定的、信得过的维修店，我今后常来！"面对诱惑，不为其所惑，虽平淡如行云，质朴如流水，却让人领略到一种高尚。这是一种闪光的品格——诚信。

（资料来源：http://www.zhlzw.com/lz/zj/61294.html.）

2．忠于职守、遵纪守法

当前市场经济下，谈判人员必须自觉抵制各种腐败思想的侵蚀，才能为国家、为民族、为企业争取更多利益，才不会为蝇头小利牺牲企业甚至民族、国家的利益。

3．百折不挠、意志坚定

商务谈判是困难、艰苦的过程，有时甚至要"知其不可为而为之"。但是，一旦接受了谈判任务，就要依照己方既定的目标与原则，以勇往直前的姿态全力以赴。在谈判桌上，双方的利益是你进我退，一方若有半点"委曲求全"的意思，对方定会"得寸进尺"。因此，在谈判中，不管有什么样的困难和压力，都要显示出奋战到底的决心和勇气。即使是妥协求和，也要在经过力争后以强者的大度予以提出。

4．谦虚谨慎、团结协作

一个人的知识是有限的，必须依靠谈判班子的每个人及幕后顾问的协作和支持才能把事情办好。所以无论个人经验有多丰富，能力有多强，都要虚怀若谷，尊重他人，不论对下属还是谈判对方。谦虚谨慎，宽厚仁爱，把自己置于组织之下群众之中，认真听取各种利于谈判的意见，充分调动组织中各类人员的积极性和主动性，不断克服困难创造良好业绩。

2.1.2 商务谈判者应具备的业务素质

业务素质（Business Quality）是商务谈判者进行相关谈判活动所必备的业务知识和谈判能力。

1．业务知识

谈判是人与人之间利益关系的协调磋商过程，在这个过程中，合理的学识结构是讨价还价、赢得谈判的重要条件。出色的谈判者应具备丰富的知识，这就要求谈判者既具备广博的综合知识，又有很强的专业知识，以便在商务谈判中应变自如。

1）基础知识

优秀的谈判者，必须具备完善的相关学科的基础知识，要把自然科学和社会科学统一起来，在具备贸易理论、市场营销等一些必备的专业知识的同时，还要对心理学、经济学、管理学、财务学、政治学、历史学、控制论、系统论等一些学科的知识进行广泛的学习，使其为自己所用。在商务谈判中，谈判者的知识技能单一化已成为一个现实的问题，技术人员不懂商务、商务人员不懂技术的现象大量存在，给谈判工作带来了很多困难，因此，谈判者必须具备多方面的知识，才能适应复杂的谈判活动的要求。

2）专业知识

优秀的谈判者，除了应具备上述的基础知识外，还必须具有较深的专业知识。专业知识是指谈判者对本行业的熟悉程度及对所经营产品的了解程度。谈判者必须对技术问题有一定的了解和熟悉，掌握基本描述产品的技术指标和项目，熟悉质量标准。了解行业内部发展动态,如最新技术及竞争者的情况,是一个谈判人员应掌握的最基本的业务知识,特别是对于直接竞争对手的状况、竞争产品的特点都应该有较为详尽的了解,而非简单地否定别人的产品。同时,谈判者还必须掌握一些谈判的基本程序、原则、方式,以及学会在谈判的不同阶段使用不同的策略技巧。

3)法律知识

参与商务谈判的人员必须充分了解有关谈判事项的法律法规,否则很可能使谈判因为不合法而产生无法执行的问题。只有具备了充分的法律知识,才能在商务谈判中大大加强自己的地位,及时识破对方的诡计,用法律武器维护自己的利益。

【知识链接】

要掌握的法律知识,除了当事人所在国的国内法及有关规定外,还包括国际公约和统一的惯例、有关国际交易的习惯和条约、统一的规则等。其种类因谈判事项的不同而不同,主要包括以下几个方面。

(1) 关于买卖,有民法、商法、合同法、国际货物买卖公约、国际贸易等方面的法规。
(2) 关于付款方式,有票据法、信用证统一条例、托收统一规则、契约保证统一规则等。
(3) 关于运输,有海商法、国际货物运输法、国际货物运输公约、联运单据统一规则等。
(4) 关于保险,有海上保险法、伦敦保险协会货物条款等。
(5) 关于检疫,有商品检疫法、动植物检疫法等。
(6) 关于报关,有税法、反倾销法等。
(7) 关于知识产权,有专利法、商标法、工业产权法、知识产权公约等。
(8) 关于经济合作,有投资合作条例、有关技术合作条例、公司法等。
(9) 关于消费者保护,有消费者保护法、包装标志条例、产品责任法、公平交易法等。
(10) 关于外汇及贸易管理,有外汇管理条例、贸易法等。
(11) 关于纠纷的处理,有民事诉讼法、商务仲裁法等。

4)人文知识

随着经济全球化的不断发展,在商务谈判活动中,免不了要和来自不同国家、不同地区、不同民族的商务人员打交道。因此,在现代商务活动中,谈判者要了解、尊重和迎合谈判对方的各种不同的风俗习惯、礼仪礼节等情况,否则就会闹笑话。"百里不同风,千里不同俗",如一位在中东做生意的美国人要在一份几百万美元的协议上签字,此时,主人请他吃当地一种美餐——羊头,这位美国先生如果不"欣然接受",他将会失去这笔生意。只有提前了解并掌握这些不同的风俗习惯和礼仪礼节,才能够在商务谈判中灵活运用谈判技巧,做到因人而异、有的放矢,最终取得良好的谈判效果。

【案例2-2】

法国盛产葡萄酒,外国的葡萄酒要想打入法国市场是很困难的,然而四川农学院留法研究生李华经过几年的努力,终于使中国的葡萄酒奇迹般地打入了法国市场。可是,中国葡萄酒在香港转口时却遇到了麻烦。港方说,按照土酒征80%关税、洋酒征300%关税的规定,内地的葡萄酒应按洋酒征税。面对这一问题,李华在与港方的谈判中吟出了一句唐诗:"葡萄美酒夜光杯,欲饮琵琶马上催。"并解释说:"这说明中国唐朝就有葡萄酒了。唐朝距今已有1 300多年了,而英国和法国生产葡萄酒的历史,要比中国晚几个世纪，怎么能说中国葡萄酒是洋酒呢？"一席话驳得港方有关人员哑口无言，只好将中国葡萄酒按土酒征税。

（资料来源：李昆益．商务谈判技巧[M]．北京：对外经济贸易大学出版社．2007．）

【特别提示】

知识的增长主要靠自己有心积累，要观察细一点，考虑多一点，平时多听、多学、多分析、多实践。同时，谈判者应该谦虚好学，善于从各个方面的专家那里汲取所需要的知识。这样，天长日久，日积月累，知识就会丰富起来，就能得心应手地驾驭谈判的过程。

2．谈判能力

谈判者具备了相关业务知识后，还要能够将这些知识选用恰当的方式表达出来，并让谈判对手接受，才是谈判的最终目的，这就需要具备一定的谈判能力。谈判能力是指谈判者驾驭商务谈判这个复杂多变的"竞技场"的能力，是谈判者在谈判桌上充分发挥作用所应具备的主观条件。

1）观察能力

观察能力是谈判者在谈判过程中察言观色，审时度势，以便正确把握和了解双方的谈判态势，从而采取相应的措施的能力。具备良好的观察能力才能敏感地观察谈判形势的细微变化，捕捉到大量有价值的谈判信息；才能迅速掌握谈判对手的真实意图，根据掌握的信息和对方在现场的言谈举止加以分析综合，做出合理判断；才能依据交易双方的经济实力在双方交锋的谈判桌上灵活应变；才能根据谈判的内外环境和主客观条件正确判断谈判的发展趋势。

商务谈判的准备阶段和洽谈阶段充满了多种多样、始料未及的问题和假象，谈判者为了达到自己的目的，往往以各种手段掩饰真实意图，其传达的信息真真假假、虚虚实实。优秀的谈判者能够通过观察、思考、判断、分析和综合的过程，从对方的言谈和行动迹象中判断真伪，了解对方的真实意图，从而掌握谈判的主动权，取得谈判的成功。

2）应变能力

应变能力是指面对意外事件等压力，能迅速地做出反应，并寻求合适的方法，使事件得以妥善解决的能力，通俗地说就是应对变化的能力。任何细致的谈判准备都不可能预料到谈判中可能发生的所有情况，许多事情都无法按事先拟定的程序去完成，千变万化的谈判形势要求谈判者必须具备沉着、机智、灵活的应变能力，能够在主客观情况变化的瞬间，趋利避害，以控制谈判的局势。这正如一个高明的船长航行于急流险滩之中时，他不仅时刻铭记自己要达到的目标，而且能灵活地处理面临的各种航行难题。

【案例 2-3】

1991 年，杨澜到广州一个体育馆主持一个大型晚会，晚会进行了一半左右，又轮到她上台，不知怎的，她的一只高跟鞋的鞋跟卡在了舞台地板的夹缝里，没等她反应过来，人已应声扑倒。当时杨澜爬起来，定了定神，自嘲道："我刚才这个动作可不怎么优美，可是在接下来的杂技表演中，您将欣赏到精彩的动作表演：狮子滚绣球。"说完提着裙摆，小心翼翼地走下台去。

应变能力内涵颇为丰富,如思维方法上的灵活性、决策选择上的灵活性、满足对方需要的灵活性等。中国古代有一则叫"瞎子摸象"的寓言,充分说明了不同的观察角度对思维结果的决定性影响。谈判中一个根本性问题是"吃亏"或"占便宜"。一个高明的谈判者,总能看到吃亏中的便宜,也能够承担占便宜后的代价。尽管有时这种代价是昂贵的,因为他们深知"便宜没好货"。例如,某英国生产商,自费派专家来华指导合营企业的生产,看来很大方,但要求合营企业的产品以本地价的 1/3 的低价由外商包销,来获取大部分利润,这显然是吃小亏占大便宜。

总之,作为一名出色的谈判者,应该做到:当陷入被动或困扰时,善于做自我调节,能够临危不乱,受挫不惊,从容应对,在整个谈判过程中始终保持清醒、冷静的头脑,保持灵敏的反应能力,使自己的作用得以充分发挥。

3)社交能力

社交能力是指人们在社会上与各类不熟悉的人进行交往、沟通的能力,是衡量一个现代人能否适应开放社会的标准之一。缺乏社交能力的人,往往会在自己与周围的人群之间形成一道无形的心理屏障,是不可能完成自己所担负的工作任务的。社交能力往往是一个人多方面能力的综合表现,诸如表达能力、组织能力、应变能力、逻辑能力及知识修养等。谈判实质上是人与人之间思想观念、意愿情感的交流过程,是重要的社交活动。谈判者应善于与不同的人打交道,也要善于应对各种社交场合,通晓和遵守各种社交场合的礼仪规范,这既是一种对自己和他人的尊重,也是一种知识和教养的体现,这就要求谈判者塑造良好的个人形象,掌握各种社交技巧,熟悉各种社交礼仪知识。

4)决策能力

决策能力是谈判活动中比较重要的一种能力。谈判者必须十分熟悉谈判项目的有关情况,能依据谈判形势的变化,抓住时机,果断地做出正确决策。决策能力不单单是人的某一方面能力的表现,从某种程度上说,它是人的各项能力的综合体现。它是建立在人们观察、注意、分析的基础上,运用判断思考、逻辑推理而做出决断的能力。因此,培养和锻炼谈判者的决策能力,就必须注意各种能力的平衡发展。注意力、观察力强的人,不一定思维能力、判断能力也好,记忆力好的人可能创造力、适应力比较差。但是,要想提高决策能力,做出正确、果断的决定,就需要运用各方面的能力。所以,谈判者应有意识、有目的地培养和锻炼自己某一方面较差的能力,使各种能力的发展趋于平衡。

【知识链接】

培养决策能力应注意以下几点。

(1) 克服从众心理。从众心理是指个体对社会的认识和态度常常受到群体对社会的认识和态度的左右。从众行为者的意识深处考虑的是自己的行为能否为大众所接受,追寻的是一种安全感。从众行为者认为群体的规范、他人的行为是正确的时候,就会表现出遵从;当他认为群体的规范、他人的行为并不合适,而自己又没有勇气反抗时,就会被动地表现为依从。从众心理重的人容易接受暗示,他们依赖性强,无主见,人云亦云,容易迷信权威和名人,常说违心的话,办违心的事。决策能力强的人,能摆脱从众心理的束缚,做到思想解放、冲破世俗、不拘常规、大胆探索,因此他们能独具慧眼,发现一般人不能发现的问题,捕捉到更多的成才机遇。

(2) 增强自信心。拥有自信心是具有决策能力者明显的心理特征。没有自信就没有决策。增强自信心首先要有迎难而上的胆量。温斯顿·丘吉尔(Winston Churchill)就说过:"一个人绝对不可在遇到危险的威胁时，背过身去试图逃避。若是这样做，只会使危险加倍。但是如果立刻面对它毫不退缩，危险便会减半。决不要逃避任何事物，决不！"其次要变被动思维为积极思维。"凡事预则立，不预则废"，平时善动脑筋，关键时自然敢作决定。再次要培养自己的责任感和义务感，跳出个人的小天地，如此你的自信才能坚实可靠。另外平时交往注意选择那些有自信心、敢作敢为的人，时间长了，看得多了，你必然会受到积极的影响。

（3）决策勿求十全十美，注意把握大局。做事务求十全十美，不想有任何挫折或失误，那只能作茧自缚。如能识大体，把握大局，权衡出利弊得失，当机立断，才能尽快达到自己理想目标。持之以恒，你的决策能力和水平就会很快提高。

5）语言表达能力

语言表达能力是指以语言、文字、动作等方式将自己的知识、观点、意见明确有效地传播给他人的能力。语言是传达信息、交流思想的交际工具。谈判中的语言包括口头语言和书面语言两类。无论是口头语言还是书面语言，都要求准确无误地表达自己的思想和情感，使对手能够正确领悟你的意思。书面表达准确严谨，口头表达清楚流利，语言精练，逻辑性强，讲究分寸，说服力强。一个优秀的谈判者，要像语言大师那样精通语言，讲究说话的艺术，通过语言的感染力强化谈判的艺术效果。如果说话含糊不清，吐字不准，措辞不当，或者语无伦次，词不达意，没有逻辑性，就会影响谈判者之间的沟通和交流，这也是谈判者的大忌。

语言表达能力是综合性的技巧，它既需要简洁、清楚、清晰，更需要注入感情。不仅如此，谈判者还要注意语言的艺术化，注意谈判语言的运用技巧，使谈判语言生动、鲜明、形象、具体。同样一句话，从不同的角度讲，就会产生不同的效果，如将"屡战屡败"说成"屡败屡战"，意境迥然不同。可见，语言艺术的确有点石成金的功效。谈判者一旦掌握了语言艺术，就会对谈判产生意想不到的好处。

6）情绪控制能力

谈判者在谈判过程中经常会由于利益的冲突而形成紧张、争吵、对抗的局面，破坏谈判气氛，造成谈判破裂。生活中很多人重感情，而太重感情的人担任商务谈判代表要冒以下风险：一是要冒吃亏的风险，因为他们很容易被对方的"糖衣炮弹"击中，产生感恩戴德的心理，不自觉地把企业的利益拱手相让，且不觉得自己做得不对；二是要冒失掉大笔生意的风险，因为在谈判中用各种手段向对方施压是很平常的事，但太重感情的人会受不了稍微强烈一点的情绪刺激，会在激动、气愤、屈辱之余与对方闹僵。

然而，冷漠的宠辱不惊、喜怒不形于色的人也不太好，对方会觉得你老奸巨猾、难以接近，须认真提防，这显然对你也是不利的。提高自己对情绪的控制能力，会使你在商务谈判中时刻保持一个冷静清醒的头脑。

7）开拓创新能力

谈判桌上，谈判双方为了各自利益展开唇枪舌剑，而每一方的利益又都十分具体，随着双方力量的变化和谈判的进展，谈判过程可能出现较大的变化。这时，如果谈判者抱残守缺、墨守成规，那么谈判要么陷入僵局，要么导致破裂，致使谈判失败。所以，商务谈判者要具备丰富的想象力和不懈的创造力，勇于开拓创新，拓展商务谈判的新思路、新模式，创造性地提高谈判工作水平。

【知识链接】

著名物理学家、诺贝尔奖学金获得者史蒂芬·温伯格（Steven Weinberg）说过："不要安于书本上给你的答案，要去尝试发现与书本上不同的东西，这种素质可能比智力更重要，往往是最好的学生和次好的学生的分水岭。"

2.1.3 商务谈判者应具备的身体素质

身体素质（Physical Quality）包括良好的气质、广泛的兴趣、端庄的仪表、完美的个性、真诚和丰富的情感等。

商务谈判往往是一项牵涉面广、经历时间长、节奏紧张、压力大、耗费谈判人员体力和精力的工作。特别是赴国外谈判，还要遭受旅途颠簸、生活不适之苦；若接待客商来访，则要尽地主之谊，承受迎送接待、安排活动之累。所有这些都要求谈判人员必须具备良好的身体素质，同时也是谈判人员保持顽强意志力与敏捷思维的物质基础。因此，在选择谈判人员时应考虑适当的年龄跨度。谈判人员应该有充沛的精力，一般在35~55岁，正是思路敏捷，精力旺盛的阶段，他们已经积累了一定经验，而且事业心、责任心和进取心也较强。当然，由于谈判内容、要求不同，年龄结构也可灵活掌握。

2.1.4 商务谈判者应具备的心理素质

心理素质（Psychological Quality）是指人们通过培养和锻炼，形成的对社会生活和人类思想感情的认识能力、理解能力，以及对社会的现实生活的处理和承受能力。

商务谈判就是谈判双方心理活动的博弈，兵法中有"知己知彼，百战不殆"一说。在谈判过程中会遇到各种阻力和对抗，也会发生许多突变，谈判人员只有具备良好的心理素质，才能承受住各种压力和挑战，取得最后的胜利。

1. 良好的心理素质

1）足够的耐心

耐心是在心理上战胜谈判对手的一种战术与谋略，也是成功谈判的心理基础。商务谈判不仅是一种智力、技能和实力的比拼，更是一场意志、耐心的较量。有一些重大艰难的商务谈判，往往不是一轮、两轮就能完成的。在一场旷日持久的谈判较量中，对谈判者而言，如果缺乏应有的耐心和意志，就会失去在商务谈判中取胜的主动权。

在商务谈判中，耐心表现在不急于取得谈判的结果，能够很好地掌控自己的情绪，不被对手的情绪牵制和影响，使自己能始终理智地把握正确的谈判方向。此外，有了耐心可以使谈判者避免意气用事，融洽谈判气氛，缓和谈判僵局；有了耐心可以使谈判者更多地倾听对方的诉说，获得更多的信息；有了耐心可以使谈判者更好地克服自身的弱点，增强自控能力，更有效地控制谈判局面。

谈判者在商务谈判中，只有自始至终保持耐心，才能实现目标。需要指出的是，耐心不同于拖延。

【案例 2-4】

著名的戴维营和平协议是一个由于美国前总统卡特（Carter）的耐心而促成谈判成功的经典案例。为了促成埃及和以色列的和平谈判，卡特精心地将谈判地点选择在戴维营，尽管那里环境幽静、风景优美、生活设施配套完善，但卡特总统仅为谈判者安排了两辆自行车的娱乐设备，晚上休息，住宿的人可以任选 3 部乏味的电影中的任何一部看。住到第 6 天，每个人都把这些电影至少看过两次了，他们厌烦得近乎发疯。但是接下来的每天早上 8 点钟，埃及总统萨达特（Sadat）和以色列总理贝京（Begin）都会准时听到卡特的敲门声和那句熟悉而单调的话语，"您好！我是卡特，再把那个乏味的题目讨论上一天吧。"正是由于卡特总统的耐心，到第 13 天，萨达特和贝京都忍耐不住了，再也不想为谈判中的一些问题争论不休了，这就有了著名的戴维营和平协议。

（资料来源：王淑贤. 商务谈判理论与实务[M]. 北京：经济管理出版社. 2003.）

2）合作的诚心

谈判是两方以上的合作，而合作能否顺利进行，能否取得成功，还取决于双方合作的诚意。诚心，是一种负责的精神，是合作的意向，是诚恳的态度，是谈判双方合作的基础，也是影响打动对手心理的策略武器。谈判需要诚心，诚心应贯穿谈判的始终，受诚心支配的谈判心理是保证实现谈判目标的必要条件。要做到有诚心，在具体的活动中，对于对方提出的问题，要及时答复；对方的做法有问题，要适时恰当地提出；自己的做法不妥，要勇于承认和纠正；不轻易许诺，承诺后要认真践诺。

在谈判过程中，以诚心感动对方，可以使谈判双方互相信任，建立良好的交往关系，有利于谈判的顺利进行。

【案例 2-5】

1949 年中华人民共和国成立后，以美国为首的资本主义国家就开始对中国进行全面封锁，实行孤立中国的政策，但近 20 年的孤立、隔绝，中国不但没有倒下，反倒日益强大，这使美国一些政治家开始重新认识中国在世界上的地位。1967 年，准备竞选美国总统的尼克松（Nixon）发表了一篇题为《越战之后的亚洲》的文章，引起了毛泽东的注意，尼克松在文章中指出打开迈向中国之路的重要性。毛泽东敏锐地意识到，如果尼克松上台，美国有可能改变对华政策。

1968 年 11 月，尼克松大选获胜不到 3 周，中国驻波兰临时代办就致函美国驻波兰大使，建议中美双方举行大使级会谈，美方立即予以回应，至此双方开始了富有诚意的对话。1970 年，中美两国举行了大使级会谈，第一次面对面地表明了愿意改善关系的愿望。1971 年 7 月，尼克松的私人特使基辛格（Kissinger）博士到北京访问，为中美双方建交迈出了实质性的一步。1972 年 2 月，尼克松来华访问，开创了中美关系的新纪元，虽然双方的分歧和隔阂较大，但是两国领导人都认识到，合作是主要的，其他一切都可以为此让路。在双方谈判者的艰苦努力下，终于有了中美两国的《联合公报》，为 1978 年中美两国建交奠定了基础。

中美建交谈判的成功与双方的努力、时机的成熟都是分不开的，但最重要的是双方建交的意愿。在这种意愿下，两国领导人和参与谈判的人员克服了局外人难以想象的困难和障碍，创造了举世震惊的神话。

（资料来源：王淑贤. 商务谈判理论与实务[M]. 北京：经济管理出版社. 2003.）

3）必胜的自信心

信心是谈判者从事谈判活动的必备心理要素。信心是人的精神支柱，它是人们信仰的具体体现，决定了人的行为活动方式。在商务谈判中，自信心就是谈判者相信自己企业的实力和优势，相信集体的智慧和力量，相信谈判双方的合作意愿，具有说服对方的信心。有了充足的信心，谈判者才能使自己的才能得到充分展示，自己的潜能得到充分发挥。面对艰辛曲折的商务谈判，只有具备必胜的信心，在谈判前要经常对自己说："我能行的！"而不是"我能行吗？"，才能促使谈判者在艰难的条件下通过坚持不懈的努力走向胜利的彼岸，最终如愿以偿，目标得以实现。所以，无论如何，在商务谈判中，谈判者一定不能表现出信心不足，即使在谈判十分困难的时候。

当然，在客观现实中，谈判者自信心的获得是建立在充分准备、充分占有信息和对谈判双方实力科学分析和调研的基础上，而不是靠什么灵丹妙药的赐予，不是盲目的自信，更不是固执坚持自己错误的所谓自信。

4）崇高的责任心

崇高的责任心是指谈判者要以极大的热情和全部的精力投入到谈判活动中，以对自己的工作高度负责的态度抱定必胜的信念去进行谈判活动。只有这样，才会有勇有谋，百折不挠，达到目标；才能虚怀若谷，大智若愚，取得成功。一个根本不愿意进行谈判，对集体和国家都没有责任心的人，是不会全力以赴代表国家或集体去进行谈判的。在商务谈判中，有些谈判者不能抵御谈判对手变化多端的攻击，为了个人私欲损公肥私，通过向对手透露情报资料，甚至与对方合伙谋划等方式，使己方丧失有利的谈判地位，使国家、集体蒙受巨大的经济损失。因此，谈判者必须思想过硬，具有强烈的责任感，充分调动谈判者自身的智力因素和其他积极因素，才会以科学严谨、认真负责、求实创新的态度，本着对自己负责、对别人负责、对集体负责、对国家负责的原则，克服一切困难，顺利完成谈判任务。

5）果断的决心

果断是一个优秀谈判者应具备的良好心理素质。在商务谈判中，具有果断决心的谈判者能够有效地调动各种内在和外在的力量，共同为谈判的成功服务，因此，外国的许多谈判专家把谈判中具备果断素质的人称为"具有十亿美元头脑的人"。另外，商务谈判是个较量的过程，双方都将面对各方面的压力，所以谈判者要有果断的决心承受这些压力，尤其是面对拖延、时间紧张、失败的时候更是如此。

6）强烈的自尊心

强烈的自尊心是谈判者正确对待自己和正确对待谈判对手的良好心理。谈判者首先要有自尊心，维护民族尊严和人格尊严，面对强大的对手不能奴颜婢膝，更不能出卖尊严换取交易的成功，同时谈判者还要尊重对方的意见、观点、习惯和文化观念。在商务谈判中，只有互相尊重，平等相待，才可能保证合作成功。

【知识链接】

锻炼心志是提高心理素质的核心。首先要热爱商务谈判工作，把它看作一项富有挑战的事业去做。再次要以平常心对待挫折，要以不幸为师。最后，商务谈判人员要努力凝视自我的心灵，并且多去理解他人心中的感受，凡事站在对方的角度去思考问题。

2. 谈判心理禁忌

谈判的禁忌是多方面的，下面将从两大方面分别阐述商务谈判的心理禁忌。

1）一般谈判心理禁忌

（1）戒急。在商务谈判中，有的谈判者急于表明自己的最低要求，急于显示自己的实力，急于展示自己对市场、对技术、对产品的熟悉，急于显示自己的口才等。这些行为很容易暴露自己，易陷于被动地位。

（2）戒轻。在商务谈判中，有的谈判者轻易暴露所卖产品的真实价格，轻信对方的强硬态度，没有得到对方切实的交换条件就轻易做出让步，遇到障碍轻易放弃谈判等。"轻"的弊病一是"授人以柄"，二是"示人以弱"，三是"假人以痴"，都是自置窘境的心理弊病。

（3）戒俗。所谓俗就是小市民作风。在商务谈判中，有的谈判者因对方有求于他就态度傲慢，有的谈判者因有求于对方就卑躬屈膝。这些行为可能会使谈判者既失去谈判的利益，又失去谈判者的尊严。

（4）戒狭。心理狭隘的人不适合介入谈判，因为心理狭小则容不下这张谈判桌。在商务谈判中，有的谈判者把个人感情带入谈判中，或自己的喜怒哀乐受人感染，或脾气急躁、一触即跳，或太在乎对方的言语、态度。这种谈判者一般都是"成事不足，败事有余"。

（5）戒弱。俗话说"未被打死先被吓死"就是弱。在商务谈判中，有的谈判者过高地估计对手的实力，不敢与对方的老手正面交锋、据理力争，始终以低姿态面对对手。

2）专业谈判心理禁忌

（1）禁忌缺乏信心。在激烈的商务谈判中，特别是同强者的谈判中，如果缺乏求胜的信心，是很难取得谈判成功的。"高度重视—充分准备—方法得当—坚持到底"，这是取得谈判胜利的普遍法则。在谈判中，谈判各方为了实现自己的目标，都试图调整自己的心理状态，从气势上压倒对手。所以，成功的信念是谈判者从事谈判活动必备的心理要素，谈判者要相信自己的实力和优势，相信集体的智慧和力量，相信谈判双方的合作意愿，具有说服对方的信心。

（2）禁忌热情过度。严格来讲，谈判是一件非常严肃的事情，它是企业实现经济利益的常见业务活动。在进行商务谈判时，适度的热心和关怀会使对方乐意和你交往，但过分热情，就会暴露出你的缺点和愿望，给人以有求于他的感觉。这样就削弱了己方的谈判力，提高了对手的地位，本来比较容易解决的问题可能就要付出更大的代价。因此，对于谈判者而言，在商务谈判中对于热情的把握关键在于一个"度"的问题。如果己方实力较强，对于对方的提案，不要过于热心，只要表示稍感兴趣，就会增加谈判力量。相反，如果己方实力较弱，则应先缓和一下两者之间的冷漠感，同时表现出热情但不过度，感兴趣却不强求，不卑不亢，泰然处之，从而增加谈判力量。

（3）禁忌举措失度。在商务谈判中，各种情形复杂多变，难以预料。当出现某些比较棘手的问题时，如果没有心理准备，不知所措，就会签订对自己利益损害太大的协议，或者处理不当，不利于谈判的顺利进行。有为一点小事纠缠不清的，有故意寻衅找事的，当这些事情发生时，谈判当事人应保持清醒的头脑，沉着冷静，随机应变，分析其原因所在，找出问题的症结，如果是对方蛮不讲理，肆意制造事端，就毫不客气，以牙还牙，不让对方得逞，以免被对方的气势所压倒。在不同的谈判场合会遇上各种对手，碰到不同的情况，不知所措，只会乱了自己，帮了对手。所以，谈判者一定要学会"临危而不乱，遇挫而不惊"才行。

（4）禁忌失去耐心。耐心是在心理上战胜谈判对手的一种战术，它在商务谈判中表现为不急于求得谈判的结果，而是通过自己有意识的言论和行动，使对方知道合作的诚意与可能。谈判是一种耐力的竞赛和比拼，没有耐力素质的人不宜参与谈判。耐心是提高谈判效率赢得谈判主动权的一种手段，让对方了解自己，又使自己详尽地了解对手。只有双方相互了解、彼此信任的谈判才能获得成功，所以，耐心是商务谈判过程中一个不可忽视的制胜因素。

（5）禁忌掉以轻心。谈判永远不可以掉以轻心。谈判获胜前不能掉以轻心，获胜后更不能掉以轻心，否则，要么是功败垂成，要么是成而树敌。在商务谈判中，一方设置陷阱的情况经常发生，有些商家在提出条件时含而不露，故意掩盖事情的真相。如果谈判者不能及时地发现问题，很容易被迷惑，为合同的履行埋下祸根，一旦情况发生了变化，对方以各种理由不执行协议，将导致谈判前功尽弃。要重视每一个细节，正所谓"细节决定成败"。

（6）禁忌假设自缚。有哲人指出：主观臆断是一般人的通病。别让你的有限的经验成为永恒的事实。作为谈判者就是要冒风险，挣脱过去经历的先例，对臆测提出质疑，凭借你现有的经验做出新的尝试。"风物长宜放眼量"，应抱着开放的心态，灵活应对谈判现实。

（7）禁忌忽略细节。细节决定成败是一个众所周知且极易理解的道理。在商务谈判中涉及的细节问题主要有衣着修饰、基本礼节、语言表达、肢体语言、文档资料等几个方面。细节的问题是存在于谈判双方的，因此谈判人员不但要注意自身各个环节的细节，还应该留意谈判对手各个环节的细节。

3. 影响谈判的心理因素

1）第一印象

第一印象（First Image）是认知者对从未接触过的人在第一次接触到有关的信息和材料后所形成的最初印象。第一印象主要是根据对方的表情、姿态、身体、仪表和服装等形成的印象。好的印象便于我们与他人更好地相处，而第一印象非常重要。虽然我们常说"人不可貌相"，但生活中每个人都不可避免地会因为相貌对人的第一印象而产生重大的影响。

🔍 【案例 2-6】

某公司招聘秘书，有个女大学生去面试。她乘车时不小心刮破了丝袜，左脚脚踝上出现了一个小洞，应聘单位的办公楼下正好有个商店可以买双新的丝袜，但是这个女孩觉得破洞在脚踝上不容易被发现，所以就没在意，径直走进了电梯。结果，就是因为这个小洞，给面试官留下了一个很差的印象，女孩没被应聘上。面试官认为，秘书工作需要耐心和细心，而一个对自己仪表不在乎的人，不可能会对工作细心和有耐心。女孩知道后后悔莫及。

第一印象无论好坏都很难抹去。因此，初次见面就不讨人喜欢的人通常不具备良好的交际能力；而第一次就给人留下美好印象的人，更受人欢迎。我们把最初接触到的信息所形成的印象，对以后的行为活动和评价的影响，称为"第一印象效应"，也称"首因效应"。

2）晕轮效应

晕轮效应（Halo Effect），又称"光环效应"，是认知者由于对认识对象有某一点或好或坏的印象后，泛化到其他方面，认为也是"好"或"坏"，从而掩盖其本质特征。晕轮效应不但常表现在以貌取人上，而且还常表现在以服装定地位、性格，以初次言谈定人的才能与品德等方面。在对不太熟悉的人进行评价时，这种效应体现得尤其明显。

【案例 2-7】

拍广告片的多数是那些有名的歌星、影星,而很少见到那些名不见经传的小人物。因为明星推出的商品更容易得到大家的认同。一个作家一旦出名,以前压在箱子底的稿件全然不愁发表,所有著作都不愁销售,这都是光环效应的作用。

3) 刻板印象

刻板印象(Stereotypes Effect)又称"定型化效应",是指个人受社会影响而对某些人或事持稳定不变的看法,是对人的认知、评价中的一种凝固、概括而又笼统的印象。刻板印象一经形成,就很难改变。

【案例 2-8】

市场调查公司在招聘人户调查的访员时,一般都应该选择女性,而不应该选择男性。因为在人们心目中,女性一般来说比较善良、较少攻击性、力量也比较单薄,因而人户访问对主人的威胁较小;而男性,尤其是身强力壮的男性如果要求登门访问,则很容易被拒绝,因为他们更容易使人联想到一系列与暴力、攻击有关的事物,使人们增强防卫心理。

【知识链接】

不同国家的人性格刻板印象。
(1) 美国人:勤奋、聪明、雄心、实利主义。
(2) 英国人:爱运动、聪明、因循守旧、爱传统、保守。
(3) 意大利人:爱艺术、冲动、感情丰富、急性子、爱好音乐。
(4) 德国人:有科学头脑、勤奋、不易激动、聪明、有条理。
(5) 犹太人:精明、勤奋、聪明。
(6) 日本人:聪明、勤奋、进取、精明。
(7) 中国人:保守、爱传统、勤劳、忠于家庭关系。

4) 心理定势效应

心理定势(Mental Set)是对某一特定活动的准备状态。它可以使我们在从事某些活动时能够相当熟练,甚至达到自动化程度,可以节省很多时间和精力;但同时,心理定势的存在也会束缚我们的思维,使我们只会用常规方法去解决问题,而不求用其他"捷径"突破,因而也会给解决问题带来一些消极的影响。心理定势主要包括认知定势、情感定势、思维定势。

【技能训练 2-1】

心理素质训练

训练背景:每一个人都渴望生活愉快,事业成功,那么,你首先就应该学会在面对挫折时,坦然接受,沉着应付,掌握并运用科学的方法使自己从困境中顺利地解脱出来,开始新的一天。

训练要求:在纸上写下最令你感到失败、受挫折的事情。认真分析造成失败或挫折的原因,将其写在纸上,并对这些原因按主、客观两方面进行分类,想一想自己到底是为哪方面的原因而苦恼,然后寻找能防止挫折感产生的方法。

2.2 组建谈判团队

根据案例导入，应该如何组建谈判团队呢？组建谈判团队时都需要考虑哪些要点？组建谈判团队时该如何选择谈判团队的成员？

2.2.1 谈判队伍的规模

谈判队伍应由多少人组成，并没有统一的模式，一般是根据谈判项目的性质、对象、内容和目标等因素综合确定的。英国谈判专家比尔·斯科特（Bill Scot）提出，谈判班子以 4 个人为最佳，最多不能超过 12 人。这是由谈判效率、对谈判组织的管理、谈判所需专业知识的范围和对谈判组织成员调换的要求决定的。

1. 单人谈判

单人谈判（Single Negotiations）是指谈判双方各由一位代表出面谈判的方式。

单人谈判的优缺点见表 2-1。

表 2-1 单人谈判的优缺点

优　　点	缺　　点
避免对方攻击实力较弱成员	担负多方面工作，对付多方面问题，可能影响工作效果
避免多人参加谈判时内容不协调	单独决策，面临决策压力较大
谈判者可独自当机立断采取对策	无法在维持良好的谈判形象的同时扮演多种角色，谈判策略运用受限制

单人谈判一般在以下情况运用：供需双方有着长期的合作关系，谈判双方都比较熟悉，对交易的条款、内容也都比较明确；推销员或采购员拜访客户（顾客），双方各自有权决定在什么条件下售卖或购买商品；续签合同的谈判，由于具体内容及条款在以往的谈判中都已明确，只需在个别地方进行调整与修改，谈判内容简单、明确；在许多重要的、大型谈判的过程中，对于某些具体细节的讨论，不需要所有人都参加谈判，或者是从更好地解决问题的角度出发，双方主要代表单独接触比较好，也会采取单人谈判的形式。

2. 小组谈判

小组谈判（Group Negotiations）是指每一方都是由两个以上的人员参加协商的谈判形式。每个人由于经验、能力、精力多种客观条件的限制，不可能具备谈判中所需要的一切知识技能，小组谈判则可克服这个缺点。小组谈判可用于大多数正式谈判，特别是内容重要、复杂的谈判。

小组谈判的优缺点见表 2-2。

表 2-2　小组谈判的优缺点

优　点	缺　点
可以运用谈判小组的战略战术	队伍组建本身有难度
可以进行分工	小组成员间不便协调
一人身体不支，可由另一个人继续谈判	
遇到困难，可以一起商量	

2.2.2　组建谈判团队

商务谈判高度紧张、复杂多变，需要大量的信息资料和多方面的专业知识，不是谈判代表单枪匹马就能完成的。因为即便是经验丰富、专业知识丰富、个人素质高的谈判高手，同对方多人谈判时，也难免会出现一些失误：在某些问题上可能会估计不足，使谈判策略大打折扣等。所以，当谈判项目比较复杂、涉及的范围较广、专业性较强时，要使谈判达到预定的目标，就需要组织一个规模适宜、结构合理、高质高效、性格互补的谈判团队。

与个人谈判相比较，团队谈判有很多明显的优势：可以使用黑、白脸等策略弱化对方的进攻；不同部门、不同领域的知识互补，有利于从不同的角度分析问题，防止错误出现；可以己方意见不一致为借口与对方周旋。总之，团队谈判不仅让对方更重视，而且还会给对方造成一种无形的压力。

1. 谈判团队的组建原则

谈判团队的组建主要遵循以下两方面的原则。

1）选择适当的谈判人员

组建的谈判团队是否优秀，谈判人员的选择很关键。作为谈判的组织者，能否根据谈判内容的难易和谈判对手的特点，选择不同特征的人参加谈判至关重要。如果选择的谈判人员不合适，谈判只能以失败告终。

【案例 2-9】

战国时期，范蠡的次子因为杀了人，被囚禁在楚国的监狱里。他决定派自己最小的儿子到楚国去通融一下。可是，大儿子因为没派他去感到没面子，竟然要自杀。范蠡只好派长子前去，同时告诫他到了楚国一切要听自己的好友庄生安排。

范蠡的长子和随从带着一千两金子来到楚国后，按照父亲的嘱咐来找庄生。庄生明白了他的意思，于是让范蠡的长子马上离开楚国，而且保证他的弟弟会被保释。范蠡的长子听了之后假装离去，却自作主张留了下来。

这天，庄生觐见楚王时，对楚王说自己夜观天象，发现国家将有一场大灾难，建议大王大赦天下避免这场灾祸。楚王听了庄生的话，于是下令赦免囚徒。范蠡的长子听说后认为自己的弟弟当然也应该被释放，一千两金子算白送了。于是他又来到庄生家。本来，他当初送给庄生一千两金子时，庄生并不想接受，但又怕他认为自己是拒绝帮忙，就先收了下来，准备事情成后再还给范蠡。这时，见到范蠡的长子再次登门，庄生便明白了他的来意，让他把那一千两金子带回去。

等范蠡的长子离开之后，庄生感到很愤怒。这种出尔反尔的态度不是对自己的愚弄吗？于是庄生又一次去面见楚王说:"现在人们传说范蠡的儿子因为杀人被囚禁在我国,他家用大量的金子贿赂大王的手下。大王本来是想实施仁政,如此一来,您的威望反而大大降低了。"楚王听了以后,立即下令把范蠡的二儿子杀掉,然后再赦免犯人。这样,范蠡的长子哭哭啼啼地回家了。家里人听说此事后非常悲痛,只有范蠡明白,是长子把老二害死的。

范蠡的大儿子固然在谈判中存在着很多不足之处,但对大儿子非常了解的范蠡却任用了他,不能不说是严重的失误。正应了古话"智者千虑,必有一失"。前车之辙,当为后人明鉴。

英国哲学家培根(Bacon)说过:"如果你为某人工作,你必须知道他的个性习惯,以便顺着他,引导他;知道他的需求,从而说服他;知道他的弱点,从而使他有所畏惧;知道他的喜好,从而支配他。"所以,如果你是谈判团队的负责人,就必须对每一位小组成员进行全方面的了解。一般来说,考察他们的性格特征、能力特征,选择情绪稳定、沉着冷静、责任心强的人员进入谈判团队,会推动谈判的进程,达到最佳的效果。

另外,在选择谈判成员时,年龄和身体状况也是重要的考虑因素。因为一些大型谈判就像围棋比赛一样是一场艰苦的持久战,它需要耗费大量的精力和时间,这就要求谈判成员除了要掌握必要的专业知识、一定的谈判技巧及具备良好的沟通能力外,还要具备旺盛的精力与充沛的体力,具备较强的心理承受力和独当一面的能力。所以,谈判人员的年龄以中青年为佳。

2)组团原则:取长补短

(1)知识互补。谈判是一场群体间的交锋,所以谈判团队成员首先要有各自必备的专业知识,同时相互之间的知识结构要具有互补性。所以谈判团队应由不同领域的专家组成,一般包括营销、财务、技术、法律等专业人员。这样,在解决各种问题时就能驾轻就熟,有助于提高谈判效率。例如,有关商品交易的,可由主管该项目的业务人员参加;关于技术引进的,可由业务人员、技术人员、法律工作者共同组成谈判小组。另外,可根据谈判进程决定人员何时上场,何时退场。这样,既保证了谈判的需要,又使谈判小组的规模保持在合适的水平,节约了己方的费用。

(2)性格协调。谈判团队中谈判人员的性格要互补协调,将不同性格人的优势发挥出来,互相弥补不足,才能发挥出整体队伍的最大优势。性格活泼开朗的人,善于表达、反应敏捷、处事果断,但其性情可能比较急躁,看待问题有可能不够全面、深刻。而性格沉稳的人,办事认真细致,说话比较谨慎,原则性和理性思维能力较强,但他们不够热情,不善于表达自己,处理问题时灵活性较差且不够果断。如果能将这两种性格的人组合在一起,分别担任不同的角色,就可以发挥出各自的性格特长,优势互补,协调合作。

【案例 2-10】

原国家外经贸部部长龙永图在中国"入世"谈判时曾选过一位秘书。当龙永图选该人当秘书时全场哗然,因为在众人眼里秘书都是勤恳谨慎,做事稳重,对领导体贴人微的人。但是龙永图选的秘书,大大咧咧,从来不会照顾人。

每次龙永图和他出门都是龙永图走到他房间里说,"请你起来,到点了。"对于日程安排,他有时甚至不如龙永图清楚。而经过核查,十次有九次他是错的。而且他从来不称呼龙永图为龙部长,都是"老龙",或者是"永图"。

但为什么龙永图会选他当秘书呢?当时由于谈判的压力大,龙永图有时候会和外国人拍桌子。每次回到房间后，其他人都不愿自讨没趣到他房间里来，唯有那位秘书每次不敲门就走进来，跷起腿，说龙永图某句话讲得不一定对，等等。而且他还经常出一些馊主意，被龙永图骂得一塌糊涂。但他最大的优点就是经骂，无论怎么骂，他5分钟以后就又回来了，"哎呀，永图，你刚才那个说法不太对"。在当时难以听到不同声音的情况下，那位经骂的秘书对龙永图的暴躁脾气就显得分外重要了。

(资料来源：中国期刊网，2008年4月.)

(3) 分工明确，主次分明。每一个团队中都有一名主谈人，在谈判中主谈人拥有拒绝权和最后的决定权。一位优秀的主谈人不仅要掌握谈判的相关技巧，还要具备良好的沟通能力，能够领导全体成员达到预定的目标。但为了减轻主谈人的压力，有必要确定辅谈人。两者之间的配合也要非常默契，不但性格互补，其他方式的支持也很重要。

我们都知道，无论什么工作，人都是最主要的因素。所以，对谈判人员的确定和选择是关系到谈判成败的大问题。组成一个强有力的谈判团队，是取得谈判胜利的关键。

2. 谈判团队的人员构成

在商务谈判中，根据谈判工作的作用形式，谈判团队可以由以下人员组成，见表2-3。

表2-3 谈判团队的人员组成

组成人员	主要职责
主谈人员	主谈人员是指谈判团队的领导人或首席代表，是谈判班子的核心，是代表本方利益的主要发言人，整个谈判主要是在双方主谈人之间进行
商务人员	商务人员由熟悉商业贸易、市场行情、价格形势的贸易专家担任，在谈判中主要负责确定商品品种、规格、商品价格、敲定交货的时间与方式、明确风险的分担等事宜
技术人员	技术人员由熟悉生产技术、产品标准和科技发展动态的工程师担任，在谈判中负责对有关生产技术、产品性能、质量标准、产品验收、技术服务、包装、加工工艺、使用、维护等问题的谈判，也可为商务谈判中价格决策作技术顾问
财务人员	商务谈判中所涉及的财务问题相当复杂，财务人员应由熟悉财务成本、支付方式及金融知识，具有较强的财务核算能力的财务会计人员担任，主要职责是对谈判中的价格核算、支付条件、支付方式、结算货币等与财务相关的问题把关，协助主谈人员制定好有关财务条款
法律人员	法律人员由精通经济贸易各种法律条款，以及法律执行事宜的专职律师、法律顾问或本企业熟悉法律的人员担任。其职责是做好合同条款的合法性、完整性、严谨性的把关工作，也负责涉及法律方面的谈判，以保证合同形式和内容的严密性、合法性及合同条款不损害己方合法权益
翻译人员	在国际商务谈判中，翻译人员是谈判中实际的核心人员，应由精通外语、熟悉业务的专职或兼职翻译担任，主要负责口头与文字翻译工作，沟通双方意图，配合谈判运用语言策略。一个好的翻译，能洞察对方的心理和发言的实质，活跃谈判气氛，为主谈人提供重要信息和建议，同时也可以为本方人员在谈判中出现的失误寻找改正的机会和借口
其他人员	其他人员是指谈判必需的工作人员，如记录人员或打字员，具体职责是准确、完整、及时地记录谈判内容，一般由上述各类人员中的某人兼任，也可委派专人担任。虽然不作为谈判的正式代表，却是谈判组织的工作人员

3. 谈判团队的分工与合作

在谈判团队组成之后，应对团队内部成员进行分工，确定主谈人与辅谈人。主谈人是指在谈判的某一阶段或针对某一个或几个方面的议题，以他为主进行发言，阐述己方的立场和观点；这时其他人处于辅助的位置，称为辅谈人，在主谈人的领导下，相互密切配合。总之，既要根据谈判的内容和个人的专长进行适当的分工，明确个人的职责，又要在谈判中按照既定的方案随机而动，彼此配合，形成目标一致的有机谈判统一体。

【案例 2-11】

场景一：买卖双方就交货时间进行磋商

卖方主谈：两个月内交货我们有困难，因为两个月内的任务都订满了。王刚先生负责生产协调工作，请他将情况介绍一下。

王刚（卖方陪谈）：两个月内交货确实有困难，我们的生产已安排到8月，况且，最近还有部分订单陆续到手，考虑到我们双方的友好合作关系，我们力争在已排订单生产完成以后，优先安排贵公司的订单，争取早交货。

王刚的接话适时、适度，对本方主谈人是一个极有力的支持，使主谈人后面的谈话具有了灵活性，即使在3个月内交货，似乎也已经做了极大的努力。

场景二：买卖双方就发动机的价格进行谈判

买方主谈人：如果你们一定要坚持这个价格，我们只好不买了。

买方陪谈人：（以提醒的口吻）这不行啊，厂里正急等着用呢。

本来主谈人是准备用这个策略，迫使对方降价，陪谈人的话显然打破了主谈人的意图，使本方处于被动。

【技能训练 2-2】

组建谈判团队

训练背景：你是A公司的销售人员，你负责联系的B公司代表将派人过来与你公司就B公司向A公司引进设备一事进行谈判，当你向销售经理汇报此事时，他让你提出需要参加谈判的人员要求与名单。

训练要求：以小组为单位，根据本次谈判的需要给出建议人选及理由，见表2-4。

表 2-4　谈判团队人选

序号	素质和能力要求	建议人选	理由	备注

2.3 准备谈判信息资料

根据案例导入，A公司为了能取得谈判的成功，在谈判之前应该准备哪些材料呢？通过什么途径去准备？

"凡事预则立，不预则废"，进行商务谈判，前期准备工作非常重要。只有事先做好充分准备，谈判者才会充满自信，从容应对谈判中出现的突发事件、矛盾冲突，才能取得事半功倍的谈判结果。商务谈判中要达到预期的目标，就得做好周密的准备工作，对自身状况与对手状况要有详尽的了解，并对这些情况作出充分的分析，由此确定合理的谈判方案，选择适当的谈判策略，从而在谈判中处于主动地位，使各种矛盾与冲突大多化解在有准备之中，进而获得"双赢"的结局。

2.3.1 准备商务谈判信息资料的原则

商务谈判信息资料是指反映与商务谈判相联系的各种情况及其特征的有关资料。在准备信息资料时必须遵循以下原则。

1. 可靠性

收集的信息资料力求真实可靠。真实是信息的生命，不真实的信息会把商贸谈判决策引向歧途。为保证信息的真实性，要做到以下几点：首先，要求资料来源要真实可靠；其次，在信息资料加工时，要注意鉴别，去伪存真，剔除不真实的信息资料；再次，要弄清模糊度较大的资料，不明确的资料要暂时搁置起来。

2. 全面性

全面性是指信息资料的完整性、系统性和连续性。残缺不全的资料常常会导致谈判中的判断失误。因此，要求搜集的信息资料必须是与商贸谈判有关的全方位的信息资料。搜集时要尽可能详细、网开四面，广泛搜集，防止遗漏重要的信息资料。同时，要保持系统性，要能反映有关政治、经济等活动的动态变化状况与转化过程及其特征。

3. 可比性

收集的谈判信息资料要具备可比性。一方面可以横向比较，针对同一问题收集多种材料，就可以在比较中得到正确的结论；另一方面可以纵向比较，如市场行情、产品销售状况、企业信誉情况等，有了不同时期的资料，就可以通过事物的过去分析现在和未来的发展趋势，找出事物发展的规律性。

4. 针对性

针对性是指所准备的信息资料要适合商贸谈判工作的实际需要。谈判信息资料的收集准备是一项内容繁杂的工作，短时间内不可能收集所有的信息，因此，要求资料收集必须有明确的目的，按专题进行，不要面面俱到。同时，要求在资料整理分析时，善于选择与某一谈判行动有关的重要信息资料，送交决策者作为谈判决策时的参考。

5. 及时性

及时性是指信息资料的时效性。信息资料应尽可能灵敏地反映最新动态。信息有很强的时效性，适时的信息便是财富。信息时效性要求：一方面要及时地搜集发展变化着的有关情况；另一方面，信息资料的整理、分析、传递的速度要快。

2.3.2 准备商务谈判信息资料的内容

一般来说,商务谈判信息准备应包括对以下各类资料的搜集和分析研究。

1. 己方资料

商务谈判信息资料的准备中谈判者应当熟悉谈判程序,正确估计自己的谈判实力,做好自己方面有关资料的准备。准备商务谈判信息资料时要知道谈判桌不比战场,"从战争中学习战争"那一套,对于洽谈来讲是行不通的。虽说洽谈的经验需要积累,但是因为洽谈事关重大,所以它是不允许人们视之为儿戏,不允许人们在"只知其一,不知其二"的情况下仓促上阵的。

(1)要明确谈判目标。在谈判开始之前,你应该对谈判的方方面面了如指掌,特别是谈判中的论点问题,要明确谈判目标。我们应自问以下问题:要谈的主要问题是什么?有哪些敏感的问题不要去碰?应该先谈什么?我们了解对方哪些问题?

(2)要制订谈判计划。谈判计划是根据目标来制订的,它有各个阶段的谈判内容和实施步骤。商务谈判信息资料的准备应该包括:各个阶段谈判主题,基本原则,议程和进度估计,谈判代表的组成等。

2. 对方资料

谈判对手的信息资料是商务谈判所应具备的最有价值的资料。对谈判对手应侧重掌握下列资料。

1)对方的营运状况与资信

在尽可能掌握对方企业的性质、对方的资金状况及注册资金等有关资料的情况下,还应侧重了解以下两个问题。一是对方的营运状况。因为即使对方是一个注册资本很大的公司,但如果营运状况不好,就会负债累累,而公司一旦破产,己方很可能收不回全部债权。二是对方的履约信用情况。应对交易对象在资格信誉等方面进行深入细致的了解,避免客户不能履约的情况,防止货款两空,造成严重的经济损失。

在掌握对方运营状况和资信情况下,才能确定交易的可能规模及与对方建立交易往来时间的长短,也才能做出正确的谈判决策和给予对方恰当的优惠程度。

2)对方的真正需求

尽可能摸清对方本次谈判的目的,对方谈判要求达到的目标,以及对我方的特殊需求,当前面临的问题或困难,对方可能接受的最低界限等。只有认真了解对方的需求,才能有针对性地激发其成交的动机。在商务谈判中,越是有针对性地围绕需求谈判,交易就越有可能取得成功。

3)对方参加谈判人员的权限

尽可能多地掌握对方谈判人员的身份、分工。如果是代理商,必须弄清其代理的权限范围及对方公司的经营范围。绝大多数国家规定,如果代理人越权或未经本人授权而代本人行事,代理人的行为就对本人无约束力,除非本人事后追认,否则本人不负任何责任。同样,如果代理人订立的合同越出了公司章程中所规定的目标或经营范围,即属于越权行为。对属于越权行为的合同,除非事后经董事会研究予以追认,否则公司将不负任何责任。

在谈判中,同一个没有任何决定权的人谈判是浪费时间的,甚至会错过最佳交易时机;弄清代理商的代理权限范围和对方公司的经营范围,才能避免日后发生纠纷和损失。

4)对方谈判的最后期限

任何谈判都有一定的期限。最后期限的压力常常迫使人们不得不采取快速行动,立即做出决定。了解对方的谈判期限,就可针对对方的期限,控制谈判的进程,并针对对方的最后期限,施加压力,促使对方接受有利于己方的交易条件。

5）对方的谈判风格和个人情况

谈判风格指的是在反复、多次谈判中所表现出来的一贯风格。了解对手的谈判风格可以更好地采取相应的对策，以适应对方的谈判风格，尽力促使谈判成功。另外，还要尽可能了解谈判对手的个人情况，包括品格、业务能力、经验、情绪等方面。

3．市场资料

市场资料是商务谈判可行性研究的重要内容。市场情况瞬息万变，构成复杂，竞争激烈。对此必须进行多角度、全方位、及时地了解和研究。

与谈判有关的市场信息资料主要包括：交易商品市场需求量、供给量及发展前景；交易商品的流通渠道和习惯性销售渠道；交易商品市场分布的地理位置、运输条件、政治和经济条件等；交易商品的交易价格、优惠措施及效果等方面。

市场情况对企业的商务谈判活动有重大影响，谈判者要密切注视市场的变化，根据市场的供求运动规律，选择有利的市场，并在谈判中注意对方的要价及采取的措施。

4．交易条件资料

交易条件资料是商务谈判准备的必要内容。交易品资料一般包括商品名称、品质、数量、包装、装运、保险、检验、价格、支付等方面的资料。

1）商品名称的资料

了解交易品在国际上的通称和在各地的别称，以避免因名称叫法不一而导致失去交易机会或发生误会。要了解品名在运费方面、关税及进出口限制的有关规定，世界各地消费者对商品名称的喜好与忌讳。

2）商品品质的资料

了解商品在品质表示方法上的通用做法和特殊做法。了解世界各地对交易品品质标准的最新规定，以便在合同中能明确规定欲交易的商品品质以什么地方、何时颁布的何种版本中的规定为依据，以避免日后发生误解或造成不必要的损失。

3）商品数量的资料

了解清楚世界各地同一计量单位所表示的数量差异与习惯做法，才能在合同中明确规定，避免日后发生纠纷。了解世界各地在计量概念上的不同解释，以避免因实际交货量和原订货量有差异而发生争议。

4）商品包装的资料

了解国际市场上同类商品在包装的种类、性质、材料、规格、费用及运输标志等方面的规定和通用做法。了解商品包装在所用材料、装潢设计上出现的新趋势，改进包装，适应市场，增强己方商品的竞争能力。了解世界各地对商品包装的喜好与忌讳，各个国家和地区的消费者对包装在式样、构图、文字、数字、线条、符号、色彩的设计上的不同心理联想与要求，改进包装以迎合其喜好，避免其忌讳，增强竞争力。

5）商品装运的资料

了解世界各主要运输线路营运情况和有关规定，以便选择合理的运输方式和避免违反法规。了解世界各种运输方式的最新运费率、附加费用及运输支付方式，以便确定己方的报价及划清双方费用的界限。了解世界各地关于商品装运时间和交货时间的规定及有关因素，以便在不影响成交的前提下，制定切实可行的装运时间和交货时间，避免纠纷和影响信誉。

6）商品保险的资料

了解国际上同类商品在保险的险别、投保方式、投保金额等方面的通用做法；世界各地对交易商品在保险方面的特殊规定及世界各主要保险公司的有关规定；世界各地对保险业务用语在叫法上的差异和不同的解释，以便在谈判中争取有利条件，避免损失。

7）商品检验的资料

了解世界各国主要检验机构的权限、信誉、检验设施等情况，以便在谈判中选择较有利的交易商品的检验机构。了解同类商务在检验内容、检验标准、检验方法、检验时间和地点等方面的做法和规定，以便事先掌握交易商品顺利通过检验的各种因素，防患于未然。

8）商品价格和支付的资料

了解世界各主要市场同类商品的成交价和影响因素及价格变动情况，以便制定己方的价格策略。了解国际上对与价格术语有关问题的规定和不同解释。以避免日后发生误解和纠纷。了解世界各地商人在报价还价上的习惯和技巧，特别是交易对方在报价中的水分量，以便己方有针对性地采取有效的讨价还价的技巧。了解商品交易的主要方式和信用等情况，以便谈判中确定货款支付方式及支付货币等事项，避免造成损失。

5．相关的环境资料

在商务谈判中，不同的社会背景对具体的谈判项目的成立，对谈判进程和谈判的结果会起到相当重要的影响。因此，在谈判准备阶段必须认真收集分析以下资料。

1）政治状况

政治状况关系到谈判项目是否成立和谈判协议履行的结果。因此，必须了解对方国家的政治制度和政府的政策倾向、政治体制、政策的稳定性，以及非政府机构对政策的影响程度。特别是要了解对方国家和地区的政局稳定性，判断政治风险的大小。政治风险一般来源于：政府首脑机构的更替，政治改变，社会的动荡或爆发战争，政府的经济政策突然变化，国家间关系的重大变化等。若在合同履行期内发生重大的政治风险，将使有关的企业蒙受沉重的经济损失，这是应该尽力避免的。

2）法律制度

主要是了解与商贸谈判活动有关的法规。除了要熟知我国现有的法律外，还要认真了解当事各国的法规及一些国际法规，如联合国国际货物销售合同公约、联合国国际贸易委员会仲裁规则等。

3）商业习惯

商业习惯不同会使商贸谈判在语言使用、礼貌和效率，以及接触报价、谈判重点等方面存在极大的差异。商业习惯在国际贸易谈判中显得更为重要，因为几乎每一个国家乃至地区的做法都有自己的特色，而且差别很大，如果不切实了解其商业习惯就会误入陷阱，或使谈判破裂。例如，法国商人往往在谈妥合同的重要条件后就会在合同上签字，签字后又常常要求修改。因此，同法国人谈成的协议必须以书面形式互相确认。

4）社会文化

社会文化主要包括文化教育、宗教信仰、生活方式和社会习俗等。跟外国商人谈判，特别要注意对宗教信仰和社会习俗的了解，了解这些情况，不仅可避免不必要的冲突和误会，而且可以更快更好地理解对方的谈判行为，促使谈判的成功。

5）财政金融

随时了解各种主要货币的汇兑率及其浮动现状和变化趋势，了解国家的财税金融政策，以及银行对开证、承兑、托收等方面的有关规定等情况。

6．有关货单、样品资料

主要包括货单、样品，双方交换过的函电抄本、附件，谈判用的价格目录表、商品目录、说明书等资料。货单必须做到具体、正确，每个谈判人员对此必须心中有数。谈判样品必须准备齐全，特别是注意样品必须与今后交货相符。

2.3.3 准备商务谈判信息资料的方法

1．检索调研法

检索调研法是根据现有的资料和数据进行调查、分类、比较、研究的信息资料准备方法。检索调研法的资料搜集的途径很广，主要有以下方面。

（1）统计资料。主要包括我国、对方国家及国际组织的各类统计月刊或统计年鉴，以及各国有关地方政策的各类年鉴或月刊。

（2）报纸杂志，专业书籍。例如，我国的《国际商务研究》、《国际经贸消息》、《外贸调研》等杂志都刊登有与贸易谈判活动有关的资料。

【案例 2-12】

1935 年 3 月 20 日，有个名叫伯尔托尔德·雅各布的作家被德国特务从瑞士绑架了，因为这位人物引起了希特勒（Hitler）的极度恐慌。他出版了一本描述希特勒新军里的组织情况的小册子，这本 172 页的小册子描绘了德军的组织结构，参谋部的人员布置，部队指挥官的名字，各个军区的情况，甚至谈到了最新成立的装甲师里的步兵小队。小册子列举了 168 名指挥官的姓名，并叙述了他们的简历。这些在德国都属于军事机密。由此希特勒勃然大怒，他要求情报顾问瓦尔特·尼古拉上校弄清楚雅各布的材料是从哪里窃取的。上校决定让雅各布本人来解决这个问题，于是便发生了上面的这次绑架。在盖世太保的审讯室里，尼古拉对雅各布盘问道："雅各布先生！告诉我们，尊著的材料是从哪里来的？"雅各布的回答却大大出乎他的意料："上校先生，我的小册子里的全部材料都是从德国报纸上得来的。例如，我写的哈济少将是第 17 师团指挥官，并驻扎在纽伦堡，因为当时我从纽伦堡的报纸上看到了一个讣告。这条消息报道说新近调驻在纽伦堡的第 17 师团指挥官哈济将军也曾参加了葬礼。"雅各布接着说："在一份乌尔姆的报纸上，我在社会新闻栏里发现了一宗喜事，就是关于菲罗夫上校的女儿和史太梅尔曼少校举行婚礼的消息。这篇报道提到了菲罗夫第 25 师团第 36 联队的指挥官，史太梅尔曼少校的身份是信号军官。此外，还有从斯图加特前往参加婚礼的沙勒少将，报上说他是当地的师团指挥官。"真相终于大白，雅各布并非间谍，却在做着被认为只有间谍才能做到的事情。

（资料来源：乔淑英，王爱晶．商务谈判[M]．北京：北京师范大学出版社．2007．）

（3）各专门机构的资料。例如，政府机关、金融机构、市场信息咨询中心、对外贸易机构等提供的资料。

（4）谈判对方公司的资料。例如，经对方专任会计师签字的资产负债表、经营项目、报价单、公司预算财务计划、公司出版物和报告、新闻发布稿、商品目录与商品说明书、证券交易委员会或政府机关的报告书、官员的公开谈话与公开声明等。

2．直接观察法

直接观察法是调查者在调查现场对被调查事物及被调查者的行为与特点进行观察测度的一种信息资料准备方法。直接观察法的形式主要有以下几种。

（1）参观对方生产的经营场地。例如，参观对方的公司、工厂等，以明了对方实情。

（2）安排非正式的初步洽谈。通过各种预备性的接触，创造机会，当面了解对方的态度，观察对方的意图。

（3）购买对方的产品进行研究。将对方的产品拆开后进行检验，分析其结构、工艺等以确定其生产成本。

（4）搜集对方关于设计、生产、计划、销售等资料。

3．专题询问法

专题询问法是以某一项命题向被调查者征询意见，以搜集资料的一种信息准备方法。专题询问法的方式运用灵活，其途径主要有以下几种。

（1）向对方企业内部知情人了解。例如，对方现在或过去的雇员、对方领导部门的工作人员、对方内部受排挤人员等。

（2）向与对方有过贸易往来的人了解。例如，对方的客户、对方的供货商。

（3）向对方的有关人员了解。例如，在会议或社交场合通过与对方的重要助手或顾问的交往探取情报，通过银行账户了解对方的财政状况等。

2.3.4 信息资料的加工整理

信息资料的整理主要是为了鉴别资料的真实性与可靠性，确定哪些信息对此次谈判是重要的，哪些是次要的，从而为制订谈判方案和对策提供依据。一般有下面几个整理阶段。

（1）筛选阶段。筛选就是检查资料的适用性，这是一个去粗取精的过程。

（2）审查阶段。审查就是识别资料的真实性、合理性，这是一个去伪存真的过程。

（3）分类阶段。分类就是按一定的标志对资料进行分类，使之条理化。

（4）评价阶段。评价就是对资料做比较、分析、判断，得出结论，提供谈判活动参考。

【技能训练2-3】

准备谈判资料

训练背景：你班准备组织一次毕业旅行，旅行时间为两天一夜，你作为这次旅行的组织者，要负责与旅行社进行谈判。

训练要求：各小组在组建完谈判团队后，应着手谈判前的准备工作，包括对谈判对手的了解和谈判资料的准备。请各小组针对本次的旅行准备好相关的材料，并整理汇报。

知识回顾

内容要点

一名商务谈判者一般应具备几个基本素质：道德素质、业务素质、身体素质和心理素质。

道德素质包括诚信为本、讲求信誉；忠于职守、遵纪守法；百折不挠、意志坚定；谦虚谨慎、团结协作。业务素质包括业务知识和谈判能力。业务知识包括基础知识、专业知识、法律知识和人文知识。谈判能力包括观察能力、应变能力、社交能力、决策能力、语言表达能力、情绪控制能力、开拓创新能力。身体素质包括良好的气质、广泛的兴趣、端庄的仪表、完美的个性、真诚和丰富的情感等。心理素质，包括足够的耐心、合作的诚心、必胜的自信心、崇高的责任心、果断的决心和强烈的自尊心。

英国谈判专家比尔·斯科特（Bill Scott）提出，谈判班子以 4 个人为最佳，最多不能超过 12 人。一般是根据谈判项目的性质、对象、内容和目标等因素综合确定谈判团队的规模。

组建一个谈判团队要遵循以下原则：要选择合适的谈判人员，谈判团队成员应知识互补、性格协调、分工明确、主次分明。谈判团队可以由以下人员组成：主谈人员、商务人员、技术人员、财务人员、法律人员、翻译人员和其他人员。在谈判团队组成之后，应对团队内部成员进行分工，确定不同阶段的主谈人与辅谈人。

谈判前，必须准备相关的谈判信息资料，包括己方资料、对方资料、市场资料、交易条件资料、相关的环境资料和有关货单、样品资料等。收集谈判信息时可采取检索调研法、直接观察法和专题询问法等进行，之后还要对其进行加工整理，才能形成对谈判有用的资料。

实务重点

组建谈判队伍，搜集谈判资料。

基本知识训练

一、选择题

1. 谈判队伍既可以是一个人，也可以是由多个人组成，但小组成员一般以不超过（　　）人为宜。

  A. 10　　　　　　B. 12　　　　　　C. 4　　　　　　D. 8

2.（　　）可以有针对性地抽样选择访谈对象，可以直接感受到对方的态度、心情和表述。

  A. 访谈法　　　　B. 问卷法　　　　C. 观察法　　　　D. 实验法

3. 一般谈判心理禁忌主要体现在（　　）。

  A. 戒急　　　　　B. 戒轻　　　　　C. 戒俗　　　　　D. 戒狭

4. 商务谈判者应具备的业务知识包括（　　）。

  A. 基础知识　　　B. 专业知识　　　C. 法律知识　　　D. 人文知识

5. 收集公开的信息资料的途径有（　　）。
   A. 报纸、杂志　　B. 广播、电视　　C. 订货会、展览会　　D. 报告会、讨论会
6. 直接调查的方法有（　　）。
   A. 访谈法　　B. 问卷法　　C. 观察法　　D. 实验法
7. 谈判人员的业务素质主要包括（　　）。
   A. 善于控制心态　　B. 知识素养　　C. 善于控制表情　　D. 谈判能力
8. 谈判队伍适宜选用的人包括（　　）。
   A. 品质可靠　　　　　　　　　　　B. 具有独立工作能力而又具有合作精神
   C. 具有相当智力与谈判水平　　　　D. 易于变节的人
9. 谈判班子的配备原则包括（　　）。
   A. 知识互补　　B. 性格协调　　C. 性格统一　　D. 分工明确

二、判断题

1. 一名出色的谈判者应该既具备广博的综合知识，又有很强的专业知识。（　　）
2. 在商务谈判中，谈判者应不惜一切代价使己方利益达到最大化。（　　）
3. 所谓诚信，就是在商务谈判中对谈判对方毫无保留。（　　）
4. 在谈判前，不需要调查分析客观环境和谈判对手的情况，直接就可以和对方进行谈判了。（　　）
5. 若谈判对手是个大公司，打交道前没有必要摸其底细，可直接放心地与其签订合同成交。（　　）
6. 对方参加谈判人员的规格越高，表明对方对此次谈判的重视程度也越高。（　　）
7. 在任何时候、任何情况下也不要同一个没有任何决定权的人谈判，否则只会浪费时间。（　　）
8. 直接调查比起收集公开信息资料方法具有更强的目的性和针对性。（　　）
9. 谈判时不能选用遇事相要挟、缺乏集体精神和易于变节的人。（　　）

三、简答题

1. 谈判团队通常应有哪些人员构成？
2. 谈判前应准备哪些信息资料？
3. 简述专业谈判的心理禁忌。
4. 简述商务谈判者应具备的心理素质。
5. 小组谈判有哪些优点和缺点？

综 合 实 训

一、案例分析

1. 荷兰某精密仪器厂与中方就某种产品的商务谈判在价格条款上一直没有达成协议，因此双方决定专门就价格进行谈判。谈判一开始，荷兰方面就对自己企业在国际上的知名度进行了详细的介绍，并声称按照其知名度其产品单价应定为 4 000 美元。

但是中方代表事先作了详尽的调查，国际上的同类产品价格大致在 3 000 美元左右。因此中方向荷兰方面出示了非常丰富的统计资料和有很强说服力的调查数据，令荷兰方面十分震惊。荷兰方面自知理亏，因此立刻将产品价格降至 3 000 美元。

然而中方人员在谈判前早已得知对方在经营管理上陷入了困境，卷入了一笔巨额债务，急于回收资金，正在四处寻找其产品的买主。根据这种情况，我方以我国外汇管理条例中的用汇限制为理由，将价格压至了2 500美元。对方以强硬态度表示无法接受，要终止谈判。我方当即表示很遗憾，同意终止谈判，而且礼貌地希望双方以后再合作。对方未料到中方态度如此坚决，只好主动表示可以再进一步讨论，最后双方以2 700美元的价格成交。

问题：当荷兰方面提出终止谈判时，中方人员为什么能够依旧从容？

2．1986年，日本一个客户与东北某省外贸公司洽谈毛皮生意，条件优惠却久拖不决。转眼过去了两个多月，原来一直兴旺的国际毛皮市场货满为患，价格暴跌，这时日商再以很低的价格收购，使我方吃了大亏。

3．一个美国代表被派往日本谈判，日方在接待的时候得知对方需于两个星期之后返回，日本人没有急着开始谈判，而是花了一个多星期的时间陪她在国内旅游，每天晚上还安排宴会。谈判终于在第12天开始，但每天都早早结束，为的是客人能够去打高尔夫球。终于在第14天谈到重点，但这时候美国人已经该回去了，已经没有时间和对方周旋，只好答应对方的条件，签订了协议。

问题：一个成功的商务谈判者应注重收集哪些信息？

二、实训操作

1．实训目的

通过实训，培养学生独立思考与处理谈判信息资料、针对收集回来的信息进行对己方和竞争对手的谈判力评估。

2．实训组织和要求

将班级中的学生划分为若干项目小组，小组规模一般是3～5人，中途无特殊原因不允许组员变动，每小组选举小组长以协调小组的各项工作。辅导教师应及时检查学生信息收集与谈判力评估方案的完成情况，提供必要的指导和建议，并组织同学进行经验交流，最后针对共性问题在课堂上组织讨论和专门的讲解。

3．实训内容

由任课教师结合学校商店（超市）、食堂、系部等购销业务或本地企业（或校企合作企业）的具体实际情况，指定几个专业商品的购销项目（确定产品类型和购销企业），让学生从中任意选定一个项目，根据所选择的购销项目，以销售方的角色撰写信息搜集与谈判力评估的实施方案。请参考下列栏目。

1）所选购销项目基本情况

（1）购销项目名称：_____。

（2）购销企业名称：_____和_____。

（3）购销产品类型（规格）：_____。

（4）信息搜集和谈判双方实力评估的目的：_____。

2）本次购销谈判应搜集的信息

提示：从销售方的角度去分析要进行一项专业商品的购销谈判，有哪些信息情报是必须搜集的。

（1）搜集采购方信息，见表2-5。

表 2-5　采购方信息

信息项目名称	所采用的搜集方法、渠道	搜集此项信息的目的

（2）搜集竞争对手信息，见表 2-6。

表 2-6　竞争对手信息

信息项目名称	所采用的搜集方法、渠道	搜集此项信息的目的

3）实际信息搜集结果（表 2-7）

表 2-7　实际信息搜集结果

	收集到信息项目	所采用的搜集方法、渠道	信息内容
采购方			
竞争对手			
市场行情			

4）谈判力评估

提示：根据搜集到的实际信息情报，评估采购方的谈判实力，并分析竞争对手对本次谈判的影响

（1）评估采购方的谈判力，见表 2-8。

表 2-8　采购方的谈判力评估表

谈判力评估项目	评　估

（2）分析竞争对手，见表 2-9。

表 2-9　竞争对手影响分析

产生影响的项目	分　析

5）实训项目总结

提示：根据本实训任务的完成情况，有学生自己做出总结，指出实操演练中的真实感受及优缺点。

任务 3

制订商务谈判计划

ZHIDING SHANGWU TANPAN JIHUA

【任务目标】

知识目标
- 了解商务谈判方案的宗旨和基本要求
- 掌握商务谈判的计划和目标的制订

技能目标
- 具有撰写商务谈判方案的能力

实训目标
- 通过对确定谈判目标、选择谈判策略、制订商务谈判方案等内容的学习,使学生能运用制订商务谈判方案的相关知识,具备撰写一份可行商务谈判方案的技能

【案例导入】

2012年7月,广州A商贸有限公司得知某市B有限公司想降低材料成本(月总用材料量为25吨左右),欲将当前使用的进口材料改为使用国产原料。A公司负责人认为这是自己公司代理的产品进入B公司的一个良好契机,为此,专门召集相关销售人员商议,制定详细的谈判方案及跟进措施,后在他们的真诚努力下,获得了此笔业务,拿到订单。

【任务实施】

 3.1 制订商务谈判方案

案例导入中,广州A商贸有限公司制订的谈判方案应包括哪些方面?对这些方面进行分析,主要应包括谈判方案的宗旨、商务谈判方案的要求、商务谈判目标的确定、谈判策略的部署、商务谈判议程的安排、谈判的具体准备等内容,但谈判中的计划和其他工作计划有很大的不同,因其涉及双方的行为,不能以行政的方式让对方接受。

为了有效地组织商务谈判活动,并能灵活地控制复杂的谈判局势,必须在谈判前制订完善的谈判方案和选择恰当的谈判策略。谈判方案是在对谈判信息进行全面分析、研究的基础上,根据双方的实力对比为本次谈判制订的总体设想和具体实施步骤。

3.1.1 谈判方案的宗旨

谈判方案的宗旨是指对谈判的基本要求,主要从以下方面体现。

(1) 对谈判方案重点的要求:整个谈判必须始终围绕这些重点进行。

(2) 对谈判方案周到性与灵活性的要求:周到性是指每个项目的各个步骤都要落实到人;灵活性是指谈判方案要有一定的弹性,留有回旋的余地。

(3) 对谈判方案前瞻性的要求:谈判方案必须对谈判过程中可能出现的各种情况有一定的预见性,即根据不同的情况变化,推测出可能发生的结果及应采取的对策。

(4) 对谈判时间的要求:谈判时是采取速战速决,还是马拉松式?或者随机而变?

(5) 对谈判氛围的要求:是紧张严肃,还是轻松和谐?是开诚布公还是尔虞我诈?

3.1.2 制订商务谈判方案的基本要求

1. 谈判方案要简明扼要

谈判方案越简单,执行人员执行的可能性才越大。商务谈判是一项十分复杂的活动,参与谈判的所有谈判人员必须准确把握谈判的主题方向和方案的主要内容。只有这样,在与对手谈判时才能按既定目标,应对错综复杂而又多变的局面,驾驭谈判局势的发展。所以谈判方案要用简单明了、高度概括的文字加以表述,这样才可能使每一个谈判人员在头脑中对谈判问题留下深刻的印象。

2. 谈判内容要具体明确

谈判方案虽然要简明扼要，但谈判方案中的内容则要具体明确。如果没有具体内容，就很难进一步概括、简明扼要地表述。但要避免面面俱到。

3. 谈判方案要有灵活性

谈判方案的灵活性是为了应对谈判过程中出现不可预测因素，谈判方案只是谈判单方的主观设想或各方简单磋商的产物，不可能把影响谈判过程的各种随机因素都估计在内，所以，从灵活性出发，谈判方案对可控因素和常规事宜可作细致安排，对无规律可循的事项可作粗略安排。

3.1.3　确定商务谈判方案的目标

谈判目标（Negotiation Objectives）是指通过谈判所要达到的具体商业目的，体现在谈判中是要解决哪些问题。谈判目标指明谈判的方向、要达到的目的，以及企业对本次谈判的期望水平。

确定正确的谈判目标是保证谈判成功的基础，谈判的目标可以分为以下3个层次。

1. 最低目标

最低目标又称最低限度目标、基本目标或必须实现的目标。它是在谈判中对己方而言毫无退让余地、必须达到的最基本的目标，不可妥协。对己方而言，如果最低目标都无法实现，则宁愿谈判破裂，放弃商贸合作项目，也不能接受比最低目标更低的条件。因此，最低目标是商务谈判者必须坚守的最后一道防线，这道防线只有本方核心人员才能知晓，须严格保密。

2. 可接受目标

可接受目标又称希望达成的目标，是谈判人员根据各种主、客观因素，经过对谈判对方的全面估价，对企业利益的全面考虑、科学论证后所确定的目标。这个目标是一个区间范围，是己方可努力争取或作出让步的范围，具有较大弹性，对企业利益有一定影响，大多需要在谈判中经历几番讨价还价，才能争取到可接受的目标，所以可接受目标的实现，往往意味着谈判取得成功，应努力争取。

3. 最高目标

最高目标又称最大期望值目标，它是本方在谈判中所要追求的利益最大化的目标，也往往是对方所能忍受的谈判底线，也是对方最不愿意接受的目标。若能实现最高目标，将最大化地满足己方利益，但在实践中很难实现这个目标。例如，买主经常希望价格越低越好，但是如果他认为可以用一分钱买到一栋房子，那就是做梦了。卖主也希望价格越高越好，不过如果他以为一辆二手的丰田汽车就可以卖到一百万美元，那也太不现实了。所以当我们说到最高目标时，都是建立在那些现实的、可实现的估价基础上的。

确立最高目标是很有必要的，它激励谈判人员尽最大努力去实现最高期望目标，也可以很清楚地评价出谈判最终结果与最高期望目标存在多大差距。在谈判开始时，可以将最高期望目标作为报价起点，保护基本目标实现，也有利于在讨价还价中增加谈判筹码，使己方处于主动地位。

谈判目标的确定是一个非常关键的工作。首先，不能盲目乐观地将全部精力放在争取最高期望目标上,而很少考虑谈判过程中可能会出现的种种困难,造成束手无策的被动局面。谈判目标要有一定的弹性,要定出上、中、下限目标,根据谈判实际情况随机应变、调整目标。其次,所谓最高期望目标不仅有一个,可能同时有几个,在这种情况下就要将各个目标按重要程度进行排序,抓住最重要的目标努力实现,而其他次要目标可让步,降低要求。最后,己方最低限度目标要严格保密,除参加谈判的己方人员之外,绝对不可透露给谈判对手,这是商业机密。如果一旦疏忽大意透露了己方最低限度目标,对方就会主动出击,使己方陷于被动。

【案例 3-1】

2012年7月,广州A商贸有限公司通过对某市B有限公司的市场调查,了解到B公司的基本情况:B公司是某市最大的生产商,有平张机13台,热固轮转机3台,月总用原料量25吨左右。

B公司使用原料背景:目前采用的是进口材料,单价175元/套,月采购量8吨左右,B公司领导希望能降低采购成本。

对于B公司的情况,A商贸有限公司认为有机会切入,遂召集相关人员商讨,制定了谈判方案,在方案中确定其谈判目标:推荐某品牌系列材料,价格150元/套,与相关部门搞好关系,争取拿到订单。

你认为此案中谈判的3个目标层次分别是什么?

【分析提示】 从本案例中看,广州A商贸有限公司在正式谈判前,召集相关人员商议制定的谈判方案中,谈判目标明确,并且从短短的几句话中可以看出其谈判目标其实包括3个方面:

一是最低目标:与B公司相关部门搞好关系;

二是可接受目标:拿到订单;

三是最高目标:不仅要与B公司相关部门搞好关系,拿到订单,而且还要推荐某品牌系列材料,价格不低于150元/套。

3.1.4　部署谈判策略

谈判目标明确以后,就要拟定实现这些目标所要采取的基本途径和策略。谈判策略（Negotiation Strategies）包括多种策略,如开局策略、报价策略、磋商策略、成交策略、让步策略、打破僵局策略、进攻策略、防守策略、语言策略等,要根据谈判过程中可能出现的情况,事先有所准备,心中有数,在谈判中才能灵活运用。商务谈判绝非简单的讨价还价,它是各方在实力、能力、技巧、文化和理念等方面的综合较量。

1. 制定商务谈判策略时应考虑的因素

(1) 谈判地点确定在主场?客场?还是其他第三地?

(2) 谈判各方的优势分别展示在哪些方面?

(3) 谈判成败对哪方的影响较大?

(4) 谈判对手的实力（级别与构成）与主谈人的性格特点怎样?

(5) 谈判时间的长短对哪一方的影响较大?

(6) 有无建立长期合作关系的必要性?

通过比较和分析谈判参与者各方的实力,以及上述影响因素,谈判者便可以判断出本方是否拥有谈判地位上的优势，从而制定出报价策略、还价策略、让步策略、打破僵局策略等一系列相关的谈判策略。

2. 选择谈判策略的原则

在谈判方案的制订中必然会涉及谈判策略的选择。谈判策略的选择不能自行其是，谈判人员的组织、地点的选择、时间的安排、资料的准备等都颇有讲究，应该遵循下列原则。

1) 以达到谈判目标为宗旨

选择策略的目的是为了达到既定的谈判目标，一切策略的选择和安排都应从此目标出发，切忌感情用事。明确谈判目标则容易解决问题，有利于对方的理解，不会造成双方的误解，有利于双方建立相互信任的关系。

2) 与谈判实施方案的配合

谈判方案是以解决问题的次序为导向的，因此，策略的选择也应该与问题解决的次序相一致。问题和各自的利益直接挂钩，所以，策略的选择与利益的性质、问题的表达方式应该匹配。

3) 策略和谈判双方的文化特性相一致

策略和我方的价值取向一致，才能体现出自身的风格，从而体现出我方的诚意。同时策略要适应对方的文化，包括对方企业或组织的文化特点和对方谈判人员的文化特点，这样不仅有利于问题的解决，同时能使对方比较容易接受，并能给予密切、友好的配合。

4) 策略应有灵活性

谈判过程是一个动态的过程，随着问题的深入，发生争论的机会增加，谈判人员情绪的影响也会加大。因此，谈判策略必须有灵活性，可以随机改变。

应该说谈判策略的选择是一种带有艺术的决策活动，需要在具体的实践中不断总结和归纳。

3. 谈判策略的表现形式

（1）周密式：通常适用于大中型项目的谈判。预先对收集的资料进行分析讨论，就谈判的主旨、目的、各方优势与劣势的对比、谈判步骤、参与人员及结构、谁负责主谈、如何开局、遇到特殊情况的几种应对方案、让步的底线等，列出一份详细的谈判计划，上报高层主管批准后供谈判核心成员参照执行。

（2）简略式：适用于一般商务谈判。以书面形式列出谈判的主题、谈判人员及其结构、最高目标、最低目标、可接受目标，以及应注意的要点等，供有关人员参考。

（3）默契式：适用于一般商务谈判或"一对一"、"二对一"的老客户谈判。本方谈判代表对对方背景和所谈标的比较熟悉，只要与上级主管及本方其他谈判人员就谈判目标和策略达成默契即可。

无论采取哪种形式的谈判策略，都应注意严格保密。具体做法是在制定谈判策略的准备会议上，机构负责人与参与谈判的本方成员，将达成共识的谈判目标及特殊情况下的应对策略各自记录下来，形成统一口径，避免让秘书或圈外人打印，以防泄密。

3.1.5 安排谈判议程

谈判议程是指对谈判时间、地点和议题的安排。此安排对谈判双方至关重要，议程本身就是一种谈判策略，必须高度重视这项工作。谈判议程一般由东道主一方准备，也可事先由双方协商确定。议程包括通则议程和细则议程，前者供谈判双方共同使用，后者供己方使用，所以又把通则议程称为公开议程，把细则议程称为内部议程。

1. 时间安排

时间安排即确定谈判在什么时间举行、持续多长时间、各个阶段时间如何分配（如某月某日、上午、下午、几点开始几点结束……）、讨论几个议题，以及议题出现的时间顺序等。时间安排是否巧妙得当，也是谈判策略的一部分。例如，一家设在广州的公司，接待刚从美国抵达广州的谈判代表。广州公司的代表可以从容不迫、以逸待劳；而对方美国公司代表则因时差一时倒不过来，思维和判断能力可能受到一定影响。如果时间安排得很仓促，准备不充分，匆忙上阵，心浮气躁，则很难沉着冷静地在谈判中实施各种策略；相反，如果时间安排得过长，不仅会耗费大量的时间和精力，而且随着时间的推延，各种环境因素都会发生变化，还可能会错过一些重要的机遇。从"时间就是金钱，效益就是生命"的观点来看，精心安排好谈判时间是很必要的。

1) 确定何时开始谈判、谈判持续的时间

此时要考虑以下几个因素。

（1）谈判准备的程度。如果已经做好参加谈判的充分准备，谈判时间安排得越早越好，并且不惧怕马拉松式的长时间谈判；如果没有做好充分准备，不宜匆忙开始谈判，俗话说不打无准备之仗。

（2）谈判人员的身体和情绪状况。如果参加谈判的人员多为中年以上的人，要考虑他们身体状况能否适应较长时间的谈判。如果身体状况不太好，可以将一项长时间谈判分割成几个较短时间的阶段谈判。

（3）市场形势的紧迫程度。如果所谈项目与市场形势密切相关，瞬息万变的市场形势不允许稳坐钓鱼台式的长时间谈判，谈判就要及早及时，不要拖太长的时间。

（4）谈判议题的需要。对于多项议题的大型谈判，不可能在短时间内解决问题，所需时间相对长一些；对于单项议题的小型谈判，没有必要耗费很长时间，力争在较短时间内达成一致。

2) 谈判过程中时间的安排策略

（1）对于主要的议题或争执较大的焦点问题，最好安排在总谈判时间的五分之三时提出来，这样经过一定程度的交换意见，既有了一定基础，又不会拖得太晚而显得仓促。

（2）合理安排好己方各谈判人员发言的顺序和时间，尤其是关键人物关键问题的提出应选择最成熟的时机，当然也要给对方人员足够的时间表达意向和提出问题。

（3）对于不太重要的议题，容易达成一致的议题，可以放在谈判的开始阶段或即将结束阶段，而应把大部分时间用在关键性问题的磋商上。

（4）己方的具体谈判期限要在谈判开始前保密，如果对方摸清了己方谈判期限，就会在时间上用各种方法拖延，待到谈判期限快要临近时才开始谈正题，迫使己方为急于结束谈判而匆忙接受不理想的结果。

2. 地点确定

谈判地点一般由主场谈判方（或接待方）确定后通知对方，或由一方提出多个方案，供对方或其他谈判方选择。谈判地点通常选在东道主公司的谈判间、会议室、负责人办公室，也可以租借第三方的会议室、会所，或安排在酒店会客区、酒吧，甚至餐饮、健身和娱乐场所。谈判地点可以固定一处，也可以为了调节谈判气氛而加以变换。安排在本方会议室可以节省费用，而且可以凭借主场之利，调集资料和资源。在谈判僵局时，通过邀请对方吃饭、观光、游泳、打高尔夫等,边吃、边玩、边谈,有时会取得在谈判桌上难以实现的突破。

【知识链接】

1. 如果确定在星期一上午九点钟开始某个项目的谈判,这说明什么含义?而如果安排在星期五下午两点开始又表达了什么意思?

人们对时间的安排是很在意的。如果星期一上午开始,而且主要谈判人员出席的话,说明主持方很在乎要讨论的主题,并准备花足够的时间来解决。而星期五下午则表达了一个信息——该问题应该尽快解决,没有拖延的时间了。

2. 如果将谈判安排在大型会议室中举行,全体成员都出席,体现了什么?在小会议室中,部分人员参加,又体现了什么?在办公室中约见个别人,说明了什么?约在某餐厅或高尔夫球场见面又说明了什么?

一般来说,在大型会议室中举行的往往是正式的谈判,谈判的开始需要这样安排,因为这样能造成一种气势,使双方认真对待;谈判结束时签订合同也常在大型会议室中举行,同样是为造成一种合作的气氛和社会影响,这些内容便于公开,双方也希望更多的人了解这样的结果。

小会议室中安排的是讨论型的谈判,双方是认真负责的,因此大量具体的细节问题在这样的场合中讨论比较合适。同时其内容仅限于与会者知道。特别是对有争议的问题,在这种场合比较容易表达,可见正式谈判设在小会议室中进行的机会比较多。

办公室约见是私密性会见,谈判中也经常需要,个别交谈和征求意见不作正式决策时选择这种场合最有效。谈判和内部讨论不一样,谈判中的约见是平等的,但在对方办公室中谈话,你会有什么感觉呢?是受到尊重?还是压抑?

以上所说的谈判场合都是正式场合,双方都受到一种无形的压力,即责任的压力,每句话、每个行为都会表达出个人的思想和责任。因此谈判场合的安排应该与这些要求相一致。

在饭馆或高尔夫球场上,双方的言论就比较放松,可以谈论正事,可以诉说友情,也可以讨论无关的问题。这样的交流在谈判过程中也是不可缺少的,不仅可以通过非正式地交流了解对方真实的想法和个人的意见,同时这也是双方长期建立感情的一种方式和渠道,从而有利于正式谈判时能顺利做出决策。

(资料来源:仰书纲.商务谈判理论与实务[M].北京:北京师范大学出版社.2007.)

3. 确定谈判议题

谈判议题是谈判双方提出和讨论的各种问题。可由各方事先进行沟通,共同确定拟谈的议题,也可由各方分别提出,逐项讨论。要明确议题的轻重缓急,即哪些问题是主要议题,列入重点讨论范围;哪些问题是非重点议题;哪些问题可以忽略;这些问题是否具有逻辑上的先后关系。应预测对方可能提出的问题;明确己方对哪些问题是需要认真对待、全力以赴去解决的;哪些问题是可以根据情况讨论后作出让步的;哪些问题是可以不予以讨论、不能让步的。

4. 通则议程与细则议程

1)通则议程

通则议程又称公开议程,它是谈判双方共同遵守和使用的日程安排。一般要经过双方协商同意后方能开始执行。通则议程通常包括以下内容:第一,双方谈判讨论的中心议题,尤其是第一阶段谈判的安排；第二，谈判总体时间及各阶段时间的安排；第三，列入谈判范围的各种问题及讨论的顺序；第四，谈判中各种人员的安排；第五，谈判地点及接待事宜。

2）细则议程

细则议程又称内部议程，是指对己方谈判策略的具体安排，只供己方高管和谈判人员掌握，属于内部机密材料，具有保密性。主要包括以下几个方面：第一，谈判中的统一口径，如发言的观点、文件资料的解释或说明等；第二，对谈判过程中可能出现的各种特殊情况的对策安排，如提问时机，何种问题由谁提问、谁补充，谁回答对方的何种问题；第三，己方发言的策略，如何时提出问题，提什么问题，向何人提问，谁来提问，谁来补充，谁来回答对方问题，谁来反驳对方提问，什么情况下要求暂时停止谈判；第四，谈判人员替换的预先安排；第五，己方谈判时间的策略安排、谈判时间期限。

5. 规定谈判期限

商务谈判是有成本的，如货币成本、精力成本及时间成本等。商务谈判人员在谈判过程中必须讲究效率，不能无休止地谈下去，那样的谈判对企业来讲是不划算的，因此必须明确规定商务谈判的期限，尤其是谈判的最后期限要加以确定。

3.1.6 商务谈判的具体安排

1. 商务谈判地点的选定

商务谈判地点的选择往往涉及谈判的环境、心理因素问题，它对谈判效果有一定的影响，谈判者应当很好地加以利用。

【案例 3-2】

甲服务公司苦于没有业务，通过熟人的关系找到了另一城市的乙企业，且乙企业愿意对该服务公司进行投资，联合建立一个加工分厂。双方约定在乙企业所在地就有关联营的具体事项进行商谈，内容包括投资、分成、技术、管理、销售等问题。

显然，投资方乙是占绝对优势的，因为它拥有资金，而甲服务公司则不同，他们能够找到这样一家既能投入部分资金，又能保证其常年有活可干的联营企业很不容易，也就是说，投资方对该谈判的需求层次和依赖程度肯定低于服务公司。所以，服务公司对谈判的态度十分积极，生怕抱不住这棵"摇钱树"。但是到了谈判的日期，服务公司却通知对方，请他们派出代表前往甲所在地进行洽谈。本来，投资方是可以拒绝的，但他们已经在全厂开过会，在资金、技术、管理方面都做好了相关安排，所以他们不愿轻易放弃这场谈判，于是投资方如期派出代表到达了甲所在地。

一连几天，甲服务公司人员或不见踪影，或以各种理由推托，使得谈判不能顺利进行。投资方代表住在宾馆，开支不断增加，正焦虑不安时，谈判对手出现在了谈判桌前，但此时的甲服务公司不再是先前的那副求助于人的面孔了。他们找出种种理由，说明该项联营，己方劳民伤财，获益不大，因而没有多大的谈判兴趣。甲服务公司此时已经扭转了有求于人的被动地位，变成了投资方乙有求于己。投资方乙因为远道而来，投入较多，不想空手而归，因此变主动为被动，失去了优越的谈判形势，不得不向对方做出让步。

双方原先协商的意见是，双方各投资 50%，因投资方乙还有技术和管理方面的投入，故利润分成比例是 3∶7，投资方占 7 成，服务公司占 3 成。但谈判的最后结果是双方各占一半，这是个出人意料的谈判结果。

(资料来源：乔淑英，王爱晶. 商务谈判[M]. 北京：北京师范大学出版社. 2007.)

选择商务谈判地点一般有三种情况：一是在己方企业所在地谈判；二是在对方企业所在地谈判；三是在谈判双方之外的第三地谈判。不同地点都有其各自的长处与不足，谈判者需要充分利用地点的长处作为自身谈判的优势因素之一，将地点的不足这一劣势变为促使谈判成功的有利因素。在不同谈判地点谈判对己方的影响见表3-1。

表3-1　在不同谈判地点谈判对己方的影响

谈判地点	对己方有利的因素	对己方不利的因素
在己方企业所在地谈判	谈判者在自家门口谈判，熟悉各种环境，心理态势良好，从而增强自信心；己方谈判者因环境的熟习而无需耗费精力去适应新的地理环境、社会环境和人际关系，可以把精力更集中于谈判；选择己方较为熟悉的谈判场所进行谈判，可以按照自身的文化习俗和喜好布置谈判场所；作为东道主，可以通过安排谈判之余的活动来掌控谈判的主动权及谈判进程，并且给对方潜移默化的影响；谈判人员与自身员工的联系比较方便，便于资料的获取，并且可随时与高层领导联络获取各种指示，谈判人员心理压力相对会比较小；谈判人员免去旅途劳累，可以以饱满的精神和充沛的体力去参加谈判；可以节省差旅费和旅途时间，提高经济效益	由于身在自身公司所在地，不容易与公司工作彻底脱钩，谈判人员常常会因公司事务需要解决而受到干扰，分散其注意力；谈判人员由于离高层领导近，联系方便，会产生依赖心理，从而频繁地请示领导而不能自主决断，最终造成失误和被动；己方负担比较重，因为作为东道主需要负责安排谈判会场以及谈判中的各种事宜，要负责对客方人员的接待工作，安排宴请、观光游览等活动
在对方企业所在地谈判	己方谈判人员远离自身企业所在地，可以全身心地投入谈判，避免主场谈判时来自工作单位的日常工作和家庭事务等方面的干扰；在高层领导规定的范围内，谈判人员的主观能动性更能得到充分发挥，减少谈判人员的依赖性，不再频繁请示领导；可以实地考察对方公司的生产及产品情况，获取真实且直接的信息资料；己方省却了作为东道主所必须承担的招待宾客、谈判场所的布置、谈判外活动的安排等项事务	由于与公司本部相距遥远，某些信息的传递、资料的获取相对比较麻烦，某些重要问题也不易及时磋商；谈判人员对异地环境、气候、风俗、餐饮等方面会出现不适应，再加上旅途劳累、时差不适应等因素，会使谈判人员身体状况受到不利影响；对谈判场所的选择、谈判日程的安排等方面处于被动地位；己方要防止对方过多地安排旅游等活动而消磨谈判人员的精力和时间
在谈判双方之外的第三地谈判	由于在双方所在地之外的第三地谈判，对双方而言均是平等的，既无东道主的优势，也无作客他乡的劣势，所有条件对双方均衡	双方首先要为谈判地点的确定而谈判，地点的确定也要花费不少时间和精力；第三地点谈判通常被相互关系不融洽、信任程度不高的谈判双方所选用

2．谈判场所的选择

一般而言，多数人在自己家里与人谈话，比在别人家里更能说服对方，有一种我的地盘我做主的感觉，思维也更加宽广敏捷。所以在己方选择环境优美、条件优越的具体的谈判地点，并巧妙地布置会谈场所，使谈判者有一种安全舒适、温暖可亲的心理感受，不仅能显示出己方热情、友好的诚恳态度，也能使对方深感温暖与和谐，为谈判营造良好氛围。但也要注意对方利用场所给己方增加心理压力。

🔍 【案例 3-3】

中国浙江义乌一家私营纽扣厂的经理,在法国巴黎时装节上与世界某著名品牌时装公司的代表相遇,前者很想与后者建立业务关系,以便将自己的纽扣及饰品出口给这家大名鼎鼎的法国时装公司。法国公司看了义乌经理带去的纽扣样品后,邀请他一周后到公司总部面谈。在时尚气派的大会客厅里,义乌经理面对如此华丽的环境,有一种自惭形秽的感觉。其实,这正是法国公司的谈判策略之一:一方面,通过世界著名大公司与中国乡镇小企业的对比,通过本方华丽时尚的展厅和高雅会客厅与对方普通小作坊的对比,对来者营造心理上的压力;另一方面,法国公司摸准了义乌经理担心在法国逗留太久费用太高、希望尽快达成交易的急切心理,迫使对方降低期望值,进而在纽扣和饰品的报价上做出较大的让步。

(资料来源:窦然. 国际商务谈判与沟通技巧[M]. 上海:复旦大学出版社. 2009.)

大型商务谈判场所的选择应该具备以下条件。
(1) 谈判室所在地交通、通信方便,便于有关人员来往与双方通信需求。
(2) 环境优美安静,避免外界干扰。
(3) 生活设施良好,使双方在谈判中不会感觉到不方便、不舒服。
(4) 医疗卫生、保安条件良好,使双方能精力充沛、安心地参加谈判。
(5) 作为东道主应当尽量征求客方的意见,满足客方的需求。

3. 商务谈判会场的布置

一些大型项目的正式谈判,对谈判室的布置颇有讲究,会场布置是否得当,从一个侧面反映主场方的管理水平、谈判经验与对谈判的重视程度。

大部分正规谈判场所包括主谈室和休息室。

1) 主谈室的布置

主谈室应当宽大舒适,空气流通,光线充足,色调柔和,温度适宜,使双方能心情愉快、精神饱满地参加谈判。谈判桌居于房间中间。主谈室一般不宜装设电话,以免干扰谈判进程,泄露有关秘密。主谈室也不要安装录音设备,录音设备会使谈判双方产生心理压力,难以畅所欲言,影响谈判的正常进行。如果双方协商需要录音,也可配备。主谈室桌子与设备的配备布置情形如下。

(1) 长方条桌的布置。商务谈判通常使用长方形条桌,双方相对而坐,主方背门或让门在自己的右侧,各自成员按级别分别坐在主谈者的右边及左边,便于交流和支持。长方条桌的座次安排,如图 3.1、图 3.2 所示。

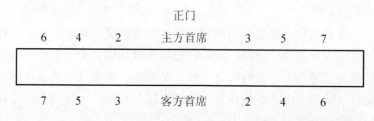

图 3.1 长方条桌的座次安排(主方背门)

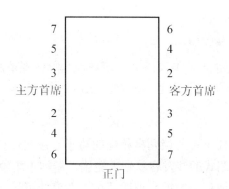

图 3.2　长方条桌的座次安排（门在主方右侧）

（2）方桌的布置。主谈者相对而坐，主方背门或让门在右方，各自成员按级别分坐在主谈者的右边和左边。正面坐不下时可分别依次坐在方桌的两侧。方桌的座次安排，如图 3.3 所示。

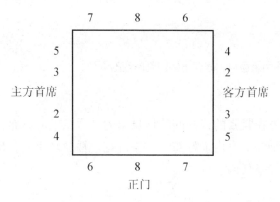

图 3.3　方桌的座次安排

（3）圆桌的布置。主谈者面对面而坐，主方背门或让门在右方，各自成员按级别依次分坐在主谈者右侧和左侧，甚至围成一圈。圆桌的座次安排，如图 3.4 所示。

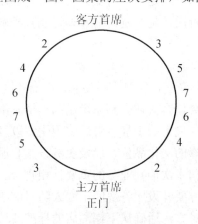

图 3.4　圆桌的座次安排

【特别提示】

方桌与圆桌适用于较小规模的谈判。其实,一些国际商务谈判常常采取随意就座的排位方法,甚至不设谈判桌,双方并排而坐,中间或只隔一张茶几,或干脆就坐在同一张长沙发上。这些方式适用于小规模、非正式或熟客之间的谈判。

（4）其他设备的配置。椅子：与谈判桌相配的椅子,在款式和色彩上要相互协调,坐着时应感觉舒适。太柔软、太凹式的沙发容易使人犯困,精神不集中。

演示板：可以用来直观地列举数据、说明情况。考究的可设置电子感应式可打印的演示板,也可以使用白板或黑板并配备相应的书写笔。

投影仪：用于演示数据、图片和资料介绍。常用的有反射式投影仪和连接电脑的投影仪。

其他设备：烟灰缸、记事本、水笔或圆珠笔、文件夹、茶叶、咖啡、白开水、冰水等。

【特别提示】

谈判过程中通常不宜使用录音机,除非得到谈判各方的同意。

2）休息室的布置

休息室是供谈判双方在紧张的谈判间隙休息用的,休息室应该布置得轻松、舒适,以便双方能放松一下紧张的神经。室内最好布置一些鲜花,播放轻柔的音乐,准备一些水果、茶点,以便于调节心情,舒缓气氛。

4. 食宿安排

用餐、住宿安排是会务人员工作的重要内容。东道主对于来访人员的食宿安排应周到细致、方便和舒适,但不一定要豪华、阔气,按照国内或当地的标准条件招待即可。适当地组织客人参观游览、参加文体娱乐活动是十分有益的。在某种程度上,住宿地和餐桌上常常是正式谈判暂停后的缓冲和过渡阶段,是个别沟通和增进相互理解的重要场合,甚至是解决谈判难题的关键场地。

1）安排住宿需要注意的事项

安排酒店的原则：不必强调豪华,但要交通便利,离商业区不应太远,以方便逛街购物；如能临窗观赏到优美的景致,会使客人体会到东道主的热情和细心,并会放松心情,增进好感。住宿地点除了要尽量考虑环境上的宁静、舒适、卫生,以及交通和通信上的便利,还要考虑宾馆的建筑风格和内部装修的文化品位,以及服务设施和服务质量与客人在这方面的水准相适应,在地位上相一致,和本次谈判业务的重要性相吻合。住宿地点和就餐地点的距离较近、便捷。如果有必要,己方要开设服务房间由专人随时解决客人所遇到的生活问题。若是客人自己付费,最好事先与对方沟通确认下榻酒店的标准或等级。若是东道主负担酒店费用,对于酒店标准的选择须加以斟酌；应将其当成一种投资,考虑以后回报如何；若客户来自西方发达国家,他们往往看重的是时间和效率,过于铺张奢华的安排,反而会使人怀疑你的管理水平或背后的意图。

2）安排饮食需要注意的事项

根据客人的地位、本次谈判的重要程度等条件确定饮食档次；认真了解对方人员在饮食方面的特殊要求，如由于宗教和民族习惯引起的饮食禁忌、个人的饮食习惯产生的禁忌，因身体状况对饮食存在的特殊要求，或因生病正在用药产生的忌口等；主要人员的饮食习惯，对某类风格的饮食或菜系的偏好，近日饮食的特点、口味变化的要求；尽量提供客人喜欢的具有当地风味的菜肴和新、奇、特食品，但是不能不顾国家有关法律方面的规定；酒和饮料的安排要根据实际需要；劝酒要适度，常见的借酒表态更要谨慎；要注意留给客户一定的活动空间，不必每顿宴请，也不必每次请客户吃饭都是大餐。

【案例 3-4】

一位澳门公司的老板，夜里十一点多钟在机场迎接一个刚从欧洲考察回来的中国内地商务团组。澳门老板明知道他们已在飞机上用过晚餐，但在安排完客人入住酒店之后，还是请他们到酒楼里好好款待了一番。尽管酒足饭饱后已是下半夜两三点钟，但宾主双方都很高兴。东西方客人有着不同的饮食习惯，东方人往往对于吃更看重一些。假如这位澳门老板仅安排客人下榻，没请他们吃饭，背后肯定会被客人狠狠抱怨一番。

（资料来源：窦然. 国际商务谈判与沟通技巧[M]. 上海：复旦大学出版社. 2009.）

5. 参观游览

如果时间允许，特别是接待首次来访的客户，东道主通常应安排一些参观游览活动。参观游览的地方可以考虑以下几类。

（1）与谈判标的有关的工厂、设备和产地。
（2）当地著名的标志性景观。
（3）享誉海外的本地特色文化餐饮和购物场所。
（4）客人感兴趣的其他名胜古迹供游乐活动。

在谈判期间安排客人参观游览，一是可以加深国外客户对东道主文化的了解；二是可以调节客人的旅途不适感，放松心情；三是可以增进私下的接触，融洽彼此之间的关系，这些均有利于谈判的进行。一般来说，参观名胜古迹、游览市容的开销不大，东道主可以全额买单。当然，参观还须注意避开敏感和机密的地方，如我国军事禁区、保密工厂或生产线等。

【技能训练 3-1】

谈判方案的制订

训练背景：目前很多高校新学年开学时，均有不同商家进驻校园推销各自产品，尤其是中国移动与电信部门，还有部分销售学生日常生活用品的零售商。学校为了进一步规范管理，同时也为防止假冒伪劣产品入侵校园，侵犯学生合法权益，现假定学校委派学生代表与各商家谈判每年新学年开学时商家进入校园的销售行为，请拟定一份谈判方案。

训练要求及步骤：

第一步，将全班同学分为若干小组，二分之一的小组代表学校，另二分之一小组分别代表不同企业，抽签决定代表学校的小组与代表企业的小组组成对抗组，将分别代表学校与不同类型公司进行谈判；

第二步，各小组需要彼此了解与对方的信息背景、谈判目标、谈判策略等。

第三步，共同商定谈判进程。

第四步，各小组分别制定谈判方案（包括通则议程与细则议程）。

第五步，各小组展示谈判方案，教师评议。

3.2 进行模拟谈判

模拟谈判是将谈判小组成员一分为二，一组扮演己方，另一组扮演对方，双方以对手的立场、观点、风格来同己方交锋，预演谈判过程。模拟谈判是在谈判各项准备工作就绪，正式谈判开始前进行的一种谈判演练，以检验自己制定的谈判方案是否可行，也可使谈判人员早日进入实战状态。

3.2.1 模拟谈判的目的

1. 检验谈判方案是否完善可行

每个谈判方案均是在谈判小组负责人的主持下，由谈判小组成员共同制定的。它是对正式谈判的预测与估计，因为有些问题只是站在对方的立场去思考，但不等同于对方的观点与做法，所以模拟谈判不可能完全反映出正式谈判中出现的意外状况。与此同时，谈判方案的制定会受到谈判人员的个人知识、经验、思维方式、考虑问题的立场与角度等因素的制约，使其不够完善。现实中，每个谈判方案只有在正式谈判中才能真正得到检验，检验其是否完善，是否可行。虽然模拟谈判只是对正式谈判场景的模拟，但与正式谈判比较接近，因此，能够较为全面严格地检验谈判方案是否切实可行，从而发现问题与不足，达到及时修正和调整谈判方案的目的。

2. 提高参与谈判者的谈判能力

美国著名企业家维克多·金姆（Victor Kim）说："任何成功的谈判，从一开始就必须站在对方的立场来看问题。"在模拟谈判中，谈判双方均是自己单位的人员，彼此熟悉，只是谈判时一方站在谈判对方的立场上提问题，能有效地预测正式谈判时提出相关问题的可能性，从而有利于己方人员知己知彼，认真思考并做好相应解决问题的措施，从多方面做好正式谈判的准备，提高谈判的应对能力。

3.2.2 模拟谈判的内容

模拟谈判的内容应是实际谈判中的内容，并且提出的问题要具有针对性，这种针对性问题的提出才有利于帮助大家共谋解决方式。其模拟的内容多少应视具体的谈判项目及谈判人员而定，一般来说，谈判项目复杂、谈判人员又是新手，模拟谈判内容就应全面，反之则应侧其重点和难点。

3.2.3 模拟谈判的方式

根据模拟谈判的目的可以有组织地进行多种形式的模拟谈判,主要有下列几种。

1. 小组式模拟谈判

(1)小组式模拟谈判的适用范围:主要适用于大型项目谈判或者重要成套设备谈判,涉及金额较大,谈判结果对企业有重大影响的谈判。

(2)小组式模拟谈判的具体做法:针对特定案例,将自己单位的谈判小组成员分成两组,一组作为己方的谈判代表,一组扮演对方的谈判代表;如果谈判小组成员本身较少,则可以从企业内部的有关部门抽出员工,组成另一谈判小组,扮演对方单位的谈判代表。但是,无论用哪种办法,两个小组都应互换角色进行模拟谈判,这样才能真正检验到谈判方案或方案的可行性,且让将正式参与谈判的成员对谈判过程中可能出现的情况及流程有较为全面的事前了解。

(3)小组式模拟谈判的谈判过程:选择一个完整的案例,首先各方对案例进行背对背的分析和讨论,对项目的关键和自身利益等进行充分的议论,制定谈判方案和选择策略,并做好每个人的责任分工,包括首席代表、技术负责人、商务负责人、翻译、文书等。

然后进行模拟谈判阶段,先对双方要协商的议题进行确认,并对谈判的顺序进行协商,并自我介绍自己方面的组织和分工。可以就第一个议题进行协商,根据议论的深入,不断调整谈判的策略。每形成一个共识就签订一份备忘录。

最后根据计划制定合同草案,再在谈判中协商,并达成协议。

(4)小组式模拟谈判的注意事项:第一,案例选择可以是比较简单的商贸项目,也可以是工程类项目、合资经营项目,主要要注意信息的完整性。第二,模拟中允许增加假设性的信息,但应记录。第三,准备工作时间应长于谈判时间。第四,合同的起草应提前准备,不能在谈判桌上进行。第五,发生争执时应该冷静对待,防止发生意外事故。

2. 一对一式模拟谈判

(1)一对一式模拟谈判的适用范围:主要适用于单个项目或单一商品且金额相对较低,谈判结果对企业影响不是很大的谈判。

(2)一对一式模拟谈判的操作方法:参与正式谈判的负责人应让谈判小组的成员之一来扮演对方谈判代表,对即将进行的正式交易条件进行盘问与磋商,其他人员旁听并观察。

(3)一对一式模拟谈判的训练目的:这样简单易行的方法同样可以使谈判小组负责人发现谈判方案或计划中的问题,及早补救。

(4)一对一式模拟谈判的注意事项:第一,案例或问题的选择要非常具体,信息要尽可能详细,模拟前要对问题有充分的理解和准备,因此不宜选择太大或太复杂的问题。第二,交谈的速度要严格控制,不宜太快。第三,指定人员对谈判做记录,对整个过程有比较详细的记录将有助于总结和提高。第四,周围人员不能插嘴,只听和看,最后才点评。

3. 沙龙式模拟谈判

沙龙式模拟谈判其实就是发挥头脑风暴,谈判小组负责人把即将参与正式谈判的人员召集在一起,充分自由式提问、讨论、磋商,共商谈判策略及技巧。这种方法简单易行,不要求形式,在企业中较常见。

3.2.4 模拟谈判的总结

模拟谈判的目的在于发现问题、提出对策、完善谈判方案、提高谈判人员的应战能力。所以，模拟谈判需要总结、积累经验与吸取教训，主要还是进一步完善谈判前的准备工作。模拟谈判的总结应包括以下内容：

（1）双方谈判的最高目标与最低目标。
（2）对方的观点与谈判风格。
（3）对方的反对意见及解决办法。
（4）双方的谈判优势及运用的可能。
（5）己方的不足及补救措施。
（6）谈判所需情报资料是否完善。
（7）双方各自的妥协条件及可共同接受的条件。
（8）谈判僵局出现的应对措施及谈判破裂与否的界限。

3.2.5 模拟商务谈判实训

1. 实景

在21世纪这个信息时代，几乎所有办公都离不开电脑，即使在大学校园里，也是如此。而大学生是学校的主体，所以电脑是大学生必不可少的工具。学习、工作、娱乐都需要用到电脑。可是大部分大学生对电脑的性价比却不是很了解。所以为了让学生的利益得到有效保护，现组成×××大学学生电脑采购团，与电脑城×××品牌电脑进行团体采购谈判。

×××大学学生电脑采购团，在当地报刊及其校园网上刊登了大量订购笔记本电脑的招标信息，不久，便收到了联想、宏碁、索尼、神州、戴尔、惠普等数家企业的报价等相关信息。相比之下，选择其中一款进行谈判。但应补充说明选择此款的原因，如联想的销售网点、售后服务网点多，便于各地学生的需求等。

买方：×××大学学生电脑采购团　　　　卖方：电脑城×××品牌电脑代理商

2. 谈判方案设计

买方方案：

根据多次在电脑城的调查，以及对学生需求的多次询问和讨论，具体方案如下。

第一，谈判的目的是购买300台×××品牌xx型号的电脑，此款式的电脑配置为××。

第二，市场价格为6 999元/台，但这个价格学生不可能接受。

第三，分析双方局势，代理商是商场高手，谈判经验丰富，市场行情比学生更加清楚，谈判策略灵活多变，在价格上一般情况下不会一次降到我们学生期望的价位，但根据市场行情一般会给10%的折扣。学生采购团较少参加商务谈判，所以谈判经验不足，对市场行情不是全面了解，但应努力多调查，从而掌握市场行情，随机应变。

第四，谈判目标是拿到20%~30%折扣的价格，也就是说可接受的理想价格为5 599元/台。在价格上如果达不到自己想要的目的，可以在电脑的各种配件上要求赠送，以达到降低价格的目的，以最低的价格买到性价比最高的电脑。

第五，人员构成主要包括负责质量、价格、包装、赠送及运送、售后服务等方面人员。

卖方方案：

第一，以最高的利润销售产品。

第二，新学年开始，大学新生入学后最需采购电脑，预期×××大学学生电脑采购团最有可能购买我们的中端产品×××品牌 xx 型号的电脑，此款式的电脑配置为××；对这类产品我们应该是很熟悉的。

第三，分析对方局势，学生采购团虽然对电脑市场行情不如自己全面了解，但切不可轻视，买方可能会采取蚕食方式进行议价，卖方价格谈判上可采取递减让步方式。

第四，价格目标上可参考一个星期前另外某大学学生采购团购买的数量为 100 台，型号为 ZZ，市场价为 6 999 元/台，成交价格为 5 550 元/台的电脑。若本次采购数目多于 100 台，则价格上可低于 5 550 元/台，根据数量确定价格高低，可以附赠配件，但价格应不低于 5 000 元/台。

第五，谈判人员主要包括负责质量、价格、包装、赠送及运送、售后服务及索赔等方面的人员。

3. 开始正式谈判

第一回合：（谈判地点的选择：电脑城）

卖方：各位大学生朋友，你们好！欢迎你们！这次团购，你们选定我们×××品牌的代理公司，你们的决策真是英明，也非常感谢你们的光临！我们在各方面都会使你们满意的。

买方：经理，你好！很高兴能够和你们公司合作，这笔交易是我们双方的第一次业务交往，希望此次合作能够成为我们双方发展长期友好合作关系的一个良好开端。同时，这也是我们×××大学学生采购团的第一笔业务，我们都是带着诚意与希望来的，我想，只要我们共同努力，我们一定会满意而归。

卖方：呵呵，那你们就选对商家啦，我们的实力你们应该有所闻，在本地可是一流的。

买方：我们这次是团购电脑，数量很大，你也在报刊上看过，很多公司都希望和我们合作，开出的条件都很优惠，但我们目前先选定了你们。

卖方：那我们是倍感荣幸，有机会为大学生服务啊！

（开局阶段，考虑谈判双方之间的关系，双方过去从来没有业务往来，努力创造一种真诚、友好的气氛，以淡化和消除双方的陌生感及由此带来的防备，为后面的实质性谈判奠定良好的基础。）

买方：那我们就直接切入主题了，我们这次团购看中了×××品牌 xx 型号的电脑，感觉产品还不错，你们有什么建议？

卖方：你们真有眼光！这款产品可是今年的热销产品，很多商家都已经脱销了，货源可能很紧张，最近我们新到了一批 yy 型号的电脑，比 xx 型号的电脑多了 512M 内存和一个 30 万像素的内置摄像头，运行更流畅，你们学生聊天多方便啊，你们可考虑一下。

买方：这个……那您先忙，我们再仔细看看，倒是挺吸引人的，似乎不错啊！

（在自己的相关资料准备不够充分、不太了解市场行情的情况下，采取推延的策略，给自己以回旋的余地，同时，迎合谈判方之意，降低戒备心理。）

旁白：现在商家卖电脑的惯用伎俩——声东击西，极力推荐商家利润高的产品，使消费者迷惑动摇。

买方：东西倒是挺好，不知道价格怎么样啊？

卖方：×××品牌官方价是 7 899 元。

买方：等等啊，价钱这么高？你们的标价比我们看中的那款高 900 元呢，可那些东西也就值 200 多元吧，太亏了吧？

卖方：这可是内置的摄像头啊！携带方便，多省事。

买方：倒是挺省事的，多 900 块钱为了这个内置的摄像头，你买么？

卖方：我们这可是原装的，质量有保证的！

买方：10 年前这样的话我还信，呵呵，别哄我们了，我们对市场也是有了解的。

卖方：既然如此，我们也不强求，只是建议嘛！那你们还是选 xx 型号的电脑吧。

买方：看来价格是我们的合作关键啊，那你们 xx 款报价多少啊？

卖方：既然是团购，你们要多少的量？

买方：300 台左右。

卖方：嗯，量还可以，这个……请您稍等一下，（此时，对方拿出报价单）5%。

买方：5%？我们可是团购啊？没错吧？

卖方：那，我们双方考虑一下吧，给你们一个最优惠的价格，这样吧，明天上午我们继续谈，我们会回公司商量一下。

此后，学生代表并没有立即离开，而是在×××品牌代理商那里看电脑。就在这个时候，对方接起了电话，说的是方言。"唉，这么熟悉，是××方言？难道是老乡？"这时，学生代表心里泛起了嘀咕。稍后，学生代表用亲切的家乡话，和卖方很顺利地攀谈。

买方：你是××地方的人？

卖方：你也是？

买方：是啊，真是缘分啊，老乡见老乡，两眼泪汪汪，我说，我怎么刚才见你就那么亲切呢。

卖方：你在×××大学上学啊？

买方：是啊，这不这次给大家采购么，怎么，你现在在这行做得很不错吧？

卖方：马马虎虎吧，现在电脑行情比较好，利润还可以。

买方：这，电脑怎么个卖法？

卖方：咋说？

买方：什么样的价格，算是比较优惠的啊？

卖方：这不同档次的，一般不一样，价格越高的利润空间越大，我的权力，最多就是 7%～8%，估计，老板的能力大点。

买方：你说我们这大批量，老板能给个多少的让利？25%？

卖方：这个肯定不行，但能再给低点，你看看能不能给你们配送点什么实用的东西，老板还是比较爽快的，他孩子和你们一般大，好交流。

买方：谢谢哈，你快忙吧，又来一波人，不打扰你生意了。

卖方：好的，明天见！

旁白：显然，刚刚那个不是老板，只是个小售货员，他做不了主，所以要明天谈，回去是和他们老板商量。第二回合要直接和老板谈谈了……

第二回合：（地点：电脑城会议室）

买方：很高兴又见面了。请问，你们经过商量，准备给我们多少让利呢？

卖方：恩……昨天我们谈得相当愉快啊。我们回公司后认真地商讨了一下这个问题，考虑到你们是学生，数量又比较多，所以最低我们能给你们打个九二折，也就是 6 439 元。

买方：不会吧，真让人太……失望了，在市场上一台一台地买都能打九二折了，你们真的很没诚意啊。

卖方：市场上都是虚报价格，折扣当然给得起了啊。我们的报价本来就比其他地方的低。主要看你们是学生，要不我们是不会给那么多的折扣的。

买方：看样子我们是做不成这次的生意了啊……

卖方：那你们认为我这产品什么价啊？

买方：打个七五折还差不多。

卖方：……都说学生的生意是最难做的，这话一点也不假啊，七五折！我们连成本都回不来，更别说是利润了，我们也不容易啊。朋友们！这样吧，那就给你们八八折，6 159 元。我们给你们优惠了，你们也得让我们赚点吧。

买方：老板，你们这个价钱利润高着呢，更何况我们买这么多台。这个价我们找其他的代理商也买得到，说不定更低呢，我们实在承受不了这个价钱。

卖方：好了好了，我们也是很想促成这笔交易的。我们爽快点，再给你们让一点，八五折，5 949 元，这样还接受不了，那真的没办法了，只能说没缘分啦。

买方：这样子啊！恩，让我们考虑一下吧。我们也得问一下托我们买的同学们的意见，毕竟对于我们，这是个大数目啊。

卖方：可以啊。今天都已经时间不早了，留下来，先吃些东西吧，都谈了一上午，同学们都累了吧。今天，我做东，请你们吃麦当劳！

买方：谢谢您，不用了吧，多不好意思！

卖方：没关系的，走吧，就在隔壁，很方便，吃过了再回去，反正现在下班高峰期，坐车很方便的。

买方：（不好再推，只好接受邀请）也是，那好吧！

旁白：对于这个价钱，远远在学生们的心理价格之外。能否接受呢？如果接受了，一定要争取多让他们送点东西，那样也不至于太亏了。

在吃东西的时候气氛很融洽，在这一过程中，买方想起了，这位经理也有位与他们年龄相仿的女儿。于是，买方便将话题扯向了经理的女儿，以求博得同情心。

买方：叔叔，您的孩子是不是也和我们一样在上学呢？

卖方：噢，我的宝贝姑娘，和你们差不多大，看见你们，我就想起了她，所以，和你们在一起很开心啊！

买方：是么，她在哪所高校上学啊？学什么专业呢？

卖方：她啊，读国际经济与贸易，在中国人民大学。

买方：真不错！

卖方：小丫头，鬼精鬼精的，和你们一样，买东西很会砍价，是拿了西瓜还要拿上芝麻啊！

买方：呵呵，哪里，哪里，叔叔没有给我们表现的机会啊！

（就在气氛很融洽的时候，买方又提到了让利）

买方：叔叔，那笔记本，能再给我们优惠点么？

卖方：看看，说着说着就又来了，还真像我孩子那样，锲而不舍啊，嗯……这样吧，再给你们让点，八二折，5 739 元，这可是我的底线了。

买方：谢谢，叔叔，噢，不，经理。

（之后，很愉快地结束了今天的谈判）

卖方：那你们看看，觉得合适的话，签一下合同，我好给你们准备货，最近货比较走俏，对了，这个价格可是绝无仅有的啊，保密！

买方：好的，我们会的。不过，还有些别的问题，需要回学校请教。明天见吧！希望尽快达成合作。

卖方：好的，明天见！

旁白：此回合采用的策略——在这场价格战中，双方针锋相对，状况激烈，步步为营，一点点地极力争取自己的利益。在价格谈判中，卖方的让步过程：第一轮让利8%，第二轮再让利4%，第三轮再让利3%，第四轮再让利3%。采用的是一种先高后低逐步递减的让步策略，保住了己方的较大利益。在本回合结束时，卖方请买方吃饭，在饭桌上聊天时，买方趁机向卖方提出让价，这是中国人常用的伎俩，在饭桌上的生意比较好谈。

第三回合：（采用日本式报价战术）

买方：经过考虑，这个价格可以勉强接受，八二折，5 739元。

卖方：是啊，这差不多是跳楼价了。

买方：但是每台电脑应该可以给我们配个摄像头吧？

卖方：摄像头？您这要求恐怕有点太过分了，一个摄像头就一百多，好点的还要二百多，我们没有那么大的利润啊！

买方：我们又不要最好的，你送我们个差不多的就行，我们一次买你们这么多台，初次合作都给对方个面子嘛，以后咱们来日方长呢。

卖方：好吧，就送你们××像素的吧，你们学生用起来也很实用，我们在市场上卖六七十呢。

买方：就是，这样就好了，你看我们在宿舍玩游戏啊上网啊用鼠标的时候很多了，我看你这儿的鼠标垫还都挺漂亮的，每台电脑赠我们个鼠标垫吧，回去以后还能给你们做个宣传呢。

卖方：这个好说，就每台送你们一个吧。

买方：我们电脑老重装系统得自己安装，还需要配个Windows XP系统，咱买卖一次性做完，你再送我们套软件，我们自己安装起来也方便。

卖方：你们真会算账，积少成多啊，每台都赠你们我们可就赔大了，软件这东西，你们可以借着用，要不这样，十台电脑赠你们一套吧。

买方：商家就是商家，真是精明，好！就十台一套。我们回去电脑都要联网呢，也不知道哪家路由器实惠一些，你帮我们联系一家？

卖方：这好说，我做这个生意的朋友很多，肯定会给你们介绍一家满意的。

买方：OK，就这样说定了！

（还有些要赠送的，如耳麦、网线、键盘，这些可以自己发挥）

买方：但是应该有赠品吧！现在不是流行搞"馈赠活动"么！（顺手，买方指着墙上贴着的海报说到）这不是么？迎××活动，购笔记本电脑，送××背包！多好啊！

卖方：是么？让我看看！（卖方看看海报，摇摇头）那都是什么时候的活动了，现在早已经不送了。

买方：是么？不就是前几天的活动啊，我们开始谈的时候，可是还有这活动呢，怎么？应该可以送吧！

争执几轮后……

卖方：那您等一下。

这时卖方一人离开打电话（电话内容大概就是问问库存还有没有包了，有没有发回厂家之类的），一会儿，卖方回来，和主谈人耳语几句。

卖方：那这样吧，一台送一个电脑背包。

买方：好的，那我们成交！

50分钟后……

旁白：双方终于在友好愉快的气氛中签订了合同，买方最终按既定的计划达到目的，也就是购买到性价比较高的笔记本电脑，卖方也在赢利的基础上结束了这笔交易，并且与买方达成了长期合作的协议，整场谈判在双赢的局面落下帷幕。

（资料来源：http://www.coffbar.com/Article/qg/201111/35768.html.）

【技能训练3-2】

模拟谈判能力培养

训练背景：汽车零配件供应谈判

模拟谈判（甲方）：

本公司生产的产品中，有一种汽车配件，每件市场零售价为1 500元。市场上有5个同类产品的供应企业，其市场价各不相同。本公司是在700元左右，其他的有比这高的（如750元），也有更低的（如650元）。本公司每月的销量为1 500~2 000件，在竞争对手中排行第二。生产这种产品需要一种元器件，世界上供应商总共有3家，今天的谈判对手是其中的一家。我们与其已经有3年的合作经历，因此质量上已经没有多大问题，问题是价格，现在的供应价格是每件100元。最近汽车价格竞争非常激烈，所以有可能在价格上爆发一场恶战，这种产品在本公司中又是最主要的盈利产品，其他竞争对手有可能降低价格。因此，在这轮谈判中，能否使对方适当降价是关键。其实，这里有一次机会，即在淘汰竞争对手的过程中我公司能扩大生产量，使本公司成为行业老大。

其他因素请谈判者自己设定。

模拟谈判（乙方）：

本公司的产品中有一件是为汽车配件提供的专用元器件，在世界上共有3家供应商，本公司供应量最大。今天谈判的对手就是我们的客户之一，已经合作了3年，关系正常，但不是我们最大的客户，属于重要客户的范畴。我们的供应价格是每件100元，每月销量为1 500~2 000件。在公司的产品中这种产品的盈利水平不算高，但销售额总量不低，公司还是比较重视的。问题是石油价格上涨使成本在不断上涨，这次谈判想使对方能提高一些价格。

其他因素请谈判者自己设定。

训练步骤及要求如下：

第一，将班级学生以4~5人每组分成若干小组，每两个小组组成对抗组。

第二，各组根据背景材料进行对方信息收集，同时制定谈判议程与谈判方案。

第三，确定谈判人员分工。

第四，正式模拟谈判，其他人员观察并记录。

第五，教师对每个小组进行点评。

知识回顾

内容要点

本项目主要介绍了商务谈判方案或计划的制订与模拟谈判。

谈判计划主要包括谈判方案宗旨、谈判方案的制订、谈判方案目标、谈判策略的部署、谈判议程安排及谈判的具体安排。

谈判策略的表现形式主要包括：周密式、简略式、默契式。

谈判议程的安排是指对谈判时间、地点和议题的安排。谈判议程一般由东道主一方准备，议程包括通则议程和细则议程，前者供谈判双方共同使用，后者供己方使用，所以又把通则议程称为公开议程，把细则议程称为内部议程。商务谈判地点一般有三种情况：一是在己方企业所在地谈判；二是在对方企业所在地谈判；三是在谈判双方之外的第三地谈判。

实务重点

谈判方案、模拟谈判方式。

 职业能力训练

基本知识训练

一、选择题

1. 良好的谈判方案须做到（　　）。
   A．有目的性　　　B．简明　　　C．具体　　　D．灵活
2. 确定谈判议题时，重点应解决的问题有（　　）。
   A．议题　　　B．目标　　　C．顺序
   D．策略　　　E．时间
3. 谈判方案的主要内容包括（　　）。
   A．确定谈判目标　　　B．选择谈判地点　　　C．规定谈判期限
   D．拟定谈判议程　　　E．安排谈判人员
4. 商务谈判方案所要实现的目标包括（　　）层次。
   A．最低目标　　　B．可接受目标　　　C．最高目标　　　D．终极目标
5. 谈判议程的安排是指对（　　）的安排。
   A．谈判时间　　　B．谈判策略　　　C．地点　　　D．议题
6. 模拟谈判的目的包括（　　）。
   A．检验策略和谈判双方的文化特性是否一致　　　B．检验谈判方案是否完善可行
   C．提高参与谈判者的能力　　　D．检查通则议程是否可行
7. 模拟谈判的方式主要有（　　）。
   A．小组式模拟谈判　　　B．一对一式模拟谈判
   C．沙龙式模拟谈判

二、判断题

1. 谈判者唯一感兴趣的事就是取胜。（   ）
2. 只有对事实达成一致意见,才能开始谈判。（   ）
3. 大型商务谈判场所应选择交通方便的闹市区,便于有关人员来往。（   ）
4. 在己方企业所在地谈判,谈判人员心理压力相对会比较小。（   ）
5. 议程包括通则议程和细则议程,前者供谈判双方共同使用,后者供己方使用,所以有的又把通则议程称为公开议程,把细则议程称为内部议程。（   ）
6. 简略式策略通常适用于大中型项目的谈判。（   ）
7. 在商务谈判中,谈判双方相互关系不融洽、信任程度不高的情况下,通常会选择在己方所在地进行谈判。（   ）
8. 小组式模拟谈判主要适用于大型项目谈判或者重要成套设备谈判,涉及金额较大,谈判结果对企业有重大影响的谈判。（   ）
9. 模拟谈判是在谈判各项准备工作就绪,正式谈判开始前进行的一种谈判演练,以检验自己制定的谈判方案是否可行,也可使谈判人员早日进入实战状态。（   ）

三、简答题

1. 怎样制订商务谈判计划？
2. 简述谈判场所的选择原则及谈判室的布置要求。

综 合 实 训

一、案例分析

1. 某县一家饮料厂欲购买意大利固体橘汁饮料生产技术与设备。派往意大利的谈判小组包括以下4名核心人员:该厂厂长、该县主管工业的副县长、县经委主任和县财办主任。

问题：

(1) 如此安排谈判人员说明中国人的谈判带有何种色彩？
(2) 如此安排谈判人员理论上会导致什么样的后果？
(3) 如何调整谈判人员？
(4) 做上述调整的主要依据是什么？

2. 上海地铁建设过程中引进了德国 AEG 公司的车辆,经过一年多的使用,发觉这种车辆存在一些使用上的不足,因此在以后订货时要求加以改进。主要是车辆车门的宽度不太适应上海的实际情况。因为上下班的时候地铁特别拥挤,除了增加车次外,缩短停车的时间也是非常重要的问题。经过长时间的观察分析,发现车门的宽度是重要的制约因素。按现有的车门宽度,两个人同时进出很宽松,如果3个人同时进出就显得拥挤,从而影响了上下车的速度。

因此,与对方公司谈判解决这样的问题就提到议事日程上来。中方在与德国方面专家的首次接触中,在这个问题上很难达成一致。德方提供了大量技术资料和数据,力图证明这样的宽度是最合理的,也拿出了德国国内地铁车辆长期运行的记载资料,说明其运行是高效率的。怎样才能使对方理解我方的意图和要求呢？

经过研究,中方将谈判场地选择在地铁车站上,时间正值上班高峰。中方派出了相关负责人和技术人员,德国方面也来了不少专家和经理人员。在站台上一边观察,中方负责人一边解释:"与德国人相比,中国人的体格比较瘦小,你们看这样宽的车门对于德国人来说,两个人进出正好,而对中国人来说则显得太宽松,如果3个进出就太挤了。"

"如果把车门放宽 10 厘米,3 个人进出就十分通畅,进出速度就快多了。"

面对如此拥挤的车辆,德国经理一边摇头一边和边上的专家窃窃私语,最后问道:"一直如此吗?"

"上下班的高峰时期,天天如此!"

双方又到了另外几个车站进行察看后,德方没有提出任何异议。过了两周,在谈判桌上,AEG 公司承诺将车门放宽 10 厘米,对内部的布置做了重大调整。新车型不仅可以加快进出速度,而且使乘坐的旅客人数也增加了 10%。

(资料来源:仰书纲. 商务谈判理论与实务[M]. 北京:北京师范大学出版社,2007.)

问题:

(1)为什么德方不能理解中方的问题?

(2)在车站站台上进行观察是否会影响谈判的情绪和进度?

(3)现场谈判需要什么样的条件?

二、实训操作

1. 实训目的

通过实训,培养学生选择合适的谈判地点与时间,能制定谈判方案。

2. 实训组织和要求

将班级中的学生划分为若干项目小组,小组规模一般是 3~5 人,每两个小组组成一个对抗组,进行谈判计划制订的练习。辅导教师应及时检查学生制订计划的情况,提供必要的指导和建议,并组织同学进行经验交流,还针对共性问题在课堂上组织讨论和专门的讲解。

3. 实训背景

深圳某电子产品公司是上市公司,是一家生产×××牌电子产品的知名企业。你所在的甲公司是一家生产电子元器件材料的厂家。公司准备派你开发深圳市场,希望能成为深圳某电子产品公司的供货商。你的公司并没有与该公司发生过业务往来,对该公司并不了解。深圳是你公司准备开拓的新市场,签下这家公司的订单对你们意义重大。

假设你所在的甲公司生产成本是 30 元/件,市场的平均价格是 40 元/件。你被公司任命为谈判代表,与深圳某电子公司进行谈判。如果谈判成功,你将被任命为广东省的区域经理。你的老板虽然让你做主,但你知道如果这一单生意谈不好的话,你很可能会失去目前的升职机会。并且你的老板为人比较小气,还喜欢做事后评价。所以你必须做好充分的谈判准备工作,以确保谈判的成功。

问题:(1)你准备搜集哪些信息,以及从哪些渠道搜集?

(2)如果你是深圳某电子产品公司的谈判负责人,会如何制订你的谈判计划?

4. 实训内容

(1)组建谈判小组。

(2)进行人员分工。

(3)制定谈判目标。

(4)确定谈判地点与进程。

(5)选择确定谈判策略。

(6)准备资料。

(7)确定你的谈判方案。

模块 3　商务谈判实施

任务 4

商务谈判开局

SHANGWU TANPAN KAIJU

【任务目标】

知识目标
- 了解商务谈判开局阶段的主要任务,开局步骤
- 熟悉开局谈判气氛的类型和影响开局气氛的因素
- 掌握几种主要的开局策略,掌握营造高调谈判气氛和低调谈判气氛的技巧和方法

技能目标
- 具有营造及掌控良好谈判开局氛围的能力
- 具有判断开局常规礼仪的能力

实训目标
- 通过对策划开局、营造开局气氛和开局礼仪的学习,使学生能灵活运用营造开局气氛的方法,具备灵活运用一些典型的、常见的谈判开局策略的技能

【案例导入】

1994年,美国全年贸易逆差居高不下,约1 800亿美元,其中,对日本的逆差居首位,达660亿美元,而这中间的60%的逆差生成于进口的日本汽车中,日本汽车大量进入美国市场,1年约400万辆。于是就有了1995年美日汽车贸易谈判,美国谈判方认为,日本汽车市场不开放,而日方却认为本国政府未采取任何限制措施,为了使谈判顺利,日本在谈判正式开始前就致力于改善谈判气氛,日本汽车制造业协会出钱在华尔街报纸做广告,广告标题是"我们能多么开放呢?"接着文字说明:"请看以下事实,一、对进口汽车、零件无关税;二、对美国汽车实行简便的进口手续;三、美国汽车免费上展台;四、销售商根据市场需求决定卖什么车。"之后,又总结出美国车在日本销售不好的原因:日本汽油昂贵,所以日本人只能买省油的小汽车,而美国出口的是大型车。广告最后得出结论:"自由贸易才是成功之路。"日本汽车制造业协会做市场调查,看过报纸的人都认为日本讲得有道理,形成了谈判的良好气氛。

【任务实施】

4.1 策划开局

根据案例导入,我们深知"良好的开端是成功的一半"。日本汽车制造业协会在正式谈判前就开始营造谈判的良好氛围,有经验的谈判人员都知道,虽然整个谈判过程十分复杂,所包含的内容也繁多,但最终要取得谈判的成功必须从谈判开局阶段入手。从某种意义上讲,谈判的开局比其他阶段更为重要。因而,谈判开局的成功与否对谈判能否顺利进行关系极大。

谈判开局(the Start of Negotiation)不仅决定着双方在谈判中的力量对比,决定着双方在谈判中采取的态度和方式,同时也决定着双方对谈判局面的控制,进而决定着谈判的结果,所以需要对开局进行策划。

4.1.1 策划的含义

策划一词最早出现在《后汉书·隗嚣传》中"是以功名终申,策画复得"之句。其中"画"与"划"相通互代,"策画"即"策划",意思是计划、打算。策最主要的意思是指计谋,如决策、献策、下策、束手无策。划指设计,工作计划、筹划、谋划、规划,具有处置、安排之义,是通过精心安排的宣传和手段,对事件的发生、发展进行操作;也是有效地组织各种策略方法来实现战略的一种系统工程。

美国哈佛企业管理丛书认为,策划是一种程序,"在本质上是一种运用脑力的理性行为";更多人说策划是一种对未来采取的行为做决定的准备过程,是一种构思或理性思维程序。

综上所述,策划是指人们为了达成某种特定的目标,借助一定的科学方法和艺术,为决策、计划而构思、设计、制作方案的过程。

4.1.2 开局阶段的主要任务

开局阶段所用时间比例的大小要根据谈判性质和谈判期限的长短来区别对待。一般来讲,应控制在谈判时间的5%之内比较合适。在谈判的开局阶段,一方面要为双方建立长期友好的合作关系创造条件，另一方面又要积极了解谈判对方的特点、意图和态度。通过掌握并分析对方的信息来修正己方的谈判方案，争取早日进入角色，进而取得谈判场上的主动。总的来说，开局阶段的工作主要是营造良好的谈判气氛、说明"4P"问题、了解彼此信息。

1. 营造良好的谈判气氛

谈判开局阶段的气氛对整个谈判过程起着重要的影响和制约作用，它会影响人们的情绪和行为方式，进而影响到行为的结果。同样的谈判人员和谈判议题，在不同的谈判气氛中，谈判的结果可能大相径庭。要想取得理想的谈判成果，就应努力创造积极而又友好的谈判气氛。

谈判气氛多种多样，有平静的、严肃的，也有热烈的、积极的、合作的，还有紧张的、对立的。气氛的形成十分微妙，要想形成良好的谈判气氛，应特别注意以下几方面。

1）把握气氛形成的关键时机

影响谈判气氛的因素虽然多种多样，但在谈判过程中，这些因素也会随着整个谈判形势的变化而不断变化，因此，谈判气氛也会随着谈判的进展而有所变化。但是，形成谈判气氛的关键时机大多是谈判开始接触的瞬间，时间非常短暂，通过谈判双方彼此的眼神、面部表情、行为、语言等表现出来。在这一瞬间内，谈判者从与对方的接触中，获得有关对方的第一印象和感觉，这种印象和感觉将在很大程度上决定着谈判者在整个谈判过程中对对方的评价，并在很大程度上决定着谈判气氛。所以说这一瞬间内的接触将奠定整个谈判气氛的基调。谈判各方均应注意把握这一关键时机，力争创造良好的谈判气氛。

2）选择中性话题进行沟通

人与人之间的交流往往都是从日常生活的话题开始的，这样才能引起共鸣。商务谈判也是如此。尤其是与对方属于第一次业务往来，过去素昧平生，现在却要聚集在一起进行经济上的贸易往来活动，难免会有些冷场。如果谈判一开始就进入正题，就会缺乏亲切友好的感觉，容易形成彼此之间的隔阂，增加谈判的难度。因此，谈判人员应在进入谈判正题前，留出一定的时间，就一些非业务性的、轻松的中性话题，如饮食、气候、体育、艺术等，进行交流。

【案例 4-1】

柯达公司创始人乔治·伊士曼（George Eastman），成为美国巨富后热心于社会公益事业，捐巨款建造了一座音乐厅、一座纪念馆和一座剧院。为能承接这些建筑物内的座椅，众多制造商展开了竞争，可是，无不乘兴而来，败兴而归。

此时，美国优秀座椅公司经理亚森（Arsene）前来，希望得到这笔价值8万美元的生意。伊士曼的秘书在引见亚森前忠告他说："我明白您急于想得到这笔订单，但我要告诉您，假如您占用了伊士曼先生5分钟以上的时间，您就没有希望了。他是一个非常严厉的大忙人，所以您进去后要快讲。"

亚森被引到伊士曼的办公室后，看到伊士曼正埋头处理桌上的一堆文件，于是，亚森静静地站在那里，并打量着这间办公室。

过了一会儿，伊士曼抬起头发现亚森，问道："先生有何见教？"

秘书对亚森作了简单的介绍，便退了出去。这时，亚森没有谈生意，却说："伊士曼先生，我利用等您的时间，仔细地观察了您的办公室。我本人长期从事室内的木工装修，可从未见过装修得如此精致的办公室。"

伊士曼回答说，"谢谢您的夸奖，这间办公室是由我亲自设计的，当初刚建好时我喜欢极了，可是后来一忙一直都没有机会好好地欣赏一下这个房间。"

亚森走到墙边，用手在护墙板上一擦，说道："这用的是英国橡木吧！这种橡木的质地是很好的。"

"是的。"伊士曼高兴地站起来回答说，"这是从英国进口的橡木，是我的一位朋友专程去英国帮我订的货，他是长期研究室内细木的。"

伊士曼心情非常好，带着亚森仔细地参观他的办公室，并将室内装饰详细地向亚森作了介绍，从选材到颜色，从工艺到价格，然后又讲到自己设计的经过。亚森微笑着聆听，显得饶有兴趣。

亚森看到伊士曼谈兴正浓，便好奇地问起他的经历。伊士曼接着讲述了自己青少年时期苦难的生活，母子俩怎样在贫困中挣扎，以及发明柯达相机的过程和向社会回报的各项捐赠等。亚森专注地倾听着，并赞扬伊士曼先生的公德心。

原本伊士曼的秘书警告过亚森，会谈不能超过5分钟，可是现在谈了近两个钟头，一直谈到了中午。

伊士曼邀请亚森共进了午餐，直到亚森告辞，两人都没有谈及生意。但是，随后亚森不仅得到了大批的订单，而且与伊士曼结下了友谊。

【分析提示】本案例就是用中性话题装饰谈起，从木材谈到室内装饰，再到人的成长，最后到社会公益事业，这些内容均是从对方喜好的角度去思考而提出来的话题，从而引起对方思想上的共鸣，看似没有谈及生意，但从共鸣中找到了双方合作的深厚基础，所以后来亚森能得到大批订单，并与伊士曼结下友谊。

（资料来源：鲁小慧. 商务谈判[M]. 郑州：中原农民出版社. 2007.）

3）诚实可信的形象、积极进取与合作的态度

谈判者的形象也是影响谈判开局气氛的重要因素之一。在与人的交往中，我们更愿意与诚实可信者、乐观向上者、团结合作者进行交流与合作，而不太愿意与消极悲观者、个人主义者进行共事，更不愿意与满嘴谎言与欺诈者交往。所以谈判者以怎样的形象出现在对方面前，对谈判气氛有十分明显的影响。形象体现在多个方面，如谈判者的姿势，到底是精力充沛还是疲乏不堪，是积极主动还是无动于衷或者消极悲观；又如目光，是坦荡诚挚还是躲躲闪闪、疑虑重重；再如服饰仪表，是整洁大方还是肮脏古怪等。谈判者应注重对自身形象的设计，以诚实可信的形象出现在对方面前，感染、鼓舞对方的谈判人员。

【案例4-2】

一个小偷专偷高校学生宿舍的物品，作案多次，被捕后，他在供词中说："你只要手中拿一本书，戴上一副眼镜，边走边看，口中再喃喃低语，没有一个警卫会查看你的学生证。"

4）充分利用非正式接触

在正式开始谈判前，双方可能有一定的非正式接触机会（指非正式会谈），如欢迎宴会、礼节性拜访、参观旅游等，利用此类机会，也可充分了解与影响对方人员对谈判的态度，有助于在正式谈判时营建良好的谈判气氛。

2. 说明"4P"问题

所谓"4P"问题，即 Plan（计划）、Purpose（目的）、Pace（进度）、Personality（谈判人员）等涉及谈判的具体问题，如图4.1所示。谈判人员在开局时把话题很自然地集中在这4个问题上，就会营造令人满意的开局结果。

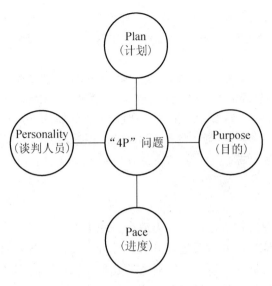

图 4.1 "4P"问题

商务谈判双方或多方有时会因为彼此的目标、对策相差甚远而在一开局就陷入僵局。这时,双方应努力先就会谈的目的、计划、进度和谈判人员达成一致意见,这是掌握好开局过程的基本策略和技巧。实践证明,这样做适合于各种谈判。若对方因缺乏经验而表现得急于求成,即一开局就喋喋不休地大谈实质性问题,或者谈判对方出于各种目的在谈判一开始就唱高调,那么我方可以找话题切断他的话题,巧妙地避开他的要求,把他引到谈判目的、计划、进度和谈判人员等基本内容上来,这样双方就很容易趋向一致。总之,不管出于哪种情况,谈判者应有意识地创造出"一致"感,以免造成开局便陷入僵局的局面,为创造良好的开局气氛创造条件。

初次见面,谈判人员要相互介绍参与谈判的人员,然后进一步明确谈判要达到的目标,这个目标应是双方共同追求的合作目标。同时双方要磋商谈判的议程、进度、需要遵守的纪律和共同履行的义务等问题。那么,在商务谈判中怎样引出这些话题呢?最理想的方式是以轻松愉快的语气先谈一些双方容易达成一致意见的话题。例如,"我们先把这次会谈的整体安排介绍一下,好吗?"或者是"我们先把这次会谈的程序确定下来,您同意吗?""我们先商量一下今天会谈的议题,如何?"从表面上看,这些问话似乎无足轻重,但这些要求最容易引起对方肯定的答复,而这种肯定的答复就会产生出一种"意见一致"的感觉,从而创造出和谐的气氛。有了这种气氛,双方就比较容易达成协议,谈判也就会顺利进行。"4P"问题具体的说明就是使谈判双方实现友好接触、统一认识、明确规则、安排议程、掌握进度、把握成功。

【案例 4-3】

2014 年 9 月 18 日,广州某集团公司与珠海某企业集团有限公司关于客户资质审查进行谈判,谈判地点在珠海一方所在地,谈判双方分别有 4 个人。双方一见面,相互握手后,互递名片、简单介绍自我姓名及职位,共花费 5 分钟内(整个谈判持续 2 小时)的时间进行天气寒暄,开局气氛良好。且广州方听到对方负责人说到一个共同的熟人(小刘,广州某集团公司上海分公司厂长),便立即掏出电话与在上海的小刘联系,并将电话递给珠海方的负责人与小刘通话。电话一结束,广州公司的负责人便提出"我们想先听听你们公司的组织结构,并请对产品类型介绍一下,好吗?"珠海方立即应允。整个这一行为给此次谈判创造了良好的氛围,尤其给广州公司自己作为客方制造了非常好的气氛,使谈判一开始便由客方的被动转化为占据完全的主动地位。

【分析提示】本案例中,广州某集团公司本来属于客场谈判,处于被动地位,但该公司的负责人却很会抓住创造良好开局的契机。当听到珠海方面说到的一位熟人名字时,便立即掏出电话与之联系,此后还将电话交给珠海方的负责人与此通话,看似简单的行为,却使自己由被动转为主动地位,尤其是待珠海方将电话一结束,便转移话题进入当天谈判的正题,要求对方介绍公司组织结构及产品类型,此时以先发制人之势完全将谈判的主动权掌握在自己的手中。

3. 了解彼此信息

在开局阶段,谈判双方较多地把注意力放在摸底上,主要借助感觉器官来接收对方通过行为、语言传递出来的信息,并对其进行分析、综合,以判断对方的实力、风格、人员、态度、经验、策略等,了解彼此信息,摸清对方的底牌,以便及时调整己方的谈判方案与谈判策略。对对方信息了解得越详细、越深入,估量越准确、越充分,就越有利于掌握谈判的主动权。

在这个过程中,主要了解以下方面的信息。

1)对方的实力

包括公司的历史、组织架构、社会影响、社会信誉、资本积累与投资状况、技术装备水平、人员结构,以及产品的品种、质量或者产量等。

2)对方的需求度与诚意度

对方同己方合作的目的是什么?他们的合作愿望是否强烈?合作的诚意度有多大?有多少合作伙伴可供他们选择?对方与己方的其他地区或企业是否有过往来?总之,要尽可能广泛地了解对方的需要、信誉、能力与作风等。

3)对方谈判人员的状况

谈判是否成功,至关重要的在于谈判人员。所以谈判人员的构成、谈判人员的性格特征、谈判风格、谈判经验、谈判权限等非常重要。我们需要了解谈判人员是由哪些人组成的,各自的身份、地位、性格、爱好如何,谈判经验如何,谁是首席代表,其能力、权限、以往成功与失败的经历、特长、弱点,以及对谈判的态度和倾向性意见如何等。根据谈判性质、要求的不同,有时还要搜集一些更为深入、细致、针对性较强的情报信息。例如,对方各成员的想法和打算是什么,相互之间的关系如何,是否存在矛盾,谁可能是主要对手,谁可能是要争取的对象,有没有幕后操纵者,主谈人与幕后操纵者之间存在着怎样的关系,等等。有时还必须考察对方以往不成功的谈判实例,以便从中了解对方的思维习惯、行为方式、心理倾向和自身需求等情况。所有这些都会为己方了解对方信息提供线索。

4)对方在谈判中所坚持的底线

在开局阶段,己方应设法探求对方在此次谈判中所必须坚持的底线及原则,在哪些问题上可以做出让步。这样在实质性磋商阶段就可以避重就轻,为己方争取最大利益。

这种摸底,双方必然都会以十分巧妙的方式进行。在双方坐下来转入实质性谈判之前,应该充分利用此阶段去获得对方的这些信息。要留意对方正直、坦诚和表现出合作倾向的人,与他们沟通合作,会得到更多的信息。同时也要注意听话听音,领会对方谈话的潜在信息,这些信息可能反映了对方的真实意图。通过摸底，可以大致了解对方利益之所在，这时己方应该进一步去发现双方共同获利的可能性。己方可以就谈判的规程、计划、进度等提出一些初步的建议。由于这是一个不涉及或很少涉及双方利益的问题，因此与对方坦率地交流协商，往往很快就可以达成一致。这样，己方就等于顺势将先前建立的诚挚的、融洽的气氛引向了认真与合作的工作气氛。

此外还有一个十分重要却又容易被忽略的问题，即己方在谈判发展过程中地位的变化。这个问题虽然贯穿谈判的全过程，但是却有必要在接触摸底阶段就引起重视。一般来说，双方之间的关系在谈判的不同阶段会呈现出不同的特征。

例如，一个项目是公开招标的，那么在招标阶段，招标方的地位比投标方的地位高出许多，处于完全的主导、主动地位，因为这时候招标方是"上帝"，投标方这时候都处于被动地位，都急于靠拢、接近招标方，都希望争取得到这个项目的合同。然而开标之后，第一中标者就取得了与招标方平起平坐的同等地位，第二、第三中标者只是作为候补对象处在等待的地位。第一中标者将会合法地与招标方进行一对一的谈判，通过互相商讨、互相妥协谋求一致。到了协议达成阶段，中标者的地位就可能会超出招标方，由被动地位转变为主动或主导地位。

在开局阶段己方已经大致了解了对方的期望、立场，初步分析了谈判人员的背景、工作作风，双方就一些基本问题已达成了一致意见。与此同时，也发现了双方在一些问题或看法上的明显差距，这正是需要通过进一步谈判予以调整的。既然双方对合作充满诚意，那么己方就应该思考，自己的谈判目标和策略设计方面是否需要调整，因为任何一项成功的谈判都是双方努力合作的结果，所以采取的任何措施都有助于谈判目标的实现。因此，重新审视与检验己方原先在哪些方面估计不足、判断失误并予以修正是理所当然的。这不仅是为了争取谈判中的主动，维护自身利益，也是为了推动整个谈判的进程。

至于谈判的规程、计划、进度，双方如果已达成一致，就应该遵守。一个双方认同的谈判目标和计划，会对以后的谈判起到积极的作用。在谈判初始阶段，双方已经掌握了一些信息，但不要过早地对对方的意图形成固定的看法。对这些信息，还要随着谈判过程的进一步发展而进行更加深入的分析。

4.1.3 开局步骤

商务谈判的开局一般会经历3个环节：东道主向每位谈判代表提供会谈议程、就议程和其他相关问题商议、各方首席谈判代表分别进行陈述。

1. 分发议程

为了提高谈判效率，也为了体现主方对客方的尊重，通常会由东道主一方向每个参与谈判的人分发一份会谈议程。议程的主要内容包括会谈的时间与地点安排、会谈议题、与会人员的身份等情况。人手一份谈判议程，对所谈的要点一目了然，这不但可以确保谈判的进度，还可以节省一部分记录的时间，使谈判人员有一定的心理准备，能更专注于聆听对方的发言，把握好谈判的细节和要点。

2. 商议议程

议程分发后，在进行实质性谈判之前，各方代表一般会先就议程提出自己的看法和意见，在谈判目标、主要议题、谈判日程的安排等方面达成初步共识。在实践中，对议程的修改内容一般不会太多，对于小规模的且双方人员比较熟悉的谈判，一般会省略这个程序，直接进入陈述阶段。

3．开局陈述

在实质性的磋商阶段之前，谈判各方往往先要做一个正式的开局发言，分别阐明己方对所谈议题的基本原则，重点强调己方的利害所在。开局陈述的主要作用是阐明本方的观点与立场，营造有利于本方的气势，试探对方的反应。

开局陈述应注意以下问题。

1）开局的陈述应清晰地逐项表达出各自的观点

通常包括以下内容。

（1）己方对所谈问题的理解，即谈判范围；

（2）己方希望在谈判中得到的利益或保障，包括不可让步的原则问题；

（3）己方愿与对方进行协商的部分，即可能让步的内容；

（4）过去的合作给对方带来的利益；

（5）未来合作中可能出现的机会或障碍。

【案例 4-4】

我国某出口公司的一位经理在同马来西亚商人洽谈大米出口交易时，开局是这样表达的："诸位先生，首先让我向几位介绍一下我方对这笔大米交易的看法。我们对这笔出口买卖很感兴趣，我们希望贵方能够现汇支付。不瞒贵方说，我方已收到贵国其他几位买方的递盘。因此，现在的问题只是时间，我们希望贵方能认真考虑我方的要求，尽快决定这笔买卖的取舍。当然，我们双方是老朋友了，彼此有着很愉快的合作经历，希望这次洽谈会能进一步加深双方的友谊。这就是我方的基本想法。我把话讲清楚了吗？"

2）选择合适的陈述方式

针对不同的议题、不同的谈判对手，表述方式也应有所不同。选择不同的陈述方式，可以营造出不同的谈判氛围，这种陈述方式往往根据己方所处的谈判实力、地位、经验等的不同而选择不同的陈述方式，并在语言、声调等方面进行调整。

3）对陈述的恰当反应

当对方陈述时，己方会有一定的反应在面部表情、语言及行为中表现出来，但应做到以下几点。

（1）弄明白对方的观点，不懂之处要及时向对方提问。

（2）聆听时尽量做笔记，记下对方的主要观点及论据。

（3）善于归纳主要观点，尽可能突出谈判的重点与难点。

（4）对方陈述时忌提挑衅性的问题。

在开局陈述的最后应该做一个顾及各方利益的总结性发言，提出一个可行性很强和较为周全的解决方案，使谈判前景令双方期待。

4.1.4 选择开局策略

谈判开局策略，是谈判者为谋求谈判开局中的有利地位，实现对谈判形势的控制而采取的手段。

商务谈判全过程，都会运用到各种各样的策略。当谈判双方开始发生正式接触，此时，从对方相互寒暄的表情和言谈话语当中，便展开了策略的较量。若能在谈判开局时，有效地施展自己的谋略，则有助于强化对己方有利的谈判氛围，掌握谈判的主动权，进而控制谈判的进程和走向，最终影响谈判结果。因此，谈判开局的策略，在商务谈判中显得尤为重要。

在商务谈判策略体系中，涉及谈判开局的具体策略是很多的。以下主要介绍几种典型的、基本的谈判开局策略。

1. 坦诚式开局策略

坦诚式开局策略是指以坦诚的心态，开诚布公的方式向谈判对手陈述自己的观点或想法，从而赢得对方的合作，打开谈判局面。

坦诚式开局策略的适用范围：一是比较适合于有长期的业务合作关系的双方，以往的合作双方比较满意，彼此又比较了解，不用太多的客套，减少过多外交辞令，节省时间，直接坦率地提出自己一方的观点、要求，反而更能使对方对己方产生信任感；二是适应实力较弱的谈判方，当彼此都清楚各自的实力时，坦言相告己方的局限性，让对方予以理解，更能显示己方的真诚，赢得对方的好感。但采用这种开局策略时，要综合考虑多种因素，如自己的身份、与对方的关系、当时的谈判形势等。

【案例 4-5】

北京门头沟一位党委书记在同外商谈判时，发现对方对自己的身份持有强烈的戒备心理。这种状态妨碍了谈判的进行。于是，这位党委书记当机立断，站起来向对方说道："我是党委书记，但也懂经济、搞经济，并且拥有决策权。我们摊子小，实力不大，但人实在，愿真诚与贵方合作。咱们谈得成也好，谈不成也好，至少您这个外来的'洋'先生可以交一个我这样的中国的'土'朋友。"

寥寥几句肺腑之言，一下子就打消了对方的疑虑，使谈判顺利地向纵深发展。

【分析提示】本案例中的党委书记在谈判中，发现外商对自己身份的戒备，意识到对方按照中国传统的观念认为书记主管人事与思想，企业经营管理主要由厂长负责，立即以坦诚的方式介绍，明确告诉对方两点：一是企业的实力与规模都不大，让对方不用花心思去揣摩，也觉得己方的态度是真诚的；二是阐明自己虽是书记但依然懂得经济，且具有决策权利，打消对方"谈判无果"的顾虑；三是用"土"与"洋"来形容己方与对方，化解尴尬，制造轻松愉快的谈判氛围，使谈判能向纵深发展。

（资料来源：鲁小慧. 商务谈判[M]. 郑州：中原农民出版社. 2007.）

坦诚式开局策略可以在各种谈判气氛中应用。这种开局方式通常可以把低调气氛和自然气氛引向高调气氛。

2. 协商式开局策略

协商式开局策略也称一致式开局策略，是指在谈判开始时，以"恳请"、"协商"、"肯定"的方式，使对方对自己产生好感，创造或建立起对谈判的"一致"的感觉，从而使谈判双方在愉快友好的气氛中不断将谈判引向深入。

🔍【案例 4-6】

日本前首相田中角荣 20 世纪 70 年代为恢复中日邦交正常化到达北京，他怀着等待中日间最高首脑会谈的紧张心情，在迎宾馆休息。迎宾馆内气温舒适，田中角荣的心情也十分舒畅，与随从的陪同人员谈笑风生。他的秘书仔细看了一下房间的温度计，是"17.8 度"。这一田中角荣习惯的"17.8 度"使得他心情舒畅，也为谈判的顺利进行创造了条件。

协商式开局的适用范围：一是比较适用于谈判双方实力比较接近、双方过去没有商务往来的情况；二是适用于高调气氛和自然气氛。

协商式开局策略的具体方式：协商式开局的方式很多，但归纳起来主要有 3 种，见表 4-1。

表 4-1 协商式开局策略的具体方式

方　式	特　点
商量式	在谈判开始时，用一种协商的口吻来征求谈判对手的意见，然后，对其意见表示赞同，并按照其意见进行工作。运用这种方式应该注意的是，拿来征求对手意见的问题应是无关紧要的问题，即对手对该问题的意见不会影响到本方的具体利益。另外，在赞成对方意见时，态度不要过于谄媚，要让对方感觉到自己是出于尊重。而不是奉承
询问式	是指将答案设计成问题来询问对方，引导对方进入己方既定的目标，从而在双方间达成一种一致和共识。例如，"你看我们把价格及付款方式问题放到后面讨论怎么样？"
补充式	是指借以对对方意见的补充，使自己的意见变成对方的意见。采用问询方式或补充方式使谈判步入开局，由于是在尊重对方要求的前提下形成的一种建立在本方意愿基础上的谈判双方间的共识，因而，这种共识容易为对方接受和认可

协商式开局策略可以在高调气氛和自然气氛中运用，但尽量不要在低调气氛中使用。因为，在低调气氛中使用这种策略易使自己陷入被动。协商式开局策略如果运用得好，可以将自然气氛转变为高调气氛。

3．回避式开局策略

回避式开局策略又称保留式开局策略，是指在谈判开局时，对谈判对方提出的关键性问题不作彻底、确切的回答，而是有所保留，从而给对手造成神秘感，以吸引对方步入谈判。

🔍【案例 4-7】

江西省余江工艺雕刻厂原是一家濒临破产的小厂，经过几年努力，发展成了年产值 200 多万元的大厂，产品打入日本，战胜了其他国家在日本经营多年的 8 家厂商，被誉为 "天下第一雕刻"。

有一年，日本 3 家株式会社的老板同一天接踵而至，到该厂订货。其中一家资本雄厚的大商社，要原价包销该厂的佛坛产品。这应该说是好消息。但该厂想到，这几家原来都是经销韩国、中国台湾省产品的商社，为什么不约而同、争先恐后地到本厂来订货？他们翻阅了日本市场的资料，得出的结论是本厂的木材质量上乘，技艺高超是吸引外商订货的主要原因。于是该厂采取了"待价而沽"、"欲擒故纵"的谈判谋略。先不理那家大商社，而是积极抓住另两家小商求货急切的心理，把佛坛的梁、椽、柱，分别与其他国家产品做比较，不怕不识货，只怕货比货，该厂的产品确实技高一筹。在此基础上，该厂将产品当金条似的争价钱、论成色，使其价格达到理想的高度。先与小客商拍板成交，造成那家大商社产生失落货源的危机感。那家客商不仅更急于订货，而且想垄断货源，于是大批订货，以致订货数量超过该厂现有生产能力好几倍。

【分析提示】以上案例中，工艺雕刻厂与大商社能够成功合作的关键在于其策略不是盲目、消极的选择回避式开局策略，而是根据自己产品的实际情况而定的谈判策略。首先，该厂产品从木材质量和技艺上都属于上乘，有内在的实力做后盾；其次，几家客商求货心切，而该厂的产品经过货比货后让客商折服；第三，该厂策略的选择恰当，欲擒故纵，表面上看似冷落大客商，先和小客商洽谈，其实是以此牵制大客商，使其产生失去货源的危机感，尽快下订单，大商社为了想垄断货源，才大量订货，使该厂数量和价格有了大幅增加。

（资料来源：鲁小慧. 商务谈判[M]. 郑州：中原农民出版社．2007.）

采用回避式开局策略时的前提条件：一是不要违反商务谈判的道德原则，即要以诚信为本，向对方传递的信息可以是模糊信息，但不能是虚假信息，否则，会将自己陷入非常难堪的局面之中；二是对己方的竞争力要确信无疑。

回避式开局策略主要适用于低调气氛和自然气氛，而不适用于高调气氛。但还可以将其他的谈判气氛转为低调气氛。

4．进攻式开局策略

进攻式开局策略是指通过语言或行为来表达己方强硬的立场，从而获得谈判对方的尊重，并借以制造心理优势，使得谈判顺利地进行下去。

进攻式开局策略可以扭转不利于己方的低调气氛，使之走向自然气氛或高调气氛。但如果运用不当，进攻式开局策略也可能会使谈判陷入僵局。因此，要根据具体情况和谈判对象而定。

【特别提示】

使用进攻式开局策略的时机一定要谨慎，原则上在开局时不使用此种策略，因为，在谈判开局阶段就设法显示自己的实力，使谈判开局就处于剑拔弩张的气氛中，对谈判的进一步发展极为不利。所以，进攻式开局策略通常在发现谈判对手在刻意制造低调气氛时使用，因为低调气氛对己方的讨价还价十分不利，如果不把这种气氛扭转过来，将损害己方的切实利益。

【案例 4-8】

日本某著名品牌汽车公司在美国正式入市前，急需找一个美国代理商来为其推销产品，以弥补他们不了解美国市场的缺陷。当日本公司准备同美国的一家公司就此问题进行谈判时，日本公司的谈判代表因路上塞车迟到了。此时，美国公司的代表却紧紧抓住这件事不放，想要以此为手段向日方获取更多的优惠条件。日本公司的代表见此情形，于是站起来说："我们十分抱歉耽误了您的时间，但是这绝非我们的本意，我们对美国的交通状况了解不足，所以导致了这个不愉快的结果，我希望我们不要再因为这个无所谓的问题耽误宝贵的时间了。如果因为这件事怀疑到我们合作的诚意，那么，我们只好结束这次谈判。我认为，我们所提出的优惠代理条件在美国是不会找不到合作伙伴的。"

日本代表的一席话说得美国代理哑口无言，美国人也不想失去一次赚钱的机会，于是谈判顺利地进行了下去。

【分析提示】在这个案例中，日方谈判代表就是采取了进攻式的开局策略，成功地阻止了美方谋求营造低调气氛、趁机抬高要价的企图。

5. 挑剔式开局策略

挑剔式开局策略是指在正式开局时,对对方的某项错误或礼仪失误严加指责,使其感到内疚,从而达到营造低调气氛、搅乱对方思路、压抑对方要求、迫使对方让步的目的。

【案例 4-9】

2014年6月19日,广州甲公司到广州南沙乙有限公司进行产品采购谈判,甲公司因与乙公司是第一次接触,所以其公司领导亲自出马前往乙公司了解产品质量及具体供货能力等。甲方司机对道路不是很熟悉,一路上都在电话咨询乙方行进的方向是否正确,乙方也非常热情指点,经过近1小时的时间终于到达乙公司,此时比预定时间晚了10分钟,所以一到达乙公司所在地,甲赶紧向乙公司接待人员道歉。乙公司也没有因此指责,依然早安排接待人员在门口等待,很快将甲方3人引进谈判室,并热情上茶。甲方在饮茶休息的时候,仔细观察对方的谈判室,其装饰可谓精美大气,心情大好。但欣赏完毕,经过10分钟后还不见乙方谈判人员露面,只是接待人员前后上茶水,20分钟过了,虽有乙方工作人员出面说明谈判人员未到的原因,但甲方显然开始感觉被冷落。时间又过去10分钟,终于等到乙方谈判人员的出现,阐明因内部工作安排失误,使其原来准备参与谈判的主要人员前一天外出出差了,现在是临时抽调安排的。甲方本来还为自己的迟到感到愧疚,后经30分钟的等待,愧疚的心情早就没有了,并认为乙方管理有一定问题,并担忧产品质量与供货能力。现听到乙方此种解释,心情大跌,甲方负责人便没有了订货的愿望。于是提出"今天既然你们的主要谈判人员不在,那我们就不谈采购事宜,只先看看你们公司的生产线。"说罢,站起来便向门口走去。此时,乙方只好迅速让工作人员拿安全帽,并带领甲方3人参观公司生产线。

【分析提示】本案例中,乙方本来是占有主动权的,可因为管理问题,使其主要谈判人员居然不能参与谈判,再加上让甲方到达后足足等待30分钟,最后使主动权完全交给甲方。甲方从等待的30分钟中也看出乙方管理的混乱,从而担忧产品质量及是否能及时供货问题,所以趁乙方说主要谈判人员不在时,便采取挑剔式开局,直接说不谈采购事宜,只先看生产线,最终,乙公司未能拿到甲公司的订单。

【特别提示】

挑剔式开局策略不宜轻率使用,应视具体情况而定。挑剔式开局的使用范围:一是己方实力强大,二是己方处于明显的谈判优势,三是对方存在明显过错。

【技能训练 4-1】

开局策略的使用

训练背景:内蒙古伊利实业集团股份有限公司是中国乳品行业龙头企业之一,其产品主要包括液态奶、奶粉、冰淇淋、酸奶等。华润万家有限公司是中国最具规模的零售连锁企业之一。伊利公司和华润万家公司是长期的合作伙伴。在新的一年,华润万家公司准备与乳品供应商就价格、入场、维护、促销、结款等问题展开新一轮的讨论,重新制定政策。伊利公司销售部与华润万家公司采购部已预约好商谈时间。届时伊利公司销售部的经理,将率领他们谈判小组如约而至。

训练要求:将全班同学分组,每两个对抗小组组成一个谈判组,一方代表伊利公司,一方代表华润万家公司,分别进行各方的开局策划及使用不同的开局策略练习。最后各小组形成书面总结。

4.2 营造开局气氛

案例导入中,日本汽车制造业协会在正式谈判前就开始营造谈判的良好氛围,那么,谈判开局会有哪些开局气氛?开局气氛会受什么因素影响?有什么方法去营造合适的谈判气氛?

气氛是弥漫在空间中的能够影响行为过程的心理因素总和。谈判气氛(Negotiation Climate)是指谈判双方通过各自所表现的态度、作风而建立起来的谈判环境。它是谈判双方人员进入谈判场所的方式,目光、姿态、动作、谈话等一系列有声和无声的信号,在双方谈判人员大脑中迅速得到的反映。

4.2.1 谈判气氛的类型

一般来说谈判气氛可分为 4 种,见表 4-2。

表 4-2 4 种谈判气氛

谈判气氛种类	特　点
热烈、积极、友好的谈判气氛	又称高调谈判气氛,在该气氛下,谈判双方态度诚恳、真挚,见面时话题活跃,口气轻松,情感愉快,双方都对谈判的成功充满热情,充满信心,把谈判成功看成友谊的象征。热烈、积极、友好的谈判气氛有着诚挚、合作、轻松、认真的特点,适合发展商务关系
冷淡、对立、紧张的谈判气氛	又称低调谈判气氛,在该气氛下,双方见面不关心、不热情、目光不相遇、相见不抬头、交谈时语气带双关,甚至带讥讽口吻等,这一类型谈判气氛通常是处于法院调解、双方利益对立的情况下产生
松弛、缓慢、旷日持久的谈判气氛	在该气氛下,谈判人员进入会场衣冠不整,精神不振,或入座时左顾右盼,显出一种可谈可不谈的无所谓的态度
平静、严肃、严谨的谈判气氛	通常双方已不是谈判生手,也非初次见面,双方自信而检点,平静如水而不声张,进入谈判场所速度适中,默默缓缓而行,处于一种相互提防,似有成见的气氛之中

4.2.2 影响开局阶段氛围的因素

不同类型的谈判,需要营造不同的谈判气氛,高调的气氛会促使协议的达成,而低调的气氛则会给双方造成巨大的心理压力。不同的谈判项目,采取恰当的方法与技巧进行开局时,需要考虑以下几个因素。

1. 谈判双方企业之间的关系

根据谈判双方企业之间的关系来决定建立怎样的开局气氛、采用怎样的语言及内容进行交谈,以及采取何种交谈姿态。具体有以下 4 种情况。

1)双方企业过去有过业务往来且关系很好,开局应是热烈、友好、轻松的

双方企业过去有过业务往来且关系很好,这种友好关系应该作为双方谈判的基础。这种情况下,开局阶段的气氛应该是热烈的、友好的、真诚的、轻松愉快的。开局时,本方谈判

人员在语言上应该是热情洋溢的；在内容上可以畅谈双方过去的友好合作关系，或两企业之间的人员交往，亦可适当地称赞对方企业的进步与发展；在姿态上应该是比较自由、放松、亲切的。这些可以较快地将话题引入实质性谈判。

2）双方企业过去有过业务往来但关系一般，开局应是自然的

双方企业过去有过业务往来但关系一般，这时，开局的目标仍然是要争取创造一个比较友好、随和的气氛。但是，本方在语言的热情程度上应该有所控制；在内容上可以简单地聊聊双方过去的业务往来及人员交往，亦可说一说双方人员在日常生活中的兴趣和爱好；在姿态上，可以随和自然。在适当的时候，自然地将话题引入实质性谈判。

3）双方企业过去有过业务往来但本企业对对方企业的印象不佳，开局应是严肃、凝重的

双方企业过去有过业务往来但本企业对对方企业的印象不佳，这时，开局阶段的气氛应该是严肃的、凝重的。语言上，在注意讲礼貌的同时，应该是比较严谨的，甚至可以带一些冷峻；内容上，可以对过去双方业务关系表示出不满意、遗憾，以及希望通过本次交易磋商能够改变这种状况，也可谈论一下途中见闻、体育比赛等中性的话题；在姿态上，应该是充满正气，并注意与对方保持一定的距离。在适当的时候，可以慎重地将话题引入实质性谈判。

4）双方企业为第一次业务接触，开局应是礼貌的

双方企业过去没有进行过任何业务往来，本次为第一次业务接触，开局应是礼貌的。在开局阶段，应力争创造一个友好、真诚的气氛，以淡化和消除双方的陌生感，以及由此带来的防备甚至略含敌对的心理，为实质性谈判奠定良好的基础。因此，在语言上，应该表现得礼貌友好，但又不失身份；内容上，多以途中见闻、近期体育消息、天气状况、业余爱好等比较轻松的话题为主，也可以就个人在公司的任职情况、负责的范围、专业经历等进行一般性的询问和交谈；姿态上，应该不卑不亢，沉稳而不失热情，自信但不骄傲。在适当的时候，可以巧妙地将话题引入实质性谈判。

2. 双方谈判人员私人之间的关系

谈判是人们相互之间交流思想的一种行为，谈判人员个人之间的感情如何，会对交流的过程和效果产生很大的影响。如果双方谈判人员过去有过交往接触，并且结下了一定的友谊，那么，在开局阶段即可畅谈友谊地久天长。同时，也可回忆过去交往的情景，或讲述离别后的经历，还可以询问对方家庭的情况，以增进双方之间的个人感情。实践证明，一旦双方谈判人员之间发展了良好的私人感情，那么，提出要求、做出让步、达成协议就不是一件太困难的事。通常还可降低成本，提高谈判效率。

3. 双方的实力

就双方的谈判实力而言，主要有以下3种情况。

1）双方谈判实力相当

为了防止一开始就强化对方的戒备心理，从而激起对方的敌对情绪，以致使这种气氛延伸到实质性阶段而使双方为了互争高低，造成两败俱伤的结局，在开局阶段，仍然要力求创造一个友好、轻松、和谐的气氛。本方谈判人员在语言和姿态上要做到轻松而不失严谨，礼貌而不失自信，热情而不失沉稳。

2）本方谈判实力明显强于对方

为了使对方能够清醒地意识到这一点，在谈判中不抱过高的期望值，从而产生威慑作用，

同时又不至于将对方吓跑,在开局阶段,在语言和姿态上,既要表现得礼貌友好,又要充分显示本方的自信和气势。

3)本方谈判实力弱于对方

为了不使对方在气势上占上风,从而影响后面的实质性谈判,在开局阶段,在语言和姿态上,一方面要表示友好,积极合作;另一方面也要充满信心,举止沉稳,谈吐大方,使对方不至于轻视本方。

4.2.3 营造谈判气氛的方法

谈判气氛直接作用于谈判的进程和结果,不同的谈判气氛可能会导致不同的谈判效果。因此,对于谈判者来说,不但应明确谈判气氛在谈判中的重要性,而且还必须懂得如何在谈判过程中建立一个良好的气氛去促使谈判的顺利进行。

1. 营造高调谈判气氛的方法

高调气氛是谈判情势比较热烈,谈判双方情绪积极、态度主动,愉快因素成为谈判情势主导因素的谈判开局气氛。通常在下述情况下,谈判一方应努力营造高调的谈判开局气氛:本方占有较大优势,价格等主要条款对自己极为有利,本方希望尽早达成协议与对方签订合同。在高调气氛中,谈判对手往往只注意到对他自己的有利方面,而且对谈判前景的看法也倾向于乐观,因此,高调气氛可以促进协议的达成。营造高调气氛通常有以下几种方法。

1)感情攻击法

感情攻击法是指通过某一特殊事件来引发普遍存在于人们心中的感情因素,使这种感情迸发出来,从而营造高调气氛的方法。

【案例4-10】

中国一家彩电生产企业准备从日本引进一条生产线,于是与日本一家公司进行了接触。双方分别派出了一个谈判小组就此问题进行谈判。谈判那天,当双方谈判代表刚刚就坐,中方的首席代表(副总经理)就站了起来,对大家说:"在谈判开始之前,我有一个好消息要与大家分享。我的太太在昨天夜里为我生了一个大胖儿子!"此话一出,中方职员纷纷站起来向他道贺。日方代表于是也纷纷站起来向他道贺。整个谈判会场的气氛顿时高涨起来,谈判进行得非常顺利。中方企业以合理的价格顺利地引进了一条生产线。

【分析提示】其实,这位副总经理的太太并未生孩子,这只是他的一个谈判计谋。原来,这位副总经理在与日本企业的以往接触中发现,日本人很愿意板起面孔谈判,造成一种冰冷的谈判气氛,给对方造成一种心理压力,从而控制整个谈判,趁机抬高价码或提高条件。于是,他便想出了这个计谋来打破日本人的冰冷面孔,营造一种有利于己方的高调气氛。

(资料来源:马克态.商务谈判理论与实务[M].北京:中国国际广播出版社.2004.)

2)称赞法

称赞法是指通过称赞对方来削弱对方的心理防线,从而调动对方的情绪,激发对方的谈判热情,营造高调气氛的方法。

采用称赞法时应该注意以下几点。

（1）选择恰当的称赞目标。

选择称赞目标的基本原则：投其所好。即选择那些对方最引以自豪的，并希望己方注意的目标。

【案例 4-11】

东南亚某个国家的华人企业想为日本一著名电子公司在当地做代理商。双方几次磋商均未达成协议。在最后的一次谈判中，华人企业的谈判代表发现日方代表喝茶及取放茶杯的姿势十分特别，于是他说道："从××君（日方的谈判代表）喝茶的姿势来看，您十分精通茶道，能否为我们介绍一下？"这句话正好点中了日方代表的兴趣所在，于是他滔滔不绝地讲述起来。结果，后面的谈判进行得异常顺利，该华人企业终于拿到了他所希望的地区代理权。

【分析提示】本案例中的华人就是在谈判中观察细微之处，从而找到称赞对方的合理理由，让人听了不觉得是在阿谀奉承、投其所好，而是真心夸赞。日方代表喝茶及取放茶杯的独特之处便是他的与众不同之处，也是日方代表引以为豪的地方，所以华人的这一话题才引起日方代表的兴趣，并产生认同感，心情舒畅了也才会使后来的谈判顺理成章。

（资料来源：马克态．商务谈判理论与实务[M]．北京：中国国际广播出版社．2004.）

（2）选择恰当的称赞时机。

我们在赞美他人的时候，应选择恰当时机，如果时机选择得不恰当，称赞法往往适得其反。

（3）选择恰当的称赞方式。

称赞方式一定要自然，不要让对方认为你是在刻意奉承他，否则会引起其反感。

3）幽默法

幽默法是指用幽默的方式来消除谈判对手的戒备心理，使其积极参与到谈判中来，从而营造高调谈判开局气氛的方法。

【案例 4-12】

罗纳德·威尔逊·里根（Ronald Wilson Reagan）是美国历史上年龄最大的总统，难怪他的对手总喜欢拿他的年龄做文章。1984年10月24日晚上，里根为了连任总统，与竞争对手蒙代尔（Mundell）进行了一场至关重要的公开辩论。他在回答他是否认为自己担任总统年龄太大的问题时，把在市政礼堂里的听众都逗笑了，并得到了好评。里根说："我将不把年龄作为一个竞选问题。我将不利用我的对手年幼无知这一点以占尽便宜。"

采用幽默法时要注意：选择恰当的时机，采取适当的方式，收放有度。

4）激将法

激将法又称问题挑逗法，是指提出一些尖锐的问题诱使对方与自己争论，通过争论使对方逐渐进入谈判角色的方法。这种方法通常是在对方谈判热情不高时采用，但是，这种方法很难把握好火候，在使用时应慎重一些，要选择好退路。

2．营造低调气氛的方法

低调气氛是指谈判气氛十分严肃、低落，谈判的一方情绪消极，态度冷淡，不愉快因素构成谈判情势的主导因素。通常在下面这种情况下，谈判一方应该努力营造低调的谈判开局气氛:己方有讨价还价的砝码,但是并不占有绝对优势,合同中某些条款并未达到己方的要求,如果本方施加压力,对方会在某些问题上做出让步。低调气氛会给谈判双方都造成较大的心理压力,在这种情况下,哪一方心理承受力弱,哪一方往往会妥协让步。因此,在营造低调气氛时,己方一定要做好充分的心理准备并要有较强的心理承受力。

营造低调气氛通常有以下几种方法。

1）感情攻击法

低调气氛的感情攻击法与营造高调气氛的感情攻击法性质相同,都是以情感诱发作为营造气氛的手段,但两者的作用方向相反。在营造高调气氛的感情攻击中,是激起对方产生积极的情感,使得谈判开局充满热烈的气氛;而在营造低调气氛时,是要诱发对方产生消极情感,致使一种低沉、严肃的气氛笼罩在谈判开始阶段。

2）沉默法

沉默法是以沉默的方式来使谈判气氛降温,从而达到向对方施加心理压力的目的。注意这里所讲的沉默并非是一言不发,而是指本方尽量避免对谈判的实质性问题发表议论。

采用沉默法要注意以下两点。

（1）沉默理由要恰当。

通常人们采用的理由包括:假装对某项技术问题不理解;假装不理解对方对某个问题的陈述;假装对对方的某个礼仪失误表示十分不满。

（2）沉默要有度,适时进行反击,迫使对方让步。

【案例 4-13】

日本航空公司（以下简称日航）决定从美国麦道公司（以下简称麦道）引进 10 架新型麦道客机,指定常务董事任领队,财务经理为主谈人,技术部经理为辅谈人,组成谈判小组去美国洽谈购买事宜。

日航代表飞抵美国刚准备稍事休息,麦道公司就来电,约定次日在公司会议室开谈。第二天,3 位日本绅士仿佛还未消除旅途的疲劳,行动迟缓地走进会议室,只见麦道公司的一群谈判代表已经端坐一边。谈判开始,日航代表慢吞吞地喝着咖啡,好像还在缓解时差的不适。精明狡猾而又讲求实效的麦道方主谈,把客人的疲惫视为可乘之机,在开门见山地重申双方购销意向之后迅速地把谈判转入主题。

从早上 9 点到 11 点,3 架放映机相继打开,字母、图表、数据、电脑图案、辅助资料和飞行画面应有尽有,欲使对方置身于迪士尼乐园的神奇之中,使之不由自主地相信麦道飞机性能及定价都是无可挑剔的。孰料日航 3 位谈判代表自始至终默默地坐着,一言不发。

麦道的领队大惑不解地问:"你们难道不明白？你们不明白什么？"

日航领队笑了笑,回答:"这一切。"

麦道主谈人急切地追问:"'这一切'是什么意思？请具体说明你们从什么时候开始'不明白'的。"日航辅谈人抱歉地说:"对不起！从拉上窗帘的那一刻开始。"日航主谈人随之咧咧嘴,用连连点头来赞许同伴的说法。

"笨蛋！"麦道领队差一点脱口骂出声来,泄气地倚在座位上,松了松领带后气馁地呻吟道,"那么,你们希望我们再做些什么呢？"日航领队抱歉地笑笑说:"你们可以重放一次吗？"别无选择,只得照办。当麦道公司谈判代表重复前两个小时的介绍时,已经失去了最初的热忱。是日本人开了美国人的玩笑吗？不是,他们只是不想在谈判开始阶段就表明自己的理解力。谈判风格素来以具体、干脆、明确而著称的美国人,哪里会想到日本人有这一招,更不知道自己谈判伊始已输了一盘。

谈判进入交锋阶段,老谋深算的日航代表忽然显得听觉不灵,反应迟钝,显得很难甚至无法明了麦道方在说些什么，让麦道公司代表十分恼火，觉得是在跟愚笨的人谈判，早已准备好的论点、论据和推理根本没用，选择的说服策略也无用武之地。连日来，麦道方已经被搅得烦躁不安，只想尽快结束这种与笨人打交道的灾难，于是直截了当地把球踢给对方："我们的飞机性能是最佳的，报价也是合情合理的，你们有什么异议吗？"

此时，日航主谈人似乎由于紧张，忽然出现语言障碍。他结结巴巴地说："第……第……第……""请慢慢说。"麦道主谈人虽然嘴上是这样劝着，心中却不由得又恨又痒。"第……第……第……""是第一点吗？"麦道主谈人忍不住问。日航主谈人点头说是。"好吧。第一点是什么？"麦道主谈人急切地问。"价……价……价……""是价钱吗？"日航主谈人又点了点头。"好，这点可以商量。第二点是什么？"麦道主谈人焦急地问。"性……性……性……""你说的是性能吗？只要日航方面提出书面改进要求，我们一定满足。"麦道主谈人脱口而出。

至此，日方说什么了吗？什么也没说。麦道一方做了些什么呢？在帮助日方跟自己交锋，他们先是帮日方把想说而没有说出来的话解释清楚，接着为了问出对方后面的话，就不假思索地匆忙作出许诺，结果把谈判的主动权拱手交给了对方。

结果可想而知，日本航空公司以最低的价格购进了世界上最先进的飞机，这应该归功于日航谈判代表在谈判中的精彩"表演"。

（资料来源：鲁小慧. 商务谈判[M]. 郑州：中原农民出版社，2007.）

【分析提示】首先，在谈判的开局阶段，面对咄咄逼人的谈判对手，日方以沉默相对，可谓此时无声胜有声，让对手摸不清他们的态度。这样日航谈判代表已先胜一筹。

其次，日航主谈在摸底阶段3次恰到好处的"口吃"，更是令人叫绝，令谈判对手在焦急、无奈中不知不觉地将谈判的主动权交给了日航代表。

3）疲劳战术法

疲劳战术法是指使对方对某一个问题或某几个问题反复进行陈述，从生理上、心理上使对手疲劳，降低对手的热情，从而达到控制对手并迫使其让步的目的。

一般来讲，人在疲劳的状态下，思维的敏捷程度下降，容易出现错误，热情降低，工作情绪不高，比较容易屈从于别人的看法。采用疲劳战术应注意两点：一是多准备一些问题，而且问题要合理，每个问题都能起到使对手疲劳的作用；二是认真听对手的每一句话，抓住错误，记录下来，作为迫使对手让步的砝码。

🔍 【案例4-14】

第一次世界大战之后，土耳其与希腊发生冲突。英国准备教训土耳其，纠集了法国、美国、意大利、日本、俄国、希腊等国，各派代表与土耳其在洛桑谈判，企图胁迫土耳其签订不平等条约。英国谈判代表是外交大臣刻遵，此人是当时一位颇有名气的外交家，他身材高大，声音洪亮。土耳其派伊斯美参加谈判，伊斯美身材矮小，有点耳聋，是个名不见经传的人物。刻遵轻视伊斯美，在谈判中常常表现出器傲慢、不可一世的态度；其他列强也盛气凌人，以势压人。在这种十分不利的情况下，伊斯美从容不迫，不卑不亢，镇定自若，每当刻遵大发雷霆、声色俱厉时，伊斯美总是若无其事地坐在那里，静静地听着。等到刻遵咆哮完了，他才不慌不忙地张开右手，靠在耳边，把身体移近刻遵，十分温和地说："你说什么？我还没明白呢！"意思是请刻遵再说一遍。刻遵能像刚才那样再暴怒一遍吗？

【分析提示】不能！人的激情是不能重复表演的，刻遵的暴怒是一种激情，除非演戏，否则，他是无法再重复一次的。伊斯美就是这样，用以静制动、以柔克刚的策略与列强在谈判席上苦苦周旋了3个月，最后在不伤大英帝国面子的同时，维护了土耳其的利益。

4）指责法

指责法是指对对手的某项错误或礼仪失误严加指责，使其感到内疚，从而达到营造低调气氛，迫使对手让步的目的。

【案例 4-15】

甲乙两单位就产品质量问题进行协商。在谈判开始，双方经过礼节性的握手后，进行了以下对话内容：

甲方："根据我们使用你们产品的情况，今天谈判，我提议首先从上次产品事故开始讨论……"

乙方："上次产品质量事故不是已经有了明确的结论，还需要继续谈吗？这样太浪费时间，我认为，今天应该在新的起点上来考虑产品质量问题，人总是要向前看的……"

甲方："你能保证今后不再发生上次的事故……"

乙方："我说过，不再提上次。我现在才发现你怎么有点怀旧呀……"

甲方："是，温故知新嘛。"

【分析提示】本案例中的简单对话，一开始甲方就想利用以前所使用乙方产品出现质量问题来说事，其实就是让乙方感到愧疚，来达到营造低调气氛，使自己占据主导地位的目的。可被乙方识破，提出不再讨论上次的事情，而应该从新的起点开始，并指责甲方具有怀旧情愫，至此，如果甲方继续争论，结果一定是不欢而散，可甲方此时出奇地说"温故知新"，以幽默的方式扭转即将形成的开场僵局。

3. 营造自然气氛的方法

自然气氛是指谈判双方情绪平稳，谈判气氛既不热烈，也不消沉，平和心态构成谈判情势的主导因素。自然气氛无需刻意营造，许多谈判都是在这种气氛中开始的。这种谈判开局气氛便于向对手进行摸底，因为，谈判双方在自然气氛中传达的信息比在高调气氛和低调气氛中传送的信息要准确、真实。当谈判一方对谈判对方的情况了解甚少，对方的谈判态度不甚明朗时，谋求在平缓的气氛中开始对话是比较有利的。

营造自然气氛要做到以下几点。

（1）注意自己的行为、礼仪。

（2）要多听、多记，不要与谈判对手就某一问题过早发生争论。

（3）要准备几个问题，询问方式要自然。

（4）对于对方的提问，能做正面回答的一定要正面回答。不能回答的，要采用恰当方式进行回避。

【特别提示】

谈判气氛并非是一成不变的。在谈判中，谈判人员可以根据需要来营造适于自己的谈判气氛。但是，谈判气氛的形成并非完全是人为因素所能控制的，客观条件也会对谈判气氛有重要的影响，如节假日、天气情况、突发事件等。因此，在营造谈判气氛时，一定要注意外界客观因素的影响。

【技能训练 4-2】

营造开局气氛

训练背景：在技能训练 4-1 的基础上，继续进行开局气氛的练习，分别体会不同开局气氛方法的使用及其所造成的不同心理状态。

训练要求：按照技能训练 4-1 的分组，每个谈判对抗组采取不同方法练习营造开局气氛，分别体会不同开局气氛所形成的心理态势，然后每个小组推选 1 或 2 名同学讲述自己的体会。

4.3 开局礼仪

在案例导入中，可以发现，日美之间汽车贸易谈判之所以成功，关键在于日本做足了开局前的信息准备及营造了开局前的良好的美国市场整体氛围。那么，在开局的时候要注意哪些方面的礼仪礼节呢？

谈判双方接触的第一印象十分重要，言谈举止要尽可能创造出友好、轻松的良好谈判气氛。一项商务谈判的成功与否，与谈判开局气氛紧密相关，但良好开局气氛的形成是多方面的，开局礼仪可以起到重要影响作用。开局礼仪主要包含着以下方面。

4.3.1 布置好谈判会场

从礼仪角度讲，为合作或谈判者布置好谈判环境，使之有利于双方谈判的顺利进行，一般来说，应考虑到以下几个因素，见表 4-3。

表 4-3 谈判会场布置

因 素	布 置 情 况
光线	可利用自然光源，也可使用人造光源。利用自然光源即阳光，应备有窗纱，以防强光刺目；使用人造光源时，要合理配置灯具，使光线尽量柔和一些
声响	室内应保持宁静，使谈判能顺利进行。房间不应临街，不在施工场地附近，门窗应能隔音，周围没有电话铃声、脚步声等噪声干扰
温度	室内最好能使用空调机和加湿器，以使空气的温度与湿度保持在适宜的水平上。温度在 20℃，相对湿度在 40%~60%最合适。一般情况下，至少要保证空气的清新和流通
色彩	室内的家具、门窗、墙壁的色彩要力求和谐一致，陈设安排应实用美观，留有较大的空间，以利于人的活动
装饰	用于谈判活动的场所应洁净、典雅、庄重、大方。宽大整洁的桌子，简单舒适的座椅（沙发），墙上可挂几幅风格协调的书画，室内也可装饰有适当的工艺品、花卉、标志物，但不宜过多过杂，以求简洁实用

4.3.2 着装

谈判代表要有良好的综合素质，谈判前应整理好自己的仪容仪表，穿着要整洁、正式、庄重，得体的服饰将会给对方留下良好的印象。第一印象来自初次见面时的最初 30 秒，在这 30 秒中，对方得到的印象基本是由你的仪表传递的，而服装占据了仪表的 80%。

1. 女士商务着装

爱美是人的天性，作为一名职业女性，其着装既要体现魅力风采，又要保持职业风范。女士的商务着装，应体现庄重、大方的职业形象，见表 4-4。

表 4-4　女士商务着装

着　装	着　装　形　象
套装	职业套装讲究量身定做，太宽松的衣服显得人不干练。在正式的商务场合中，不论季节，商务套装都必须是长袖的。套装的首选是裙装，其次是裤装。职业裙装的裙子应该长及膝盖，如果坐下时裙子向上缩后离膝盖的长度超过 10 厘米，就表示这条裙子过短或过窄。女士用来搭配西服的衬衫，除传统款式的衬衫外，也可以选择无领的衬衫，搭配的衬衣最好是纯色的，颜色以淡雅为佳
鞋子	鞋子可选择中高跟，船鞋最适合搭配女士的职业套装。没有后帮的鞋子、露出脚趾和脚后跟的凉鞋、有亮片或水晶装饰的鞋子不适合商务场合。在商务场合尤其是参加正式的商务活动时，应该避免穿着靴子。鞋子的颜色最好与手提包一致，并且要与衣服的颜色相协调
袜子	穿职业装时，女士最好穿丝袜，颜色以肉色为宜。穿深色套装时也可以搭配黑色丝袜，但切忌搭配渔网、暗花之类过于性感的丝袜。丝袜的长度很重要，切忌穿裙子时搭配短丝袜。丝袜容易划破，所以女士在穿着丝袜时，手提包中应该有一两双备用丝袜
妆容与配饰	职业女性应该化淡妆，这样不仅可以让自己看起来更美丽、更精神，同时也表达了对他人的尊重。商务场合中，职业女士佩戴的饰物与服要要协调搭配，款式简单、精致，饰物不宜过多，最好保持在 3 件以内。长头发的女士可以佩戴简单的发夹，切忌夸张的头饰

2. 男士商务着装

男士商务着装形象见表 4-5。

表 4-5　男士商务着装

着　装	着　装　形　象
套装	在庄重、正式的场合中，男士应该穿着正式商务着装，西装应该是深色的，一般来说，藏蓝色适用于正式商务场合；而黑色西装则更适合商务正式晚宴或聚会时穿着。白色的长袖衬衫是搭配西装最好的选择，其次是浅蓝色带有细致的条纹或小格子图案的衬衫。衬衫袖口应露出西装外 1~2 厘米；衬衫衣领应高出西装衣领 0.5~1 厘米。衬衫上所有的纽扣，包括领口、袖口的纽扣，都应该系好
颜色及配饰	男士商务着装全身衣着的颜色加起来应保持在 3 种颜色之内。领带的颜色应该比衬衫的颜色深一些。打好的领带长度应该刚好到皮带扣上。通常穿藏蓝色、灰色或黑色的西装裤适合配黑色皮带；米色或棕色的西装裤适合配棕色的皮带。皮带扣的金属颜色可以是金色或银色的。其他金属配饰，如手表、袖扣等，应与皮带扣的颜色一致
皮鞋	男士至少应该有两双质量好的皮鞋，皮鞋的颜色要与皮带一致。正式的场合最好穿系带的皮鞋。皮鞋的鞋跟和鞋底不能是橡胶质地的，最好是皮质地的或木质地的鞋跟及鞋底。在选择袜子的时候要注意，袜子的质地、透气性要良好，同时袜子的颜色必须保持和西装的整体颜色相协调。如果是穿深色的皮鞋的时候，袜子的颜色也应该以深色为主，同时避免出现比较花哨的图案
发型发式	男士的发型发式统一的标准就是干净整洁，男士额前的头发不要遮住自己的眉毛，侧部的头发不要盖住自己的耳朵，同时不要留过厚或者过长的鬓角，男士后部的头发，应该不要长过自己西装衬衫领子的上部，这是对男士发型的统一的要求

【案例 4-16】

欧洲某财团副总裁率代表团来我国考察合资办厂的环境并洽谈相关事宜,我国某国有企业负责接待。会谈的第一天,欧洲财团全部西装革履,穿着规范出席会议,而我国某国有企业人员有的穿着夹克衫布鞋,有的穿牛仔裤运动鞋,还有的穿毛衣外套。结果,当天的会谈草草了事,欧洲财团连考察工厂现场环境都没去,第二天借口就离开了。欧洲财团为何离开?

【分析提示】本案例中,欧洲财团为何第二天就借口离开?其实不难看出,会谈未能继续下去的原因就是中方企业的着装,给对方留下不规范的第一印象,由此联想到企业管理的不规范及产品质量等系列问题,所以对方才会借口离开。

4.3.3 介绍

在商务谈判中,双方见面免不了介绍,介绍时要注意以下几个方面。

1. 介绍次序

作自我介绍时要自然大方,不可露傲慢之意。自我介绍时既不能太过谦虚,也不能夸大自己;在集体介绍中,先介绍身份高者或者年龄长者,也可以按照座位次序或职务次序介绍。被介绍到的人应起立一下微笑示意,可以礼貌地说"幸会"、"请多关照"等。通常的引见介绍的规律是尊者具有优先了解权。

(1)先将年轻者介绍给年长者。
(2)将地位低者介绍给地位高者。
(3)将客人介绍给主人。
(4)将同事介绍给客户,将同事介绍给同行。
(5)将非官方人士介绍给官方人士。
(6)将本国同事介绍给外籍同事。
(7)将资历浅的人介绍给资历深的人。
(8)将男士介绍给女士。

2. 介绍时间

介绍时间一般在一分钟或者半分钟左右。

3. 介绍内容

介绍内容四要素包括单位、部门、职务、姓名。

【案例 4-17】

小王陪一位客户进入本公司会客厅,本公司总经理正在恭候。小王首先把总经理介绍给客人:"这是我们公司的刘总。"然后向总经理介绍客人:"这是八方公司的张总。"请问小王的介绍是否正确?

4.3.4 握手

目前在世界许多国家都盛行握手,在我国握手则是一种常规性见面礼节。人们总是喜欢先握握手,再说上几句客套话,以示亲热。虽然握手是一种简单的表达礼貌和尊敬的方式,但也有不少问题需要注意。

1. 握手时机

在谈判场合中，一般是在相互介绍和会面时握手。关系亲密的则边握手边问候，甚至两人长时间握在一起；一般情况下，握一下即可，时间持续3～5秒。握手不必太用力，力度适中，过轻过重都不好，有人握手力度过轻，像蜻蜓点水，给人一种不够热情和自信的感觉；但有人会很用力，或者握住对方手猛摇，这让对方无所适从，有时会招致对方反感。尤其是异性握手时更应注意。握手时应双目注视对方，微笑致意，切忌左顾右盼。

2. 注意先后顺序

应由主人、年长者、身份高者、妇女先伸手；客人、年轻者、身份低者见面先问候，待对方伸出手后再握。年轻者对年长者、身份低者对身份高者时应稍稍欠身，双手握住对方的手，以示尊敬。在男女之间，只有当女性先伸手了，男性才能伸手相握；男性与女性握手时，应只轻握女性手指部分。

3. 多人握手

多人同时握手时，切忌交叉进行，应等别人握手完毕后再伸手。

4.3.5 递交名片

人们初次见面、介绍自己时，往往会给对方递上一张自己的名片。在交换名片时，要双手接递。介绍完毕，可选择双方共同感兴趣的话题进行交谈。稍作寒暄，以沟通感情，创造温和气氛。递接名片注意事项如下。

（1）不要一只手去接别人递过来的名片，也不看一眼就把它塞进衣袋，这是非常不礼貌的。

（2）不要无意识的玩弄对方的名片。

（3）绝不要当场在对方的名片上写备忘事情。

（4）切记不要先于上司向对方递交名片。

（5）收取名片的一方如果备有名片，也应迅速递上自己的名片，若没有，则应该道歉。

（6）名片应该放入专用的名片簿内，而不应该随便的放入钱夹或衣袋，这也代表了尊重之意。

4.3.6 交谈礼节

（1）注视对方眼睛，目光应停留于对方双眼至前额的三角区域正方。参加别人谈话要先打招呼，别人在个别谈判时，不要凑到旁边去听；有事需与某人谈话，要等到别人谈完；发现有人欲与自己谈话，可主动询问；第三者参与谈话，应以握手、点头或微笑表示欢迎；若谈话中有急事需离开，应向对方打招呼，表示歉意。

（2）若谈话时超过3人，应不时与在场所有人攀谈几句，不要同个别人只谈双方知道的事，以免冷落第三人。

（3）商务谈判前礼节性话题应是中性话题，如天气、饮食、服装等。忌谈宗教、政治及对方健康、收入及私生活。

（4）手势自然，不宜乱打手势，以免造成轻浮之感。切忌双臂在胸前交叉，那样显得十分傲慢无礼。

【特别提示】

谈判之初的重要任务是摸清对方的底细，因此要认真听对方谈话，细心观察对方的举止表情，并适当给予回应，这样既可了解对方意图，又可表现出尊重与礼貌。

开 局 礼 仪

训练背景：结合前面技能训练 4-1、4-2 进行开局礼仪练习，掌握开局礼仪要求与注意事项。

训练要求：第一，提前布置任务给学生，依然按照前面的分组进行活动；第二，课余时间自制名片；第三，布置临时谈判室；第四，检查学生着装；第五，进行开局礼仪训练。

知识回顾

内容要点

良好的开端是成功的一半，商务谈判开局阶段的工作，主要是营造谈判气氛、说明"4P"问题、了解彼此信息。

商务谈判全过程，无时无刻不体现着策略的运用，本任务主要介绍了几种典型的、基本的开局策略：协商式开局策略、坦诚式开局策略、进攻式开局策略、回避式开局策略、挑剔式开局策略。影响开局阶段氛围的因素主要有双方之间的关系，双方的实力，双方谈判人员私人之间的关系。不同内容和类型的谈判，需要营造不同的谈判气氛。营造高调气氛的方法：感情攻击法、称赞法、幽默法、激将法。营造低调谈判气氛的方法：感情攻击法、沉默法、疲劳战术法、指责法。

在开局阶段，要注意会场的布置、着装、介绍、握手、名片、交谈等方面的礼仪与礼节。

实务重点

开局气氛营造，开局策略。

职业能力训练

基本知识训练

一、选择题

1．开局阶段工作的主要任务是（　　）。
    A．营造谈判气氛　　B．"4P"问题的说明　C．了解彼此信息　　D．选择谈判方法
2．要想形成良好的谈判气氛，应特别注意以下（　　）方面。
    A．把握气氛形成的关键时机
    B．沟通上选择中性话题
    C．形象上诚实可信、态度上积极进取与合作
    D．非正式接触的充分利用
    E．了解对方信息

3. 开局谈判中的所谓"4P"问题，是指（　　）。
   A．Plan（计划）　　　　　　　　　　B．Purpose（目的）
   C．Pace（进度）　　　　　　　　　　D．Personality（谈判人员）
   E．Pact（契约或合同）
4. 在开局阶段，谈判双方较多地把注意力放在摸底上，了解彼此信息，主要包括（　　）。
   A．对方实力　　　　　　　　　　　　B．对方的需求度与诚意度
   C．对方人员的状况　　　　　　　　　D．对方在谈判中所坚持的底线
5. 商务谈判的开局一般会经历（　　）环节。
   A．分发议程　　B．商议议程　　C．开场陈述　　D．确定开局方法
6. 谈判开局的具体策略很多，但主要的开局策略有（　　）。
   A．坦诚式开局策略　　B．协商式开局策略　　C．进攻式开局策略
   D．回避式开局策略　　　　　　　　　E．挑剔式开局策略
7. 协商式开局的方式归纳起来主要有以下三种，即（　　）。
   A．询问式　　B．幽默法　　C．补充式　　D．商量式
8. 影响开局阶段氛围的因素主要包括（　　）。
   A．双方企业之间的关系　　　　　　　B．双方的实力
   C．不恰当的称赞　　　　　　　　　　D．双方谈判人员私人之间的关系
9. 下列属于营造高调气氛的方法的有（　　）。
   A．感情攻击法　　B．幽默法　　C．沉默法
   D．称赞法　　　　　　　　　　E．激将法
10. 下列属于营造低调气氛的方法的有（　　）。
    A．感情攻击法　　B．指责法　　C．疲劳战术法
    D．激将法　　　　　　　　　　E．沉默法
11. 商务谈判开局礼仪应从（　　）等方面考虑。
    A．着装　　B．介绍　　C．握手　　D．名片
    E．会场的布置　　　　　　　F．谈话

二、判断题

1. 欢迎宴会、礼节性拜访、参观旅游等都是属于非正式谈判。　　　　　　　（　　）
2. 低调气氛的感情攻击法与营造高调气氛的感情攻击法性质相同，都是以情感诱发作为营造气氛的手段，两者的作用方向也相同。　　　　　　　　　　　　　　　　　　（　　）
3. 通过语言或行为来表达己方强硬的立场，从而获得谈判对方的尊重，并借以制造心理优势，使得谈判顺利地进行下去的方法属于挑剔式策略。　　　　　　　　　　　（　　）
4. 协商式开局的适用范围主要有两个方面，一是比较适用于谈判双方实力比较接近、双方过去没有商务往来的情况；二是适用于高调气氛和自然气氛。　　　　　　　（　　）
5. 称赞法通常是在对方谈判热情不高时采用，但是，这种方法很难把握好火候，在使用时应慎重一些，要选择好退路。　　　　　　　　　　　　　　　　　　　　　（　　）
6. 谈判双方在自然气氛中传达的信息比在高调气氛和低调气氛中传送的信息要准确、真实，所以大多数谈判开局还是选择营造自然气氛。　　　　　　　　　　　　　（　　）

7. 在集体介绍中，先介绍身份高者或者年龄长者，也可以按照座位次序或职务次序介绍。
（　　）

8. 商务谈判前礼节性话题应是中性话题。如天气、饮食、宗教、政治、服装等。
（　　）

三、简答题

1. 谈判开局阶段的基本任务是什么？
2. 怎样营造良好的开局气氛？
3. 营造高调开局气氛的技巧有哪些？
4. 营造低调开局气氛的技巧有哪些？
5. 谈判开局可用的策略有哪些？

综 合 实 训

一、案例分析

2010年夏天，H市木炭公司经理柯女士到G市金属硅厂就其木炭的销售合同进行谈判。H市木炭公司是生产木炭专业厂家，想扩大市场范围，对这次谈判很重视。会面那天，柯经理脸上粉底打得较厚，使涂着腮红的脸尤显白嫩，带着垂吊式的耳环、金项链，右手戴有两个指环、一个钻戒，穿着大黄衬衫、红色大花真丝裙。G市金属硅厂销售科的马经理和业务员小李接待了柯经理。马经理穿着布质夹克衫、劳动布的裤子，皮鞋不仅显旧，还蒙着车间的硅灰。他的胡茬发黑，使脸色更显苍老。

柯经理与马经理在会议室见面时，互相握手致意，马经理伸出大手握了一下柯经理白净的小手，马上就收回了，并抬手检查手上情况。原来柯女士右手的戒指、指环扎了马经理的手。看着马经理收回的手，柯经理眼中掠过一丝冷淡。小李觉得柯经理与马经理反差大了些。

双方就供货量及价格进行了谈判，G市金属硅厂想独占H市木炭公司的木炭供应，以加强与别的金属硅厂的竞争力，而木炭公司提出了最低保证量及预先付款作为滚动资金的要求。马经理对最低订量及预付款原则表示同意，但在"量"上与柯经理分歧很大。柯经理为了不空手而回，提出暂不讨论独家问题。那么预付款也可放一放，等于双方各退一步，先谈眼下的供货合同问题。

马经理问业务员小李，小李没应声。原来他在观察研究柯经理的服饰和化妆，柯经理也等小李的回话，发现小李在观察自己不禁一阵脸红。但小李没提具体合同条件，只是将硅厂的"一揽子交易条件"介绍了一遍。柯经理对此未做积极响应。于是小李提出，若谈判依单订货，可能要货比三家，愿先听木炭公司的报价，依价下单。柯经理一看事情复杂化了，心中直着急，加上天热，额头上的汗珠汇集成流，顺着脸颊淌下来，汗水将粉底冲出了一条沟，使原本白嫩的脸变得花了。

马经理见状说道："柯经理别着急。若贵方价格能灵活，我方可以先试订一批货，也让您回去有个交代。"柯经理说："为了长远合作，我们可以在这笔交易上让步，但还请贵方多考虑我厂的要求。"双方就第一笔订单做成了交易，并同意就"一揽子交易条件"存在的分歧继续研究，择期再谈。

（资料来源：鲁小慧. 商务谈判[M]. 郑州：中原农民出版社. 2007.）

问题：本案中双方礼仪是否恰当？双方营造了什么样的开局气氛？

二、实训操作

1. 实训目的

通过实训，培养学生选择合适的开局策略，营造和谐的开局气氛方法，学会开局礼仪。

2．实训组织和要求

将班级中的学生划分为若干项目小组，小组规模一般是 3~5 人，每两个小组组成一个对抗组，进行开局气氛的练习。辅导教师应及时检查学生对开局的准备情况，提供必要的指导和建议，并组织同学进行经验交流，还针对共性问题在课堂上组织讨论和专门的讲解。

3．实训背景

通过你的努力工作，到目前为止，你所代表的甲公司已经收集了与深圳某电子产品公司相关的各种情报，制订了商务谈判的预案和谈判计划，选定了第一次谈判的地点，并完成了场地布置的工作。通过你前期到深圳某电子产品公司的考察，你对该公司的基本情况已经有了一定的了解。

深圳某电子产品公司的谈判代表一行三人，分别是该公司采购部负责人杨先生、采购部原料采购专员王先生和技术部负责人黄女士。他们在你的安排下已经考察了你公司，双方有了更进一步的了解。现在，第一次的谈判就要开始了。

问题：如何制定开局策略？如何了解谈判对手并建立良好谈判的开局气氛，使谈判能顺利进行？

4．实训内容

（1）开局策略的制定。

（2）怎样建立良好谈判的开局气氛使谈判能顺利进行下去？

（3）开局礼仪的练习。

任务 5

商务谈判磋商

SHANGWU TANPAN CUOSHANG

【任务目标】

知识目标
- 了解报价、讨价还价的含义和方式,了解谈判僵局的类型和僵局的产生原因,了解让步的实施步骤、让步时应遵循的原则、让步的方式
- 掌握讨价还价的基本方法及运用技巧,掌握打破谈判僵局的策略与技巧,掌握促使对方让步及阻止对方进攻的策略

技能目标
- 具有准确报价、恰当讨价、正确还价的基本能力
- 具有打破僵局的能力
- 具有把握合适时机,适当做出让步,促使谈判成功的能力

实训目标
- 通过对报价与讨价还价、处理僵局、让步技巧的学习,使学生具备运用相关的磋商知识,创造性地运用谈判的策略和技巧进行商务谈判磋商的技能

【案例导入】

广东某家具厂与一中东客商已有一年的合作经历。在中国进出口商品交易会（即广州交易会）期间，双方就出口卧室家具谈判时，中东客商在展厅一眼看中了其中一款新产品，表示愿意在沙特阿拉伯独家经销此款产品。该家具厂老板当即表示欢迎，并提出年销售量不能少于10个40英尺（1英尺=0.3048米）货柜的货，中东客商表示完全可以接受，就此拉开了一场价格与条件的谈判。

【任务实施】

5.1 报价与讨价还价

案例导入中，家具厂要与中东客商进行磋商，磋商时要进行讨价还价，那么讨价还价要进行哪些环节？各环节有什么方法与技巧？我们可以运用什么价格策略？

磋商也称讨价还价，主要包括报价、讨价还价、小结和再磋商等环节。这个阶段是谈判过程的一个关键阶段，是最困难、最紧张同时也是最精彩和最激烈的阶段。

5.1.1 报价

1. 报价的定义

报价（Quotation）就是谈判双方各自提出自己的交易条件。商务谈判中的"报价"一词是广义的，并不仅指双方在谈判中提出的价格条件，而是泛指谈判一方主动或根据另一方要求向对方提出的所有要求，包括商品的价格、数量、质量、包装、装运、保险、支付条件、商检、索赔、仲裁等交易条件，在所有这些要求中，价格条款最为显著、地位最为重要。

报价标志着商务谈判进入实质性阶段，也标志着双方的物质性要求在谈判桌上"亮相"。报价是商务谈判过程中非常关键的一步，它是整个谈判的核心内容，因为一旦谈判的一方报出价来，整个商务谈判的轴心即以此建立，整个谈判也将以此为轴心展开。许多贸易谈判成功与否，都与报价是否恰当密切相关。同时，它与谈判双方在价格谈判合理范围内的盈余分割息息相关，对实现己方既定的谈判目标具有举足轻重的意义。

2. 报价需要考虑的因素

报价不是由报价一方随心所欲制定的。报价的有效性首先取决于双方价格谈判的合理范围，同时，还受到市场供求状况、竞争等多方面因素的制约。因此，报价前应根据所搜集、掌握的来自各种渠道的商业情报和市场信息，对其进行分析、判断，在预测的基础上加以制定。影响价格形成的具体因素有很多，主要有以下几点。

1）产品成本

产品成本是影响报价的最基本因素，产品的报价是在成本的基础上加上合理的利润制定的。当产品的报价一定时，成本的高低直接影响着经营成果，成本越低，盈利越多；成本越高，盈利越少，低于成本的报价会导致经营亏损。一般情况下，成本是成交价格的最低界限。当产品的成本一定时，降低报价是增强商品的竞争能力、占领市场、战胜竞争对手的行之有效的方法。所以，在决定商品的报价时，不仅要考虑现在的成本、将来的成本，以及降低成本的可能性，而且要考虑竞争对手的成本。要依据有关成本的资料，恰当地报出商品的价格。

2）市场需求

产品价格还受市场需求的影响，即受商品供给与需求的相互关系的影响。当商品的市场需求大于供给时，价格应高一些；当商品的市场需求小于供给时，价格应低一些。反过来，价格变动影响市场需求总量，从而影响销售量，进而影响企业目标的实现。因此，企业制定价格就必须了解价格变动对市场需求的影响程度。反映这种影响程度的一个指标就是商品需求的价格弹性系数。需求价格弹性是指某种商品的需求量对价格变动的反应灵敏程度。如果某商品的价格稍加变动，而引起对该商品的需求量有较大的变动，则为需求弹性大；反之，某商品价格有较大变化，但引起需求量的变动并不大，则为需求弹性小。

当需求价格弹性系数大于 1 时，该商品需求弹性大；当需求价格弹性系数小于 1 时，该商品需求弹性小。一般来说，属于有弹性的商品，其弹性系数大，报价提高，总收入减少；报价降低，总收入增加。而属于相对无弹性的商品，其弹性系数小，报价提高，总收入增加，报价降低，总收入减少，降价并没有刺激需求。因此，企业在制定商品报价时，必须先确定该商品的需求弹性系数，然后再考虑对某种商品的报价提高或降低，以求得总收入的增加。

3）品质因素

商品的品质是指商品的内在质量和外观形式。它是由商品的自然属性决定的。品质因素包括品种、质量、规格、花色、等级、式样等特性，商品的不同特性具有不同的使用价值，可以满足消费者不同的需要。商品的品质是消费者最关心的问题，也是交谈双方必须洽商的问题。因此，商品的报价必须考虑商品的品质，要按质报价。

4）竞争因素

商品竞争激烈程度不同，对报价的影响也不同。竞争越剧烈，对报价影响也就越大。由于竞争影响报价，要做好报价，除了考虑商品成本、市场需求及品质外，还必须注重竞争对手的价格，特别是竞争对手的报价策略，以及有新的竞争对手加入市场后对价格竞争产生的新影响。

5）政策因素

每个国家都有自己的经济政策，对市场价格的高低和变动都有相应的限制和法律规定。同时，国家还利用生产、市场、货币金融、海关等经济手段间接调节价格，因而商品的报价必须遵守国家政策要求。例如，国家对某种商品的最高限价和最低限价的规定直接制约报价的高低。在国际贸易中，各国政府对价格的限制就更多了。卖方更应了解所在国对进口商品的限制，并以此作为自己报价的依据。在国际市场中，垄断组织也常常采用各种手段对价格进行调节。他们利用竞争，通过限制或扩大商品生产和销售，巧妙地利用库存和其他方式，造成为己所需的供求关系，以此来调节价格。

除了上述因素之外，报价时还要结合附带条件与服务、交货期要求、交易的规模、支付方式、产品和企业的声誉、对方的内行程度、对方可能的还价、谈判双方相互信任的程度及合作的前景、交易的次数等因素，报上合适的价格。

【案例 5-1】

有一位农夫想要为他的小女儿买一匹小马，在他居住的小城里，共有两匹小马要出售。从各方面来看，这两匹小马都一样。第一个人要价 500 美元，想要就带走；第二个人则索要 750 美元。但是第二个人告诉农夫，在作任何决定之前，可以由农夫的女儿试骑这匹小马一个月。他除了将小马带到农夫的家之外，还自备小马一个月吃草所需的费用。并且派出自己的驯马人，一周一次，到农夫家去教小女儿如何喂养及照顾小马。

最后他说，在第 30 天结束时，他会驾车到农夫家，或是将小马取回，将马厩清扫干净，或是他们付 750 美元，将小马留下。可想而知，农夫最后买了第二个人的小马。

3. 报价的原则

由于报价的高低会对整个谈判进程产生实质性的影响，因此要成功地进行报价，谈判人员必须遵守一定的原则。

在商务谈判中，谈判双方即买方与卖方处于对立的统一体中，它们既相互制约又互相统一。报价只有在对方接受的情况下才可能产生预期的结果，才可能使买卖成交。谈判一方向另一方报价时，不能信口开河，而是要经过仔细分析、精心梳理，不仅要考虑报价所获利益，还要考虑该报价能否被对方接受，即报价能够成功的概率。

报价的基本原则：通过反复比较和权衡，设法找出报价者所得利益与该报价被接受的成功概率之间的最佳结合点。然而，这仅仅是就报价的一般性原则进行的分析。在实际的商务谈判中，由于谈判双方的状况及谈判环境条件的复杂性，很难确定这样一个最佳的、理想的报价。但谈判者应把握这一原则的精神实质，尽可能精确地估计对方可接受的报价范围，根据不同的形势采用灵活的报价策略，力争在实际谈判过程中使报价接近理想的报价，具体来说，报价应遵守以下几项原则。

1)"卖高买低"是首要原则

"卖高"即卖方报价起点要高；"买低"即买方报价起点要低。之所以要遵循这个原则，是因为报价实际上确定了价格谈判区间的一个界限。

（1）卖方报价一经确定报出，除特殊情况外，一般来说不能提出更高的要价了。最终的成交价肯定在此价格以下。类似的，如果是买方先出价，该出价即为价格谈判区间的下限，除特殊情况外，最终的成交价肯定在该出价之上。

（2）开盘价会影响对方对己方提供的商品的印象和评价。"一分钱，一分货"的观念是大部分人所信奉的。

（3）报价高，能为以后的讨价还价留下充分的回旋余地，使己方在谈判中更富于弹性。

【案例 5-2】

一位造酒厂的职员就增加工资一事向厂方提出了一份书面要求，一周后，厂方约他谈判新的劳资合同。令他吃惊的是，一开始厂方就花很长时间向他详细介绍销售及成本情况，反常的开头叫他措手不及。为了争取时间考虑对策，他便拿起会议材料看了起来。最上面一份是他的书面要求。一看之下他才明白，原来是在打字时出了差错，将要求增加工资 12% 打成了 21%。难怪厂方小题大做了。他心里有了底，谈判下来，最后以增资 15% 达成协议，比自己的期望值高了 3 个百分点。看来，他原来的要求太低了。

【特别提示】

实验证明，开盘价对最终成交水平具有实质性的影响。开盘价高，最终成交的水平也就比较高。换言之，我们在开盘时要求越高，最终所能得到的往往也就越多。

2）报价必须留有余地

根据谈判对手的习惯，报价方必须给自己留出回旋的余地。例如，面对日本的客商时，因其对报价比较严谨，报价时的水分应该较少；而在面对中东的客商时，由于经营习惯，其喜欢狠狠杀价，故而报价时应留出较大的余地，但要高之有度。

总之，要通过调研与权衡，尽可能报出一个既满足己方合理利润、又最大可能会被对方考虑接受的合理价格。

3）报价的表达应坚定、明确、完整，不加解释和说明

报价要坚定而果断地提出，没有保留，毫不犹豫，这样才能给对方留下我方是认真而诚实的印象。报价要非常明确清楚，以便对方准确地了解我方的期望，含混不清易使对方产生误解。商务谈判最忌讳在对方未还价前先否定自己的报价。这样容易给对方留下不诚实或对业务不熟练的坏印象，只要不违背大的原则，即使报错了价格，也只能将错就错，而在今后的谈判中想办法纠正或弥补，而不能一开始就否定自己的报价。

另外，报价时不要对所报价格做过多解释、说明和辩解。没有必要为那些合乎情理的事情进行解释和说明，因为对方肯定会对有关问题提出质询的。如果在对方提问之前，我方主动地加以说明，会使对方意识到这是我方最关心的问题，这种问题有可能是对方过去尚未考虑过的。过多的说明和解释，也会使对方从中找出破绽或突破口。

4）报价必须自信

自信心很重要，但在现实交易过程中，我们仍然能看到很多谈判人员在报价，特别是口头报价时缺乏足够的自信。实际上，这种自信心正是来源于对市场的准确把握，对己方产品的充分了解，以及对对方诚恳的态度，这种自信心必将为买家留下一个良好的印象。

5）报价解释应坚持"不问不答，有问必答，避实就虚，能言不书"的原则

通常情况下，一方报价完毕之后，另一方会要求报价方进行价格解释。在进行价格解释时，必须遵循一定的原则，即"不问不答，有问必答，避实就虚，能言不书"原则，见表5-1。

表5-1 报价解释的原则

原则	特点
不问不答	是指买方不主动问及的问题不要回答。其实，买方未问到的一切问题，都不要进行解释或答复，以免造成言多有失的后果
有问必答	是指对于对方提出的所有相关的问题，都要一一做出回答，并且要流畅、痛快地予以回答。经验告诉人们，既然要回答问题，就不能吞吞吐吐，这样极易引起对方的怀疑，甚至会提醒对方注意，从而穷追不舍。但是，对于所提出的问题回答到何种程度，如何回答等，这其中有很多策略和技巧，需要在谈判前做好充分准备，根据不同的情况做出判断，灵活运用
避实就虚	是指多强调自己货物、技术、服务等的特点，多谈一些好讲的问题、不成问题的问题。对比较虚的部分，或者是水分含量较大的部分，应该少讲一些，甚至不讲
能言不书	是指能用口头解释的，不用文字写；实在要写的，写在黑板上；非要落到纸上的，宜粗不宜细。因为当自己表达中有误时，口述和笔写的东西对自己的影响截然不同。有些国家的商人只承认笔上的信息，而不重视口头信息，因此要格外慎重

4．报价的形式

1）根据报价的方式分，有书面报价和口头报价

（1）书面报价。书面报价，指谈判一方事先提供了较详尽的文字材料、数据和图表等，将本企业愿意承担的义务，以书面形式表达清楚，使对方有时间针对报价做充分的准备。但书面报价的白纸黑字，客观上成为该企业承担责任的记录，限制了企业在谈判后期的让步和变化，而且文字的东西缺少口头表达的"热情"，在翻译成另一种文字时，精细的内容不容易翻译出来。所以，对实力强大的谈判者，书面报价是有利的；双方实力相当时，可采用书面报价；实力较弱的谈判者就不宜采用书面报价，而应采取一些非书面报价的谈判形式。

（2）口头报价。口头报价，即不提交任何书面形式的文件，而只以口语方式提出交易条件。口头报价具有很大的灵活性。谈判者可以根据谈判的进程，来调整变更自己的谈判战术，先磋商，后承担义务，没有义务的约束感。口头报价可充分利用个人沟通技巧，利用情感因素，促成交易。察言观色，见机行事，建立某种个人关系，来寻求谈判气氛，是这种方式的最大优势。当然，如果谈判者没有娴熟的沟通技巧和经验，则容易失去议题的头绪，而转向枝节问题，容易因没有真正理解而产生误会，也容易使对方有机会进行反击。一些复杂的要求，如统计数字、计划图表等，难以用口头阐述清楚。此外，由于对方事先对情况一无所知，他就有可能一开始很有礼貌地聆听企业的交易条件，然后就退出谈判，直到他准备好了如何回答才回来谈判，所以会影响谈判进度。为了克服口头报价的不足，在谈判前可以先准备一份印有本企业交易重点、特殊要求，各种具体数字、简明表等的谈判大纲，以供谈判时有一个大致的轮廓可循，不至于在谈判时丢三落四，乱了阵脚。

2）根据报价的战术分，有欧式报价与日式报价

（1）欧式报价。欧式报价与前面所述的有关报价原则是一致的。其一般模式：首先提出留有较大余地的价格，然后根据买卖双方的实力对比和该笔交易的外部竞争状况，通过给予各种优惠，如数量折扣、价格折扣、佣金和支付条件上的优惠（如延长支付期限、提供优惠信贷等）来逐步软化和接近买方的市场和条件，最终达成成交的目的，如图5.1所示。

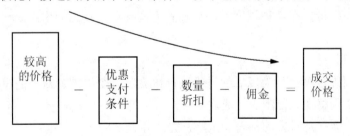

图5.1 欧式报价分析

上述报价战术，为欧洲等西方国家所经常采用，故称为欧式报价。实践证明，这种报价方法只要能够稳住对方，往往会有一个不错的结果。

（2）日式报价。这是日本商人经常运用的报价方法，故称为日式报价。日式报价一般的做法：将最低价格列在价格表上，以求首先引起买主兴趣，击败竞争对手，再和买主讨价还价。由于这种低价格一般是以对卖方最有利的结算条件为前提条件的，并且，在这种低价格交易条件下，各个方面都很难全部满足买方的需求，如果买主要求改变有关条件，则卖主就

会相应提高价格。因此，买卖双方最后成交的价格，往往高于价格表中的价格。

日式报价在面临众多外部对手时，是一种比较艺术和策略的报价方式。因为一方面可以排斥竞争对手而将买主吸引过来，取得与其他卖主竞争中的优势和胜利；另一方面，当其他卖主败阵下来纷纷走掉时，买主原有的买方市场的优势不复存在了，原来是一个买主对多个卖主，谈判中显然优势在买主手中，而当其他卖主不存在的情况下，变成了一个买主对一个卖主的情况，双方谁也不占优势，从而可以坐下来细细详谈，而买主这时要想达到一定的需求，只好任卖主一点一点地把价格抬高才能实现。

聪明的谈判者是不愿陷入日式报价的圈套。避免陷入日式报价的最好方法有以下3种，见表5-2。

表5-2 避免陷入日式报价的方法

方法一	不能只看表现形式，不顾内容实质而误入圈套
方法二	善于在不同对手之间做比较，分析。即把对方的报价内容与其他客商的报价内容进行一一对比，看看它们所包含的内容是否一样，从而判断其报价与其他客商的报价是否具有可比性
方法三	不要急于排除和放弃其他谈判对手，不可盲目行事

需要指出的是，如果报价的内容不具备可比性，那要进行相应的调整，使之具有可比性，然后再做比较和决策。切忌只注意最后的价格，在对其报价所包含的内容没有进行认真的分析、比较的情况下，匆忙决策会造成不应有的被动和损失。另外，即使某个客商的报价的确比其他厂商优惠，富有竞争力，也不要完全放弃与其他客商的接触与联系，要知道这样做实际上就是要给对方一个持续的竞争压力，迫使其继续做出让步。

综合以上两种报价战术，虽说日式报价较欧式报价更具有竞争力，但它不适合买方的心理，因为一般人总是习惯价格由高到低，逐步降低，而不是不断地提高。因此，对于那些谈判高手，会一眼识破日本报价的计谋，而不至于陷入其制造的圈套中。

5. 报价的先后

谈判双方谁先报价，在某种程度上，会起到为谈判奠定基础的作用，一般情况下，先报价有利也有弊。

1) 先报价之利

第一，为谈判确定框架，为以后的讨价还价树立起一个界碑，对方的讨论还价就只有以此为起点，最终谈判将在此范围内达成。

第二，先报价会打乱对方的部署和策略，先声夺人。

第三，先报价可以占据主动，先施影响，并对谈判全过程的所有磋商行为持续发挥作用。

🔍【案例5-3】

你报价1万元，那么，对手很难奢望还价至1千元。南方一些地区的小服装店主，就大多采用先报价的方法，而且他们报出的价格，一般要超出顾客拟付价格的一倍甚至几倍。一件衬衣如果卖到60元的话，小服装店主就心满意足了，而他们却报价160元。考虑到很少有人好意思还价到60元，所以，一天中只需要有一个人愿意在160元的基础上讨价还价，小服装店主就能赢利。

2）先报价之弊

第一，会暴露己方意图，处于明处，为对方暗中组织进攻，逼迫先报价的一方沿着他们设定的道路走下去提供方便。使对方集中力量攻击我方报价，迫使我方一步步降价。

第二，有时会高出对方期望值。对方可根据己方提供的数据、材料和所掌握的各种信息自由地调整他的期望值，从而获得他本来不曾想、不敢提或估计很难得到的一些好处。

【案例 5-4】

爱迪生（Edison）发明了电灯以后，西方联合公司表示愿意买下爱迪生的这个新发明。爱迪生对这个新发明究竟应该要价多少疑惑不决。他的妻子建议开价 2 万美元。"这么高！"爱迪生听了不觉目瞪口呆。他觉得妻子把这个新发明的价值看得太高了，不过到了谈判的时候他还是打算按照妻子的建议要价。谈判是在西方联合公司的办公室进行的。

"爱迪生先生，你好！"西方联合公司的代表热情地向爱迪生打招呼，接着就直率地问爱迪生："对您的发明，您打算要多少钱呢？"

爱迪生欲言又止，因为 2 万美元这个价格实在高得离谱，很难说出口，但究竟开个什么价比较好呢，他陷入了思考。办公室里没有一点声响，对方在等待，爱迪生虽然有点着急，但还是沉默着。

随着时间的推移，沉默变得十分难熬，西方联合公司的代表急躁起来，然而爱迪生仍然没有开口。场面十分尴尬，西方联合公司的代表失去了耐心，终于按捺不住试探性地问："我们愿意出 10 万美元买下你的发明，你看怎么样？"

爱迪生对自己的新发明定价 2 万美元都认为太高的，却卖得了 10 万美元，为什么？

【分析提示】 爱迪生对自己的新发明售价毫无把握，就连妻子的建议价"2 万美元"都认为高得离谱，开不了口。然而，正是他的沉默，换得买方的第一次报价 10 万美元，整整是妻子建议价的 5 倍。简直不可思议！但爱迪生是真正地赢了。其原因是就他运用了沟通中的沉默技巧，给对方一种压力，让买方先行报价；同时也为自己留出回旋余地，争取到谈判的主动权。

（资料来源：http://doc.mbalib.com/view/05b544addcf6645d5fb219051b176fca.html.）

3）报价顺序的实际运用

先报价和后报价都各有利弊。谈判中是选择"先声夺人"还是选择"后发制人"，一定要根据不同的情况灵活处理。下面简单介绍报价先后应如何选择的策略，见表 5-3。

表 5-3　报价先后的策略

策略一	如自身实力强于对方，或在谈判中处于主动地位，己方先报价为宜；反之可考虑后报价，以观察对方并适当调整自己实际期望值
策略二	如预期谈判会出现你争我斗、各不相让的气氛，则先下手为强
策略三	发起者与应邀请者之间，一般由发起者先报价
策略四	投标者与招标者之间，一般由投标者先报价
策略五	卖方与买方之间，一般由卖方先报价
策略六	如对方是老客户，素来合作愉快，则无所谓
策略七	如谈判双方都是谈判行家，谁先报价均可；如对方是，己方不是，对方先报价较为有利。如对方是外行，己方先报价有利

此外,谈判双方有时出于各自的打算,都不先报价,这时,就有必要采取"激将法"让对方先报价。激将的办法有很多,这里仅仅提供一个怪招——故意说错话,以此来套出对方的消息情报。假如双方绕来绕去都不肯先报价,这时,你不妨突然说一句:"噢!我知道,你一定是想付 30 元!"对方此时可能会争辩:"你凭什么这样说?我只愿付 20 元。"他这么一辩解,实际上就先报了价,你尽可以在此基础上讨价还价了。

6. 报价策略

商务谈判的报价是不可逾越的阶段,只有在报价的基础上,双方才能进行讨价还价,它是整个商务洽谈活动的开始,也是整个活动的核心。任何成功的商务洽谈,都应该以一个切实可行的、有效的报价作为序曲。在报价时,我们可以运用以下的策略。

1) 报价起点策略

报价起点策略,通常是作为卖方,报价起点要高,即"开最高的价";作为买方,报价起点要低,即"出最低的价"。商务谈判中这种"开价要高,出价要低"的报价起点策略,由于足以震惊对方,被国外谈判专家称之为"空城计"。对此,人们也形象地称之为"狮子大张口"。

卖方开价要高策略的原因:确定了一个最高的限度,避免报价之后再重新报价;为让步留有较大的空间,有利于在必要的情况下做出妥协,打破僵局;报价的高低影响谈判他方对己方的潜力的评价。

买方出价要低策略的原因:表明自己的要求标准,给对方一定的心理压力;为谈判中的价格调整与让步留出较大的余地;反映了买方的期望水平、自信与实力。

"开价要高,出价要低"的报价起点策略的作用,见表 5-4。

表 5-4 "开价要高,出价要低"的报价起点策略作用

作用一	这种报价策略可以有效地改变对方的盈余要求。当卖方的报价较高,并振振有词时,买方往往会重新估算卖方的保留价格,从而价格谈判的合理范围会发生有利于卖方的变化。同样,当买方的报价较低,并有理有据时,卖方往往也会重新估算买方的保留价格,从而价格谈判的合理范围便会发生有利于买方的变化
作用二	卖方的高开价,往往为买方提供了评价卖方商品的价值尺度。因为在一般情况下,价格总是能够基本上反映商品的价值。人们通常信奉:"一分钱一分货",所以,高价总是与高档货相联系,低价自然与低档货相联系。这无疑有利于实现卖方更大的利益
作用三	这种报价策略中包含的策略性虚报部分,能为下一步双方的价格磋商提供充分的回旋余地。因为,在讨价还价阶段,谈判双方经常会出现相持不下的局面。为了打破僵局,往往需要谈判双方或其中一方根据情况适当做出让步,以满足对方的某些要求和换取己方的利益。所以,开盘的"高开价"和"低出价"中的策略性虚报部分,就为讨价还价过程提供了充分的回旋余地和准备了必要的交易筹码,这可以有效地造成做出让步的假象
作用四	这种报价策略对最终议定成交价格和双方最终获得的利益具有不可忽视的影响。这种"一高一低"的报价起点策略,倘若双方能够有理、有利、有节地坚持到底,那么,在谈判不致破裂的情况下,往往会达成双方满意的成交价格,从而使双方都能获得预期的物质利益

当然,价格谈判中这种报价起点策略的运用,必须基于价格谈判的合理范围,否则,就会失去交易机会,导致谈判失败。在现今的市场环境下,绝大多数时候是由卖方先行开价,然后买方还价。为了开出一个合理的价格,开价方需要进行大量细致的调查研究,如果开价过高,不但有可能吓走买家,即使将来通过多轮的讨价还价和大幅降价达成交易,也会给买家留下不好的印象,为今后合作埋下不良的种子,因为买家会认为卖家习惯开高价,所报价

格中总会有较大水分，从而每次都会无情压价。相反，如果开价较低，不但减少回旋的余地，同时也失去了获取较多利润的商机，故而要做好开价，首先要掌握好报价的起点策略。

2）报价时机策略

报价时机策略是谈判者根据自己的经验，选择适当的时机，并提出报价，以促成成交的策略。价格谈判中，报价时机的选择也是一个策略性很强的问题。作为卖方，应当首先让对方充分了解商品的使用价值，以及能为对方带来的实际利益，待对方对此产生兴趣后再来谈价格问题。提出报价的最佳时机有3种情况。

（1）对方对产品的使用价值有所了解。

（2）对方对价格兴趣高涨。

（3）价格已成为最主要的谈判障碍。

经验表明，提出报价的最佳时机，一般是对方询问价格时，因为这说明对方已对商品产生了交易欲望，此时报价往往水到渠成。有时，在谈判开始的时候对方就询问价格，这时最好的策略应当是听而不闻。因为此时对方对商品或项目尚缺乏真正的兴趣，过早报价会徒增谈判的阻力。这时应当首先谈该商品或项目能为交易者带来的好处和利益，待对方的交易欲望已被调动起来再报价为宜。当然，对方坚持即时报价，也不能故意拖延；否则，就会使对方感到不尊重甚至反感，此时应善于采取建设性的态度，把价格同对方可获得的好处和利益联系起来。

3）报价表达策略

报价表达策略就是以口头或书面方式，用肯定和干脆的表达，似乎不能再做任何变动和没有任何可以商量的余地的策略。在报价时不适宜使用"大概"、"大约"、"估计"一类词语，因为这会使对方感到报价不实。另外，如果买方以第三方的出价低为由胁迫时，你应明确告诉他："一分钱，一分货"，并对第三方的低价毫不介意。只有在对方表现出真实的交易意图时，为表明至诚相待，才可在价格上开始让步。

【案例 5-5】

美国著名的汽车销售代表汉森（Hansen），以前是个数学老师，没有去过超市，有一次，他的妻子病了，汉森自己去超市买菜，在他去超市的路上，看到一个卖马铃薯的菜农，汉森走过去，问菜农马铃薯一磅多少钱，菜农说："仍是老价钱，一美金一磅（1磅=0.453 592千克）。"于是汉森买了20磅回家，回家后一问妻子才知道，自己买的马铃薯比超市贵得多。

汉森自己分析道："在那时，我朦胧意识到，仍是老价钱，就即是廉价！但二者其实没有关系，但稀奇的是自己与菜农成交的时候，自己一点也不觉得贵"，其实，这就是有效的报价表达方式，用最为平实，让人习以为常的报价词语来形容价格，而不是用理性的数字，这种方式客户容易接受很多！

【分析提示】这种方式，我们在市场也经常有体会，这是有效报价的一种方式。有效报价就是让客户感觉物有所值，甚至感觉物超所值！尽量避免让客户觉得产品太贵而产生抵触。

4）报价差别策略

报价差别策略是根据购买数量、付款方式、交货期限、交货地点、客户性质等方面的不同，对同一商品采取不同购销价格的策略。这种价格差别，体现了商品交易中的市场需求导向，在报价策略中应重视运用。例如，对老客户或大批量需求的客户，为巩固良好的客户关系或建立起稳定的交易联系，可适当实行价格折扣；对新客户，有时为开拓新市场，亦可给予适当让价；对某些需求弹性较小的商品，可适当实行高价策略；对方"等米下锅"，价格则不宜下降；旺季较淡季时，价格自然较高；交货地点远程较近程或区位优越者，应有适当加价；支付方式，一次付款较分期付款或延期付款，价格须给予优惠等。

5）报价对比策略

报价对比策略是指向对方抛出有利于本方的多个商家同类商品交易的报价单，设立一个价格参照系，然后将所交易的商品与这些商家的同类商品在性能、质量、服务与其他交易条件等方面做出有利于本方的比较，并以此作为本方要价的依据。价格谈判中，使用报价对比策略，往往能增强报价的可信度和说服力。

报价对比可以从多方面进行。例如，将本商品的价格与另一可比商品的价格进行对比，以突出相同使用价值的不同价格；将本商品及其附加各种利益后的价格与可比商品不附加各种利益的价格进行对比，以突出不同使用价值的不同价格。除此之外，还可将产品的价格与消费者日常开销进行比较。

【案例 5-6】

一个推销员推销钢笔时，他经常对男士说："这支笔是贵了点，但也只相当于两包红塔山，一支笔可用四五年，可两包烟只能抽两天。少抽两包烟就可买一支精致的笔，而且在用的时候又有风度，值得！您说是不是？"经他这样一比较，一恭维，有些人也就很想买一支了。

6）报价分割策略

报价分割策略是主要为了迎合买方的求廉心理，将商品的计量单位细分化，然后按照最小的计量单位报价的策略。卖方报价时，采用这种技巧，能制造买方心理的价格便宜感。价格分割包括以下两种形式。

（1）用较小的单位报价。此策略即是把一个整体分割成小的单位进行报价。用小单位报价比大单位报价更会使人产生便宜的感觉，更容易使人接受。例如，原先用"公斤"报价，可以转换成"斤"、"两"、"克"等小单位报价。特别是对于一些价格比较高的产品，非常适合采用此法。

【案例 5-7】

在英国，当你向售货员询问好的咖啡的价格时，营业员则会告诉你"50 便士可买四分之一磅"，而不说"每磅咖啡两英镑"。你看，两英镑"切片"后成了一个小单位价，可使人有一种价廉的感觉，即使不能保证成交，但他绝不会立刻掉头就走。国外某些厂商刊登的广告也采用这种技巧：如淋浴器广告"淋浴一次仅需 8 便士"；油漆广告"油漆 1 平方米只要 5 便士"，巴黎地铁公司的广告"每天只需付 30 法郎，就有 200 万旅客能看到你的广告"。

（2）用较小单位商品的价格进行比较。用此策略的关键是，将价格与产品使用寿命周期结合起来，拆细计算出单位时间的用度及其所对应的支出，以表明产品的价格并不算贵。

【案例 5-8】

一位营业员在推销一台 2 500 元彩色电视机时，对有位犹豫不决的顾客说："2 500 元一点不贵，一台彩电 2 500 元，寿命 2.5 万小时，每小时只花一角钱，而看电影每场 60 元钱，每小时为 30 元钱。您每小时只需多花 1 angular钱，就能坐知天下事，打发掉无数漫长的冬夜，贵吗？"一个本来不低的价格通过价格分割策略，可以使顾客的感觉错位，心理上感到不贵。

用小商品的价格去类比大商品会给人以亲近感,拉近与消费者之间的距离。

7) 心理定价策略

人们在心理上一般认为 9.9 元比 10 元便宜,而且认为零头价格精确度高,给人以信任感,容易使人产生便宜的感觉。像这种在十进位以下的而在心理被人们认为较小的价格称为心理价格。因此,市场营销中有奇数定价这一策略。例如,标价 79 元,而不标价 80 元;标价 19.9 元,而不标价 20 元。这 1 分钱、1 角钱或者 1 元钱之差,给人"大大便宜"的感觉。心理价格在国内外都已被广泛应用。

8) 中途变价策略

中途变价策略是指在报价中途改变原来的报价趋势,从而争取谈判成功的报价方法。所谓改变原来报价趋势是说,买方在一路上涨的报价过程中,突然报出一个下降的价格,或者卖方在一种下降的报价过程中,突然报出一个上升的价格来,从而改变了原来的报价趋势,促使对方考虑接受你的价格。

大量的谈判实践告诉我们,许多谈判者为了争取更好的谈判结果,往往以极大的耐心,没完没了要求、要求、再要求,争取、争取、再争取。但碰到这样的对手实在让人头痛,尽管已经满足他许多要求,使他一次又一次地受益,可他似乎还有无数的要求。这时对付他的有效方法就是"中途变价法",即改变原来的报价趋势,报出一个出乎对方意料的价格来,从而遏制对方的无限要求,促使其尽早下决心进行交易。

9) 报价抵消策略

对产品的高价,推销人员可先将其构成要素一一列出,再与其可能抵消的价格因素相比较,这样高价看起来也就成为低价了。

【案例 5-9】

一位推销员将一台设备报价为 8 000 元,用户认为太贵。这位推销员说:"该设备一台生产成本 6 200 元,附设零配件 500 元,获金牌加价 300 元,送货上门运输费 200 元,所以盈利只有 800 元,销售利税率仅为 10%,如果后面 3 项不计算,每台价格只有 7 000 元,比其他同类设备还要便宜。"所以采用抵消法报价,更能显示出企业产品在价格上的优势。

7. 应对对方报价

在进行讨价还价之前,先要弄清楚对方的真实期望,对方为何如此报价,以及准确判断谈判形势,分析讨价还价的实力。在弄清对方期望的基础上,分析如何在满足己方需要的同时,兼顾对方的利益;研究对方报价中哪些事项是必须得到的,哪些是可以磋商的,哪些是比较重要的,而这恰是我方让步的筹码。

当一方报出价格后,谈判也就此拉开了序幕,所有的谈判活动以此为基准展开。在接到对方的报价后,通常另一方应迅速做出如下反应。

1) 首先表示巨大差异

我们经常看到这样的景象:当买方听到卖方报价时,有时甚至会假装自己没听清而多问两遍,然后马上脱口而出:"太贵了!"其实这是有经验的买家的一种条件反射式的反应。即使报价已低于买方的心理期望值,其仍然会如此表现,一方面是给对方造成压力,一般卖方听到买方这样的反应首先会怀疑自己是否报错;另一方面也为自己后来的还价留有余地。目的是为将来争取更好的价格做好铺垫,这也几乎成了商务谈判中屡试不爽的开场白。

2)具体了解报价的构成

通常卖方报出价格,在听到买方"太贵了"的第一反应后,总是会有一种失望的感觉,从而影响友好的谈判气氛的展开。因此,为了表示对对方的尊重和做好下一步还价的准备工作,应该对对方的报价进行详细的询问,特别是相关细节,以表现自己的真诚及交易的可能性。

3)避免妄加评论

真正面对对方的报价时,一定不能妄加评论,否则很容易使报价方产生逆反心理,甚至怀疑对方是否真诚,或者是否真正了解市场行情。任何谈判者都希望与高明的、专业的对手谈判,不希望与外行浪费时间,故而任何轻率的、非职业的评论都会给下一步的谈判带来障碍,一定要尽量避免这种毫无意义的草率评论。

5.1.2 讨价

讨价,也称再询盘,是在一方报价之后,另一方认为其报价离己方的期望目标太远,而要求报价一方重新报价或改善报价的行为。其主要作用是引导对方改变原来的期望值,要求对方重新报价或改善报价,为己方还价做好准备。

1. 讨价的方式

1)全面讨价

全面讨价是对总体价格和条件的各个方面要求重新报价。常用于价格评论之后对于较复杂的交易的首次讨价,通常从宏观角度笼统压价。例如,"请就我方刚才提出的意见报出贵方的改善价格";"贵方已听到我们的意见,若不能重新报出具有成交诚意的价格,我们的交易将难以成功";"我方的评论意见说到此,待贵方做出新的报价再说"。这3种说法均是全面讨价的方式,只是态度一个比一个强硬,这要视对方的态度和报价的虚实程度而定。

2)分别讨价

常用于较复杂交易对方第一次改善报价之后,或不便采用全面讨价方式的讨价。

3)针对性讨价

常用于在全面讨价和分别讨价的基础上,针对价格仍明显不合理和水分较大的个别部分的进一步讨价。这些被选择的条款可以是一项,也可以是若干项;可以同时是几项,也可以是逐条逐项。

2. 讨价的次数

从讨价的过程可见,讨价的次数要取决于买方对卖方价格的评价,只要买方对卖方的报价还有分析价的依据,讨价过程就不能结束。因此,讨价的次数没有统一标准,但一般不只一次,多数谈判的讨价在2或3次。

3. 讨价的基本方法

讨价是针对对方的不适宜或不合理报价而提出来的,其基本方法如下。

1）举证法

举证法亦称据典法。为了增加讨价的力度，使对方难对抗拒，谈判者以事实为依据，要求对方改善报价。这种事实可以是市场的行情、竞争者的价格、对方的成本、过去的交易惯例、产品质量与性能、研究成果、公认的结论等，总之是有说服力的证据。证据要求客观实在，起码是对方难以查证的（如竞争者的状况、己方过去的交往记录等），而不是凭空杜撰的证据或对方一揭就穿的证据。

2）求疵法

求疵法是指通过故意寻找对方的缺点或毛病，促使对方让步的一种做法。在谈判中，谈判一方为了实现自己的利益，对对方的产品或提议再三挑剔，提出一堆问题和要求，以争取到讨价还价的机会。该方法的关键：一要找"疵"找准，即挑毛病要挑到点子上，使对方心服口服；二是要懂得一定的渲染，善于小题大做，虚张声势，使对方高度重视。求疵法是削弱对手谈判实力的有效方法，也是商务谈判中屡见不鲜的谈判手段。

求疵法的使用条件是能够挑出疵，有疵可挑。谈判实施者善于虚张声势。

3）假设法

以假设更优惠条件的口吻来向对方讨价，如以更大数量的购买、更优惠的付款条件、更长期的合作等优惠条件来向对方再次讨价，这种方法往往可以摸清对方可以承受的大致底价。假设不一定会真正履行，但因其是假设，所以留有余地。

4）多次法

讨价是冲着对方策略性虚拟价格的水分、虚头来的，它是卖方向买方要求加价，买方要求卖方降价的一种表示。不论是加价还是降价都不是一步到位的，都需要分步实施。只要每一次的讨价都会得到改善，即使对方的理由并不都合乎逻辑，只要对己方有利都应表示欢迎。讨价刚开始，无论哪一方都会固守自己的价格，不会轻易改变，并会提出许多理由加以解释。所以，讨价需要反复多次方可有较大的收效。谈判中应抓住主要矛盾，一般是对重要的关键的条款予以讨价，要求改善；也可以同时针对若干项，形成多方位强大攻势的讨价。这些方法和条款内容的选择，要综合考虑报价的不合理现状及依据，对价格的解释、分析、改善以及谈判素质、谈判风格、特点等因素，依据谈判者的总体谈判策略而定。

4. 讨价之后对对手进行分析

商务谈判人员在讨价得到对方反应后，对其进行分析是讨价后重要的事情。若首次讨价就能得到对方改变报价的反应，这就说明对方报价中的虚报部分可能较大，价格中所含的虚头、水分较多，或者也可以表明对方急于促成交易的心理。但是一般来说，对方开始都会固守自己的价格立场，不会轻易还价。另外，即使报价方做出改变报价的反应，还要分析其改变是否具有实质性内容。只要没有实质性改变，谈判人员就应继续抓住报价中的实质性内容或关键的谬误不放，迫使对方做出实质性改变。同时，依据对方的权限、成交的决心、双方实力对比及关系好坏，判定或改变讨价策略，进一步改变对方的期待。

5.1.3 还价

还价也称"还盘"，即谈判一方根据对方的报价和自己的谈判目标，主动应对对方要求提出自己的价格条件，是对对方的报价做出的具体的反应性报价。

还价应以讨价作为基础。根据对方的报价，在经过一次或几次讨价之后，估计其保留价格和策略性虚报部分，推测对方可妥协的范围，然后根据己方的既定策略，提出自己可接受的价格，反馈给对方。如果说报价划定了讨价还价范围的一个边界的话，那么，还价将划定与其对立的另一条边界，双方将在这两条边界所规定的界区内展开激烈的讨价还价。

1. 还价前的准备

还价不是一种简单的压低价格的过程。与报价一样，还价前要进行详尽的准备，它必须建立在企业的利益分析、市场调查和货比三家的基础上，确定自己的还价。

（1）应根据对方对于己方讨价所做出的反应和自己所掌握的市场行情及商品比价资料，对报价内容进行全面的分析，推算出对方所报价格中水分的大小，并尽力揣摩对方的真实意图，从中找出对方报价虚头最大、我方反驳论据最充分的部分作为突破口，同时找出报价中相对薄弱的环节，作为己方还价的筹码。

（2）根据所掌握的信息对整个交易做出通盘考虑，估量对方及己方的期望值和保留价格，制订出己方还价方案中的最高目标、可接受目标、最低目标。把所有的问题都列出来，分清主次、先后和轻重缓急，设计出相应的对策，以保证在还价时自己的设想、目标得以贯彻执行。

（3）根据己方的谈判目标，从还价方式、还价技巧等各方面设计出几种不同的备选方案，以保证己方在谈判中的主动性和灵活性，使谈判协议更易于达成。

（4）了解对方关心价格的理由，根据对方最关心的内容"对症下药"，往往能切中要害，还出一个比较合理的价格。常见的客户关心价格的理由有以下 8 种，见表 5-5。

表 5-5　客户关心价格的常见理由

理由一	想买到更便宜的产品
理由二	为了超越竞争者和很好地发展自己，要以更低的价格购买产品
理由三	为了表明自己的谈判能力，要在讨价还价中击败对手
理由四	怕吃亏
理由五	对方想利用讨价还价达到其他的目的
理由六	想从第三者那里买到更便宜的产品，因此设法让你削价，给另一方施加压力
理由七	不了解产品的价值，不知道究竟值多少钱
理由八	想搞清楚产品的真正价格

2. 还价的方式

还价中，谈判者要确保自己的利益和主动地位，首先就应善于根据交易内容、所报价格，以及讨价方式，采用不同的还价方式。

1）按照谈判中还价的依据进行分类

按照谈判中还价的依据，还价方式分为按可比价还价和按成本还价两类。

（1）按可比价还价。这是指己方无法准确掌握所谈商品本身的价值，而只能以相似的同类商品的价格或竞争者商品的价格作参照进行还价。这种方式的关键是所选择的用以参照的商品的可比性及其价格的合理性，只有具有可比性且价格合理，还价才能使对方信服。

（2）按成本还价。这是指己方能计算出所谈商品的成本，以此为基础再加上一定比例的利润作为依据进行还价。这种还价方式的关键是所计算成本的准确性，成本计算的越准确，还价的说服力就越强。

以上两种性质还价方式的选取决定于手中掌握的比价材料。如果比价材料丰富且完备，自然应选按比价还价，这对于买方来讲简便、容易操作，对卖方来讲容易接受；反之，就用分析成本还价。在选定了还价的性质之后，再来结合具体情况选用具体技巧。

2）按照谈判中还价的项目进行分类

按照谈判中还价的项目，还价方式又可分为总体还价、分别还价和单项还价 3 种，见表 5-6。

表 5-6　按谈判中还价的项目进行的分类

还价方式	特　点
总体还价	即一揽子还价，它是与全面讨价对应的还价方式。不分报价中各部分所含水分的差异，均按同一个百分比还价
分组还价	指把交易内容划成若干类别或部分，然后按每个项目报价中所含水分的多少分几个档次，再逐一还价。对水分高的在还价时可以多压一点，对认为水分比较低的分组还价时可以少压一点，对不同档次的商品或项目采用区别对待，分类处理
单项还价	一般是与针对性讨价相应的还价方式，是指按所报价格的最小单位还价，或者对某个别项目进行还价。对技术费、培训费、技术咨询费、工程设计费、包装费、运输费等逐项还价。如对成套设备，按主机、辅机、备件等不同的项目进行还价

3）还价方式的选择

如果卖方价格解释清楚，买方手中比价材料丰富，卖方成交心切，且有耐心及时间时，采用单项还价对买方有利，对卖方也充分体现了"理"字，卖方也不会拒绝，也可逐项防守。

如果卖方价格解释不足，买方掌握的价格材料少，但卖方有成交的信心，然而又性急，时间也紧时，采用分组还价的方式对双方都用利。

如果卖方报价粗，而且态度强硬，或双方相持时间较长，但都有成交愿望，可采用总体还价。在卖方已做一两次调价后，买方也可采用以"货物"和"软件或技术费"两大块还价。不过，该还价还得巧，"巧"就是考虑对方改善过报价的态度，又抓住了他们理亏的地方；既考虑买方自己的支付，又注意掌握卖方的情绪，留有合理的妥协余地，做到在保护买方利益的同时，使卖方还感到有获利的希望，而不丧失成交的信心。

3．还价起点的确定

还价方式确定后，关键的问题是要确定还价的起点。通常来说，还价起点即买方的初始报价。它是买方第一次公开报出的打算成交的条件，其高低直接关系到自己的经济利益，也影响着价格谈判的进程和成败。

一般的还价标准：己方还价=己方期望值×2－对方的报价

1）确定还价起点的原则

还价起点是指第一次还价的价位，还价起点的确定对谈判进程有重要影响。同时，还价起点还表现出己方接受报价的基本态度和最初标准。

首先，起点要低。还价起点低，能给对方造成压力，并影响和改变对方的判断及盈余的要求，能利用其策略性虚报部分为价格磋商提供充分的回旋余地和准备必要的交易筹码，对最终达成成交价格和实现既定的利益目标具有不可忽视的作用。

其次，还价起点要接近成交目标，至少要接近对方的保留价格，以使对方有接受的可能性。否则，太低的话对方会失去交易兴趣而退出谈判，或者己方不得不重新还价而陷于被动。

2）确定还价起点的参照因素

（1）报价中的含水量。价格磋商中，虽然经过讨价，报价方对其报价做出了改善，但改善的程度各不相同，因此，重新报价中的含水量是确定还价起点的第一项因素。对于所含水分较少的报价，还价起点应当较高，以使对方同样感到交易诚意；对于所含水分较多的报价，或者对方报价只做出很小的改善，便千方百计地要求己方立即还价者，还价起点就应较低，以使还价与成交价格的差距同报价中的含水量相适应。同时，在对方的报价中，会存在不同部分含水量的差异，因而，还价起点的高低也应有所不同，以此可增强还价的针对性，并为己方争取更大的利益。

（2）与自己目标价格的差距。对方报价与己方准备成交的价格目标的差距，是确定还价起点的第二项因素。对方报价与己方准备成交的价格目标的差距越小，其还价起点应当较高；对方报价与己方准备成交的价格目标差距越大，还价起点就应较低。当然，不论还价起点高低，都要低于己方准备成交的价格，以便为以后的讨价还价留下余地。

（3）准备还价的次数。与讨价一样，还价也不能只允许一次。在每次还价的增幅已定的情况下，当己方准备还价次数较少时，还价起点应当较高；当己方准备还价的次数较多时，还价起点就应较低。总之，通盘考虑上述各项因素，确定好还价起点，才能为价格谈判的讨价还价范围划出有利于己方的这条边界。

4．还价的技巧

要还价之前首先要对对方的报价认真倾听，不能遗漏，不要急于还价，以便把握精确的信息。永远不要接受第一次报价！要学会感到意外。即使迫不及待，也要表现得不情愿。下面把一些常见的还价技巧介绍如下。

1）还价"稳"、"准"、"狠"

第一次还价实际上是双方互相摊牌的过程，这一过程的实施，实际上包含许多隐蔽的信息，如双方态度的真诚、实力的大小及自信程度等，故而还价的过程也是还价一方实力和自信心的集中体现。所谓还价"稳"、"准"、"狠"，是指针对对方报价，己方所还出的价格不但要实际而且要准确，这样才能体现出还价方的实力和能力。我们经常会听到卖家在第一次听到买方的还价后嗤之以鼻，"这个价格连成本都不够！"真不够成本吗？既有可能是事实，也有可能是一种渲染气氛的技巧，就如同前面提到过的听到报价的第一反应是"太贵了"一样。还价要求切合实际、准确，但并不妨碍"狠狠"地还出一个看上去差距较大的价格，并以此作为重新谈判的基准点。通常中东客商在听到卖家的报价后，会还价30%～50%，尽管他们自己也知道不可能有这么低的还价，但仍然将价格拦腰一斩，从而使谈判按自己订立的基准点重新进行。这种"稳"、"准"、"狠"的还价技巧并非一日之功，应建立在对市场和产品等因素充分了解，以及还价方非常自信的基础上。

2）让对方难受的还价

讨价还价的过程是双方互相让步的过程，但这种让步的前提是双方都有利可图，失去这个基本原则，谈判一定不成功。故而，如果还价一方还出的价格离报价方的成本距离太远，很容易使报价方怀疑对方的真诚，从而失去进一步商谈的兴趣和耐心，使得交易半途而废。所以高明的还价是让报价一方很难受，接受吧，自己无利可图；不接受吧，又觉得生意近在咫尺，弃之可惜。往往这种还价会让报价一方如坐针毡、左右为难，最终很容易因为某种原因在还价方稍微让步后达成交易。

3）欲擒故纵

欲擒故纵是兵法中常用的计谋，商务谈判也不例外。很多时候为了达到自己的真实目的，故意放弃交易，也是一种技巧和策略，这与上文提到"让对方难受的还价"不同，所谓"难受"是让报价方"食之无味又弃之可惜"，而欲擒故纵则是完全让报价一方失去信心和兴趣，等时机成熟再一蹴而就。两种方法各有利弊，也各有不同的应用场合。欲擒故纵往往要实施方有较大的耐心和耗费较多的时间和精力。例如，某家国外的地毯公司在中国推销其产品时，该公司的销售人员为取得某大客户的订单，尽管与客户同在一个城市，但一直不与其接触，直到很长时间后的一次国外交易会上双方偶遇，才使得交易顺利进行，这便是典型的"欲擒故纵"在商务谈判中的运用，暂时地"纵"是为了更好地"擒"。在讨价还价的过程中，沉默面对对方的报价，让对方主动着急、主动让步，也是一种很好的还价策略。

4）"一分钱、一分货"策略

"一分钱、一分货"是多年来人们总结的经验。在当今激烈竞争的市场环境下，恶性竞争带来的低价一定会引发产品的偷工减料，从而为买方带来更大的经济损失。任何生产厂家或是经营单位都是需要盈利的，而利润不可能无休止地让掉，在还价中要牢记这一基本原则，表面上低的价格往往是以产品质量为代价的，对还价方而言也是得不偿失，因此在还价"稳"、"准"、"狠"的同时，也要清楚报价方的价格底线，掌握产品的真实成本，以免今后为己方造成更大的损失。因为一旦接受价格，交易开始后，发现质量有所降低，再想改变为时已晚。

5）"离谱价"

所谓"离谱价"是指所还出的价格远离实际市场的价格水准或是离报价方的报价差距太大。通常情况下，还价方应该避免如此还价，因为这样首先会让报价方产生"逆反心理"，给其留下不诚恳的印象。其次很容易让报价方觉得还价方不专业、不了解市场行情。我们经常会听到卖方在听完买方的"离谱"还价后说，"如果是这个价格，不如您卖给我，有多少要多少"。虽然有些虚张声势，但有时也会是心理活动的一种体现。故而除非另有目的，还价一方应该尽量避免使用这一策略，否则会对报价方的信心产生极大的挫败。

6）计算报价方的报价

有很多经验丰富的买家，会从卖方的成本核算入手，按照自己的标准计算出卖方的价格，从而认定该价格应为交易的合理价格，这是商务谈判中经常用到的一种还价策略。这种还价方式的好处在于让卖方知道己方是内行，不至于被卖方蒙骗。但其弊端也是显而易见的，即将己方的底牌完全暴露给对方。俗话说"买的不如卖的精"，无论买方如何了解市场、如何有经验，也不可能比卖方了解得更深入、透彻。况且买卖双方总是存在着信息不对称的情况，一旦将自己的底牌暴露给对方，很容易帮助对方采取更有效的谈判策略，结果可能会使本来可以顺利进行的谈判无法进行，而还价方又找不出原因。

🔍 【案例 5-10】

有些家具采购商在听到厂家的报价后，通常会根据他所掌握的板材、金属配件、油漆等原料加上人工、水电等成本推算出一套家具的基本构成，殊不知家具的板材质量千差万别，油漆打磨工艺也不尽相同，每个制造厂家都拥有自己的商业和技术秘密，按照买方推算出来的价格往往是不够准确的。一味地如此计算反而帮助报价方避重就轻，从而有针对性解释自己的报价，使得买家失去进一步还价的理由。

5.1.4　讨价还价阶段的策略

商务谈判的讨价还价阶段是谈判的实质性磋商阶段。它是谈判的核心环节，也是最困难、谈判人员最紧张的阶段。磋商的过程及其结果直接关系到谈判双方获利的大小，决定着双方各自需要的满足程度。因而，选择恰当的策略来规划这一阶段的谈判行为，无疑有着特殊重要的意义。讨价还价阶段有以下几种较为常见的谈判策略。

1. 投石问路策略

投石问路策略通常是一方获取另一方有效资料与信息的一种好办法。例如，就买方而言，他只是计划采购 2 000 吨产品，但他完全可以要求卖方分别就 500 吨、2 000 吨、5 000 吨、10 000 吨等不同的批量来报价。一旦卖方根据买方的要求给出报价，买方就可能依据对方的报价分析、估算出对方的生产成本、生产能力等，从而调整己方的价格策略。通常情况下，以下的一些"石"往往能够问出有用的"路"来。例如：

如果我方加大订货量或减少订货量呢？

如果我方只从你方购货并且签订长期合同呢？

如果我方一次性付清款项，你方能在价位上给予多大优惠呢？

如果我方多采购几种产品呢？

如果我方买下你方的全部产品呢？

如果我方向你方提供技术支持呢？

如果我方自己提货，免除你方一些服务项目呢？

上面的任何一块"石"，都可能使买方更进一步地了解到卖方的商业习惯和动机。作为卖方，不直接还价，而通过在回答中寻找可能的机会，对对手的投石问路则可以采取下面的应对措施来对付买方的"石"。

第一，如果买方投出一块"石"，卖方最好立刻向对方回敬一个。例如，对方探问数量与价格之间的优惠比例时，卖方立刻要求对方订货。

第二，分析对方真正意图，找出或估算出买主真正想要购买的货物和数量。

第三，并不是对方提出的所有问题都要正面回答、马上回答，有些问题拖后回答，效果更好。

第四，要求买方以马上订货作为条件，否则，一般不对买方的要求进行估价。

第五，让对方投出的石头为己方探路，如对方询问订货数额不同时的优惠价格，己方可以反问："你们希望优惠多少？""你们是根据什么算出的优惠比例呢？"

第六，调查分析买方购货的意图或目的，适当强调交易成功的可能性。不被声称的数量诱惑，根据对方情况估计其购买规模。

对买方产生的利益，以激起买方将购买欲望付诸行动。其实有的时候，买方的"石"可以为己方商务谈判人员创造许多有利的机会，抓住买方此时想知道更多信息的心理，提出一些己方的建议和目标，反倒可以促进谈判的进程，尽快达成交易。这从另一方面也提醒谈判人员"投石"时要小心谨慎，不要中了对方的圈套。

【案例 5-11】

有一个走江湖的相士，一日，忽蒙县官召见。见面时县官对他说："坐在身旁的三人当中，一位是我的夫人，其余是她的婢女。你若能指认哪一位是夫人，就可免你无罪。否则，你再在本县摆相命摊，我必将以妖言惑众之名惩处你！"

相士将衣饰发型一致、年龄相仿同样面无表情的三位女子打量一眼，就对县官说："这么简单的事，我徒弟都办得到！"他的徒弟应师父之命，将三位并排端坐的女孩子从左往右看，从右往左看，看了半天，仍然一头雾水。他满脸迷惘地对相士说："师父你没有教过我啊？"

相士一巴掌拍在徒弟的脑袋上，同时，顺手一指其中一位女子说："这位就是夫人！"

在场之人全部傻住了，没错，这人还真会看相。

事实是：相士一巴掌拍在徒弟脑袋上时，师徒二人的模样颇为滑稽。少见世面的两个丫环忍不住掩口而笑。那位依然端坐，面无表情的女子当然是见过世面又有教养的妇人啦。

2．目标分解策略

一些技术交易项目，或大型谈判项目涉及许多方面，技术构成也比较复杂，包括专利权、专有技术、人员培训、技术资料、图纸交换等方面。因此，在对方报价时，价格水分较大。如果我们笼统在价格上要求对方做机械性的让步，既盲目，效果也不理想。比较好的做法是，把对方报价进行目标分解，从中寻找出哪些技术是我们需要的，价格应是多少，哪些是我们不需要的，哪一部分价格水分较大，这样讨价还价就有利得多。

【案例 5-12】

我国一家公司与德国仪表行业的一家公司进行一项技术引进谈判。对方向我方转让时间继电器的生产技术，价格是 40 万美元。德方依靠技术实力与产品名牌，在转让价格上坚持不让步，双方僵持下来，谈判难以进展。最后我方采取目标分解策略，要求德商就转让技术分项报价。结果，通过对德商分项报价的研究，我方发现德商提供的技术转让明细表上的一种时间继电器元件——石英振子技术，我国国内厂家已经引进并消化吸收，完全可以不再引进。以此为突破口，我方与德方洽商，逐项讨论技术价格，将转让费由 40 万美元降至 25 万美元，取得了较为理想的谈判结果。

3．价格诱惑策略

价格诱惑，就是卖方利用买方担心市场价格上涨的心理，诱使对方迅速签订购买协议的策略。例如，在购买设备谈判中，卖方提出年底之前，价格随市场行情大约上涨5%。如果对方打算购买这批设备，在年底前签协议，就可以以目前的价格享受优惠，合同执行可按年底算。如果此时市场价格确实浮动较大，那么这一建议就很有吸引力。买方就有可能乘价格未变之机，匆忙与对方签约。

这种做法看起来似乎是照顾了买方的利益，实际上并非如此，买方甚至会因此吃大亏。其原因主要有以下三点。

第一，在上述情况下，买方在签署合同时，往往没有对包括价格在内的各项合同条款从头到尾地进行认真的谈判，实际上只是在卖方事先准备好的标准式样合同上签字，很少能做大的修改、补充。这样，买方应争取的各项优惠条件和让步，就很难写入这种改动余地很小的合同中。

第二，由于合同订得仓促，很多重要问题都被忽视。卖方也常常会由于事先已"照顾了买方的利益"而在谈判中坚持立场，寸利不让。买方也会为了达成协议，过于迁就对方。

第三，谈判人员签订这种价格保值合同时，为抓住时机，常常顾不上请示其上级或公司董事会的同意而"果断"拍板，由于合同的实际执行要等到很久以后，因此，它所包括的一切潜在问题不会立即暴露出来。但一旦出现，其后果已无可挽回了。

由此可见，价格诱惑的实质，就是利用买方担心市场价格上涨的心理，把谈判对手的注意力吸引到价格问题上来，使其忽略对其他重要合同条款的讨价还价，进而在这些方面争得让步与优惠。对于买方来讲，尽管避免了可能由涨价带来的损失，但可能会在其他方面付出更大的价格，牺牲了更重要的实际利益。

因此，买方一定要慎重对待价格诱惑，必须坚持做到：首先，计划和具体步骤一经研究确定，就要不动摇地去执行，排除外界的各种干扰。所有列出的谈判要点，都要与对方认真磋商，决不随意迁就。其次，买方要根据实际需要确定订货单，不要被卖方在价格上的诱惑所迷惑，买下一些并不需要的辅助产品和配件，切忌在时间上受对方期限的约束而匆忙做出决定。再次，买方要反复协商，推敲各种项目合同条款，充分考虑各种利弊关系。签订合同之前，还要再一次确认。为确保决策正确，请示上级、召集谈判小组会议都是十分必要的。

4. 抬价压价策略

这种策略技巧是商务谈判中应用最为普遍、效果最为显著的方法。谈判中没有一方一开价，另一方就马上同意，双方拍板成交的。都要经过多次的抬价、压价，才互相妥协，确定一个一致的价格标准。

由于谈判时抬价一方不清楚对方要求多少，在什么情况下妥协，所以这一策略运用的关键就是抬到多高才是对方能够接受的。一般地讲，抬价是建立在科学的计算、精确的观察、判断、分析基础上的；当然，忍耐力、经验、能力和信心也是十分重要的。事实证明，抬高价往往会有令人意想不到的收获。许多人常常在双方已商定好的价格基础上，又反悔变卦，抬高价格，而且往往能如愿以偿。

抬价作用还在于：卖方能较好地遏制买方的进一步要求，从而更好地维护己方利益。

【案例 5-13】

美国谈判专家麦科马克（Mecormack）列举他参加谈判的一次亲身经历，很好地说明了这一问题。有一次，他代表公司交涉一项购买协议，对方开始的开价是 50 万美元，他和公司的成本分析人员都深信，只要用 44 万美元就可以完成这笔交易。一个月后，他开始和对方谈判，但对方却又声明原先的报价有误，现在开价 60 万美元。这反倒使麦科马克先生怀疑自己原先的估计是否正确。直到最后，当他以 50 万美元的价格与对方成交时，竟然感到非常满意。这是因为，他认为是以低于对手要价 10 万美元之差达成了交易，而对方则成功地遏制了他的进一步要求。

压价可以说是对抬价的破解。如果是买方先报价格，可以低于预期目标进行报价，留出讨价还价的余地。如果是卖方先报价，买方压价，则可以采取多种方式。

（1）揭穿对方的把戏，直接指出实质。例如，算出对方产品的成本费用，挤出对方报价的水分。

（2）制定一个不能超过预算的金额，或是一个价格的上、下限。然后围绕这些标准，进行讨价还价。

（3）用反抬价来回击。如果在价格上迁就对方，必须在其他方面获得补偿。

（4）召开小组会议，集思广益思考对策。

（5）在合同签订好以前，要求对方做出某种保证，以防反悔。

（6）使对方在合同上签署的人越多越好，这样，对方就难以改口。

5．求疵还价策略

求疵还价策略，是指商务谈判的一方采用挑剔的方法提出部分真实、部分夸大的意见。试图否定对方报价的策略方法。其做法通常有以下两种。

第一，百般挑剔。买方针对卖方的商品，想方设法寻找缺点。

第二，言不由衷。本来满意之处，也非要说成不满意，并故意提出令对方无法满足的要求，表明自己"委曲求全"，以此为自己的还价制造借口。

1）运用求疵还价策略的主要条件

第一，卖方的报价确有问题，但多属枝节方面的问题。

第二，对手欠缺谈判经验。世上没有十全十美的东西，只要再三挑剔，任何方案都可挑出问题。买方应想方设法抓住对方商品的缺陷作适当的夸大。迫使卖方把卖价的标准降低，使己方有更多的讨价还价的余地，同时也让对方知道，买方是很精明的，不轻易被人欺骗。

2）运用求疵还价策略的技巧及注意的问题

第一，必须掌握对方商品的有关技术知识，才能对对方商品吹毛求疵，才能挑到点子上，使对方服气。如果能将对方商品挑出一大堆毛病来，比如从商品的性能、质量、款式、色泽等方面吹毛求疵，将会对对方的商品价格形成较大的压力。

第二，在吹毛求疵时，忌面面俱到。如果抓不住重点，击不中要害，这样不但不足以说明问题，而且会引起对方的怀疑，以为你在故意刁难他，从而影响谈判的气氛和进展。

第三，对一些优质产品，名牌产品不能一味贬低。对某些商品的贬低如果过火，可能会激怒对方。

第四，面对谈判对手，不可直率地表露出自己的愿望或动机，要有耐心地、合理地保持若即若离的态度，使对手一直处于焦虑不安的状态。这样不但能把握谈判的主动权。而且在保持谈判不破裂的情况下，一般能取得较佳的效益。

【案例 5-14】

美国谈判学家罗切斯特（Rochester）有一次去买冰箱，营业员指着罗切斯特要的那种冰箱说："249.5美元一台。"接着罗切斯特上演了一台精彩的"挑剔还价法"。

罗：这种型号的冰箱一共有几种颜色？

营：共有32种颜色。

罗：可以看看样品本吗？

营：当然可以！（说着，马上拿来了样品本）

罗：你们店里现货中有几种颜色？

营：现有20种。请问您要哪一种？

罗指着样品本上有而店里没有的颜色说，这颜色与我的厨房墙壁颜色相配！

营：非常抱歉，这种颜色现在没有。

罗：其他颜色同我的厨房颜色都不协调。颜色不好，价格还那么高，要不便宜一点儿，我就到其他商店看看。

营：您慢慢挑，价格可以商量。

罗：这台冰箱还有点问题，你看这儿。

营：我看不出什么。

罗：什么？这一点毛病虽小，但冰箱外表有毛病通常不都要打点儿折扣吗？

营：……

罗又打开冰箱门，看了一会儿说这冰箱附有制冰器吗？

营：这个制冰器每天24小时为您制冰块，一小时才2美分电费。

罗：这可太糟糕了，我的孩子有哮喘病，医生说他绝不能吃冰块，你能帮助我把它拆下来吗？

营：制冰器是无法拆下来的，它和整个制冷系统连在一起。

罗：这个制冰器不仅对我没用，反而要我花钱买下来，将来还得为它付电费，这太不合理了……不过价格可以再降低一点的话……

结果，罗切斯特以相当低的价格——不到200美元买下了一台中意的冰箱。

3）用求疵还价的策略时的破解方法

第一，必须沉着、耐心。那些虚张声势的问题及要求，随着时间的推移，自然会渐渐地露出马脚来，并且失去了影响力。

第二，对于某些非关键性的问题和要求，要能避重就轻或视若无睹地一笔带过。

第三，当对方在浪费时间，节外生枝，或作无谓的挑剔，或提出无理的要求时，必须及时提出抗议。

第四，向买主建议一个具体且彻底的解决办法，而不去讨论那些没有关联的问题。

第五，千万不要轻易让步，以免使对方不劳而获。对方的某些要求很可能只是虚张声势而已。因此，卖主应该尽量削弱买主的声势，不要让他轻易得逞。同时，卖主也可以提出某些虚张声势的问题来加强自己的议价力量。

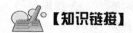【知识链接】

讨价还价阶段常用语言

讨价还价阶段——买方

1. 您能把价格略降一点吗？
2. 如果我们订货数量大的话，有无可能降低价格？
3. 你们产品的最低价格是多少？
4. 这比我们期望的要贵。
5. 假如我们都坚持不让的话，我们就谈不下去了。
6. 让我们各让一半。
7. 我很赞赏您为我们争取达成一致所做出的努力，但是你们的让步太小了。
8. 依此价格，谈判几乎不可能往前推进。
9. 假如能保证给我们提早发货，我们接受你们的报价。
10. 这是我们第三次谈判了，我们必须解决价格问题。

11. 其他的供货商给我们的价格更好。

12. 您能介绍一下你们公司和产品吗?

讨价还价阶段——卖方

1. 您能接受比这低的价格吗?

2. 能接受10%的折扣吗?

3. 价格取决于质量,质量与价格不可分割。

4. 以此价格交易,我们会亏本。

5. 我们的政策是一般不给打折。

6. 恐怕这是最后一次出价。

7. 看在我们长期合作的份上,我们降价5%。

8. 我们觉得不能接受你们的还价,因为我们的出价很实在。

9. 我们决定再降价2%,期望有助于你们促销我们的产品。

10. 我们愿意本着平等、互利和各取所需的精神,和你们建立业务关系。

【技能训练 5-1】

报价与讨价还价

训练背景:在谈判实训室或普通教室模拟一个商场场景,选取一款产品,如某款手机,给卖方的信息是报价 968 元,最低 840 元可出售;对给买方的信息最好是 850 元买到,最高 920 元。让学生在此基础上进行价格谈判。使学生直观地熟悉报价与讨价还价的各项要求。

训练要求:将全班同学分成偶数小组,每组 4~5 人。每两组为一个对抗小组,一组为买方,另一组为卖方。上台模拟后,请两组同学对对方进行评价和自我评价。请其他没参与的同学评价他们的表现。最后每小组上交一个技能训练总结。

5.2 处理僵局

案例导入中,对于家具厂由开盘价的 5 600 元/套,在第一次讨价后降为 5 300 元/套,中东客商由初次还价的 4 600 元/套,到第二次还价的 4 700 元/套,但此时,双方因为订购的数量、运输费、关税等问题没法达成一致,双方谈判陷入了僵局。要想突破僵局,使谈判顺利开展,就必须充分了解僵局的定义、种类、特征;理解形成僵局的原因;掌握打破僵局的策略和技巧等问题。

5.2.1 谈判僵局

1. 谈判僵局的定义

谈判僵局是指在商务谈判过程中,双方对所谈问题的利益要求差距较大,各方又都不肯做出让步,导致双方因暂时不可调和的矛盾而形成对峙,而使谈判呈现出一种不进不退的僵持局面。

谈判僵局的出现对谈判双方的利益和情绪都会产生不良影响。谈判僵局会有两种后果:

第一种是打破僵局继续谈判。第二种是双方谈判破裂，不欢而散。当然后一种结果是双方都不愿看到的。因此了解谈判僵局出现的原因，避免僵局出现，一旦出现僵局能够运用科学有效的策略和技巧打破僵局，重新使谈判顺利进行下去，就成为谈判者必须掌握的重要技能。

2. 谈判僵局的种类

谈判僵局可从广义、狭义和形成原因3个角度进行划分，见表5-7。

表5-7 谈判僵局的种类

标　准	种　类	特　点
从广义谈判的角度划分	协议期僵局	是指双方在磋商阶段意见产生分歧而形成的僵持局面
	执行期僵局	是指执行项目合同过程中双方对合同条款理解不同而产生的分歧。或出现了双方始料未及的情况而把责任有意推向对方或他人，抑或一方未能严格履行协议而引起另一方的严重不满，由此而引起的责任分担不明确的争议
从狭义谈判的角度划分	初期僵局	开局后即产生了误解。在谈判初期，主要是双方彼此熟悉、了解、建立融洽气氛的阶段，双方对谈判都充满了期待。但是由于误解，或由于某一方谈判前准备得不够充分等，使另一方感情上受到伤害，就会导致僵局的出现，以致于使谈判匆匆收场
	中期僵局	在谈判中期，这是谈判的实质性阶段，双方需要就有关技术、价格、合同条款等交易内容进行详尽的讨论、协商。在合作的背后，客观地存在着各自利益上的差异，这就可能使谈判暂时向着使双方难以统一的方向发展，产生谈判中期的僵局。中期僵局具有此消彼长、反反复复的特点。有些中期僵局通过双方之间重新沟通，矛盾便可迎刃而解，有些则因双方都不愿在关键问题上退让而使谈判长时间拖延，问题悬而难解。因此，中期是僵局最为纷繁多变的，也经常导致谈判破裂
	后期僵局	谈判后期是双方达成协议阶段。在已经解决了技术、价格等关键性问题之后，还有验收程序、付款条件等执行细节需要进一步商议，特别是合同条款的措辞、语气容易引起争议。但是谈判后期的所谓僵局不像中期那样难以解决，只要双方互相做些让步便可顺利结束谈判。到了后期，虽然双方的总体利益及各自利益的划分已经通过谈判确认，但是只要正式的合同尚未签订，总会有未尽的权利、义务、责任、利益和其他一些细节尚需确认和划分，如果掉以轻心，有时仍会出现重大问题甚至使谈判前功尽弃
从僵局产生的原因划分	策略性僵局	即谈判的一方有意识地制造僵局，给对方造成压力并为己方争取时间和创造优势的延迟性质的一种策略
	情绪性僵局	即在谈判过程中，一方的讲话引起对方的反感，冲突升级，出现唇枪舌剑、互不相让的局面
	实质性僵局	即双方在谈判过程中涉及商务交易的核心——经济利益时，意见分歧差距较大，难以达成一致意见，双方又固守己见，毫不相让，就会导致实质性僵局

5.2.2 谈判陷入僵局的原因

在谈判进行过程中，僵局无论何时都有可能发生，任何议题都有可能形成分歧与对立。形成僵局的主要原因有以下几个方面。

1. 立场观点的争执导致僵局

双方各自坚持自己的立场观点而排斥对方的立场观点，从而形成了僵持不下的局面。谈判者出于对己方立场观点的维护心理往往会产生偏见，不能冷静尊重对方观点和客观事实。双方都固执己见排斥对方，而把利益忘在脑后，甚至为了"捍卫"立场观点的正确而以退出谈判相要挟。这种僵局处理不好就会破坏谈判的合作气氛，浪费谈判时间，甚至伤害双方的感情，最终使谈判破裂。立场观点争执所导致的僵局是比较常见的，经验证明，谈判双方在立场上关注越多，就越不能注意调和双方利益，也就越不可能达成协议。

2. 面对强迫的反抗导致僵局

谈判一方向另一方施加强迫条件，被强迫一方越是受到逼迫，就越不退让，从而形成僵局。一方占有一定的优势，他们以优势者自居向对方提出不合理的交易条件，强迫对方接受，否则就威胁对方。被强迫一方出于维护自身利益或是维护尊严的需要，拒绝接受对方强加于己方的不合理条件，反抗对方强迫。这样双方僵持不下，使谈判陷入僵局。

🔍 【案例 5-15】

1995 年 12 月德国总理科尔（Cole）访华期间，上海地铁二号线的合作谈判陷入了僵局。形成僵局的原因是，德国代表以撤回贷款强压中方接受比原定能接受价格高出 7 500 万美元的价格。对方代表有恃无恐，甚至在谈判桌上拍桌子威胁中方代表，扬言再不签约，一切后果由中方负责。

中方代表根据手中掌握的地铁车辆国际行情，知道即使按照中方原定的报价，德国公司仍然有钱可赚。对方只是企图倚仗提供了政府贷款就漫天要价，想把德国政府贷款的优惠，通过车辆的卖价再悄悄地拿回去。中方代表坚决拒绝在协议上签字。德方代表其实根本不愿意失去这单生意，所以在以后的谈判中不得不缓和自己的态度。经过艰苦谈判，德方不但把车辆价格下调，整个地铁项目的报价也比原来降低了 1.07 亿美元。

3. 信息沟通的障碍导致僵局

信息沟通障碍指双方在交流信息过程中由于主客观原因所造成的理解障碍。谈判过程是一个信息沟通的过程，只有双方信息实现正确、全面、顺畅的沟通，才能互相深入了解，才能正确地把握和理解对方的利益和条件。但是实际上双方的信息沟通会遇到种种障碍，其主要表现为：由于双方文化背景差异所造成的观念障碍、习俗障碍、语言障碍；由于知识结构、教育程度的差异所造成的问题理解差异；由于心理、性格差异所造成的情感障碍；由于表达能力、表达方式的差异所造成的传播障碍等。信息沟通障碍使谈判双方不能准确、真实、全面地进行信息、观念、情感的沟通，甚至会产生误解和对立情绪，使谈判不能顺利进行下去。

🔍 【案例 5-16】

1. 某跨国公司总裁访问一家中国著名的制造企业，商讨合作发展事宜。中方总经理很自豪地向客人介绍说："我公司是中国二级企业……"此时，翻译人员在翻译这句话时很自然地用"Second-class

Enterprise"来表述。不料,该跨国公司总裁闻此,原本很高的兴致突然冷淡下来,敷衍了几句立即起身告辞。在归途中,他抱怨说:"我怎么能跟一个中国的二流企业合作?"在我国,企业档案工作目标管理考评分为"省(部)级"、"国家二级"、"国家一级"三个考级。"省(部)级"是国家对企业档案工作的基本要求。"国家一级"为最高等级。所以,一个小小的沟通障碍,会直接影响合作的可能与否。

2. 马路上,一辆汽车的引擎出了问题,司机检查发现是电池没电了,于是,他拦住了一辆过路的汽车请求帮助。那辆车的司机很乐于助人,同意帮助他重新发动汽车。"我的车有个自动启动系统",抛锚汽车的司机解释说,"所以你只要用大概每小时30千米至35千米的速度就能启动我的车子。""做好事"的司机点点头,回到他的车中。驾车者也爬入自己的车,等着那"助人为乐者"帮助发动汽车,可他等了一会儿,没见汽车上来,便下车看个究竟。但当他转过身时,发现事情糟了:"助人为乐者"正以时速35千米撞向他的车。结果是造成了18 000元的损失。

4. 谈判者的行为失误导致僵局

谈判者的行为失误常常会引起对方的不满,使对方产生抵触情绪和强烈的对抗,导致谈判陷入僵局。例如,个别谈判人员工作作风、礼节礼貌、言谈举止、谈判方法等方面出现严重失误,触犯了对方的尊严或利益,就会产生对立情绪,使谈判很难顺利进行下去,造成很难堪的局面。

5. 谈判人员的偏见或成见导致僵局

偏见或成见是指由感情原因所产生的对于对方及谈判议题的一些不正确的看法。由于产生偏见或成见的原因是对问题认识的片面性,即用以偏概全的办法对待别人,因而很容易造成僵局。

【特别提示】

由于谈判人员对信息的理解受其职业习惯的影响,受教育程度及某些领域内的专业知识所制约,所以从表面上看,谈判人员对于对方所讲内容似乎已完全理解了,但实际上这种理解却常常是主观、片面的,甚至往往与信息内容的实质情况完全相反。

【案例 5-17】

我国曾获得一笔世界银行某国际金融组织贷款,用以建筑一条二级公路。按理说,这对于当时我国拥有筑路工艺技术和管理水平来说是一件比较简单的事情。然而负责这个项目的某国际金融组织官员,却坚持要求我方聘请外国专家参与管理。这意味着我方要大大增加在这个方面的开支,于是我方表示不能同意。我方在谈判中向该官员详细介绍了我国的筑路水平,并提供了有关资料,这位官员虽然提不出异议,但由于以往缺乏对中国的了解,或是受偏见支配,他不愿意放弃原来的要求,这时谈判陷入了僵局。为此,我方就特地请他去看了我国自行设计建造的几条高水准公路,并由有关专家作了详细的说明和介绍。正所谓百闻不如一见,心存疑虑的国际金融组织官员才算彻底信服了。

(资料来源:王景山,范银萍. 商务谈判[M]. 北京:北京理工大学出版社. 2007.)

6. 谈判一方故意制造谈判僵局

谈判的一方为了试探出对方的决心和实力而有意给对方出难题，搅乱视听，甚至引起争吵，迫使对方放弃自己的谈判目标向己方目标靠近，使谈判陷入僵局，其目的是使对方屈服，从而达成有利于己方的交易。这是一种带有高度冒险性和危险性的谈判战略，除非谈判人员有较大把握和能力来控制僵局，最好不要轻易采用。

故意制造谈判僵局的原因可能是过去在商务谈判中上过当、吃过亏，现在要给对方报复；或是自己处在十分不利的地位，通过给对方制造麻烦改变自己的谈判地位，并认为即使自己改变不了不利地位也不会有什么损失。这样就会导致商务谈判出现僵局。制造僵局往往会改变谈判者在谈判中的处境，如果运用得当会取得满意的结果。通常，处于相对弱势的一方会通过制造僵局争取主动。

7. 谈判双方用语不当导致僵局

谈判双方因用语不当，造成感情上的强烈对立，双方都感到自尊受到伤害，因而不肯作丝毫让步，谈判就会陷入僵局。

8. 外部环境的变化导致僵局

国际商务受国家政策、市场变化、汇率变化等方面的影响，从而很容易在谈判中形成僵局，统称为因外部环境的变化而形成的僵局。例如，在谈判期间外部环境发生突变，如价格、通货膨胀等因素发生变化时，谈判一方如果按原有条件谈判就会蒙受利益损失，于是他便推翻已做出的让步，从而引起对方的不满，使谈判陷入僵局。一般来讲，这种局面的形成非人力所能改变。遇到此种情况的解决方法：开诚布公地表明己方所面临的困境，且无能为力改变这种困境，以便获取对方的理解并互相做出让步，以便谈判继续进行。

9. 谈判中形成一言堂导致僵局

谈判中的任何一方，不管出自何种欲望，如果过分地、滔滔不绝地论述自己的观点而忽略了对方的反应和陈述的机会，必然会使对方感到不满与反感，造成潜在的僵局。

10. 隐含原因

商务谈判中往往有许多事情是不便拿到桌面上讲的，特别是谈判的结果会影响到谈判一方的某些个人利益，又不便公开表示时，就会因为这些隐含原因而形成僵局。这往往让谈判者一头雾水，不明就里。一旦这种僵局形成，另一方一定要深入细致地调查研究，找出症结所在才能找到突破口。

以上是造成谈判僵局的几种因素。不论是和风细雨的谈判，还是激烈争辩的谈判，出现僵局几乎是不可避免的，虽然人人都不希望出现僵局，但是出现僵局也并不可怕。面对僵局不要惊慌失措或情绪沮丧，更不要一味指责对方没有诚意，要弄清楚僵局产生的真实原因是什么，分歧点究竟是什么，谈判的形势怎样，然后运用有效的策略技巧突破僵局，使谈判顺利进行下去。所以我们必须正确认识、慎重对待这一问题，掌握处理僵局的策略技巧，只有这样，才能更好地争取主动，达成谈判协议。

5.2.3 僵局的处理原则

商务谈判者的经验证明，打破僵局要注意以下基本原则。

1. 正确认识谈判僵局

应抛弃旧的传统观念，正确认识谈判中的僵局。许多谈判人员把僵局视为失败，企图竭力避免它。在这种思想指导下，不是采取积极的措施避免，而是消极躲避。在谈判开始之前，就祈祷能顺利地与对方达成协议，完成交易，别出意外和麻烦。特别是当他负有与对方签约的使命时，这种心情就更为迫切。这样一来，为避免出现僵局，就事事处处迁就对方，一旦陷入僵局，又会很快失去信心和耐心，甚至怀疑起自己的判断力，对预先制订的计划方案也产生了动摇，后悔之前所做的一切决定。这种思想阻碍了谈判人员更好地运用谈判策略，而这种事事处处迁就的结果，就是达成一个对己方不利的协议。

应当看到，僵局的出现对双方都不利。如果能正确认识，并恰当处理，会变不利为有利。只要具备勇气和耐心，在保全对方面子的前提下，灵活运用各种策略、技巧，僵局就不是攻克不了的堡垒。

【特别提示】

就算谈判就此暂停乃至最终破裂也并不都是绝对的坏事。谈判暂停，可以使双方都有机会重新审慎地回顾各自谈判的出发点，既能维护各自的合理利益又注意挖掘双方的共同利益。如果双方都逐渐认识到弥补现在的差距是值得的，并愿采取相应的措施，包括做出必要的进一步妥协，那么这样的谈判结果也真实地符合谈判原本的目的。即使谈判破裂，也可以避免非理性的合作，因为这种合作不能同时给双方都带来利益上的满足。

2. 冷静的理性思考

在谈判实践中，有些谈判者会脱离客观实际，盲目地坚持自己的主观立场，甚至忘记了自己的出发点是什么；由此而引发的矛盾，当激化到一定程度的时候就形成了僵局。谈判者在处理僵局时，要能防止和克服过激情绪所带来的干扰。一名优秀的谈判者必须具备头脑冷静、心平气和的谈判素养，只有这样才能面对僵局而不慌乱，只有冷静思考，才能理清头绪，正确分析问题。这时，应设法建立一项客观的准则，即让双方都认为是公平的、又易于实行的办事原则、程序或衡量事物的标准，充分考虑到双方潜在的利益到底是什么，从而理智地克服一味地希望通过坚持自己的立场来"赢"得谈判的做法。这样才能有效地解决问题，打破僵局；相反，靠拍桌子、踢椅子来处理僵局是于事无补的，反而会带来负面效应。

3. 协调好双方的利益

当双方在同一问题上发生尖锐对立，并且各自理由充足，既无法说服对方，又不能接受对方的条件，从而使谈判陷入僵局时，应认真分析双方的利益所在，只有平衡好双方的利益才有可能打破僵局。让双方从各自的目前利益和长远利益两个方面来看问题，使双方的目前利益、长远利益做出调整，寻找双方都能接受的平衡点，最终达成谈判协议。因为如果都追求目前利益，可能都失去长远利益，这对双方都是不利的。只有双方都做出让步，以协调双方的关系，才能保证双方的利益都得到实现。

4. 避免争吵

争吵无助于矛盾的解决，只能使矛盾激化。如果谈判双方出现争吵，就会使双方对立情绪加重，从而很难打破僵局达成协议。即使一方在争吵中获胜，另一方无论从感情上还是心理上都很难持相同的意见，谈判仍有重重障碍。所以一名谈判高手是通过据理力争，而不是和别人大吵大嚷来解决问题的。

5. 欢迎不同意见

不同意见，既是谈判顺利进行的障碍，也是一种信号。它表明实质性的谈判已开始。如果谈判双方就不同意见互相沟通，最终达成一致意见，谈判就会成功在望。因此，作为一名谈判人员，不应对不同意见持拒绝和反对的态度；而应持欢迎和尊重的态度。这种态度会使我们能更加平心静气地倾听对方的意见，从而掌握更多的信息和资料，也体现了一名谈判者的宽广胸怀。

6. 语言适度

语言适度指谈判者要向对方传播一些必要的信息，但又不透露己方的一些重要信息，同时积极倾听。这样不但和谈判对方进行了必要的沟通，而且可探出对方的动机和目的，形成对等的谈判气氛。

7. 努力做到双方不丢面子

人皆重面子，努力做到让对方不丢面子就是对对方的尊重。在商贸谈判中没有绝对的胜利者和失败者，商贸谈判的结果都是在各有所得和各有所给的条件下共同努力取得的。因此任何一方，都必须尊重对方的人格，在调整双方利益取向的前提下，使双方的基本需求得到满足，不可让任何一方下不了台，而造成丢面子、伤感情的局面。

8. 尽可能实现双方的真正意图

僵局的解决，最终表现为双方各自利益的实现，实际上是实现了双方的真正意图。做不到这一点，对方利益完全得不到保证，就不会有僵持局面的结束。

因此，谈判双方必须遵循这些原则，主动积极地打破僵局，采取一定的策略，争取及时缓解。

5.2.4 打破谈判僵局的策略与技巧

1. 休会

休会是谈判人员为控制、调节谈判进程，缓和谈判气氛，打破谈判僵局而经常采用的一种基本策略。它不仅是谈判人员为了恢复体力、精力的一种生理需求，而且是谈判人员调节情绪、控制谈判过程、缓和谈判气氛、融洽双方关系的一种策略技巧。谈判中，双方因观点产生差异、出现分歧是常有的事，如果各持己见、互不妥协，往往会出现僵持严重以致谈判无法继续的局面。这时，如果继续进行谈判，双方的思想还沉浸在刚才的紧张气氛中，结果往往是徒劳无益，有时甚至适得其反，导致以前的成果付诸东流。因此，比较好的做法就是休会，因为这时双方都需要找时间进行思索，休会可以使双方有机会冷静下来，或者每一方的谈判成员之间需要停下来，客观地分析形势、统一认识、商量对策。

谈判的一方把休会作为一种积极的策略加以利用，可以达到以下目的，见表5-8。

表 5-8　休会的目的

目的一	仔细考虑争议的问题，构思重要的问题。可进一步对市场形势进行研究，以证实自己原来观点的正确性，思考新的论点
目的二	召集各自谈判小组成员，集思广益，商量具体的解决办法，探索变通途径
目的三	检查原定的策略及战术
目的四	研究讨论可能的让步
目的五	决定如何对付对手的要求
目的六	分析价格、规格、时间与条件的变动
目的七	阻止对手提出尴尬的问题
目的八	缓解体力不支或情绪紧张
目的九	应付谈判出现的新情况
目的十	缓和谈判一方的不满情绪

谈判的任何一方都可以把休会作为一种战术性拖延的手段，如走出房间，打个电话之类的。当你回到谈判桌边时，你可以说，你原来说过要在某一特殊问题上让步是不可能的，但是你的上级现在指示你可以有一种途径，这样让对方感到你改变观点是合理的。但是，在休会之前，务必向对方重申一下己方的提议，引起对方的注意，使对方在头脑冷静下来以后，利用休会的时间去认真地思考。休会期间双方应集中考虑的问题：贸易洽谈的议题取得了哪些进展？还有哪些方面有待深谈？双方态度有何变化？己方是否调整一下策略？下一步谈些什么？己方有什么新建议？自己一方提出的交易方案，对方是否可以承受？对方态度强硬的真实意图是什么？我方准备提出哪些新的方案？

休会一般先由一方提出，只有经过双方同意，这种策略才发挥作用。要想取得对方同意，首先，提建议的一方应把握时机，看准对方态度的变化，讲清休会时间。如果对方也有休会要求，很显然会一拍即合。其次，要清楚并委婉地讲清需要。一般来说，参加谈判的各位人员都是有修养的，如东道主提出休会，客人出于礼貌，很少拒绝。第三是提出休会建议后，不要再提出其他新问题来谈，先把眼前的问题解决了再说。

休会后，双方再按预定的时间、地点坐在一起时，会对原来的观点提出新的、修正的看法。这时，僵局就会较容易打破。休会的策略一般在下述 5 种情况下采用，见表 5-9。

表 5-9　可采用休会策略的情况

情况一	当谈判出现低潮时。人们的精力往往呈周期性变化，经过较长时间的谈判后，谈判人员就会精神涣散、工作效率低下，这时最好提议休会，以便养精蓄锐，以利再战
情况二	在会谈出现新情况时。谈判中难免出现新的或意外的情况和问题，使谈判局势无法控制。这时可建议休息几分钟，以研究新情况，调整谈判策略
情况三	当谈判出现僵局时。在谈判双方进行激烈交锋时，往往会出现各持己见、互不相让的局面，使谈判陷入僵局。这时，比较明智的做法是休会，让双方冷静下来，客观地分析形势，及时地调整策略。等重开谈判时，会谈气氛就会焕然一新，谈判就可能顺利进行
情况四	当谈判出现一方不满时。有时谈判进展缓慢、效率很低、拖拖拉拉，谈判一方对此不满。这时，可提出休会，经过短暂休整后，重新谈判，可改善谈判气氛
情况五	当谈判进入某一阶段的尾声时。这时双方可借休会之机，分析研究这一阶段所取得的成果，展望下一阶段谈判的发展趋势，谋划下一阶段进程，提出新的对策

反过来，如果谈判的一方遇到对方采用休会缓解策略，而自己一方不想休会时，可以采用以下 3 种方法进行破解，见表 5-10。

表 5-10　破解休会策略的方法

方法一	当对方因谈判时间拖得过长、精力不济要求休会时，应设法留住对方或劝对方再多谈一会儿，或再谈论一个问题，因为到此时对手精力不济就容易出差错，意志薄弱者容易妥协，所以延长时间就是胜利
方法二	当己方提出关键性问题，对方措手不及、不知如何应付、情绪紧张时，应拖着其继续谈下去，对其有关休会的暗示、提示佯作不知
方法三	当己方处于强有力的地位，正在使用极端情绪化的手段去激怒对手，摧毁其抵抗力，对手已显得难以承受时，对对手的休会提议可故意不理，直至对方让步，同意己方要求为止

2．转移议题

转移议题不失为打破僵局的一个有效方法。有时谈判之所以出现僵局，是因为双方僵持在某个问题上。这时，可以把这个问题避开，就其他条款进行磋商。一是可以争取时间先进行其他问题的谈判，避免长时间的争辩耽误宝贵的时间；二是当其他议题经过谈判达成一致之后，对有分歧的问题会产生正面影响，再回过头来谈陷入僵局的议题时，气氛会有所好转，思路会变得开阔，问题的解决便会比以前容易得多。例如，双方在价格条款上互不相让，僵持不下，可以把这一问题暂时抛在一边，洽谈交货日期、付款方式、运输、保险等条款。如果在这些问题处理上，双方都比较满意，就可能坚定了解决问题的信心。如果一方特别满意，很可能对价格条款做出适当让步。

【案例 5-18】

日本松下公司的前任总裁松下幸之助是个极具智慧的商人，在他的领导下，松下公司日渐强大，成为世界上著名的电器生产企业。一次，松下幸之助去欧洲与当地一家公司谈判。由于对方是当地一个非常有名的企业，不免有些傲慢。双方为了维护各自的利益，谁都不肯做出让步。以致于谈到激烈处，双方大声争吵，甚至拍案跺脚，气氛异常紧张，尤其是对方更是毫不客气，松下幸之助无奈，只好提出暂时中止谈判，等吃完午饭后再进行协商。

经过一中午的休整，松下幸之助仔细思考了上午双方的对决，认为这样硬碰硬地与对方干，自己并不一定能得到好果子吃，相反可能谈不成这笔买卖。于是他开始考虑换一种谈判方式。而对方仅着自己具有"天时、地利、人和"的优势，丝毫不愿做出让步，打定主意要狠狠地杀一下松下幸之助的威风。

谈判重新开始，松下首先发言。而对方个个表情严肃，一副志在必得的样子。松下并没有谈买卖上的事，而是说起了科学与人类的关系。他说："刚才我利用中午休息的时间，去了一趟科技馆，在那里我看到了矩子模型，并且深受感动。人类的钻研精神真是值得赞叹。目前人类已经有了许多了不起的科研成果，据说阿波罗 11 号火箭又要飞向月球了。人类的智慧和科学事业能够发展到这样的水平，这实在应该归功于伟大的人类。"对方以为松下是在闲聊天，偏离了谈判的主题，也就慢慢地缓和了紧张的面部表情。松下继续说："然而，人与人之间的关系并没有如科学事业那样取得长足的进步。人们之间总是怀着一种不信任感，他们在相互憎恨、吵架。在世界各地，类似战争和暴乱那样的恶性事件频繁地发生在大街上。人群熙来攘往，看起来似乎是一片和平景象。其实，人们的内心深处却仍相互进行着丑恶的争斗。"

他稍微停了一会，而对方越来越多的人被他的话吸引，开始集中精神听他谈话。接着，他说："那么，人与人之间的关系为什么不能发展得更文明一些、更进步一些呢？我认为人们之间应该具有一种信任感，不应一味地指责对方的缺点和过失，而是应持一种相互谅解的态度，一定要携起手来，为人类的共同事业而奋斗。科学事业的飞速发展与人类精神文明的落后，很可能导致更大的不幸事件发生。人们也许用自己制造的原子弹相互残杀，日本在第二次世界大战期间已经蒙受了原子弹所造成的巨大灾难。"

此时，人们的注意力已经完全被松下所吸引，会场一片沉默，人们都陷入了深深的思索之中。随后，松下逐渐将话题转入到谈判的主题上，谈判气氛与上午完全不同，谈判双方成了为人类共同事业而合作的亲密伙伴。最终欧洲的这家公司接受了松下公司的条件，双方很快就达成了协议。

【分析提示】 为了缓和上午的气氛，松下巧妙地使用了转移话题的方法，先是谈人类的科学事业，再由此谈人与人之间的关系的冷漠，引发会场所有人的深思和共鸣。然后逐渐将话题转入正题，此时不但谈判气氛得到缓解，而且松下关于人与人之间关系的谈话也发挥了作用，对方不再坚持那么强硬的态度，而是本着合作的态度，愉快地签订了合作协议。这就是巧妙转移话题的重要性。通常在双方争执不下的时候，适时地转移话题可以缓解紧张气氛。而且如果你所说话题能够引起对方的共鸣，还会为下面的谈判带来意想不到的效果。

3．尊重客观，关注利益

应正确认识谈判中的僵局，分析引起僵局的根源，判断双方的分歧是属于想象的分歧、人为的分歧还是真正的分歧。若是属于真正的分歧，则应当分析分歧的原因，然后采取灵活的具有针对性的措施予以解决。谈判双方首先要克服主观偏见，从尊重客观的角度看问题，关注企业的整体利益和长远目标，而不要一味追求论辩的胜负。设法建立一项客观的准则——让双方都认为是公平的，既不损害任何一方的面子，又易于实行的办事原则，这往往是一种一解百解的枢纽型策略。

即使争辩的是关键性问题，也要客观地评价双方的立场和条件，充分考虑对方的利益要求和实际情况，认真冷静地思索己方如何才能实现比较理想的目标。

例如，兄弟俩为分一个苹果吃而争吵，谁都想得到稍大的一半。于是做父亲的出来调停了：你们都别吵，我有个建议，你们中一个人切苹果，由另一个人先挑，这样分好吗？父亲提出了一个简单的程序性建议，兄弟俩就马上停止了争吵，而且变得相互谦让起来。

4．选择替代方案

谈判中一般存在多种可以满足双方利益的方案，而谈判人员经常简单地采用某一方案，而当这种方案不能为双方同时接受时，僵局就会形成。在谈判准备期间就应该准备出多种可供选择的方案。一旦一种方案遇到障碍，就可以提供其他的备用方案供对方选择，使"山重水复疑无路"的局面转变成"柳暗花明又一村"的好形势。谁能够创造性地提供可选择的方案，谁就能掌握谈判的主动权。当然这种替代方案要既能维护己方切身利益，又能兼顾对方的需求，才能使对方对替代方案感兴趣，进而从新的方案中寻找双方的共识。

5．有效退让

谈判者是为了自身的利益坐到一起来的，然而在实际谈判中，谈判人员往往把更多的注意力集中在各自所持的立场上，当双方的立场出现矛盾或对立时，僵局就不可避免了。

若把注意力集中于立场背后的利益，就可能给谈判带来新希望。以灵活的方式在某些方面采取退让的策略，去换取另外一些方面的得益，以挽回本来看来已经失败的谈判，达成双方都能接受的合同。

采取有效退让的方法打破僵局基于 3 点认识。

（1）在眼前利益上做一点牺牲，而换取长远利益；在局部利益上稍做让步，而保证整体利益。

（2）己方多站在对方的角度上看问题，消除偏见和误解，对己方一些要求过高的条件做出一些让步。

（3）这种主动退让姿态向对方传递了己方的合作诚意和尊重对方的宽容，这也促使对方在某些条件做出相应的让步。

6. 站在对方的角度看问题

设身处地从对方角度来观察问题，这是谈判双方实现有效沟通的重要方式。当我们多一些从对方角度来思考问题，或设法引导对方站到我方的立场上来思考问题，就能多一些彼此的理解。这对消除误解与分歧，找到更多的共同点，构筑双方都能接受的方案，有积极的推动作用。

换位思考是很有效的，一方面可以使自己保持心平气和，可以在谈判中以通情达理的口吻表达己方的观点；另一方面可以从对方的角度提出解决僵局的方案，这些方案有时确实是对方所忽视的，所以一旦提出，就很容易为对方所接受，使谈判顺利地进行下去。

7. 以硬碰硬，据理力争

当对方提出不合理条件，有意制造僵局，给己方施加压力时，特别是在一些原则问题上表现得蛮横无理时，要以坚决的态度据理力争。

首先要体现出己方的自信和尊严，不惧怕任何压力，追求平等合作的原则；其次要注意表达的技巧性，用绵里藏针、软中有硬的方法回击对方，使其自知没趣，主动退让。

例如，揭露对方制造僵局的用心，让对方自己放弃所要求的条件。有些谈判对手便会自动降低自己的要求，使谈判得以进行下去。也可以离开谈判桌，以显示自己的强硬立场。如果对方想与你谈成这笔生意，他们会再来找你。这时他们的要求会改变，谈判的主动权就掌握在你的手里。如果对方不来找你也不可惜，因为如果自己继续同对方谈判，只能使自己的利益降到最低点，这样，谈成还不如谈不成。

【案例 5-19】

中韩的一笔交易，很能说明这一问题。中方某公司向韩国某公司出口丁苯橡胶已一年，第二年，中方公司根据国际市场行情将价格从前一年的成交价每吨下调了 120 美元（前一年 1 200 美元/吨）。韩方感到可以接受，建议中方到韩国签约。

中方人员一行到了首尔该公司总部，双方谈了不到 20 分钟，韩方说："贵方价格仍太高，请贵方看看韩国的市场价，3 天以后再谈。"

在韩国市场的调查中，批发和零售价均高出中方公司的现报价 30%～40%。市场价虽呈降势，但中方公司的给价是目前世界市场最低的价。

中方人员致电告诉韩方人员："调查已结束，得到结论：我方来首尔前的报价低了，应涨回去年成交的价位，但为了老朋友的交情可以下调 20 美元，而不再是 120 美元。请贵方研究，有结果再通知我们，若我们不在饭店，则请留言。"

韩方人员接到电话一个小时后，即回电话约中方人员到其公司会谈。韩方认为，中方不应把过去的价再往上调。中方认为，这是韩方给的权力。我们按韩方要求进行了市场调查，结果应该涨价。韩方希望中方多少降些价，中方认为原报价已降到底。经过几回合的讨论，双方同意按中方来首尔前的报价成交。

【分析提示】遇到像这样对方明显理屈的情况，我们一定要据理力争。

任何其他替代性方案都将意味着无原则的妥协，因为这样做只会"助纣为虐"，增加对方日后的"胃口"，对自身来讲，却要承受难以弥补的损害。

同对方展开必要的斗争，让他们自知观点站不住脚，就可能使他们清醒地权衡得失，做出相应让步。

（资料来源：王景山，范银萍. 商务谈判[M]. 北京：北京理工大学出版社. 2007.）

8. 改变谈判环境

即使是做了很大努力，采取了许多办法、措施，谈判僵局还是难以打破，这时，可以考虑改变一下谈判环境。

谈判室是正式的工作场所，容易形成一种严肃而又紧张的气氛。当双方就某一问题发生争执，各持己见、互不相让，甚至话不投机、横眉冷对时，这种环境更容易使人产生一种压抑、沉闷的感觉。在这种情况下，我方可以建议暂时停止会谈，通过游玩、休息、私下接触，双方可以进一步增进了解，清除彼此间的隔阂，增进友谊，也可以不拘形式地就僵持的问题继续交换意见，寓严肃的讨论于轻松活泼、融洽愉快的气氛之中。这时，彼此间心情愉快，人也变得慷慨大方。谈判桌上争论了几个小时无法解决的问题，在这儿也许会迎刃而解。

9. 调整谈判人员

当谈判僵持的双方已产生对立情绪，并不可调和时，可考虑更换谈判人员，或者请地位较高的人出面，协商谈判问题。

双方谈判人员如果互相产生成见，特别是主要谈判人员，那么，会谈就很难继续进行下去。即使是改变谈判场所，或采取其他缓和措施，也难以从根本上解决问题。形成这种局面的主要原因，是在谈判中不能很好地区别对待人与问题，受一些传统观念或不同文化习惯的影响。

【案例 5-20】

据某资料介绍：美国一家公司与日本一家公司进行一次比较重要的贸易谈判，美国派出了自认为最精明的谈判小组，大都是 33 岁左右的年轻人，还有 1 名女性。但到日本后，却受到了冷遇，不仅总公司经理不肯出面，就连分部的负责人也不肯出面接待。在日本人看来，年轻人，尤其是女性，不适宜主持如此重要的会谈。结果，美方迫不得已撤换了这几名谈判人员，日本人才肯出面洽谈。

调整谈判人员必须注意两点：第一，换人要向对方做婉转的说明，使对方能够予以理解。第二，不要随便换人，即使出于迫不得已而换，事后也需要向替换下来的谈判人员做一番工作，不能挫伤他们的积极性。在有些情况下，如协议的大部分条款都已商定，却因一两个关键问题尚未解决而无法签订合同。这时，我方也可由地位较高的负责人出面谈判，表示对僵持问题的关心和重视。同时，这也向对方施加一定的心理压力，迫使对方放弃原先较高的要求，做出一些妥协，以利于协议的达成。

10. 利用调节人调停

当出现了比较严重的僵持局面时，彼此间的感情可能都受到了伤害。因此，即使一方提出缓和建议，另一方在感情上也难以接受。在这种情况下，最好寻找一个双方都能够接受的中间人作为调节人或仲裁人。

在这里，仲裁人或调节人可以起到以下的作用：提出符合实际的解决办法；出面邀请对立的双方继续会谈；刺激启发双方提出有创造性的建议；不带偏见地倾听和采纳双方的意见；综合双方观点，提出妥协的方案，促进交易达成。

调节人可以是公司内的人，也可以是公司外的人。最好的仲裁者往往是和谈判双方都没有直接关系的第三者，一般要具有丰富的社会经验、较高的社会地位、渊博的学识和公正的品格。总之，调节人的威望越高，越能获得双方的信任，越能缓和双方的矛盾，达成谅解。

11. 用语言鼓励对方打破僵局

谈判出现僵局时，可以用话语鼓励对方："看，许多问题都已解决了，现在就剩这一点了。如果不一并解决的话，那不就太可惜了吗？"这种说法，看似很平常，实际上却能鼓动人，发挥很大的作用。

对于牵涉多项讨论议题的谈判，更要注意打破存在的僵局。例如，在一场包含6项议题的谈判中，有4项是重要议题，其余两项是次要议题。现在假设4项重要议题中已有3项获得协议，只剩下一项重要议题和两项小问题了，那么，针对僵局，你可以这样告诉对方："4个难题已解决了3个了，剩下一个如果也能一并解决的话，其他的小问题就好办了，让我们再继续努力，好好讨论讨论唯一的难题吧！如果就这样放弃了，前面的工作就都白做了，大家都会觉得遗憾的！"听你这么说，对方多半会同意继续谈判，这样僵局就自然化解了。

叙述旧情，强调双方的共同点。就是通过回顾双方以往的合作历史，强调和突出共同点和合作的成果，以此来削弱彼此的对立情绪，以达到打破僵局的目的。

5.2.5 商务谈判僵局的利用和制造

在商务谈判过程中，当僵局出现的时候，所形成的压力或许会使谈判另一方的信心产生动摇，从而为己方争取更有利的交易条件。因此，作为一个成熟的谈判者，可以利用僵局为己方的谈判服务。

1. 利用僵局

谈判者在谈判过程中利用谈判僵局，主要有两种原因。

1）改变已有的谈判形势，提高己方在谈判中的地位

这是那些处于不利地位的谈判者利用僵局的动机。由于谈判各方实力对比的差异，弱势一方在整个谈判过程中处于不利地位，他们没有力量与对方抗衡，为了提高自己的谈判地位，便采用制造僵局来拖延时间，以便利用时间来达到自己的谈判目标。

2）争取有利的谈判条件

这是那些处于平等地位的谈判者利用僵局的动机。有些谈判要求，仅在势均力敌的情况下是无法达到的，为了取得更有利的谈判条件，谈判者便谋求利用僵局的办法来提高己方的地位，使对方在僵局的压力下不断地降低其期望值。当自己的地位提高且对方的期望值降低以后，最后再采用折中的方式结束谈判，以便使自己得到更有利的条件。

2. 制造僵局

1）制造僵局的基本要求

谈判者制造僵局的基本做法是向对方提出较高的要求，并迫使对方全面接受自己的条件。

但要注意的是，这一高要求绝不能高不可攀，因为要求太高，对方会认为这是没有谈判诚意而退出谈判。因此，目标的高度应以略高于对方所能接受的最不利条件为宜，以便最终通过自己的让步仍然以较高的目标取得谈判成功。同时，对自己要求的条件，要提出充分的理由说明其合理性，以促使对方接受自己提出的要求。

2）制造僵局的注意事项

（1）制造僵局之前，应考虑自己是否有顺利地打破僵局的能力。如果无法运用自己能够控制的措施打破僵局，则不应有意识地制造僵局。

（2）能够从对方行为中找到某些僵局形成的原因。

（3）确保僵局的形成不是因为对对方的人身攻击。

（4）在制造僵局之前，谈判代表应确信能够得到己方高层领导的支持。在得不到高层领导支持的情况下，谈判者制造僵局是十分危险的。

【案例5-21】

美国汽车界名人李·艾柯卡（Lee Iacocca）在接受管理濒临绝境的克莱斯勒公司后，感到必须压低工人的工资。他首先将自己的年薪从36万美元减到10万美元，又降低了高级职员的工资。

随后，他对工会领导说："把工人的工资从一小时20美元降到17美元"，工会并没有答应艾柯卡的条件，双方竟僵持了1年。

一天晚上10点钟，艾柯卡找到了工会谈判委员会，对他们说："明天早晨以前，你们非做出决定不可。如果你们不帮我的忙，我也要让你们不好受。明天上午我就可以宣布公司破产。你们还可以考虑8小时。怎么办好，你们看着办吧！"

最后，工会答应了艾柯卡的要求。

3）制造僵局的策略——情绪爆发策略

情绪爆发策略是指在谈判过程中，当双方在某一个问题上相持不下时，对方的态度、行为欠妥或者要求不太合理时，突然之间情绪爆发，大发脾气，严厉斥责对方无理，有意制造僵局，作为逼迫对方让步的手段，从而使对方被迫让步的谈判策略。

人们总是希望在一个和平、没有紧张对立的环境中工作和生活。当人们突然面临激烈的冲突时，在冲突的巨大压力下，往往惊慌失措，不知该如何是好。在大多数情况下，人们会选择退却，以逃避冲突和压力。人们的上述特点常常在谈判中被利用，便产生了所谓的情绪爆发策略。

在谈判过程中，情绪的爆发有两种：一种是情不自禁的爆发，另一种是有目的的爆发。前者一般是因为在谈判过程中，一方的态度和行为引起了另一方的反感，或者一方提出的谈判条件过于苛刻而引起的，是一种自然的、真实的情绪发作。后者则是谈判人员为了达到自己的谈判目的而有意识地进行的情绪发作，准确地说，这是情绪表演，是一种谈判的策略。这里说的情绪爆发是指后者。

（1）情绪爆发策略的运用。

在谈判过程中，当双方在某一个问题上相持不下时，或者对方的态度、行为欠妥或者要求不太合理时，我们可以抓住这一时机，突然之间情绪爆发，大发脾气，严厉斥责对方无理，没有谈判的诚意，有意制造僵局。情绪爆发的烈度应该视当时的谈判环境和气氛而定。但不管怎样，烈度应该保持在较高水平上，甚至拂袖而去，这样才能震撼对方，产生足够的威慑作用和影响。在一般情况下，如果对方不是谈判经验丰富的行家，在这突然而来的激烈冲突和巨大压力下，往往会手足无措，动摇自己的信心和立场，甚至怀疑和检讨自己是否做得太过分，而重新调整和确定自己的谈判方针和目标，做某些让步。

（2）情绪爆发策略的要点。

在运用"情绪爆发"这一策略迫使对方让步时，必须把握住时机和态度。

无由而发会被对方一眼看穿；烈度过小，起不到震撼、威慑对方的作用；烈度过大，或者让对方感到小题大做，失去真实感，或者使谈判陷入破裂而无法修复。

（3）情绪爆发策略的对策。

当对方在利用情绪爆发来向本方进攻时，本方最好的应付办法如下。

一是泰然处之，冷静处理。尽量避免与对方进行情绪上的争执；同时，把话题尽量地引回到实际的问题上，一方面要表示充分地了解他的观点，另一方面又要耐心解释不能接受其要求的理由。

二是宣布暂时休会，给对方冷静平息的时间，让对方自己平息下来，然后再指出对方行为的无礼，重新进行实质性问题的谈判。

5.2.6 处理谈判僵局应注意的问题

1. 根据当时当地的谈判背景与形势运用策略

在具体谈判中，最终采用何种策略应该由谈判人员根据当时的谈判背景与形势来决定。某种策略可以有效地运用于不同的谈判僵局之中，但一种策略在某次僵局突破中运用成功，并不意味着在其他同样类型的谈判僵局也适用。只要僵局构成因素稍有差异，包括谈判人员的组成不同，各种策略的使用效果都有可能是迥然不同的。关键还在于谈判人员的素质、谈判能力和本方的谈判实力，以及实际谈判中个人及小组的力量发挥情况如何等。只有那些应变能力强、谈判实力强，又知道灵活运用各种策略与技巧的谈判者才能够成功对付、处理所有的谈判僵局，从而实现谈判目标。

2. 辩证地思考问题

对于谈判的任何一方而言，坐在谈判桌前的目的是为成功达成协议，而绝没有抱着失败的目的前来谈判的。谈判中，达到谈判目的的途径往往是多种多样的，谈判结果所体现的利益也是多方面的。当谈判双方对某一方面的利益分配僵持不下时，往往容易轻易地使谈判破裂。其实，这实在是一种不明智的举动。因为之所以会出现这种结果，原因就在于没有掌握辩证地思考问题的方法。如果是一个成熟的谈判者，这时他应该明智地考虑在某些问题上稍做让步，而在另一些方面去争取更好的条件。从经济的角度来讲，这种做法比起匆匆而散的做法要划算得多。

3. 注重打破僵局的科学性与艺术性

商务谈判僵局处理成功与否，从根本上来讲，要取谈判人员的经验、直觉、应变能力等综合素质。从这种意义上讲，僵局突破是谈判的科学性与艺术性结合的产物。在分析、研究及策略的制定方面，谈判的科学成分大一些；而在具体运用上，谈判的艺术成分大一些。

【技能训练 5-2】

处 理 僵 局

训练背景：A 学院准备建立两个学生计算机机房，需要购置清华同方台式电脑 100 台，欲向 B 电脑有限公司购买。在谈判过程中，B 电脑有限公司对 A 学院的支付能力和资信有所怀疑；A 学院也对对方的技术、服务能力以及资本实力不满意，双方存在隔膜。

训练要求：将全班学生分成若干谈判小组，分别代表 A 学院和 B 电脑有限公司进行模拟谈判，直到双方消除隔膜为止。

5.3 掌握让步的技巧

案例导入中，由于双方有约 1 年的合作经历，彼此已经较为了解。家具厂知道中东客商确实有实力，是很大的客户，愿意长期、稳定地合作。中东客商对家具厂提供的产品、服务也都满意。基于双方以前的良好合作及彼此互相信任，为了促成谈判，打破僵局，家具厂和中东客商都做出了一定的让步。请思考以下问题：让步的意义是什么？让步要注意什么问题？要根据什么原则进行让步？采用什么样的让步方式比较合适？让步的策略有哪些？

谈判本身是一个讨价还价的过程，也是一个理智取舍过程。如果没有舍，也就不能取，一个高明的谈判者应该知道在什么时候抓住利益，在什么时候放弃利益。不要什么都想得到，否则可能什么都得不到。只有有得有失，才能使谈判达成协议。让步是一种必然的、普遍的现象，是达成协议不得不采取的措施。正因为如此，让步的技巧、策略才显得十分重要。

在商务谈判中坚持自己的主张、意见固然重要，但适度、适时的妥协也是极其必要的。在某些场合，妥协甚至是谈判获得成功的最关键环节。有谈判专家认为，妥协与让步是谈判哲学、智慧和艺术的综合体现，善于妥协是一个谈判者成熟的标志之一。从某种意义上说，妥协是一处创造性的工作。当然，并不是什么都可以妥协，在原则问题上是不允许退让半步的。但是，在非原则问题上，如果你能找到可以退让的地方，并在适当的时机运用自如，就说明你的谈判准备得比较充分。通常，一个对谈判环境心中有数且知己知彼的谈判者更容易找到妥协点。因此，学会如何妥协让步，是学习商务谈判的人员必须掌握的基本技能。

让步（Concession）是指谈判双方向对方妥协，退让己方的理想目标，降低己方的利益要求，向双方期望目标靠拢的谈判过程。让步的实质是谈判者对己方利益的一种割让，是为了达成一致的协议而必须做出的选择。

让步本身是一种策略，它体现了谈判者用主动满足对方需要的方式来换取自己需要得到满足的精神实质。如何把让步作为谈判中的一种基本技巧和手段加以运用，这是让步策略的基本意义。

5.3.1 让步的基本原则

让步涉及买卖双方的切身利益，不可随意进行。让步可能取得正面效果，即通过适当的让步赢得谈判的成功；也可能取得负面效果，即做出了某种牺牲，却为对方创造了更为有利的条件。让步的基本原则是以小换大,为了达到这一目的,要事先充分准备在哪些问题上与对方讨价还价、在哪些方面可以做出让步、让步的幅度有多少等。

1. 目标价值最大化原则

应当承认,商务谈判中很多情况下目标并非是单一的,在谈判中处理这些多重目标的过程中不可避免地存在目标冲突现象,谈判的过程事实上是寻求双方目标价值最大化的过程。但这种目标价值的最大化并不是所有目标价值的最大化,如果是这样的话,就违背了商务谈判中的平等公正原则,因此在处理不同价值目标时避免不了要使用让步策略。不可否认,在实际过程中,不同目标之间的冲突是时常发生的,但是在不同目标中的重要价值及紧迫程度却是不同的,所以在处理这类矛盾时所要掌握的原则就需要在目标之间依照重要性和紧迫性建立优先顺序,优先解决重要及紧迫目标,在条件允许的情况下适当争取其他目标。其中首要的让步策略就是保护重要目标价值的最大化,如关键环节——价格、付款方式等。成功的商务谈判者在解决这类矛盾时所采取的思维顺序如下。

(1) 评估目标冲突的重要性,分析自己所处的环境和位置,判断在不牺牲任何目标的前提下冲突是否可以解决。

(2) 如果在冲突中必须有所选择的情况下,区分主目标和次目标,以保证整体利益最大化,但同时也应注意目标不要太多,以免顾此失彼,甚至自相矛盾,留给谈判对手可乘之机。

2. 刚性原则

在谈判中,谈判双方在寻求自己目标价值最大化的同时也对自己最大的让步价值有所准备。也就是说,谈判中可以使用的让步资源是有限的,所以,让步策略的使用是具有刚性的,其运用的力度只能是先小后大,一旦让步力度下降或减小则以往的让步也失去意义。同时,谈判对手对于让步的体会具有"抗药性",一种方式的让步使用几次就失去效果,而且谈判对手的某些需求是无止境的。在刚性原则中必须注意到以下几点。

(1) 谈判对手的需求是有一定限度的,也是有一定层次差别的,让步策略的运用也必须是有限的、有层次差别的。

(2) 让步策略运用的效果是有限的,每一次的让步只能在谈判的一定时期内起作用,是针对特定阶段、特定人物、特定事件起作用的,所以不要期望满足对手的所有意愿,对于重要问题的让步必须给予严格的控制。

(3) 时刻对让步资源的投入与所期望效果的产出进行对比分析,必须做到让步价值的投入小于所产生的积极效益。在使用让步资源时一定要有一个所获利润的测算,你需要投入多大比例来保证所期望的回报。并不是投入越多回报越多,而是寻求一个二者之间的最佳组合。

3. 时机原则

所谓时机原则就是在适当的时机和场合做出适当的让步,使谈判让步的作用发挥到最大,所起到的作用最佳。

虽然让步的正确时机和不正确时机说起来容易,但在谈判的实际过程中,时机是非常难以把握的,常常存在以下种种问题。

(1) 时机难以判定。例如,认为谈判的对方提出要求时,让步的时机就到了,而事实往往并非如此。

(2) 对于让步的随意性导致时机把握不准确。在商务谈判中,谈判者仅仅根据自己的喜好、兴趣、成见、性情等因素使用让步策略，而不顾及所处的场合、谈判的进展情况及发展方向等，不遵从让步策略的原则、方式和方法。这种随意性导致让步价值缺失、让步原则消失，进而促使对方的胃口越来越大，使己方在谈判中丧失主动权，导致谈判失败。所以在使用让步策略时千万不得随意而为之。

【特别提示】

让步的时机影响谈判的效果。让步要在刀口上，并恰到好处。如果让步过早，会使对方以为是"顺带"得到的小让步，这将会使对方得寸进尺；如果让步过晚，除非让步的价值非常大，否则将失去应有的作用。一般而言，主要的让步应在成交期之前；次要的、象征性的让步可放在最后时刻，作为"最后的甜头"。

4．清晰原则

清晰原则即让步的标准、让步的对象、让步的理由、让步的具体内容及实施细节应当准确明了，避免因为让步而导致新的问题和矛盾。常见的问题如下。

（1）让步的标准不明确，使对方感觉自己的期望与你的让步意图错位，甚至感觉你没有在问题上让步而是含糊其辞。

（2）方式、内容不清晰。在谈判中你所做的每一次让步必须是对方所能明确感受到的，即让步的方式、内容必须准确、有力度，对方能够明确感觉到你所做出的让步，从而激发对方的反应。

5．弥补原则

如果迫不得已，己方再不做出让步就有可能使谈判夭折的情况下，也必须把握住"此失彼补"这一原则。即这一方面己方给了对方优惠，但在另一方面必须加倍地、至少均等地获取回报。当然，在谈判时，如果发觉此问题己方若是让步可以换取彼处更大的好处时，也应毫不犹豫地让步，以保持全盘的优势。

【特别提示】

在商务谈判中，为了达成协议，让步是必要的。但是，让步不是轻率的行动，必须慎重。成功的让步策略可以起到以局部小利益的牺牲来换取整体利益的作用，甚至在有些时候可以达到"四两拨千斤"的效果。

5.3.2 让步的技巧

让步并不是纯粹地无条件地让利给对方，而是为了争取以后阶段的更大利益，但必须做到让步幅度要递减，次数要少，速度要慢。

1．让步要三思而后行

在谈判开始之前就应对整个谈判过程有一个详细周密的计划，包括让步方案。例如，哪些问题可以主动让步；哪些问题绝对不能让步；哪些问题可以被动做出让步，让多少，分几次让步，对谁做出让步等一系列具体的计划。

在未完全了解对方的所有要求以前，不要轻易做任何让步。盲目让步会影响双方的实力对比，让对方占有某种优势。要明确让步的条件，局部利益要服从整体利益，在重要的关键性问题上要力争使对方先做出让步。

2. 选择一个好的让步对象至关重要

例如，对方有 3 位代表，己方对前两位都未做出让步，而只对第三位女士做出了让步，此时在对方谈判者之间由于面子问题而造成内部矛盾和不团结。这位女士会想：你只给我让步，一来是给我面子，以后我也会给你面子；二来我的谈判能力也得到了体现。从而这位女士会对我方产生好感。这意味着接下去的谈判中己方可以基本上将该女士忽略不计，只要集中对付前两位即可，从而在对方内部找到了半个同盟。此时该女士是最希望结束谈判的人，这对己方是很有利的。因为己方对该女士的让步而使对方获得了更多利益，这似乎完全是她的功劳，她会想办法使谈判继续下去，否则一旦谈判破裂，就什么功劳也没有了。所以在接下来的谈判中，当己方与对方前两位谈判者发生矛盾时，该女士往往会出来打圆场，从而很好地限制了对方进一步讨价还价的余地。

3. 让步一定要让对方先表明要求

有些细节、次要的问题己方可以先表示诚意，主动做出适当的让步，但对于重大的、关键的问题要事先有所估计，千万不要临时仓促决定，以免临时决策由于考虑不周而失大利。切忌一次性的巨大让步，否则，容易把对方的胃口吊大，从而使己方处于极其被动的不利境地。

4. 让步要有轻重缓急

让步是一种有分寸的行为，不可"眉毛胡子一把抓"。有经验的谈判人员，为了争取主动，保留余地，不要在原则的问题、重大问题上让步，要选择在在次要利益上让步，注意不要首先在对方尚未迫切要求的事项上让步。

5. 不要做交换式的让步

让步并不需要双方配合，以大换小、以旧换新的做法是不可取的。做出适当的让步幅度，但不要承诺做出和对方同等幅度的让步。如对方提出这种要求，可以己方无法负担作为借口。

6. 不要让对方轻易从你手中获得让步的许诺

没有得到某个交换条件，永远不要轻易让步。不要免费让步，或是未经重大讨论就让步。谈判中双方"交换"让步是一种习惯的行为，但应注意，"交换"让步不能停留在愿望上，要保证"交换"的实现。一方在让步后，应等待和争取对方让步，在对方的让步前，绝对不要再让步。如果你得不到一顿晚餐，就得到一个三明治。如果你得不到一个三明治，就得到一个许诺，即使许诺是打了折扣的让步。

【特别提示】

不要不敢说"不"。大多数人都不敢说"不"，只要你重复说，对方就会相信你说的是真的，要坚持立场。人们往往不珍惜轻易得到的东西，必须让对方懂得，己方每次做出的让步都是重大的让步。即使做出的让步对己方损失不大，是微小的让步，也要使对方觉得让步来之不易，从而珍惜得到的让步。

7. 如果做出的让步欠周密，要及早收回，不要犹豫

让步的目标要明确，让步后要检验效果。让步之后如觉得不妥，可以寻找合理的理由推倒重来。不要不好意思收回已做出的让步，最后的握手成交才是谈判的结束。但要尽可能避免失误，收回让步。从法律的角度来看，是允许的，但从信誉角度看，则对自己不利。值得注意的是，收回让步时一定要坦诚承认，及时收回，不可拖延，以免造成更大的失误。

8. 要严格控制让步的次数、频率、幅度和节奏

一般认为，让步次数不宜过多，过多不仅意味着利益损失大，而且影响谈判的信誉、诚意和效率；频率也不可过快，过快容易鼓舞对方的斗志和士气；幅度更不可过大，过大可能会使对方感到己方报价的"虚头"大，会使对方的进攻欲望更强，程度更猛烈。

9. 让步的目标必须反复明确

让步不是目的，而是实现目标的手段，任何偏离目标的让步都是一种浪费。让步要定量化，每次让步后，都要明确让步已到何种程度、是否获得了预想的效果。

10. 留出让步的谈判空间

留出谈判空间其实是为了在谈判过程中更好地运用妥协手段，在做出让步之前一定要给自己最基本的利益需求寻找更充分的回旋余地。

【案例 5-22】

在从上海飞往广州的一架民航班机上，广播里忽然传出这样的声音：本机着陆时间将要推迟 1 个小时。尽管广播里空姐的声音柔和而动听，乘客们却实在不愿意听到这个消息，但是没有办法，他们不得不做好在飞机上多坐一个小时的思想准备。于是乘客们一边抱怨，一边找出报纸和杂志来看。然而过了不久，空姐又在悠扬的背景音乐中向乘客们宣布：飞机晚点的时间将缩短半个小时。听到这个消息，所有的乘客们都十分高兴，并且大大地松了一口气。又过了 10 分钟，乘客们又听到了空姐柔和动听的声音：各位乘客请注意，各位乘客请注意，告诉大家一个好消息，由于机场地勤人员的努力，本机即可着陆……听到这个消息以后，乘客们个个喜出望外，他们感到自己真是幸运极了。

【分析提示】在以上案例中，这架班机其实是晚点了，但是乘客表现出来的却是满意和庆幸，飞机晚点的事实已经被大家放在了一边。尽管这架班机始终只是实事求是地向乘客报告最真实的情况，但是如果把蕴涵在这个案例当中的战略战术提炼出来，那就可以总结出一条十分重要的谈判方式，即预先留出更大的谈判空间。

缺少经验的谈判人员常常在谈判过程中表现得过于"诚恳"，一坐到谈判桌前就把自己的最低目标要求或者接近最低目标的要求提出来。这种做法实际上是没有留出谈判空间的表现，这么做的结果只能是堵住了自己的退路，让自己在以后的谈判过程中无法采取有效的妥协战术。

事先不给自己留下充分回旋余地的做法是一种缺乏开放性思维的表现，而这种表现的直接后果就是使自己在商务谈判过程中处于被动地位。这一类型的谈判者最大的失误就是根本就没有按合同所能达到的最有利的情形去考虑、去提要求，他们的目标就是完成预算，或是只要比他们的替代方案稍好一点就可以了。

11. 附加价值不应轻易放弃

努力寻找附加价值，以及尽最大可能地创造更多的附加价值是商务谈判活动的主要目标之一，因为附加价值的创造实际上就是最大目标价值的实现。

在进行商务谈判活动时，谈判者应该尽可能地寻找附加价值，然后再采取最有效的妥协手段赢得附加价值，最终实现商务谈判的最根本目的。

5.3.3 让步的实施步骤

1. 让步前的选择

由于每个让步都要牺牲自己的部分利益，而给对方带来某种好处，怎样才能以最小的让步换取谈判的成功是谈判者研究的重要内容。美国谈判专家嘉洛斯（Color Matrix）总结自己的经验，把让步的选择分为4个方面：让步时间的选择、让步对象的选择、让步方法的选择、让步来源的选择。

1）让步时间的选择

让步的时间与谈判的顺利进行程度有关。只要能满足对方的要求，促使谈判的顺利进行，什么时间都可以。在这里，选择时间的关键是让对方马上就能接受，而没有犹豫不决的余地。因此，尽快让步和拖延让步时间都是可行的。但从总体来说，只要谈判的时间允许，适当拖延让步时间是有利的。

2）让步对象的选择

让步的对象即让步的受益人。对方参与谈判的人员虽然是代表一个单位参加的，但内部利益上却存在差别。一般说来，让步的受益人有4种类型。

（1）对方公司。那些关于价格的让步多数是给对方公司的让步。

（2）对方公司的某个部门。例如，公司中的某个工厂、某个事业部等。当谈判的履约与不同的部门有关时，让步的对象就可能是不同的部门。

（3）某个第三者。当谈判的成交与某个第三者有关时，该第三者就成为自己的让步对象。

（4）谈判者本人。例如，给谈判对方免费出国考察的机会或各种好处费，都是以谈判者本人作为让步的受益人。至于自己在让步中选择谁作为让步对象，主要取决于所选让步对象对谈判结果的作用，即要选择那些自己用较少的让步可以换取对方较多让步或自己的较少让步就能促使谈判成功的受益人作为让步对象。

3）让步方法的选择

由于让步的内容可以使对方满足或者增加对方的满足程度，因而可以采用不同的方法让给对方。可以在谈判桌上做出让步，也可以在谈判桌下做出让步；让步的内容可以与本次谈判的议题有关，也可以与本次谈判的议题无关；让步可以由谈判者做出，也可以由与谈判无关的其他人做出。可见，让步可以是直接的，也可以是间接的。究竟是采用直接的让步还是间接的让步，要在总体上有利才行。

4）让步的来源选择

让步的来源是指自己在谈判中做出让步的费用由谁来承担。同让步的受益人一样，承担让步成本者也有4种类型，即谈判者所代表的公司、本公司中的某个部门、某个第三者和谈判者本人。让步费用的承担是与谈判利益的所得密切相关的，谁获得谈判的利益，谁就应该承担让步的费用。

2. 让步的实施步骤

明智的让步是一种非常有力的谈判工具。让步的基本哲理是"以小换大"。谈判人员必须以局部利益换取整体利益作为让步的出发点，所以，把握让步的实施步骤是必不可少的。

（1）确定谈判的整体利益。该步骤在准备阶段就应完成，谈判人员可从两方面确定整体利益：一是确定此次谈判对谈判各方的重要程度，可以说，谈判对哪一方的重要程度越高，那么，这一方在谈判中受到的牵制越多，讨价还价的余地相对没有另一方大。二是确定己方可接受的最低条件，也就是己方能做出的最大限度的让步。

（2）确定让步的方式。不同的让步方式可传递不同的信息，产生不同效果。在实际的商务谈判中，由于交易的性质不同，让步没有固定的模式，通常表现为多种让步方式的组合，并且这种组合还要在谈判过程中依具体情况不断进行调整。

（3）选择让步的时机。让步的时机与谈判的顺利进行有着密切的关系，根据当时的需要，我方既可先于对方让步，也可后于对方让步，甚至双方同时做出让步。让步选择的关键在于应使己方的小让步给对方造成大满足的感受。

（4）衡量让步的结果。它可以通过衡量己方在让步后具体的利益得失与己方在做出让步后所取得的谈判地位，以及讨价还价力量的变化来进行。

5.3.4 让步的方式

让步的具体方式多种多样，在实际运用时，要根据对方的反应灵活掌握，切忌一成不变地固守一种模式。

在商务谈判中，人们总结了几种常见的让步方式，由于每种方式传递的信息不同，对不同的对象也需要采取不同的方式。一般来说，让步方式的选择取决于谈判对手的经验、双方的议价能力、准备采取何种让步策略、让步方期待对手做出何种反应、最终达到何种效果。下面我们从"A 公司与 B 公司在谈判过程中，在 3 个回合中预计让步 100 单位"来看看让步的各种方式，见表 5-11。

表 5-11 让步的方式

让步方式	一步到位	递减	递增	均等让步	此消彼长	最后让步
第一回合	100	50	15	33	80	0
第二回合	0	35	35	33	−20	0
第三回合	0	15	50	33	40	100

1. 一步到位式让步（100/0/0）

一步到位式让步，也称"最先让步"，是指谈判另一方还价后，报价方一次性接受对方的还价，俗称"一步到位"或"一口价"，这种方式比较简洁，适用于双方议价能力差距比较悬殊的谈判双方。这种让步方式较为少见，但是很多时候可以节省许多你来我往的中间环节，是谈判较弱的一方为尽快争取到较强一方的合作机会的最佳方式。

这种让步方式的优点：谈判者一开始就向对方亮出底牌，有诱惑力，让出自己的全部可让利益，率先做出让步榜样，给对方一种信任感。因而比较容易打动对方采取回报行为，同时也会留给对手爽快、易合作的好印象，利于长期合作。

这种让步方式的缺点：一次性做大让步，让步方完全失去主动和尽可能多地为自己争取利益的机会，往往在成交前还会被迫让出一点额外的利益。同时也会给对方造成还有利润可以争取的错觉，从而会进一步还价以寻求心理平衡。

这种让步方式适用于以下情形：己方不占优势或处于劣势，关系友好的客户。但该方式除非万不得已，应该谨慎使用。

2. 递减式让步（50/35/15）

递减式让步是指在谈判过程中，先给予对方较大的让步，吸引住对方，然后在与对方还价差距不大时进行详细磋商，从而达成交易的方式。这种方式体现了卖方的诚意，显示卖方立场越来越坚定，有利守底线。这种让步方式的特点：让步的幅度由大到小，但差距不大。先大说明自己有谈判诚意，后小使对方感到争取让步越来越困难，从而逐步降低对方的期望值，促其尽快成交。

这种让步方式的优点：先以较大的让步吸引对方继续谈判，保住交易机会，进而在较小的差异内进行磋商，无论如何会使得成交的机会保持最大化。

这种让步方式的缺点：由多到少，易使对方失望。而且在第一次做出较大让步后，留给己方的回旋余地也就越来越小，己方不得不为成交而让出大部分自己应得的利益。

3. 递增式让步（15/35/50）

与递减式让步相反，递增式让步是指先试探性地做出较小的让步，随着谈判过程深入，在最终面临成交前再让出较大的利益，从而获得成交。

这种让步方式的优点：让步幅度越来越大，符合人的一个心理特征，让对方感觉有成就感，有吸引力，有诱惑力，如果在一开始能稳住对方的话，能让对方按我方思路走。

这种让步方式的缺点：可能在谈判开始时就因双方差距太大而错失商机。

递减式让步与递增式让步两种让步方式各有利弊，关键在于让步的"度"与"点"的把握，即在何时以多大幅度进行让步，选择何种方式完全取决于谈判者对市场和产品的充分了解，以及谈判双方实力与谈判能力。

4. 等额型让步（33/33/33）

等额型让步是把让步总额平均分割，在不断讨价还价中均衡让步。

这种让步方式的优点：让步平稳、持久，不让买主轻易占便宜，双方利益均沾下达成协议，遇性急或时间紧迫的买主时，可削弱对方的还价能力。

这种让步方式的缺点：由于每次给对方相同的满足，速度、幅度平稳，给人平淡无奇之感，效率低、成本高，导致对方期待更大利益，鼓励对手继续期待的一种让步。因而会使对方变得贪得无厌，提出多次要求，耐心等待你的让步。这样，便把谈判长期拖下去。

5. "此消彼长"式让步

"此消彼长"式让步是指在面对对方多个品种或多个条件的还价时，在某个产品上做出巨大的让步，有时可能以稍微亏本作为代价，而在另外的品种上减少让步幅度，最终达到平衡，或者是在此让步过程中，虽然满足对方的要求，但是同时提出另外的附加条件。例如，改变付款方式，要求对方提高订购数量等，以确保自己在整个交易过程中获得自己应得的利益。表面上可能做出了一些牺牲，但实质上仍然获得了自己期望的利润。

这种让步方式的优点：是一种高明的让步技巧，为挽回交易而使用的一种好办法。在轻微涨价后又做出让步，会使买方喜出望外而感到特别珍贵。

这种让步方式的缺点：一旦接受了对方的还价，再要求更改的机会就非常小了。

这种让步方式必须建立在双方的诚信及精确成本核算的基础上，否则便会使己方造成损失。

6. 最后让步（0/0/100）

最后让步是指一开始态度强硬，坚持寸步不让的态度，到了最后时刻一次让步到位，满足对方的需求，促成交易。

这种让步方式的优点：起始阶段坚持不让步，向对方传递己方坚定的信念，如果谈判对手缺乏毅力和耐心，就可能被征服。这种让步方式往往会使对方有"占了大便宜"、"喜出望外"的感觉，从而为下次的合作打下良好的基础。

这种让步方式的缺点：在开始阶段一再坚持寸步不让的策略，具有较大的风险性。会让对方产生缺乏诚意的错觉，影响谈判。

这种让步方式适用于有诚意、有实力的、潜在的长期合作伙伴，充分利用对方的"歉疚"心理，尽管眼前做出较大的牺牲和让步，但是为今后的合作打下良好的基础，并由此可能建立长期而稳定的合作关系。

5.3.5 让步策略

1. 己方的让步策略

磋商中的每一次让步，不但是为了满足己方要求，同时也要充分考虑对方的要求。谈判双方在不同利益问题上相互做出让步，以达成谈判的最终目的。任何让步策略都是以促使对方也做出让步或接受谈判条件、推进谈判为目的的。

1）互惠互利的让步策略

互惠互利的让步策略是指一方在做出让步的同时，期望对方有所补偿，做出相对让步，从而实现双赢。

一方在做出让步后，能否获得对方的让步，很大程度上取决于商谈的方式。这里所说的商谈方式通常有两种：一种是所谓的"横向谈判"，即采取横向铺开的方法，所有存在分歧的议题同时讨论、同时展开，利用此消彼长的方法最终达成共识；另一种是所谓的"纵向谈判"，即先集中某个问题，然后各个击破。采用纵向商谈时，双方往往会在某个议题上争执不下，经过多轮洽谈后，往往会出现单方面的让步，而横向谈判则是将各个议题联系在一起，双方可以在各议题上进行利益交换，最终达成互惠互利式让步。

争取互惠互利式让步，谈判者需要有开阔的思路和视野。除了某些己方必须得到的关键利益外，不要太固执于某个问题的让步，而应统观全局、分清利害关系、避重就轻、灵活地使一方的利益在其他方面得到补偿。

有的时候一方利益的让步可能会带来其他方面的潜在收获，谈判人员必须将"互惠互利"的基本思想放在首位，才能在谈判过程中充分考虑双方的利益，从而促成双方真诚的长期合作。一味追求单方面获利的交易一定不能长久。

为了能顺利地争取对方互惠互利的让步，商务谈判人员可采取如下技巧。

（1）当己方谈判人员做出让步时，应向对方表明，做出这个让步是与公司政策或公司主管的指示相悖的。因此，己方只同意这样一个让步，即贵方也必须在某个问题上有所回报，这样我们回去也好有个交代。

（2）把己方的让步与对方的让步直接联系起来，表明己方可以做出这次让步，只要在己方要求对方让步的问题上能达成一致，一切就不存在问题了。

比较而言，前一种言之有理，言中有情，易获得成功；后一种则直来直去，比较生硬。

【案例 5-23】

日本国内红豆歉收，日本一家公司急需从中国进口一批红豆。而中国有相当多的库存，但有相当一部分是去年的存货，我国希望先出售旧货，而日方则希望全是新货。双方就此展开谈判。

谈判开始后，日方首先大诉其苦，诉说自己面临的种种困难，希望得到中方的帮助。

"我们很同情你们面临的现状，我们是近邻，我们也很想帮助你们，那么请问你们需要订购多少呢？"

"我们是肯定要订购的，但不知道你方货物的情况怎么样，所以想先听听你们的介绍。"

我方开诚布公的介绍了我方红豆的情况：新货库存不足，陈货偏多。价格上新货要高一些，因此希望日方购买去年的存货。但是，虽经再三说明，日方仍然坚持全部购买新货，谈判陷入僵局。

第二天，双方再次回到谈判桌前。日方首先拿出一份最新的官方报纸，指着上面的一篇报道说："你们的报纸报道今年的红豆获得了大丰收，所以，不存在供应量的问题，我们仍然坚持昨天的观点。"

但中方不慌不忙地指出："尽管今年红豆丰收，但是我们国内需求量很大，政府对于红豆的出口量是有一定限制的。你们可以不买陈货，但是如果等到所有旧的库存在我们国内市场上卖完，而新的又不足以供应时，你再想买就晚了。建议你方再考虑考虑。"日方沉思良久，仍然拿不定主意。为避免再次陷入僵局，中方建议道："这样吧，我们在供应你们旧货的同时，供应一部分新货，你们看怎么样？"日方再三考虑，也想不出更好的解决办法，终于同意进一部分旧货。但是，究竟订货量为多少？新旧货物的比例如何确定？谈判继续进行。

日方本来最初的订货量计划为 2 000 吨，但称订货量为 3 000 吨，并要求新货量为 2 000 吨。中方听后连连摇头："3 000 吨我们可以保证，但是其中 2 000 吨新货是不可能的，我们至多只能给 800 吨。"日方认为 800 吨太少，希望能再多供应一些。中方诚恳地说："考虑到你们的订货量较大，才答应供应 800 吨，否则，连 800 吨都是不可能的，我方已尽力而为了。"

"既然你们不能增加新货量，那我们要求将订货量降为 2 000 吨，因为那么多的旧货我们回去也无法交代。中方表示不同意。谈判再次中断。

过了两天，日方又来了，他们没有找到更合适的供应商，而且时间也不允许他们再继续拖下去。这次，日方主动要求把自己的总订货量提高到 2 200 吨，其中 800 吨新货保持不变。

中方的答复是：刚好有一位客户订购了一批红豆，其中包括 200 吨新货（实际那位客户只买走 100 吨）。这下，日方沉不住气了，抱怨中方不守信用，中方据理力争："这之前，我们并没有签订任何协议，你本人也并未要求我们替你保留。"日方自知理亏，也就不再说什么，然后借口出去一下，实际是往总部打电话。回来后，一副很沮丧样子，他对中方说："如果这件事办不好，那么回去后我将被降职、降薪，这将使我很难堪，希望能考虑我的难处。"

考虑到将来可能还有合作的机会，况且刚才所说的卖掉 200 吨也是谎称，何不拿剩下的 100 吨做个人情。于是中方很宽容地说："我们做生意都不容易，这样吧，我再想办法帮你弄到 100 吨新货。"

日方一听喜出望外，连连感谢。最后，双方愉快地在合同上签了字。

【分析提示】 谈判的过程是双方或多方坐在一起进行相应利益的商谈，是希望能够达成一个双方或多方均有利的协议。事实上也不存在谈判结果仅仅有利于某一方的情况。最初我方根据实际情况希望日方购买旧货红豆，但日方拒绝，为了使谈判进行，进而获得此次交易，我方做出一定的让步：同意提供部分新货。日方也作出相应让步，同意按我方提议购买（即新货，旧货同时购买），并提出 3 000 吨的总购货量，其中有 2 000 吨的新货。我方只同意提供 800 吨新货。在第二次谈判中，对方迫于形式的压力，作出让步，同意 800 吨新货，并提出总购货量 2 200 吨。我方告诉日方已售出 200 吨新货，不能满足 800 吨新货要求。对方开始表达不满，我方随即答应再找 100 吨弥补，做出让步。从这过程可看出双方的让步都是谨慎而小心，每次让步对于对方来说都不是轻易得到的。通过这种互惠互利的让步过程使双方得到各自的利益。

（资料来源：http://www.docin.com/p-174894229.html.）

2）"拖住客户"的让步策略

所谓"拖住客户"的让步策略，是指在眼前的交易中暂时做出让步，以争取在今后的交易中弥补损失或者为能够维护长期的合作关系而做出的让步。这种让步策略又可以分为以下两种：一种是实质性让步，另一种是非实质性让步。

所谓的实质性让步是指在谈判过程中做出实质利益的让步，其目的是为了争取今后的长期合作，即俗话说的"先亏后赚"，这种让步是实实在在的。例如，有时买方的还价可能已经低于或接近卖方的成本价格，但为了维持今后的合作关系，买方可能暂时做出一些让步。另一种非实质性让步是谈判一方的一种让步计谋，尽管做出让步，但是更多的目的是拖住客户，使得客户今后不得不继续与其合作。这种情况特别容易出现在交易后，即质量索赔的过程中。

【案例 5-24】

某商场订购了某电视机厂一批电视机，收货后，发现部分电视出现了破损，只得降价销售，同时向供应商提出索赔。电视机厂承认是自己的包装质量存在问题，双方谈妥索赔金额后，商场即要求供应方以现金的形式赔偿，被供应方拒绝，只同意在下次的订货中扣除赔偿。虽经多方交涉，仍然无法达成协议，商场只得又向该供应商订了一批货，并在支付货款时才会将上笔索赔款扣除。表面上看，电视机厂做出巨大的赔偿让步，但实际上其不仅保住客户，并且部分赔偿可以在该次交易的利润中冲抵。

3）予远利谋近惠的让步策略

在商务谈判中，参加谈判的各方均持有不同的愿望和需要，有的对未来很乐观，有的则很悲观；有的希望马上达成交易，有的却希望能够等上一段时间。因此，谈判者自然也就表现为对谈判的两种满足形式，即对现实谈判交易的满足和对未来交易的满足。而对未来的满足程度完全凭借谈判人员自己的感觉。

对于有些谈判人员来说，可以通过给予其期待的满足或未来的满足而避免给予其现实的满足，即为了避免现实的让步而给予对方以远利。例如，当对方在谈判中要求己方在某一问题上做出让步时，己方可以强调保持与己方的业务关系将能给对方带来长期的利益，而本次交易对是否能够成功地建立和发展双方之间的这种长期业务关系是至关重要的，向对方说明远利和近利之间的利害关系。对己方来讲，采取予远利谋近惠的让步策略，并未付出什么现实的东西，却获得近惠，何乐而不为！

🔍 **【案例 5-25】**

中国 A 公司和美国 B 公司之间所进行的合作谈判，从 20 世纪 80 年代初期开始，1982 年双方在北京签订了为期 20 年的合资协议。A、B 公司作为这一谈判的成功结晶，成为美国和中国最早成立的技术转让合资企业之一。而且更值得一提的是，它是首家涉及高技术转让的美中合资企业。

应该说，这场谈判从一开始，双方实力与地位的差距是悬殊的。美国 B 公司创建很早，它已成为各方面领先的全球供应商，销售额超过 5 亿美元，业务范围涉及全球 10 多个国家，是一家规模巨大的跨国公司。而 20 世纪 80 年代初期的中国，刚刚走上改革开放的道路，市场机制还很不健全，在高新技术领域尚处在落后状态。而且，由于这一谈判涉及极为敏感的高技术转让，美国出口管理部门严格限制 B 公司向中国转让的产品和技术的种类。因此，对于中方谈判者来说，谈判对手的实力是强大的，谈判中所存在的阻力与障碍又将使谈判的进行困难重重，要想取得谈判的成功是非常不容易的。

为了将谈判一步步向成功的方向引导，中方谈判者在充分了解对手和分析对手需要的基础上，首先向美方抛出了第一个"香饵"：中国国家有关方面和美方进行初步接触并向美方发出邀请，请他们组成代表团到中国进行实地考察。在考察过程中，中方巧妙地利用各种方式向美方展示了在该领域的光辉前景。中方力求使美方确信，双方如果合作成功，将使 B 公司顺利占据这一世界上最后一个，同时也是最大一个尚未被开发的市场，而这一点则是 B 公司所迫切需要的。通过考察，他们已被这一诱人的"香饵"深深吸引。紧接着，中方谈判者又不失时机地抛出了第二个"香饵"：为了表示合作的诚意，中方为美方特意选择了一个最佳的合资伙伴——A 公司。这使美方既省去了进行选择的成本费用，又深感满意。随着谈判进入到实质性磋商阶段，中方谈判者又拿出了第三个"香饵"：合资公司将享受最优惠的税收减免待遇。正是这一系列"香饵"的作用，才使中方逐渐扭转谈判中期的被动局面，并把这一历史性的谈判一步步推向成功。付出了"香饵"，得到了"大鱼"：通过成立合资公司，中方获得了先进的技术——控制仪器生产技术。这使中国在高技术机械产品方面达到一个新的水平，从而缩短了赶超世界先进水平的时间。

【分析提示】 就问题的实质来看，谈判中的让步就是给对方一种利益需求上的满足，这种满足不外乎表现为两种形式，即现实的满足和未来的满足。可以通过给予其期待的满足或未来的满足而避免给予其现实的满足，即为了避免现实的让步而给予对方以远利。在本案例中，中方谈判代表巧妙地利用各种方式向美方展示了在该领域的光辉前景，并使对方确信将顺利地占据这一世界上最后一个，同时也是最大一个尚未被开发的市场。给予对方以非常美好的前景为"远利"，来谋求"近惠"——高技术的转让。

（资料来源：http://jpkc.hbue.edu.cn/xj/swtp/Course/Index.htm.）

4）"明让实不让"的让步策略

"明让实不让"的策略，也称"丝毫无损的让步策略"，是指在谈判过程中，当谈判一方就某个交换条件要求对方做出让步，其要求确实有理，而对方又愿意在这个问题上做出实质性让步时，可以采用的一种方法。这种让步是基于对对方要求的充分了解，从而利用普通的方法做出非实质性让步，从而使对方获得满足。

以案例导入为例，家具厂如不愿意在价格上做出让步，可采取以下做法。

家具厂首先认真地倾听对方的诉说，并向中东客商表示："我方充分地理解您的要求，也认为您的要求有一定的合理性，但就我方目前的条件而言，因受种种因素的限制，实在难以接受您的要求。我们保证在这个问题上我方给予其他客户的条件绝对不比给您的好。希望您能够谅解。" 另外，家具厂可以在以下几方面做出无损让步。

（1）向中东客商表示本公司将提供质量可靠的一流产品。
（2）将向中东客商提供比给予别家公司更加周到的售后服务。

(3)向中东客商保证给其待遇将是所有客户中最优惠的。

(4)交货时间上充分满足中东客商的要求。

如果不是什么大的问题,对方听了上述一番话以后,往往会自己放弃要求。这种让步通常适用于双方分歧较小的情况,可能通过交易的其他条件弥补具体让步造成的损失。交易谈判过程中,双方经常会出现较小的价格分歧,卖方会要求买方增加订货数量,从而通过扩大规模弥补在价格上做出让步的损失。这种让步策略的应用取决于交易双方的诚意及对让步条件的精确计算。

谈判是具有一定艺术性的。人们对自己争取某个事物的行为的评价并不完全取决于最终的行为结果,还取决于人们在争取过程中的感受,有时感受比结果还重要。这种让步更多的是给谈判双方带来心理上的满足,尽管谈判双方心知肚明,但仍然稳中有降、各取所需,从而促成交易,这种让步策略往往应用于谈判的最后阶段。在这里,己方认真倾听对方的意见,肯定其要求的合理性,满足了对方受人尊敬的要求;保证其条件待遇不低于其他客户,进一步强化了这种受人尊敬需求的效果,迎合了人们普遍存在互相攀比、横向比较的心理。

【知识链接】

莎士比亚(Shakespeare)曾经说过:"人们满意时,就会付出高价。"

以下的每个让步都会提高对方的满意程度,而己方又丝毫无损。

- 注意倾听对方所说的话。
- 尽量给他最圆满的解释,使他满意。
- 如果你说了某些话,就证明给他看。
- 即使是相同的理由,也要一再地说给他听。
- 对待他温和而有礼貌。
- 向他保证其他顾客的待遇都没有他好。
- 尽量重复指出这次交易将会提供给他完美的售后服务。
- 向他说明其他有能力及受尊敬的人也做了相同的选择。
- 让他亲自去调查某些事情。
- 如果可能,向他保证未来交易的优待。
- 让公司中高级主管亲自出马,使对方更满意、更有优越感。
- 让他了解商品的优点及市场的情况。

2. 迫使对方让步的策略

谈判中,既有进攻的策略,也有防守的策略,现在先来说说如何迫使对方让步的策略。所谓"最好的防守便是进攻",在商务谈判中,迫使对方让步也是达到最终谈判目的的手段之一。迫使对方让步的策略主要有以下几种。

1)利用竞争,坐收渔利策略

制造和创造竞争条件是谈判中迫使对方让步最有效的武器和策略,因为当谈判一方面临竞争对手的压力时,谈判实力就大为减弱。但是竞争条件的利用,必须基于对双方实力、市场状况的全面了解。否则,在一知半解的情况下,以竞争对手的条件来迫使对方让步,结果很可能会适得其反。

用于迫使对方让步的竞争对手可能是实实在在的,也有可能是谈判方制造出来的假象。无论何种情况,这种策略的核心是竞争对手必须与对方在同一水平线上,因为一旦透露给对方其竞争对手的细节甚至名称,对方肯定会迅速找出双方之间的差异进行反驳。如果竞争双方不在同一水平线上,则会被对方所不齿,因为在任何行业中,都会存在实力强弱、规模大小的差异,从而使得产品的市场定位、品牌的强弱都会不同。

因此,在利用竞争关系时,一定要以同样级别的制造商进行比较,或以同样的质量标准对产品进行比较。招标、拍卖的方式,就是利用人们竞争的心理,争取最好的交易条件,最佳的合作伙伴。这种方法是要使谈判对手感到竞争的威胁,让竞争者之间相互钩心斗角,降低交易条件,而谈判的另一方同时和几个对手谈判,分别向他们施加压力,从中可以轻而易举地获取有益的信息和最优惠的条件,坐收渔翁之利。

【案例 5-26】

美国有位谈判专家,想在家中建一个游泳池。谈判专家对游泳池的造价和建筑材料、质量方面是个外行。于是谈判专家先在报纸上登了要造游泳池的广告,结果有 3 位承包商来投标,并递交了投标书,里面有各项工程的设计及总费用。谈判专家仔细看了他们的投标书,发现他们所提供的水温设备、过滤网、抽水设备、设计和付款条件都不一样,总费用也有一些差距。于是谈判专家就约这 3 位承包商来他家里谈判。第一位约好在 9 点钟,第二位约在 9 点 15 分,第三位约在 9 点 30 分。第二天,这 3 位承包商如约而至,他们都没有得到谈判专家的马上接见,只得坐在客厅里彼此交谈着等候。

10 点钟的时候,谈判专家出来请第一个承包商 A 先生进到书房去商谈。A 先生一进门就说他的游泳池一向是造得最好的,好游泳池的设计标准和建造他都符合,顺便还告诉谈判专家,B 先生经常使用陈旧的过滤网,而 C 先生曾经丢下许多未完成的工程,并且他正处在破产的边缘。接着,谈判专家同 B 先生谈话,从他那里了解到其他人提供的水管都是塑料管,而他提供的才是真正的铜管。而 C 先生则告诉谈判专家,其他人所使用的过滤网都是品质低劣的,并且往往不能彻底做完,拿到钱之后就不管了,而他则是绝对保证质量。

谈判专家通过静静地倾听和旁敲侧击的提问,基本上弄清了游泳池的建筑要求及 3 位承包商的基本情况,结果发现 C 先生价格最低,而 B 先生的设计和建筑质量最好。最后他选中了 B 先生来建造游泳池,而只给 C 先生提供的价格。经过一番讨价还价,终于达成一致。

【分析提示】 谈判专家与承包商的谈判中,谈判专家使用了竞争方法,利用承包商之间的相互竞争,"坐山观虎斗",同时分别向他们施加压力,从而获取有益的信息和最优惠的条件,最终选取了最佳的合作伙伴。

(资料来源:王景山,范银萍. 商务谈判[M]. 北京:北京理工大学出版社. 2007.)

2)黑白脸策略

黑白脸策略又称"软硬兼施策略"、"好人坏人策略"、"鸽派鹰派策略"。

我们大都从电影里知道如何运用好人和坏人的策略。当嫌疑犯被捉到后,第一个审问他的人,用强烈的探照灯照着他,粗鲁地问他一些问题,甚至严刑逼供。然后这个冷酷的人走了,接着来了一个和气的人,他关掉探照灯,给嫌疑犯松绑,搬来凳子请嫌疑犯坐下,并给嫌疑犯点上一支烟,让他放松点。不久,这个嫌疑犯就会全部招供了,而好人和坏人的策略也就奏效了。

在商务谈判中也经常运用到该策略。通常的做法是,先由唱黑脸的人出场,他傲慢无理,苛刻无比,立场坚定,寸步不让,从气势上压倒对方,给对方心理造成错觉,迫使对方让或索性将对方激怒，诱其怒中失态。当谈判进入僵局状态时，白脸人出场，以亲切的话语，诚恳的态度予以安抚，从而缓和谈判气氛，提出"合情合理"的条件，使对方接受。甚至可能出现谈判一方内部出现"争执"的假象，以顾全对方的面子。其实这些做法都是为了迫使对手做出让步。

【特别提示】

　　黑白脸策略，往往用在对方极欲从谈判中获得协议或对手缺乏经验的场合中，如果是"可谈可不谈"，那么黑白脸策略便派不上用场。黑白脸策略以在对方的阵营中进行的谈判为佳。

【案例5-27】

　　有一回，传奇人物——亿万富翁休斯（Hughes）想购买大批飞机。他计划买回34架，而其中的11架，更是非到手不可。最初，休斯亲自出马与飞机制造商洽谈，但却怎么谈都谈不拢，最后这位大富翁勃然大怒，拂袖而去。不过，休斯仍旧不死心，便找了一位代理人，帮他出面继续谈判。休斯告诉代理人，只要能买到他最中意的那11架，他便满意了。而谈判的结果，这位代理人居然把34架飞机全部买到手了。休斯十分佩服代理人的本事，便问他是如何做到的。代理人回答到："很简单，每次谈判一陷入僵局，我便问他们——你们到底是希望和我谈呢？还是希望再请休斯本人出面来谈？"经我这么一问，对方只好乖乖说"算了，一切就照你的意思办吧！"

　　【分析提示】要使用"白脸"和"黑脸"战术，就需要有两名谈判者，两名谈判者不可以一同出席第一回合的谈判。两人一块儿出席的话，若是其中一人留给对方不良印象的话，必然会影响对方对另一人的观感，这对第二回合的谈判来说，是十分不利的。第一个谈判者只需要做到使对方产生"真不想再和这种人谈下去了"的反感便够了。不过，这样的战术，只能用在对方极欲从谈判中获得协议的场合中。当对方有意借着谈判寻求问题的解决时，是不会因对第一个谈判者的印象欠佳，而终止谈判的。所以，在谈判前，你必须先设法控制对方对谈判所抱的态度，那么"白脸"与"黑脸"战术才能派上用场。

　　（资料来源：杨雪青．商务谈判与推销[M]．北京：北京交通大学出版社．2009.）

　　3）"戴高帽"策略

　　"戴高帽"是指以切合实际有时甚至是不切实际的好话颂扬对方，使对方产生一种友善甚至是受到恩宠的好感，进而放松思想警戒，从而软化对方的谈判立场，使己方目标得以实现的做法。可以用来"戴高帽"的有对手公司的形象、规模和主谈人的个人能力、才干等。例如，抓住对方主谈人的年龄特征，如年老，则讲"老当益壮"、"久经沙场"；若年轻，则讲"年轻有为"、"反应灵活"、"精明强干"、"前途无量"。又如，当对方迟迟不肯答应己方要求时，己方不妨恭维对方几句："您一向是爽快之人，办事利索、干脆，又够朋友，我知道您是不会为难我们的。"这些话或许有不切题之处，但作为言者，目的是为了感化对方，促使对方让步。

【特别提示】

　　恭维必须恰到好处，不露声色，如果过了头，就成了一种赤裸的拍马屁的行为，不但起不到正面作用，而且会让对方觉得恶心，效果适得其反。

4）激将法策略

激将法是指在谈判中，故意用话语刺激对手，激发对方的某种情感。激将法有正面激励和反面激励之分。正面激励是指为了使对方接受自己的意见、主张，先用比喻、典故等生动的事例开场，从调动对方的情绪入手，让对方形成浓厚的兴趣，而后顺情释理，使对方最终接受本方主张。反面激励是当开导或说服无法使对方接受本方主张时，有意识地用反面的刺激性语言刺激对方的主谈人或其重要助手，使其感到仍坚持自己的观点和立场，会直接损害自己的形象、自尊心、荣誉，从而动摇或改变其态度和条件的做法。

在更多情况下，人们更常使用激将法里的反面激励。使用该策略时是以对手充分了解为前提，选择正确的激点。激点即对方最关注的方面。常见的有面子、权利、形象、名誉、社会影响等。例如，"我们认为你的话很有道理，你的谈判实在令我方钦佩，你的上司怎么不尊重你的意见呢？若换成他们来谈，其结果未必比你谈得好！""按你的权力，这是手到擒来的事。可是你的表现让我怀疑你手中的权力。""既然你有决定权，为何不立刻回答我方明明合理的要求，反倒要向上级请示呢？"

【特别提示】

使用此计时应注意：首先，要善于运用话题，而不是态度。既要让所说的话切中对方心理和个性，又要切合所追求的谈判目标；其次，话语应掌握分寸，此法最忌人身攻击，即不要用任何不当的语言对对手的身体缺陷或人品进行刺激，以防激怒对方并迁怒于己。

【案例5-28】

远东橡胶厂（甲方）曾进口一整套现代化胶鞋生产设备，但由于原料和技术设备跟不上，设备白白闲置了3年。后来，新任厂长决定把它转卖给外地的椰红橡胶厂（乙方）。谈判之前，甲方了解到两个重要信息：一是乙方经济实力雄厚，但基本已投入到再生产中，如果要马上拿出200万元购买设备困难很大；二是乙方厂长年轻志大，自负好强。对内情有所了解后，甲方厂长决定与乙方厂长直接谈判。

甲方厂长："经过这两天的交流与了解，我详细了解了贵厂的生产情况，你们的经营管理水平确实令我肃然起敬。厂长年轻有为，有胆识，有魄力，让我由衷佩服。可以断言贵厂在您的领导下，在不久的将来将成为中国橡胶行业的明星。"乙方厂长："兄台过奖了，作为一厂之长，我年轻无知，希望得到您的赐教。"甲方厂长："我向来不会奉承人，只会实事求是。贵厂今天办得好，我就说好；明天办得好不好我就说不好。昨天我的助理打来电话，说有个棘手的事情等着我，催我一两天内返回。关于咱们洽谈的进口设备转让问题，通过在贵厂转了一两天后，我的想法又有所改变了。""有何高见？""谈不上什么高见，只是担心挺大、疑问很多。第一，我怀疑贵厂是否真正有经济实力在一两天内拿出这么多资金；第二，我怀疑贵厂是否有管理和操作这套设备的技术力量。所以我并不像原先考虑那样，确信将设备转让给贵厂。"

乙方厂长听了这话，认为受到对方的轻视，十分不满，于是炫耀地向对方介绍了自己的经济力量和技术力量，表示完全有能力购买和管理这套设备。这样，乙方为了炫耀自身实力，迫于时间压力，就不好在价格上再计较了。为了显示乙方的大厂风度，乙方厂长答应了甲方200万元的报价，并当即签订了协议，双方握手共庆。甲方成功地将休养了3年的设备转卖给了乙方。

【分析提示】在甲方橡胶厂与乙方橡胶厂的谈判中，甲方厂长利用乙方厂长年轻气盛、讲面子、自尊心强的缺点，使用了激将法，促使对方迅速做出决定，谈判顺利结束，并获得更多利益。

（资料来源：王景山，范银萍. 商务谈判[M]. 北京：北京理工大学出版社. 2007.）

3. 阻止对方进攻策略

商务谈判中，让步是必需的，没有适当的让步，谈判就无法进行下去。但是任何让步都不是无限的，因为这会直接损害己方的利益。因此必须阻止对方的进攻。

1）先苦后甜策略

先苦后甜策略是利用谈判人员心理上的效应，先向对方提出较为苛刻的要求，然后在谈判过程中逐步退让，使对方得到本来就属于他的一部分东西，进而达到自己目的一种做法。例如，谈判人员想要对方再提高一点价格，就可以在价格、质量、包装、运输条件、交货期限、支付方式等一系列条款上提出十分苛刻的条件，对方可能无法接受你的条件，这就给对方较大的压力。然后在讨价还价的过程中，你再让对方明显地感到你在绝大多数的交易项目上都"忍痛"做了重大让步。这时，对方鉴于你的让步，在比较满意的情况下往往会同意提高一点价格。之所以如此，重要的一条，就是对方觉得虽然自己在价格上做了让步，但已经从别的交易条款上占了便宜。而事实上，这些"让步"是你本来就打算给予对方的。

但是，使用这一策略必须有一个前提条件，那就是谈判人员推销的产品比竞争对手的产品有绝对的优势，而且所提的条件不能漫无边际、太过苛刻，要"苦"得有分寸，而且所提的必须是对方不太了解的条件。否则，对方会认为你在欺骗他而因此不与你做交易，进而转向竞争对手，那就会造成太大的损失。

2）先斩后奏策略

先斩后奏策略也称为"人质策略"。这在商务谈判活动中可以解释为"先成交，后谈判"。即实力较弱的一方往往通过一些巧妙的方法使交易已经成为事实，然后在举行的谈判中迫使对方让步。

先斩后奏策略实质是让对方先付出代价，并以这些代价为"人质"，扭转本方实力弱的局面，让对方通过衡量已付出的代价和终止成交所受损失的程度，被动接受既成交易的事实。

当对手运用此策略时，己方需注意，要尽量避免"人质"落入他人之手，让对方没有"先斩"的机会。即使交易中必须先付定金或押金，也必须做好资情调查，并有在何种情况下可以退款的保证。可采取"以其人之道，还治其人之身"的做法，尽可能相应掌握对方的"人质"，一旦对方使用此计，则可针锋相对。

3）后发制人策略

后发制人策略就是在交锋中的前半部分时间里，任凭对方施展各种先声夺人的占先技巧，本方仅是专注地听和敷衍应对，集中精力从中寻找对方的破绽和弱点。然后在交锋的后期，集中力量对对方的破绽与弱点展开大举反攻，用防守反击的战术去获取决定性的胜利，运用这种策略可以取得后发优势。但若不能找到对方的明显破绽与弱点，或是反击不得力，本方就将处于被动局面。

此策略一般是在对方攻势强盛，或本方处于弱势的情形下使用。

运用此策略时，注意少说多听，倾听可以使你了解对方的看法，感受对方的情绪，听出对方的言外之意，从而使你听得更明白，也能使对方说得更详细更准确。在对方讲话时，尽量不要构思你的答辩，要从对方的立场去了解对方所说的东西，了解他们的看法、需求和顾虑，然后从正面的角度叙述对方的观点，表示出你已了解或理解对方。否则，就很难令对方接受己方的观点或解释。当然，了解或理解并非等于同意。不要急着说出你自己的观点。一般来说，最好能让对方说出他的观点，然后再有目的地发表你的意见。这样不但有针对性，而且更有可能让对方折服。抓住重点牢记在心，以便争论时能有的放矢，增强辩解的说服力。

4）资料不足策略

在商务谈判中，当对方要求就某一问题进一步解释，或要求己方让步时，己方可以用抱歉的口气告诉对方："实在对不起，有关这方面的谈判资料我方手头暂时没有（或者没有齐备；或者这属于公司的商业秘密或专利资料，概不透露），因此暂时还不能做出答复。"这就是利用资料限制因素阻止对方进攻的常用策略。对方在听过这番话后，自然会暂时放下该问题，因而阻止了对方咄咄逼人的进攻。

这些限制对己方是大有帮助的。有些能使己方有充分的时间去思考，能使己方更坚定自己的立场，甚至迫使对方不得不让步。有些则能使己方有机会想出更好的解决办法，或者更有能力和对方周旋。此策略最重要的是能够考验对方的决心，顾全自己的面子，同时也能使对方体面地做出让步。

5）不开先例策略

不开先例策略是指在谈判中以没有先例为由来拒绝对方的过高要求。在谈判中，拒绝是谈判人员不愿采用，但有时又不得不用的方式。因此，人们都十分重视研究掌握拒绝的技巧，最主要的就是怎样回绝对方而又不伤面子，不伤感情。

不开先例就是一个两全其美的好办法。在商务谈判中，当谈判一方提出一些过高要求时，另一方可以说"在公司过去从无此先例，如果此例一开，无法向上级和以往的交易伙伴交代"。或者说："对别的用户就没有信用，也不公平了，以后就难办了"等，以回绝对方的要求。

该策略是谈判者保护自己的利益，阻止对方的进攻的一道坚实的屏障。当然，既然不开先例是一种策略，该策略在对方提出要求过高，本方在既不想伤对方感情又必须回绝对方要求的情况下使用。采用这一策略时，必须要注意对所提的交易条件反复衡量，说明不开先例的理由。表述时态度要诚恳，并可伴之施用苦肉计。

6）最后通牒策略

谈判中常有"这是最后价格，我们再也不能让步了"这种说法。如果另一方相信这一点，就不会要求己方继续做价格让步，这笔生意就能成交；如果不相信，可能双方继续讨价还价，也可能就牺牲了这笔交易。

要使最后报价产生较好的效果，提出的时间和方式极为重要。如果双方处在剑拔弩张、各不相让，甚至是十分气愤的对峙情况下，提出最后报价，这很可能会被对方认为是一种威胁。为了自卫反击，他会干脆拒绝你的最后报价。比较好的方法是，当双方就价格问题不能达成一致时，如果报价一方看出对方有明显的达成协议的倾向，这时提出比较合适。让对方产生这样一种感觉："在这个问题上双方已耗费了较多时间，我方在原有出价的基础上最后一次报价。这是我们所能承受的最大限度了。"在提出最后报价时，尽量让对方感到这是己方所能接受的最合适的价格了，而且报价的口气一定要委婉诚恳，这样，对方才能较容易接受。运用这种策略要注意以下两点：第一，最后通牒应令对方无法拒绝，进退两难，想抽身为时已晚；（如对方为此次谈判已投入大量金钱时间和精力，退出实在可惜）第二，发出通牒的言辞要委婉，防止对方由于一时冲动铤而走险，一气之下退出谈判，对双方均不利。

一般来说，只有在以下 4 种情况下，才使用最后通牒策略，见表 5-12。

表 5-12 可使用最后通牒策略的情况

情况一	谈判者知道自己处于一个强有力的地位，特别是该交易对谈判对方来说，比己方更为重要；或者别的竞争者都不具备同等的条件，如果对方要使谈判继续进行并达成协议的话，对方只能找己方，这是运用这一策略的基本条件
情况二	谈判者已尝试过其他的方法，但都未取得什么效果。这时，采取最后通牒策略是迫使对方改变想法的唯一手段
情况三	当己方将条件降到最低限度时
情况四	当对方经过旷日持久的谈判，已无法再担负由于失去这笔交易所造成的损失而非达成协议不可时

7）坦率式让步策略

此种策略又称"亮底牌"策略。这种让步策略一般在本方处于劣势或双方关系较为友好的情况下使用。在谈判中，处于劣势的一方虽然实力较弱，但并不等于无所作为、任人宰割，可以采用各种手段积极进攻，扭转局面。在采用这种让步策略时，应当充分表现自己的积极坦率，以诚动人，用一开始就做出最大让步的方式感动对方，促使对方也做出积极地反应，拿出相应的诚意。在双方有过多次合作或者是关系比较友好的谈判中，双方更应以诚相待，维持友谊。所以，在这种情况下，当一方做出了一次性让步，袒露真诚后，对方一般不会无动于衷，也会做出积极的反应。

这种策略的优点：首先，由于谈判者一开始就向对方亮出底牌，让出自己的全部可让利益，率先做出让步榜样，给对方一种信任感，比较容易打动对方采取回报行为。其次，首先作出让步表示，使对方感到在谈判桌上有一种强烈的诱惑力，会给对方留下一个一步到位、坦诚相见的良好印象，有益于提高谈判效率、速战速决、降低谈判成本。

这种策略的缺点：由于让步比较坦率，有时不免显得有些操之过急，易使对方感到还有利可图，继续讨价还价。特别是遇到强硬而贪婪的对方，其在得到第一次让步后，可能会再次要价，争取更大的让步。这时，如果拒绝了对方的要求，由于对方先有成见，那么很容易出现僵局。另外，因为一次做出全部让利还有可能失掉本来可以争取到的利益，不利于在谈判桌上讨价还价。所以，谈判人员在使用这种让步策略时，一定要注意审时度势、趋利避害。

【特别提示】

谈判人员在使用这种让步策略时的语言特点：语气坚定，态度诚恳，表述明确，显示出坦率，通过语言表述使对方知道你是在尽最大限度地让步，而且只能让步一次，由于不留余地，所以已到极限。

8）挖灶增锅策略

《孙子兵法》有"增兵减灶"之计谋，意思是在增加兵力之后，故意减少做饭用的炉灶，以掩盖真实的兵力，达到迷惑敌人，出奇制胜的目的。在谈判中反其道而用之，为了增加费用，提高价格，增加讨价还价的筹码，同时还要在道理上讲得过去，故意多列名目，称之为"挖灶增锅"策略。虽然说法不同，但是二者目的是一致的，都是要通过虚假信息来迷惑对手。

"挖灶增锅"的效果在于，某个虚假条件被承认就意味着某个利益被承认。使用这种策略的关键是要有耐心，将报价单列得十分详细，大大小小的项目、方方面面的内容全都列入其中，长达几十页的资料中虚虚实实，查不胜查，防不胜防。这种方式比什么都不告诉对方效果要好。不过要注意，"灶"要尽量控制得合理，同时要尽量让对方难于查核。

【技能训练 5-3】

掌握让步的技巧

训练背景：A 学院准备建立两个学生计算机机房，需要购置清华同方台式电脑 100 台，欲向 B 电脑有限公司购买。在与 B 公司谈判的过程中，双方由于在产品价格和付款方式上发生争执，A 学院想让 B 公司价格降低 5%，并采用分期付款方式付款；而对方只愿意降低 1%，且必须一次付清款项。

训练要求：将参加实训的学生分成若干谈判小组，分别代表 A 学院和 B 公司进行模拟谈判，直到双方达成一个满意的协议。

内容要点

本任务对商务谈判磋商阶段的报价与讨价还价的相关知识进行了系统的介绍。详细论述了报价的定义、需要考虑的因素、报价的原则、报价的形式、报价的先后、报价的策略；介绍了商务谈判中的还价策略，就还价前的准备、还价的方式、还价的起点确定、还价技巧进行了详细的解释。

介绍了商务谈判中如何处理僵局的相关知识。就谈判陷入僵局的原因、僵局的利用、打破谈判僵局的处理原则、打破僵局的策略与技巧进行了详细的说明。

介绍了商务谈判中的让步与迫使对方让步的策略，就让步的原则、让步的步骤和方式、让步的策略、迫使对方让步的策略、阻止对方进攻的策略进行了详细的论述。

实务重点

报价、讨价还价；打破谈判僵局的策略与技巧；让步技巧，让步策略。

基本知识训练

一、选择题

1. 商务谈判中，你如何对待各方的分歧和矛盾？（   ）
    A．激怒对方，使他丧失理智　　　　B．坚持立场，毫不妥协
    C．变通策略，调和矛盾　　　　　　D．寻求共同利益，搁置分歧
2. 你认为商务谈判成功的标志是什么？（   ）
    A．不惜一切代价，争取己方最大的经济利益
    B．使对方一败涂地
    C．以最小的谈判成本，获得最大的经济利益
    D．既要实现最大的经济利益，也要实现良好的社会效益

3．"最后报价"战术的效果主要是（   ）。
   A．表明己方心态　　　B．发出最后通牒　　　C．要挟对方　　　D．促进最后成交
4．最后通牒中主要应把握的问题是（   ）。
   A．让步的时间和方式　　　　　　　　B．让步的方式和幅度
   C．让步的时间和幅度　　　　　　　　D．让步的幅度和频率
5．黑白脸策略又称（   ）。
   A．软硬兼施策略　　　　　　　　　　B．吹毛求疵策略
   C．虚张声势策略　　　　　　　　　　D．制造竞争策略
6．在国际商务谈判中，将最低价格列在价格表上，以求首先引起买主兴趣的是（   ）。
   A．西欧式谈判　　　B．日本式谈判　　　C．中国式谈判　　　D．东欧式谈判
7．谈判中，一方首先报价之后，另一方要求报价方改善报价的行为被称作（   ）。
   A．要价　　　　　　B．还价　　　　　　C．讨价　　　　　　D．议价
8．谈判中的讨价还价主要体现在（   ）上。
   A．叙　　　　　　　B．答　　　　　　　C．问　　　　　　　D．辩
9．谈判中最容易产生僵局的议题是（   ）。
   A．验收标准　　　　B．违约责任　　　　C．合同价格　　　　D．履约地点
10．从法律学角度来看，正式谈判中必须经过的程度有（   ）。
    A．发盘和还盘　　　B．发盘与接受　　　C．发盘与询盘　　　D．询盘与接受
11．按照国际惯例，谈判中应先报价的谈判方是（   ）。
    A．买方或卖方　　　　　　　　　　　B．买方或发起人
    C．卖方或发起人　　　　　　　　　　D．买方、卖方、或发起人
12．谈判中最为纷繁多变，也是经常发生破裂的阶段是谈判的（   ）。
    A．初期　　　　　　B．中期　　　　　　C．协议期　　　　　D．后期
13．下述谈判让步方式中，应尽力避免采取让步方式是（   ）。

让步方式	第一轮让步幅度	第二轮让步幅度	第三轮让步幅度	第四轮让步幅度
（1）	0	0	0	100
（2）	15	15	15	15
（3）	8	13	17	22
（4）	22	17	13	8

   A．（1）　　　　　　B．（2）　　　　　　C．（3）　　　　　　D．（4）
14．让步的基本规则是（   ）
    A．以诚换利　　　　B．求同存异　　　　C．予近谋远　　　　D．以小换大
15．谈判僵局是最难处理的谈判障碍，这是因为（   ）。
    A．僵局会形成巨大的压力，使人举棋不定
    B．僵局意味着谈判破裂
    C．僵局是矛盾冲突中最激烈的形式
    D．缓和僵局要某一方做出重大让步

二．判断题

1．让步的幅度太小，会让对方认为这不是最后的让步，仍步步紧逼。　　　　　　　　（   ）

2. 谈判僵局应随时处理，而不必选择所谓的最佳时机。（   ）
3. 当谈判僵局继续发展，双方均无有效解决方法时，就只有仲裁。（   ）
4. 谈判让步过程中，交换让步就是对等让步。（   ）
5. 谈判中的冲突是不可避免的。（   ）
6. 谈判中的报价应当坚定、明确、完整、且不加任何解释和说明。（   ）
7. 我们要了解处理谈判利益冲突的有效原则、同时也要善于借助客观标准，最终解决谈判利益冲突问题。（   ）
8. 在国际商务谈判中，有两种典型的报价战术，即西欧式报价和日本式报价。（   ）
9. 质量条款是产生僵局频率最高的谈判主题。（   ）
10. 首先开口说拒绝的时候千万不能说抱歉。在表达意见和感受的时候，一定要做真诚的处理，做有效的沟通。（   ）
11. 西欧式报价的一般做法是，将最低价格列在价格表上，以求首先引起买主的兴趣。（   ）
12. 己方让步之后对方未作出反应，为防止谈判僵局还可继续让步。（   ）
13. 报价时应向对方解释报价理由。（   ）
14. 商品的质量是商务谈判的核心。（   ）
15. 先斩后奏策略也称为"人质策略"。（   ）

三、简答题

1. 试述打破商务谈判僵局的方法。
2. 报价的先后各有哪些利弊？
3. 怎样才能使讨价还价朝着有利于自己的方向发展？

综合实训

一、案例分析

1. 世界上第一位女大使柯伦泰，几乎掌握欧洲11国语言，曾经被任命为苏联驻挪威全权贸易代表。有一次，她和挪威商人谈判购买挪威鲱鱼问题，挪威商人要价高，她出价低。挪威商人深谙贸易谈判的诀窍：卖方喊价高得出人意料，买方往往不得不水涨船高地调整出价，再和卖方讨价还价。柯伦泰懂得这一生意经，只肯以低价成交。她知道在谈判不致破裂的情况下，往往会有好的收获。她坚持出价要低，让步要慢的原则，取得了和商人讨价的余地。买卖双方在激烈的争辩中，都企图削弱对方的信心，使谈判陷入僵局。后来，柯伦泰说到："好吧，我同意你们的价格，如果我的政府不批准这个价格，我愿意用自己的工资来支付差额。但是这自然要分期支付，可能要支付一辈子。"听了这两句话，挪威商人一个个面面相觑，然后一致同意将鲱鱼的价格降到最低。

（资料来源：http://wenku.baidu.com.）

问题：女大使柯伦泰是采用什么策略让对方将鲱鱼的价格降到最低的？

2. 刘某要在出国定居前将私房出售，经过几次磋商，他终同一个外地到本城经商的张某达成意向：20万元，一次付清。

后来，张某看到了刘某不小心从皮包中落出来的护照等文件，他突然改变了态度，一会儿说房子的结构不理想，一会儿说他的计划还没有最后确定，总之，他不太想买房了，除非刘某愿意在价格上做大的让步。刘某不肯就范。双方相持不下。

当时，刘某的行期日益逼近，另寻买主已不大可能，刘某不动声色。当对方再一次上门试探时，刘某说："现在没有心思跟你讨价还价。过半年再说吧，如果那时你还想要我的房子，你再来找我。"说着还拿出了自己的飞机票让对方看。

张某沉不住气了，当场拿出他准备好的20万元现金。

其实，刘某也是最后一搏了，他做了最坏的准备，以15万元成交。

(资料来源：http://wenku.baidu.com/view/6961485e3b3567ec102d8a2b.html.)

问题：
（1）张某突然改变了态度是抓住刘某的什么心理？
（2）刘某取得谈判的胜利是采用的什么策略？

二．实训操作

1．实训目的

通过实训，加深对商务谈判磋商知识的理解，掌握报价、讨价还价、处理僵局、让步等基本原理、策略和技巧，提高运用相关的理论知识解决实际问题的能力。

2．实训组织和要求

将班级中的学生划分为若干项目小组，小组规模一般是3～5人，每小组选举小组长以协调小组的各项工作。请按照案例导入的"中东客商购买家具"案例进行角色扮演，一方扮演中东客商，另一方扮演广东家具厂。请根据谈判的要求设立主谈人、财务人员、技术人员，（可根据实际情况适当增加谈判人员），模拟商务谈判的磋商过程。

小组与小组之间进行相互点评，对上台进行角色扮演的小组提出其优缺点，指出其运用到哪些知识点。辅导教师提供必要的指导和建议，并针对共性问题在课堂上组织讨论和专门的讲解。

3．实训内容

1）制定谈判方案

收集整理报价、讨价还价、僵局、让步的信息，制定具体的谈判方案，必须包含谈判磋商各阶段的基本原理、策略和技巧。

2）模拟商务谈判的磋商过程进行角色扮演

模拟谈判时应注意角色的立场和出发点，并能灵活运用各种谈判技巧和策略。

任务 6

商务谈判沟通技巧

SHANGWU TANPAN GOUTONG JIQIAO

【任务目标】

知识目标
- 了解商务谈判语言表达及其运用条件、熟悉商务谈判语言表达的技巧
- 掌握陈述、提问、倾听、答复的技巧
- 掌握使用无声语言的方法

技能目标
- 具有运用有声语言和无声语言进行商务谈判的能力
- 具有针对不同谈判环境运用不同沟通技巧的能力

实训目标
- 通过对有声语言和无声语言的学习,学生能运用语言沟通的相关知识,具备分析影响商务谈判沟通的因素,选择合适的语言沟通方法,从而达成谈判的技能

【案例导入】

某电器公司的销售代表在一个富饶的荷兰移民地区的农庄进行产品推广时,频频碰壁,得出的结论是这里的居民一毛不拔,根本不想购买公司的任何产品;后一名谈判代表到当地实地考查,经过与当地居民的沟通,认真聆听他们的想法,最终使得公司的电器产品得以顺利推广。

【任务实施】

6.1 有声语言沟通

案例导入中,该电器公司的谈判代表要使商务谈判取得成功要考虑哪些影响因素,对这些影响因素进行分析,注意应从有声语言沟通技巧所体现的听、问、答、叙、辩、说服等方面进行相关资料的收集并分析。

商务谈判的过程,其实就是谈判各方运用各种语言进行沟通的过程,成功的商务谈判都是谈判双方出色运用语言沟通技巧的结果。

商务谈判的语言多种多样,从不同的角度或依照不同的标准可以把它分成不同的类型。同时,每种类型的语言都有各自运用的条件,在商务谈判中必须相机而定。通常依据语言的表达方式不同可归类为有声语言和无声语言。

有声语言是通过人的发音器官来表达的语言,一般理解为口头语言。这种语言是借人的听觉传递信息、交流思想的。

无声语言包括书面语言和体态语言。书面语言是指通过文字来表达思想、传达信息的语言。体态语言是指通过人的形体、姿态等非发音器官来表达的语言。一般理解为身体语言。这种语言是借助人的视觉传递信息、表示态度、交流思想等。

【知识链接】

语言按表达特征分为专业语言、法律语言、外交语言、文学语言、军事语言等。

(1)专业语言。它是指有关商务谈判业务内容的一些术语,不同的谈判业务,有不同的专业语言。例如,产品购销谈判中有供求市场价格、品质、包装、装运、保险等专业术语;在工程建筑谈判中有造价、工期、开工、竣工、交付使用等专业术语,这些专业语言具有简单明了、针对性强等特征。

(2)法律语言。它是指商务谈判业务所涉及的有关法律规定用语,不同的商务谈判业务要运用不同的法律语言。每种法律语言及其术语都有特定的含义,不能随意解释使用。法律语言具有规范性、强制性和通用性等特征。通过法律语言的运用可以明确谈判双方的权利、义务、责任等。

(3)外交语言。它是一种弹性较大的语言,其特征是模糊性、缓冲性和幽默性。在商务谈判中,适当运用外交语言既可满足对方自尊的需要,又可以避免失去礼节;既可以说明问题,还能为进退留有余地。但过分使用外交语言,会使对方感到缺乏合作诚意。

(4)文学语言。它是一种富有想像的语言,其特点是生动活泼、优雅诙谐、适用面宽。在商务谈判中恰如其分地运用文学语言,既可以生动明快地说明问题,又可以缓解谈判的紧张气氛。

(5)军事语言。它是一种带有命令性的语言,具有简洁自信、干脆利落等特征。在商务谈判中,适时运用军事语言可以起到坚定信心、稳住阵脚、加速谈判进程的作用。

当遇到出乎本方的意料，或者一下子吃不准而难以直接地具体明确地予以回答的问题时，应选择采用留有余地的弹性语言；当遇到某个己方占有优势、而双方又争执相持不下的问题时，可以选择采用威胁、劝诱性语言；当双方在某一问题上争执激烈、有形成僵局或导致谈判破裂的趋势时，不妨运用幽默诙谐性的语言；当涉及规定双方权利、责任、义务关系的问题时，则应选择专业性的交易语言。

案例导入中运用的正是有声语言，为使商务谈判取得成功，在谈判过程中必须充分考虑有声语言沟通所体现的如下各个方面技巧的运用。

6.1.1 倾听

倾听是人们交往活动的一项重要内容。据专家调查，人在醒着的时候，至少有三分之一的时间是花在听上，而在特定条件下，倾听所占据的时间会更多。谈判就是需要更多倾听的交际活动之一。"多听少说"是一个谈判者应具备的素质和修养。通过听，可以发掘材料，获得信息，了解对方的动机、意图并预测对方的行动意向。从某种意义上讲，"听"比"说"的重要性更大。

所谓"听"，不只是指"听"的动作本身，更重要的是指"听"的效果。听到、听清楚、听明白这三者的含义是不同的。听到是指外界的声音传入听者的耳朵里，被听者所感觉到；听清楚是指外界的声音准确无误地被传入到听者的耳朵，没有含糊不清的感觉；听明白是指对听到的内容能予以正确的理解。谈判中的有效倾听就是指要能够完整地、准确地、及时地理解对方讲话的内容和含义。

谈判中地倾听，不仅指运用耳朵这个器官去听，而且还应用眼睛去观察对方的表情、反应，用心去感觉谈判的气氛及对手的心情，用脑去分析对方所表述的含义，即在倾听中要做到"耳到、眼到、心到和脑到"。

【案例6-1】

曾经有个小国家的人到中国来，进贡了3个一模一样的金人。这可把皇帝高兴坏了。可是这小国家的人不厚道。他在进贡的同时给皇帝出了一道题目，问：这3个金人哪个最有价值？皇帝想了许多的办法，请来珠宝匠检查、称重量、看做工，可都是一模一样的，根本无法做出判断。怎么办呢？使者可还等着回去汇报答案呢。可别让人家笑话：这泱泱大国，不会连这个小事都不懂吧？

最后，有一个退位的老大臣说他有办法。于是，皇帝将使者请到大殿，老臣胸有成竹地拿着三根稻草。将一根稻草插入第一个金人的耳朵里，这稻草从另一边耳朵出来了。第二个金人的稻草从嘴巴里直接掉出来，而第三个金人，稻草进去后掉进了肚子，什么响动也没有。老臣说：第三个金人最有价值！使者默默无语，答案正确。

【分析提示】 三个小金人的故事常常用来喻义善听者是最有价值的人，因为稻草代表听的内容，第一个小金人左耳朵进右耳朵出，最没有价值，第二个小金人只要听了就会说出去，做事无原则，而第三个小金人，能听得进意见，并记在心里，做事有分寸。

在交际中的倾听可以分为积极和消极两种。在重要的交谈中，倾听者会聚精会神，调动知识、经验储备及感情等，使大脑处于紧张状态，这种与谈判者密切呼应的倾听，就是积极倾听。积极倾听既有对语言信息的反馈，也有对非语言信息，即表情、姿势等的反馈。对一般性质的谈话，倾听者会处于比较松弛的状态中，如闲聊、一般性介绍等。这时，人们都在一种随意状态中接受信息，这就是消极倾听。

一般地讲，积极倾听有助于我们更多地了解信息，启发思考。但在多数情况下，消极倾听也是一种必要的自我保护形式。人们由于生理上的限制，不可能在任何情况下都能做到全力以赴、全神贯注地倾听，人们的注意力集中的时间是有限度的，因此，消极倾听有助于人们放松神经，更好的恢复体力、精力。

1. 倾听的障碍

一般人在倾听中常见的问题有以下几种。

（1）急于发表自己的意见，常打断对方的讲话。好像不尽早反对，就表示了自己的妥协。

（2）当谈论的不是自己所感兴趣的事时，不注意去听。

（3）心中有先入为主的印象，如对某人的看法不佳。

（4）有意避免听取自己认为难以理解的话。

（5）一般人听人讲话及思考的速度大约是讲话速度的 4 倍，所以在听他人讲话时常会分心思考别的事情。

（6）容易受外界的干扰而不能仔细地去听。

（7）根据一个人的外表和说话的技巧来判断是否听他讲话。

（8）急于记住每件事情，反而忽略了重要的内容。

（9）当对方讲出几句自己所不乐意听的话，就拒绝再听下去。

（10）有的人喜欢定势思维，不论别人说什么，他都用自己的经验去联系，用自己的方式去理解。这种方式使人难以接受新的信息，不善于认真倾听别人说什么，而喜欢告诉别人自己的想法。当听对方讲话时，总是在思考如何回答，而不太注意听这个人后面所说的话。

【知识链接】

拉夫·尼可拉斯（Ralph Nicholas）是位专门研究如何"听"的大学问家。他发现，即使是积极地听对方讲话，听者也仅仅能记住不到 50%的讲话内容，而且其中只有 1/3 的讲话内容按原意听取了，1/3 被曲解的听取了，另外 1/3 则丝毫没有听进去。而且不同的人对于自己听取的 1/3 的理解也是不同的。一系列试验表明，"听"是存在听力障碍的。

2. 倾听的技巧

1）耐心地、专心致志地倾听

积极而又有效的倾听关键在于谈判双方在谈判过程中要有足够的耐心倾听对方的陈述，不随意打断对方的发言。在对方发言时，要精力集中，不能心不在焉，也不能思想"开小差"。一般来讲，人类听话及思索的速度要比说话的速度快 4 倍多，因此在倾听时，要把这些多余的时间放在围绕对方发言进行思考和使自己的注意力始终集中在对方发言的内容上。

2）主动地倾听

在谈判中积极有效的倾听不等于只听不说，主动地倾听，就是在听的过程中，不仅应当对对方已做出的陈述做某些肯定性的评价，以鼓励对方充分发表其对有关问题的看法，而且还要恰当地利用自己的提问，加深对对方有关表达的理解，引导谈判的方向。主动地倾听必须建立在专心致志地倾听的基础上，否则的话无从鉴别对方发出的信息哪些为真，哪些为假，哪些有用，哪些没用。

3）注意对方的说话方式

一个合格的谈判者应该是观察人的行家，有敏锐的洞察力。在谈判中，对方的措辞、表达方式、语气、语调，都能为己方提供线索，去发现对方一言一行背后隐藏的含义。这时，要克服先入为主的印象，否则会扭曲对方本意，从而导致己方判断不当，接受信息不真，以致选择行为失误。务必抱着实事求是的态度，从客观实际出发，合理客观地分析对方的言行。

4）给自己创造倾听的机会

一般人往往以为在谈判中，讲话多的一方占上风，最后一定会取得谈判的成功。其实不然，如果谈判中有一方说话滔滔不绝，垄断了大部分时间，那也就没有谈判可言了。因而应适当地给自己创造倾听的机会，尽量多给对方说话的机会。通常在简明地表达自己的意见以后，加上一句："我很想听听贵方的高见"或"请问您的意见如何？"从而把发言的机会让给对方。

总之，倾听不仅可以了解对方真实的需要，感知对方的心理状态，而且可以改善谈判双方的关系，促进谈判的进程和双方的合作。倾听是谈判语言的一个重要形式，也是谈判者必须具备的一个素养。

6.1.2 提问

商务谈判过程就是一个沟通过程，提问是谈判双方实现意见沟通的主要途径。因此，提问是商务谈判中经常运用的语言技巧，通过巧妙而适当的提问可以摸清对方的需要，把握对方的心理状态，并能准确表达己方的思想，有利于寻找出消除分歧、冲突的途径，达成对双方都有利的协议。针对不同的目的，可以提出不同的问题；对同一问题，也可以用不同的方法、从不同的角度进行提问。因此提问必须有一定的技巧。

【案例 6-2】

据传在某国的教堂里曾发生这么一件事。一天，A 教士在做礼拜时忽然觉得烟瘾难熬，便问主教："我祈祷时可以抽烟吗？"主教狠狠地训了他一顿。一会儿，B 教士觉得烟瘾难熬，便问主教："我抽烟时可以祈祷吗？"主教笑着答道："当然可以！"

对于同一个问题，不同的问法，效果迥异。

1. 提问的方式

进行谈话，必然有问有答。提问和应答，都有一定的艺术。问话首先要有一定的目的，然后通过一定的方式表达出来。谈判者若想组织一次讨论会，邀请别人参加，谈话中很自然要问对方对某类问题有没有兴趣，愿不愿意参加等。想开办一个股份公司，需要征募股东，谈话中自然要问对方是否乐意参加某种联营、可否投放一定资金等，这都是和一定的目的联系在一起的。在一般的谈判场合，提问主要划分为封闭式问句和开放式问句两大类。

1）封闭式问句

封闭式问句是指特定的领域带出特定的答复的问句。一般用"是"或"否"作为提问的要求。例如，"前天谈判会场没见你，你是否回家了？""你有没有向谈判对手借一本书？""是否能提供这种产品的说明书？""能否在 9 月份装运？"等，这类问句，可以使提问者得到特定的资料或信息，而答复这类问题也不必花多少时间思考。但这类问句，含有相当程度的威胁性，往往引起人们不舒服的感觉。这类问句还有以下情况。

（1）选择式问句。给对方提出几种情况让对方从中选择的问句。例如，"您的专业是文科？还是理科？""毕业后，你是去政府机关？还是到厂矿企业？还是留校工作？"等。这些都是给出两个或两个以上的假设，供对方加以选择，对方只是在这指定的范围内选择，不能在范围以外寻找答案。

【案例6-3】

某商场休息室里经营咖啡和牛奶，刚开始服务员总是问顾客："先生，喝咖啡吗？"或者是："先生，喝牛奶吗？"其销售额平平。后来，老板要求服务员换一种问法："先生，喝咖啡还是牛奶？"结果其销售额大增。原因在于，第一种问法，容易得到否定回答，而后一种是选择式，大多数情况下，顾客会选其中一种。

（2）澄清式问句。针对对方答复重新让其证实或补充的一种问句。例如，"你说想考武汉大学，决定了没有？""你说完成这项谈判任务有困难，现在有没有勇气承担这项任务？"等。这种问句在于让对方对自己说的话进一步明确态度。

（3）暗示式问句。这种问句本身已强烈地暗示出预期的答案。例如，"一个共产党员，必须无条件地服从革命需要，你说是吗？""学习中国女排的拼搏精神，就能克服困难，你说对不对？""他一贯表现很好，应不应该受到表扬？"等。这类问句中已经包含了答案，无非是谈判中敦促对方表态而已。

（4）参照式问句。以第三者意见作为参照系提出的问句。例如，"老李认为谈判小组要把中心放在成交日期上，你以为如何？""经理说，今年把营业额提高10%，大伙认为怎么样？"

2）开放式问句

开放式问句是指在广泛的领域内带出广泛答复的问句，通常无法采用"是"或"否"等简单的措辞做出答复。例如，"你对自己当前的工作表现有什么看法？""你看我们的谈判工作应当怎样开展更好？""你对明年的计划有什么考虑？"等。这类问句因为不限定答复的范围，所以能使谈判对方畅所欲言，获得更多的信息。开放式问句还有以下一些句式。

（1）商量式问句。这是和对方商量问题的句式。例如，"下月与上海某厂有一项业务洽谈，你愿意去吗？""工厂要搞一项技术革新，你有这方面的基础和经验，你愿意参加吗？""我校新兴学科缺乏教师，要公开招聘，你愿意报考吗？"等。这类问句，一般和对方切身利益有关，属于征询对方意见的提问形式。

（2）探索式问句。是针对对方的答复内容，继续进行引申的一种问句。例如，"你谈到谈判上存在困难，能不能告诉我主要存在哪些困难？""你刚才讲不适合做这项工作，你能不能做进一步说明？""你说小张有才华，可以重用，你能不能进一步谈谈理由？"等。探索式问句，不但可以发掘比较充分的信息，而且可以显出提问者对对方谈的问题的兴趣和重视。

（3）启发式问句。它是启发对方谈看法和意见的问句。例如，"现在接近年末了，你能不能谈谈你对今年工作的评价？""你在报刊发表了不少有关谈判学方面的专题学术论文，对于学术研究有什么窍门？""明年的物价还要上涨，你有什么意见？"这类问句主要启发对方谈出自己的看法，以便吸引新的意见和建议。

【特别提示】

在谈判过程中，提问者要多听少说，多运用开放式问句，谨慎采用封闭式问句。提问者应事先了解对方情况，打好腹稿，注意提问的时机，取得对方同意后再进一步提问，由广泛的问题逐步缩小到特定的问题，避免含糊不清的措辞，避免使用威胁性、教训性、讽刺性的问句，避免盘问式或审问式的问句。

2．不应提问的问题

提出问题要求对方做出回答是我们获取信息、发现对方需要的一个有效手段，但并非可以随便就任何方面提出问题。一般在谈判中不应提出下列问题。

（1）有关对方个人生活、工作的问题。这对大多数国家与地区的人来讲是一种隐私，如对方的收入、家庭情况、女士或太太的年龄等。也不要涉及对方国家或地区的政党、宗教方面的问题。

（2）含有敌意的问题。一旦问题含有敌意，就会损害双方的关系，最终会影响交易的成功。

（3）有关对方品质的问题。例如，指责对方在某个问题上不够诚实等。这样做非但无法使他变得更诚实，反而会引起他的不愉快，甚至怨恨。事实上，谈判中双方真真假假，很难用诚实这一标准来评价谈判者的行为。如果要想审查对方是否诚实，可以通过其他途径进行。当你发现对方在某些方面不诚实时，你可以把你所了解或掌握的真实情况陈述一下，对方自会明白的。

（4）与谈判内容无关的问题。

3．提问的技巧

为了获得良好的提问效果，需掌握以下提问要诀。

（1）预先准备问题。提问是为了要从对方那里得到有用的信息，因而提出的问题必须能引起对方注意，使对方认真思考。应该预先准备好问题，最好是一些对方不能够迅速想出适当答案的问题，以期收到意想不到的效果。同时，预先有所准备也可预防对方提问。

（2）把握提问时机。为了取得有利的商务谈判条件，必须把握好提问的时机，既不能太早，又不能太晚。太早容易过早地将谈判意图暴露给对方，太晚又影响商务谈判的进程。在对方发言时，如果我们脑中闪现出疑问，千万不要中止倾听对方的谈话而急于提问题。这时可先把问题记录下来，等待对方讲完后，有合适的时机再提出问题。通过总结对方的发言，可以了解对方的心态，掌握对方的背景，这样提问才有针对性。此外，不要在对某一话题的讨论兴致正浓时提出新的问题，而要先转移话题的方向，然后再提出新的问题，这样做有利于对方集中精力构思答案。

（3）因人而异，抓住关键。由于商务谈判对手的年龄、职务、职业、性格、文化程度、商务谈判经验等的差异，要想取得理想的提问效果，提问时就必须因人而异。对于文化水平低的商务谈判对手，提问时不能使用过多的专业名词；对于年龄大、职位高的商务谈判对手，提问的问题要婉转含蓄，不能过于直接。

（4）不应强行追问。如果对方的答案不够完整，甚至回避不答，这时不要强迫地问，而是要有耐心和毅力等待时机的到来时再继续追问，这样做以示对对方的尊重。同时，在追问时就要注意变换一个角度，以激发对方回答问题的兴趣。只要转换的角度合适，时机也合适，对方一般总会给出一个回答。

（5）适当的时候，可以将一个已经发生，并且答案也是我们知道的问题提出来，验证一下对方的诚实程度，及其处理事物的态度。同时，这样做也可给对方一个暗示，即我们对整个交易的行情是了解的，有关对方的情况我们也是掌握得很充分的。这样做可以帮助我们进行下一步的合作决策。

【案例6-4】

有一次,华盛顿(Washington)家里丢了一匹马,他获悉是一位邻居偷走了,就同一位警官去索要。但邻居声称那是他自己家的马,华盛顿灵机一动,走上前去,用双手捂住马的眼睛,然后对邻居说:"告诉我,你的马哪只眼睛瞎了?""右眼。"邻居答道。华盛顿放开蒙右眼的手,马的右眼并不瞎。"我说错了,马的左眼才是瞎的。"邻居急着争辩道。华盛顿放开蒙左眼的手,马的左眼也不瞎。"我又说错了……"邻居还想狡辩。"是的,你错了。"警官说,"已经证明马不是你的了,你必须把它还给华盛顿先生。

(6)要以诚恳的态度来提出问题。这有利于谈判者彼此感情上的沟通,有利于谈判的顺利进行。不要以法官的态度来询问对方,也不要接连不断地问问题。

(7)避免提出那些可能会阻止对方让步的问题,这些问题会明显影响谈判效果。

(8)注意提出问题的句式应尽量简短。

(9)提出问题后应保持沉默、闭口不言,专心致志地等待对方做出回答。

6.1.3 答复

商务谈判中,需要巧问,更需要巧答。谈判由一系列的问答所构成,巧妙而得体的回答与善于提问同样重要。掌握答复的基本技巧与原则,是谈判人员语言运用的具体内容。可以这样说,问得不当,不利于谈判;答得不好,同样会使己方陷入被动。实际上,谈判人员的每一句话都负有责任,都将被对方人员认为是一种承诺。因此,谈判人员的水平高低在很大程度上取决于其答复问题的水平。

通常,在谈判中应当针对对方提出的问题实事求是地正面回答,但是,由于商务谈判中的提问往往是五花八门、千奇百怪,多是对方处心积虑、精心设计之后提出的,可能含有谋略、圈套。如果对所有的问题都正面提供答案,并不一定是最好的答复,所以答复也需要一定的技巧。

1. 回答的方式

商务谈判中的回答有3种类型,即正面回答、迂回回答和避而不答。在商务谈判过程中,这3种类型又演变成多种具体回答方式。常用的商务谈判回答方式有以下几种。

1)含混式回答

采用含混式回答既可以避免把自己的真实意图暴露给对方,又可给对方造成判断上的混乱和困难。这种回答由于没有做出准确地说明,因而可以做多种解释,从而为以后的商务谈判留下了回旋的余地。

2)针对式回答

针对式回答即针对提问人心理假设的答案回答问题。采取这种回答方式的前提是要弄清对方提问的真实意图,否则给出的答案很难满足对方的要求,而且免不了要泄露自己的秘密。

3)局限式回答

局限式回答即将对方问题的范围缩小后再做回答。在商务谈判中并不是回答所有问题都对自己有利,因而在回答时必须有所限制,选择有利的内容回答对方。例如,当对方提问产品的质量时,只回答几个有特色的指标,利用这些指标给对方留下质量好的印象。

4）转换式回答

转换式回答即在回答对方的问题时把商务谈判的话题引到其他方向去。这种方式也就是我们常说的"答非所问"。但这种答非所问必须是在前一问题的基础上自然转来的，没有什么雕琢的痕迹。例如，当对方提问价格时可以这样回答："我想你是会提这一问题的，关于价格我相信一定会使您满意，不过在回答这一问题之前，请让我先把产品的几种特殊功能说明一下。"这样就自然地把价格问题转到了产品的功能上，使对方在听完自己的讲话后，把价格建立在新的产品质量基础上，这对己方无疑是有利的。

5）反问式回答

反问式回答即用提问对方其他问题来回答对方的提问。这是一种以问代答的方式，它既可以为自己以后回答问题留下喘息的机会，对于一些不便回答的问题也可以用这一方法解围。

6）拒绝式回答

拒绝式回答即对那些棘手和无法回答的问题，寻找借口拒绝回答。运用借口拒绝回答对方的问题，可以减轻对方提问的压力。

2．回答的技巧

1）回答问题之前，要给自己留有思考时间

为了使回答问题的结果对自己更有利，在回答对方的问题前要做好准备，以便构思好问题的答案。

回答的准备工作包括3项内容：一是心理准备。即在对方提问后，可以利用喝水、翻笔记本等动作来延缓时间，以稳定情绪，而不是急于回答。人们通常有这样一种心理，就是如果对方问话与我方回答之间所空的时间越长，就会让对方感觉我们对此问题欠准备，或以为我们几乎被问住了；如果回答得很迅速，就显示出我们已有充分的准备，也显示了我方的实力。其实不然，谈判经验告诉我们，在对方提出问题之后，我们可通过点支香烟或喝一口茶，或调整一下自己坐的姿势和椅子，或整理一下桌子上的资料文件，或翻一翻笔记本等动作来延缓时间，考虑一下对方的问题。这样做既显得很自然、得体，又可以让对方看得见，从而减轻和消除对方的上述那种心理压力。二是了解问题。即要弄清对方所提问题的真实含义，以免把不该回答的内容也答了出来。三是准备答案。答案应只包括那些该回答的部分。

2）把握对方提问的目的和动机，才能决定怎样回答

谈判者在谈判桌上提出问题的目的是多样的，动机也是复杂的。如果我们没有深思熟虑，弄清对方的动机，就按照常规来做出回答，往往是效果不佳。如果我们经过周密思考，准确判断对方的用意，便可做出一个独辟蹊径的、高水准的回答。

【案例6-5】

美国代表团访华时，曾有一名官员当着周总理的面说："中国人很喜欢低着头走路，而我们美国人却总是抬着头走路。"此言一出，语惊四座。周总理不慌不忙，面带微笑的说："这并不奇怪。因为我们中国人喜欢走上坡路，而你们美国人喜欢走下坡路。"美国官员的话里显然包含着对中国人的极大侮辱。周总理的回答让美国人领教了什么叫做柔中带刚，最终尴尬窘迫的是美国人自己。

3）部分回答

谈判中有一种"投石问路"的策略，即谈判方借助一连串的提问来获得己方所需要的信息和资料，此时不应对其所有问题都进行回答，以免使其获得我方许多重要的情报而使我方

谈判处于不利地位。这时可只做局部的答复，使对方不了解我方的底牌。例如，对方问"你们打算购买多少？"如果你考虑先说出订数不利于讲价，那么就可以说"这要根据情况而定，看你们的优惠条件是什么？"这类回答通常采用比较的语气，"据我所知……""那要看……而定"，"至于……就看你怎么看了"。

在商务谈判中，对方提出问题或是想了解我方的观点、立场和态度，或是想确认某些事情。对于应该让对方了解，或者需要表明我方态度的问题要认真回答，而对于那些可能会有损己方形象、泄密或一些无聊的问题，不予理睬是最好的回答。当然，用外交活动中的"无可奉告"一语来拒绝回答，也是回答这类问题的好办法。总之，我们回答时可以自己对回答的前提加以修饰和说明，以缩小回答范围。

4）慎重做答

当没有弄清楚问题的确切含义时，不要随便做答。可以要求对方再具体说明一下。

5）答非所问

当有些问题不好回答时，回避答复的方法之一是"答非所问"，即似乎在回答该问题，而实际上并未对这个问题表态。答方谈论的是与原题相关的另一个问题的看法，目的是避开对方锋芒，使谈判能顺利进行下去。

6）拖延答复

谈判中在表态时机未到的情况下可采取拖延答复的方式。拖延答复有两种形式：一是先延后答，即对应该回答的问题，若做好准备后感到好答时，不妨作恰当的回答；二是延而不答，即经过考虑后觉得没有必要回答或者不应回答时，则来个"不了了之"。你可用"记不得了"或"资料不全"来拖延答复。有时还可以让对方寻找答案，亦即让对方自己澄清他所提出的问题。例如，可以这样说："在回答你的问题之前，我想先听一听你的意见。"

7）模糊答复

模糊答复是借助一些宽泛模糊的语言进行答复，使自己的回答具有弹性，即使在意外情况下也无懈可击。它可以起到缓和谈判气氛，使谈判顺利进行，同时保护己方机密的作用。例如，"这件事我们会尽快解决。"这里的"尽快"就很有弹性，具体时间到底是什么时候，并没有说清楚，有很大的回旋余地。

8）反问

对方常会提出一些诸如试探性、诱导性、证实性的问题，在这种情况下，我方不想泄露自己的底牌，同时又想缓和气氛，抑制对方的提问，反过来探明对方虚实，则可采用此种方式。其特点是在倾听完对方的问题后，通过抓住关键的问题向对方反问以掌握主动。例如，买方："请谈一下贵方价格比去年上涨10%的原因。"卖方："物价上涨与成本提高的关系是不言而喻的。当然如果你对这个提价幅度感到不满意的话，我很乐意就你觉得不妥的某些具体问题予以解释澄清，请问什么方面使你觉得不妥？"

9）沉默不答

有些不值得回答的问题完全可以不予理睬，可以不说话，也可以环顾左右而言他。有时沉默会无形中给对方造成一种压力，获得己方所需的情报。

10）对于不知道的问题不要回答

参与谈判的人并都不是全能全知的人。谈判中尽管我们准备充分，也经常遇到陌生难解的问题，这时，谈判者切不可为了维护自己的面子强做答复。因为这样不仅有可能损害自己利益，而且对自己的面子也是丝毫无补。有这样一个实例，国内某公司与外商谈判合资建厂事宜时，外商提出有关减免税收的请求。中方代表恰好对此不是很有研究，或者说是一知半解，可为了能够谈成，就盲目地答复了，结果使己方陷入十分被动的局面。

【特别提示】

回答问题的要诀在于知道该说什么，不该说什么，回答到什么程度，不必过多考虑所回答的是否对题。谈判毕竟不是做题，很少有"对"或"错"这样确定而简单的回答。

6.1.4 陈述

陈述就是叙述自己的观点或问题的过程，商务谈判的各个阶段都离不开陈述。商务谈判中的陈述是一种不受对方提出问题的方向、范围的制约，带有主动性的陈述，是商务谈判中传递大量信息、沟通情感的方法之一。谈判者能否正确、有效地运用陈述的功能，把握陈述的要领，会直接影响谈判的结果。因此，谈判者在陈述问题、表达观点时，应当态度诚恳，观点明朗，语言生动、流畅，层次清楚、紧凑。在谈判过程中，陈述大体包括入题、陈述两个部分。

1. 入题技巧

谈判双方在刚进入谈判场所时，难免会感到拘谨，尤其是谈判新手，在重要谈判中，往往会有些紧张。为此，必须讲究入题技巧，采用恰当的入题方法。

1）迂回入题

为了避免谈判时单刀直入，过于直白，影响谈判的融洽气氛，可以采用迂回入题的方法，如先从题外语入题、从"自谦"入题、从介绍己方谈判人员入题、从介绍本企业的生产或经营及财务状况入题等，做到新颖、巧妙、不落俗套。开场陈述，是谈判的一个重要环节，要注意开宗明义，表明立场，简明扼要，以诚挚和轻松的方式来表达。

（1）从题外语入题。通常可将有关季节或天气的情况，目前流行的事物，以及有关社会新闻、旅行、艺术、社会名人等作为话题。

（2）从自谦入题。如果对方是在己方所在地谈判，可谦虚地表示如各方面照顾不周，自己才疏学浅、缺乏经验，希望对方多多关照等。当然，自谦要适度，不要给对方以虚伪缺乏诚意的感觉。

（3）从介绍己方谈判人员入题。通常可简略介绍己方人员的职务、学历、经历等，这样既打开了话题，消除了对方的不安心理，又显示了己方的强大阵容，使对方不敢轻视或轻举妄动。

（4）从介绍本企业的生产、经营、财务状况等入题。这样做可先声夺人，提供给对方一些必要的资料，充分显示己方雄厚的财力、良好的信誉和质优价廉的产品等基本情况，也给对方以充分的讨论空间。

2）先谈一般原则，后谈细节问题

一些大型的经贸谈判，由于需要洽谈的问题千头万绪，双方高级谈判人员不应该也不可能介入全部谈判，往往要分成若干等级，进行多次谈判，这就需要采取先谈原则问题、再谈细节问题的方法入题。一旦双方就原则问题达成一致，洽谈细节问题也就有了依据。

3）从具体议题入手

大型商务谈判，总是由具体的一次次谈判组成，在每次具体的谈判会议上，双方可以首先确定本次会议的谈判议题，然后从这一具体议题入手进行洽谈。这样做双方可以避免谈判时无从下手，从而提高效率。

2．陈述技巧

谈判入题后，接下来便是双方陈述各自的观点，这是谈判的一个重要环节。

1）开场陈述

己方开场陈述要做到以下几点。

（1）开宗明义，明确本次会谈所要解决的问题，以集中双方注意力，统一双方的认识。

（2）表明己方通过洽谈应当得到的利益，尤其是对己方至关重要的利益。

（3）表明己方的基本立场，既可以回顾双方以前合作的成果，说明己方所享有的信誉；也可以展望或预测今后双方合作中，可能出现的机遇或挑战；还可以表示己方可采取何种方式为双方共同获得利益做出贡献等。

（4）开场陈述应尽可能简明扼要。

（5）开场陈述的目的，是让对方明白己方的意图，以营造良好的洽谈气氛。因此，陈述应以诚挚和轻松的方式来表达。

对方开场陈述时，主要注意以下几点。

（1）认真耐心地倾听对方的开场陈述，归纳弄懂对方开场陈述的内容，思考和理解对方陈述的关键问题，以免产生误会。

（2）如果对方开场陈述内容与己方意见差距较大，不要打断对方的陈述，更不要立即与对方争执，而应当先让对方说完，认同对方之后再巧妙地转换话题，从侧面进行反驳。

2）让对方先谈

在商务谈判中，当己方对市场态势和产品定价的情况不甚了解，或者当己方尚未确定购买何种产品，或者己方无权直接决定购买与否的时候，一定要坚持让对方首先说明可提供何种产品、产品的性能如何、产品的价格如何等。然后，己方再审慎地表达意见。有时即使己方对市场态势和产品定价比较了解，心中有明确的购买意图，而且能够直接决定购买与否，也不妨让对方陈述利益要求、报价和介绍产品，然后，在此基础上提出自己的要求。这种方式常能收到奇效。

3．陈述应遵循的原则

商务谈判中的陈述，尤其是开局叙述的语言运用直接关系到对方的理解。所以，应从谈判的实际需要出发，灵活掌握有关叙述应遵循的原则。

1）陈述应简洁，独立进行

商务谈判中的陈述要尽可能简洁、通俗易懂。因为陈述的目的在于让对方听了立即就能够理解，以便对方准确、完整地理解己方的观点和意图，而不是表明自己的观点与别人的观点有什么联系和差异，因而在陈述时必须独立进行。独立陈述包括3层含义：其一是不受别人的影响，不论别人的语言、情绪有什么反应，陈述中都要坚持自己的观点；其二是不与对方的观点和问题接触，不谈是否同意对方的观点等，而是按自己的既定原则和要求进行陈述；其三是只陈述自己的立场。

2）陈述应具体而生动

为了使对方获得最佳的收听效果，在陈述时应注意生动而具体。陈述时一定避免令人乏味的平铺直叙，以及抽象的说教；要特别注意运用生动、活灵活现的生活用语，具体而形象地说明问题。有时为了达到生动而具体，也可以运用一些演讲者的艺术手法，声调抑扬顿挫，以此来吸引对方的注意，达到己方陈述的目的。

3）陈述应层次清楚

商务谈判中的陈述，为了便于对方记忆和理解，应在陈述时使听者便于接受；同时，分清陈述的主次及其层次，这样可使对方心情愉快地倾听己方的叙说，其效果应该是比较理想的。

4）陈述应客观真实

在陈述基本事实时，不要夸大或缩小事实。因为万一由于自己对事实真相加以修饰的行为被对方发现，就会大大降低己方的信誉，从而使己方谈判实力大为削弱。

5）陈述的观点要准确

在陈述观点时，应力求准确无误，避免前后不一致，否则就会留有破绽。当然，谈判过程中观点有时可以依据谈判局势的发展需要而发展或改变，但在陈述的方法上，要能够令人信服。这就需要有经验的谈判人员来掌握时局，不管观点如何变化，都要以准确为原则。因为要说明自己的观点，而且要让对方接受自己的观点，所以在陈述时使用的语言必须准确，并使对方容易接受。为了准确，要求谈判者在谈判的关键内容中使用专业语言；当对方对这些语言听不懂时，就要对所使用的专业术语进行解释，以免对方产生误会。同时，为了使对方容易接受自己的观点，在谈判陈述中要注意使用"中性"语言，而不要使用极端语言和粗俗的语言。

6）陈述时发现错误要及时纠正，有时可以重复陈述

谈判人员在商务谈判的陈述当中，常常会由于种种原因而出现陈述上的错误，谈判者应及时发现并加以纠正，以防造成不应有的损失。有些谈判人员，当发现自己陈述中有错误时，便采取文过饰非的做法，结果对自己的信誉和形象有损而无益，更重要的是可能会失去合作伙伴。

商务谈判陈述过程中，时常会遇到对方不理解、没听清楚，或有疑问等情况，这时，对方会以有声语言或动作语言来向我们传递信息。这就要求谈判人员应在陈述的同时，注意观察对方的眼神和表情，一旦觉察对方有疑惑不解的信息传出，就要放慢语速，或重复陈述。商务谈判人员必须慎重地对待对方在己方陈述时的反应，发现有不理解或误解的地方应及时加以引导和纠正。

6.1.5 辩论

辩论是最能体现商务谈判特征的，谈判中的讨价还价就集中体现在辩论上。谈判中的辩论与陈述、提问、答复不同，它具有谈判双方相互依赖、相互对抗的二重性，是人类语言艺术和思维艺术的综合运用，具有较强的技巧性。

作为一名谈判人员，要想在谈判中获得良好的谈判效果，就要注意辩论的技巧。

1. 辩论中应避免采用的方式

在商务谈判中，辩论的目的是为了达成协议，为此应避免使用以下几种方式。

1）以势压人

辩论各方都是平等的，没有高低贵贱之分。所以，辩论时要心平气和、以理服人；切忌摆出一副"唯我独尊"的架势，大发脾气，要权威。

2）歧视揭短

在商务谈判中，不管对方来自哪个国家或地区，是什么制度、什么民族，有什么风俗传统、什么文化背景等，都应一视同仁，不存任何歧视。不管辩论多么激烈，都不搞人身攻击，不损人之短，不在问题以外做文章。

3）预期理由

任何辩论都应以事实为根据。要注意所提论据的真实性，道听途说或未经证实的论据会给对方带来可乘之机。

4）本末倒置

谈判不是进行争高比低的竞赛，因此要尽量避免发生无关大局的细节之争。那种远离实质问题的争执，不但白白浪费时间和精力，还可能使各自的立场愈发对立，导致不愉快的结局。

5）喋喋不休

在商务谈判中，谈判者不能口若悬河、独占讲坛。要切记：谈判桌前不是炫耀表达能力的地方。

2. 辩论的具体技巧

辩论具有较高的技巧性，作为一名谈判者，要不断提高自己的思辨能力，在辩论中取得良好的效果。

1）要观点明确

谈判中的辩论就是论证己方观点、反驳对方观点的过程，因此必须做好材料的选择、整理、加工工作。辩论中，事实材料要符合观点的要求，以免出现漏洞。在充分讲理由、提根据的基础上，反驳对方的观点，从而达到"一语中的"的目的。

2）要逻辑严密

谈判中的辩论过程常常是在相互发难中完成的。一个优秀的谈判者应该头脑冷静、思维敏捷，才能应付各种各样的局面。在辩论时要运用逻辑的力量。真理是在相互辩论中产生的，在谈判条件相差不多的情况下，谁在辩论中能思维敏捷、逻辑严密，谁就能取得胜利。

3）态度要客观公正

谈判中的辩论要充分体现现代文明，不论双方的观点如何不同，态度要客观，措辞要准确，要以理服人，决不能侮辱诽谤、尖酸刻薄和进行人身攻击。

4）不纠缠枝节

参加辩论的人要把精力集中在主要问题上，而不要陷入枝节问题的纠缠中。反驳对方的错误观点要抓住要害，有的放矢，坚决反对那种断章取义、强词夺理等不健康的辩论方法。论证自己的观点时要突出重点、层次分明、简明扼要，不要东拉西扯、言不对题。

5）适可而止

谈判中辩论的目的是证明自己观点的正确，以争取有利于自己的谈判结果。因此，辩论一旦达到目的，就要适可而止，不可穷追不舍。切记，谈判不是进行争高比低的竞争。

6）处理好优劣势

辩论一旦占有上风时，要以强势压顶，气度恢弘，并注意借助语调、手势的配合，渲染自己的观点，但不可轻妄、放纵、得意忘形、口若悬河、独占讲坛。须知，谈判中的优劣势是相对的，而且是可以转化的。谈判桌前不是显示表达能力的地方，那种不看场合、不问对象的做法，反而会弄巧成拙。

7）注意举止气度

谈判中的辩论应注意举止气度。这样不仅能给人留下良好的印象，而且在一定程度上能促使辩论气氛的健康发展。须知，一个人的良好形象有时会比他的语言更有力。

6.1.6 说服

在说服艺术中，运用历史经验或事实去说服别人，无疑比那种直截了当地说一番大道理要有效得多。善于劝说的谈判者懂得人们做事、处理问题都是受个人的具体经验影响的，抽象地讲大道理的说服远远比不上运用经验和例证去进行劝说。

【案例 6-6】

第二次世界大战期间，一些美国科学家试图说服美国前总统罗斯福（Roosevelt）重视原子弹的研制，以遏制法西斯德国的全球扩张战略。他们委托总统的私人顾问、经济学家萨克斯（Sachs）出面说服总统。但是，不论是科学家爱因斯坦的长信，还是萨克斯的陈述，总统一概不感兴趣。为了表示歉意，总统邀请萨克斯次日共进早餐。第二天早上，一见面，罗斯福就以攻为守地说："今天不许再谈爱因斯坦的信，一句也不谈，明白吗？"萨克斯说："英法战争期间，在欧洲大陆上不可一世的拿破仑在海上屡战屡败。这时，一位年轻的美国发明家富尔顿来到了这位法国皇帝面前，建议把法国战船的桅杆砍掉，撤去风帆，装上蒸汽机，把木板换成钢板。拿破仑却想：船没有帆就不能行走，木板换成钢板就会沉没。于是，他二话没说，就把富尔顿轰了出去。历史学家们在评论这段历史时认为，如果拿破仑采纳了富尔顿的建议，19世纪的欧洲史就得重写。"萨克斯说完，目光深沉地望着总统。罗斯福总统默默沉思了几分钟，然后取出一瓶拿破仑时代的法国白兰地，斟满了一杯，递给萨克斯，轻缓地说："你胜利了。"萨克斯顿时热泪盈眶，他终于成功地运用实例说服总统做出了美国历史上最重要的决策。

1. 说服的基本要求

概括地说，说服除了理由充分这一重要要求以外，还应符合以下几个基本要求。

1）要冷静地回答对方

不论对方何时提出何种反对意见，都要镇定自如、轻松愉快地解答，并且要条理清楚、有根有据，不可感情用事或带有愤怒、责备的口吻。否则，既难以说服对方，也难以陈述自己的观点，从而破坏融洽的谈判气氛。

2）不要直截了当地反驳对方

因为直接反驳会使对方难堪，永远不可能说服对方，所以一般应设法用一些间接的方式来反驳对方的反对意见。

3）要重视、尊重对方的观点

对于对方的反对意见，即使你认为它是错误的，也不应该轻视或给予嘲弄，而要持认真态度，予以慎重对待。只有使对方感到你在尊重他的意见时，说服才会有力、有效。

4）要设身处地地体谅、理解对方

对方的许多反对意见，哪怕是非常不合理的反对意见，往往都有一定的原因和背景或反映了对方的难处。对此，谈判者要以大局为重，体谅和理解对方。尤其是在次要问题上，不妨以同意对方看法为主，加以解释和补充。不体谅对方，置对方于死地而后快的做法，在说服中是不可取的。

5）不要随心所欲地提出个人的看法

谈判者之间的洽谈不是个人之间的事情，而是一个组织或法人之间的事。因此，在洽谈中，如果对方不需要你说明个人看法，或没有把你当做参谋和行家来征求你的意见时，应当避免提出个人的看法和意见。随心所欲地提出个人的看法是一种不严肃、不负责的做法。

6）答复问题要简明扼要、紧扣谈判主题

如果回答问题长篇大论，不得要领，偏离主题，不仅没有说服力，而且可能出现漏洞，授人以柄，引起对方的反感和反驳。

7）不要过多地纠缠某一问题

在洽谈中，不应过多地集中讨论某一反对意见、尤其是开始遇到的一些棘手的问题。在适当的时候可以变换一下洽谈的内容，以使谈判继续下去。在处理了反对意见以后，应立即把话题岔开，讨论其他议题，争取尽快促成交易，否则就会使对方提出更多的意见，陷入新的僵局。

2. 说服的技巧

1）说服他人的技巧

（1）取得他人的信任。信任是人际沟通的基石。只有对方信任你，才会理解你友好的动机。

（2）站在他人的角度设身处地地谈问题，从而使对方对你产生一种"自己人"的感觉。

（3）创造出良好"是"的氛围，切勿把对方置于不同意、不愿做的地位，然后再去批驳他、劝说他。商务谈判事实表明，从积极的、主动的角度去启发对方、鼓励对方，就会帮助对方提高自信心，并接受己方的意见。

（4）说服用语要推敲。通常情况下，在说服他人时要避免用"愤怒"、"怨恨"、"生气"或"恼怒"这类字眼，这样才会收到良好的效果。

2）说服"顽固者"的技巧

在业务往来过程中，我们相信多数对手是能够通情达理的，但也会遇到固执己见、难以说服的对手。对于后一种，人们常常感到难以对付。他们好像让人难以理解，因为他们总是"拿着不是当理讲"，有时甚至根本"不进油盐"，让人左右为难。其实，这种人在很大程度上是性格所致，并非他们不懂道理。事实上，只要我们抓住他们的性格特点，掌握他们的心理活动规律，采取适宜的说服方法，晓之以理，动之以情，他们是会接受正确的意见，完全可以被说服的。

"顽固者"往往比较固执己见，这通常是性格比较偏强所致。他们有时心肠很软，但表面上不轻易地"投降"，甚至还可能态度十分生硬，有时还会大发雷霆。其实有时他们自己也往往搞不清谁对谁错，但还是在外表上硬是坚持自己的观点。有时他们尽管明知自己已经错了，但由于自尊心的作用，也不会轻易地承认自己的错误，除非对方给他一个"台阶"下。因此，在说服"顽固者"时，通常可采取以下几种方法。

（1）"下台阶"法。当对方自尊心很强，不愿承认自己的错误，从而使你的说服无济于事时，你不妨先给对方一个"台阶"下，说一说他正确的地方。或者说一说他错误存在的客观根据，这也就是给对方提供一些自我欣慰的条件和机会。这样，他就会感到没有失掉面子，因而容易接受你善意的说服。

（2）等待法。有些人可能一时难以说服，不妨等待一段时间，对方虽然没有当面表示改变看法，但对你的态度和你所讲的话，事后他会加以回忆和思考。必须指出，等待不等于放弃。任何事情，都要给他人留有一定的思考和选择的时间。同样，在说服他人时，也不可急于求成，要等待时机成熟时再和他交谈，效果往往比较好。

（3）迂回法。当有的人正面道理已经很难听进去时，不要强行或硬逼着他进行辩论，而应该采取迂回前进的方法。就像作战一样，对方已经防备森严，从正面很难突破，解决办法最好是迂回前进，设法找到对方的弱点。一举击破对方。说服他人也是如此，当正面道理很难说服对方时，就要暂时避开主题，谈论一些对方感兴趣的事情，从中找到对方的弱点。逐渐针对这些弱点，发表己方的看法，让他感到你的话对他来说是有用的，使他感到你是可信服的，这样你再逐渐把话转入主题，晓之以利害，他就会更加冷静地考虑你的意见，容易接受你的说服。

（4）沉默法。当对方提出反驳意见或者有意刁难时，有时是可以做些解释的。但是对于那些不值得反驳的问题，倒是需要你讲求一点艺术手法，不要有强烈的反应，相反倒可以表示沉默。对于一些纠缠不清的问题，如果又遇上了不讲道理的人，只要当做没听见，不予理睬，对方就会觉得他所提出的问题可能没有什么道理，对方根本就没有在意，于是自己也就会感到没趣而不再坚持了，从而达到说服对方的目的。

3）"认同"的技巧

在商务谈判中，"认同"是双方相互理解的有效方法，是人们之间心灵沟通的一种有效方式，也是说服他人的一种有效方法。

认同就是人们把自己的说服对象视为与自己相同的人，寻找双方的共同点。寻找共同点可以从以下几个方面入手。

（1）寻找双方工作上的共同点。例如，共同的职业、共同的追求、共同的目标等。

（2）寻找双方在生活方面的共同点。例如，共同的国籍、共同的生活经历、共同的信仰等。

（3）寻找双方兴趣、爱好上的共同点。例如，共同喜欢的电视剧、体育比赛、国内外大事等。

（4）寻找双方共同熟悉的第三者，作为认同的媒介。例如，在同陌生人交往时，想说服他，可以寻找双方共同熟悉的另一个人，通过各自与另外一个人的熟悉程度和友好关系，相互之间也就有了一定的认同，从而也就便于交谈说服对方了。谈判活动中也是如此。

🔍 【案例 6-7】

基辛格堪称 20 世纪的谈判大师，一次基辛格主动为一位老农的儿子说媒。

基辛格对老农说："我已经为你物色了一位最好的儿媳。"

老农回答说："我从来不干涉我儿子的事。"

基辛格说:"可这姑娘是罗斯切尔德(Rothschild)伯爵的女儿(欧洲最有名望的银行家)。"
老农说:"嗯,如果是这样的话……"
基辛格找到罗斯切尔德伯爵说:"我为你女儿找到了一个万里挑一的好丈夫。"
罗斯切尔德婉言拒绝道:"可我女儿还很年轻。"
基辛格说:"可这位小伙子是世界银行的副行长。"
罗斯切尔德说:"嗯……如果是这样……"
基辛格又去找世界银行行长说:"我给你找了位副行长。"
世界银行行长说:"可我们现在不需要增加一位副行长。"
基辛格说:"可你知道吗,这位年轻人是罗斯切尔德伯爵的女婿。"
于是世界银行行长欣然同意。基辛格功德无量,促成了这桩美满的婚姻,让老农的儿子摇身一变,成了金融寡头的乘龙快婿。

【分析提示】说服技巧是一个成功的谈判专家应具备的技能。在此案例中,基辛格正是运用了此高超的谈判沟通技巧将不可能的事变成了可能,同时他也利用了谈判中的黑箱、信息不对称、名气等,促成了这门婚事,基辛格可谓是史上最厉害的媒婆。

(资料来源:http://www.sc.xinhuanet.com/content/2004-07/16/content_2508741.htm.)

3. 说服的条件

说服不同于压服,也不同于欺骗,成功地说服结果必须要体现双方的真实意见。采取胁迫或欺诈的方法使对方接受己方的意见,会给谈判埋下危机,因为没有不透风的墙,也没有纸能包得住的火,因此,切忌用胁迫或欺诈的手法进行说服。事实上,这样做也根本达不到真正的说服。

谈判中说服对方的基本原则是要做到有理、有力、有节。有理,是指在说服时要以理服人,而不是以力压人;有力,是指说服的证据、材料等有较强的力量,不是轻描淡写;有节,是指在说服对方时要适可而止,不能得理不让人。这些原则说明,要说服对方,不仅要有高超的说服技巧,还必须运用自己的态度、理智、情怀来征服对方,这就需要掌握说服对方的基本条件。

1)要有良好的动机

说服对方的前提是不损害对方的利益。这就要求说服者的动机端正,既要考虑双方的共同利益,又要考虑被说服者的利益要求,以便使被说服者认识到服从说服者的观点和利益不会给自己带来什么损失,从而在心理上接受对方的观点。否则,即使暂时迫于环境或对方的压力接受了说服者的观点,也会"口服心不服",并且作为以后谈判中的武器向你开火,使你防不胜防。

2)要有真诚的态度

真诚的态度是指在说服对方时尊重对方的人格和观点,站在朋友的角度与对方进行坦诚的交谈。因此对被说服者来说,相同的语言从朋友嘴里说出来他认为是善意的,很容易接受;从对立一方的口中说出则认为是恶意的,是不能接受的。因此,要说服对方必须从与对方建立信任做起。

3)要有友善的开端

谈判者要说服对方,首先必须给人以良好的第一印象,才能使双方在一致的基础上探讨问题。友善的开端,一是要善意地提出问题,使对方认识到这是在为他自己解决困难,这就要求说服者不是随心所欲地谈自己的看法,而要经过周密的思考,提出成熟的建议。二是要有友善的行为,即在说服中待人礼貌,晓之以理,动之以情,使对方自愿接受说服。

4)要有灵活的方式

要说服对方,方式是重要的条件,而不同的人所能接受的方式是不相同的,只有能够针对不同的人采用不同的方式,才能取得理想的效果。

【技能训练6-1】

有声语言沟通

训练背景:在商务谈判过程中,倾听、提问、答复、陈述、辩论和说服等有声语言技巧贯穿于整个商务谈判过程中,这些语言技巧的运用会影响到谈判的结果,那么在实际谈判中我们应该如何运用这些语言技巧呢?

训练要求:以小组为单位,组建两个模拟公司,分别为买卖双方。之后就某一产品的进出口进行谈判,可针对产品的质量、价格、运输等方面进行谈判,在谈判过程当中,充分运用所学过的有声语言沟通技巧。

 6.2 无声语言沟通

在案例导入中,该电器公司的谈判代表要使商务谈判取得成功,除了要考虑有声语言沟通技巧的运用,还得注意无声语言沟通技巧的运用,应对这些影响因素进行详细分析,注意应从无声语言沟通技巧所体现的特殊的语音现象、眼睛动作的语言、眉毛动作的语言、嘴巴动作的语言、吸烟动作的语言、上肢动作的语言、下肢动作的语言、腰部动作的语言、腹部动作的语言、其他姿势的语言等方面进行相关资料的收集并分析。

谈判者在运用口头语言的同时,伴随的是动作和表情。因此,谈判不仅是语言的交流,同时也是行为的交流。在谈判中我们不仅要听其言,而且要观其行。

【知识链接】

世界著名非语言传播专家伯德维斯泰尔(Birdwhistell)指出,两个人之间一次普通的交谈,语言传播部分还不到35%,而非语言成分则传递了65%以上的信息。

美国心理学家艾伯特·梅拉比安(Albert Meilabian)曾经通过实验得出这样一个结论:一个信息完整地传递给对方,55%靠的面部表情,36%靠的是语音,而真正的有声语言的效果,只占到7%。这个结论告诉我们,无声语言在信息传递中起着十分重要的作用。

无声语言在信息传递中起着非常重要的作用,它可以强化、补充有声语言,使语言的表达效果更加直接、全面。一方面,可以通过对方的无声语言判断其当前的心理状态,以采取相应的对策;另一方面,又可以通过自己出色的无声语言技巧,作用于对方视觉,促使对方相信他所听到、看到和想到的一切,从而坚定他做出判断的信心,并使判断结果更加接近己方的企图。可以说,在整个谈判过程中,有声语言辅之以无声语言,无声语言服务于有声语言。

因此，作为一名商务谈判者，应该具有丰富的无声语言的知识，掌握无声语言的技巧。运用这种技巧，不仅可以判断对方的思想变化，决定己方对策，而且可以有意识地运用这种行为语言传达信息，进而促使谈判朝着有利己方的方向发展。

6.2.1 特殊的语音现象

特殊的语音现象是伴随着有声语言出现的，包括语气、语调、语速、停顿等，是语言表达中不可缺少的部分。

1. 语气

同样一句话语气不同，所赋予的含义也就不同。谈判者应以准确表达自己的观点为出发点，来把握自己的语气，从而达到让对方准确理解自己的目的。

2. 语调

谈判者使用不同的语调，可以表达出各种错综复杂的感情。一句话用 10 种不同的语调来念，就会有 10 种不同的意思表达效果。一个字、一个词、一个句子的写法只有一种，可说法却可能有许多种。复杂多变的语调是具有很强意思表达功能的口语艺术。语调的构成比较复杂，语速的停转连续、音量的轻重强弱、音调的抑扬顿挫及音质都会影响语调。一般来说，语调可分为平直调、上扬调、降抑调和弯曲调 4 种类型。

1）平直调

平直调的语调特征是平稳、语势舒缓。一般用来表达从容、庄重的感情。例如，我们希望贵方能以现金支付。

2）上扬调

上扬调的语调特征是前低后高，语势呈上升趋势。一般用来表达怀疑、鼓动、愤怒、斥责的感情。例如，什么意思？你懂什么！

3）降抑调

降抑调的语调特征是前高后低，语势呈下降趋势，一般用来表达坚定、自信、感叹、祝愿的事情。例如，哪有这回事？

4）弯曲调

弯曲调的语调特征是有升有降，语势曲折多变。一般用来表达忧虑、讽刺、调侃、怀疑的感情。例如，为什么不借 100 万元整数而只借 90 万元？

因此，在谈判中可以通过对方说话声音高低抑扬的变化来窥探其情绪的波动。同样一句话，由于语调的高低升降不同，可以表达出不同的含义。谈判者在讲话时要充分利用不同的语调变化，根据语言表达的不同内容和不同需要，变换不同的语调。这样，谈判语言层次分明，感染力大大加强。

3. 语速与节奏

语速对陈述效果影响很大。语速过快，对方听不清楚，表现出紧张、激烈的情绪，会让对方感到压力；语速过慢，又会使对方难辨主次，而且觉得犹豫、沉重。在谈判中说话过快或过慢都是不好的。应该合理变换语速，有些话说得快些，有些话则说得慢些，快慢结合，这样才能充分调动对方，吸引对方。

节奏是音量的大小、强弱、音调的高低升降、音速的快慢缓急等因素组合的有秩序、有节拍变化、有规律的声音。节奏过于缓慢，很难引起对方的注意和兴趣，常使对方分心；节奏过快，很难使人立即接受并理解其具体真正的含义，给信息沟通带来麻烦。所以节奏技巧的处理是让它有张有弛，有抑有扬。该平和的地方就放慢节奏，娓娓道来；该展示气度胸怀时，就要有高屋建瓴的气势，使整席话就如同一首好听的歌一样和谐。

4．重音

重音就是说话时着重突出某个字、词，以示强调。一般来说，重音有3种类型。

1）逻辑重音

根据谈判者目的不同而强调句子中不同的词语。它在句中没有固定的位置。下列例句中，括号里的词语读重音。

（我们）不相信贵方会这样做。

我们不相信（贵方）会这样做。

我们不相信贵方会（这样）做。

2）语法重音

根据一句话的语法结构规律而说成重音。定语、状语常是语法重音。

3）感情重音

为了表达思想感情，谈判者在一句话、几句话甚至一段话中对某些音节加重音量。

5．停顿

停顿是因内容表达和生理、心理的需要而在说话时所做的间歇。谈判者为了表示某种特定的意思而有意安排的停顿，可以引起对方的注意，强调我方的重点，达到"此时无声胜有声"的境界。一般来说，停顿可分为4种。

1）语法停顿

语法停顿指按照标点符号所做的间歇。例如，遇到句号、逗号、顿号、分号等都可做或长或短的停顿。

2）逻辑停顿

逻辑停顿指为了突出强调某一事物或显示某一语音而做的停顿。逻辑停顿有时打破标点符号的局限，在无标点处停顿。这种情况一般与逻辑重音相配合。

3）感情停顿

感情停顿指由感情需要而做的停顿。它受感情支配，有丰富的内在含义和饱满的真情实感，多用来表达沉吟思考、情感激动、恼怒愤慨等的情感。

4）生理停顿

生理停顿指说话时在长句子中间合适的地方顿一顿、换一口气。

在谈判过程中，谈判者可以用停顿来突出、强调自己的观点或意图，吸引对方的注意力；也可以通过恰当的停顿，给对方留下一定的思考时间，促使对方更充分、深入地分析、思考这些话的内涵，便于他接受己方的观点，达到对所讨论问题的共识。

【特别提示】

语音的停顿、升降、快慢并不是互相孤立的，它们是密切联系、相互渗透、同时出现的。它们的使用也必须从谈判语言运用的实际出发，灵活地加以变化，从而有效地增强语言的说服力和感染力，起到促进谈判双方间相互沟通的作用。

6.2.2 眼睛动作的语言

眼睛是心灵的窗户。这句话道出了眼睛具有反映深层内心世界的功能。眼睛的动作最能够明确地表达人的情感世界。人的一切情绪、情感和态度的变化都可以从眼睛中显示出来。人可以对自己的某些外显行为做到随意控制，可以在某些情境中做到口是心非，却很难对自己的目光做到有效控制。一般情况下，你越喜欢接近的人，就越爱用眼睛与之"交谈"。在商务谈判中也同样如此。

（1）在谈判中，对方的视线经常停留在你的脸上或与你对视，说明对方对谈判内容很感兴趣，想急于了解你的态度和诚意，成交的希望程度高。

（2）交谈涉及关键内容，如价格时，对方时时躲避与你视线相交，一般说来，对方把卖价抬得偏高或把买价压得过低。

（3）对方的视线时时脱离你，眼神闪烁不定，说明对你所谈的内容不感兴趣但又不好打断，产生了焦躁情绪。

（4）对方眨眼的时间明显地长于自然眨眼的瞬间时（正常情况下，一般人每分钟眨眼5～8次，每次眨眼一般不超过1秒钟），表明对方对你谈的内容或对你本人已产生了厌倦情绪，或表明对方感觉有优越感，对你不屑一顾。

（5）倾听对方谈话时几乎不看对方的脸，那是试图掩饰什么的表现。

（6）眼神闪烁不定，常被认为是掩饰的一种手段或不诚实的表现。

（7）眼睛瞳孔放大而有神，表示此人处于兴奋状态；瞳孔缩小无神，神情呆滞，表示此人处于消极、戒备或愤怒状态。

（8）瞪大眼睛看着对方是对对方有很大兴趣的表示。

（9）对方的视线在说话和倾听时一直环顾，偶尔瞥一下你的脸便迅速移开，通常意味着对生意诚意不足或只想占大便宜。

（10）下巴内收，视线上扬注视你，表明对方有求于你，成交的希望程度比你高，让步幅度大；下巴上扬，视线向下注视你，表明对方认为比你有优势，成交的欲望不强，让步幅度小。

眼神传递的信息远不止这些。人类眼睛所表达的思想，有些确实是只能意会而难以言传的，这就要靠谈判人员在实践中用心加以观察和思考，不断积累经验，争取把握种种眼睛的动作所传达的信息。

6.2.3 眉毛动作的语言

眉毛是配合眼睛的动作来表达含义的，二者往往表达同一个含义。但单纯眉毛也能反映出人的许多情绪。

（1）人们处于惊喜或惊恐状态时，眉毛上耸，"喜上眉梢"。

（2）处于愤怒或气恼状态时，眉角下拉或倒竖。

（3）眉毛迅速地上下运动，表示亲近、同意或愉快。

（4）紧皱眉头，表示人们处于困惑、不愉快、不赞同的状态。

（5）眉毛高挑，表示询问或疑问。

(6)眉宇舒展,表示心情舒畅。
(7)双眉下垂,表示难过和沮丧。

上述有关眉毛传达的动作语言是不容忽视的,人们常常认为没有眉毛的脸十分可怕,因为它给人一种毫无表情的感觉。

6.2.4 嘴巴动作的语言

人的嘴巴除了说话、吃喝和呼吸以外,还可以有许多动作,借以反映人的心理状态。
(1)嘴巴张开,嘴角上翘,常表示开心、喜悦。
(2)撅起嘴,常表示生气或赌气,是不满意和准备攻击对方的表现。
(3)撇嘴,常表示讨厌、轻蔑。
(4)咂咂嘴,常表示赞叹或惋惜。
(5)努努嘴,常表示暗示或怂恿。
(6)嘴角稍稍向后拉或向上拉,表示听者是比较注意倾听的。
(7)嘴角向下拉,是不满和固执的表现。
(8)紧紧地抿住嘴,往往表现出意志坚决。
(9)遭受失败时,人们往往咬嘴唇,这是一种自我惩罚的动作,有时也可解释为自我嘲解和内疚的心情。

6.2.5 上肢动作的语言

上肢包括手和臂膀。通过对上肢的动作或者自己与对方手与手的接触,我们可以判断分析出对方的心理活动或心理状态,也可以借此把自己的意思传达给对方。

1)握拳

握拳是表现向对方挑战或自我紧张的情绪。握拳的同时使用指关节发出响声或用拳击掌,都是向对方表示无言的威吓或发出攻击的信号。握拳使人肌肉紧张、能量集中,一般只有在遇到外部的威胁和挑战而准备进行抗击时才会产生。

2)敲打桌面

用手指或铅笔敲打桌面,或在纸上乱涂乱画,表示对对方的话题不感兴趣、不同意或不耐烦的意思。这样一是打发消磨时间,二是暗示和提醒对方。

3)吸手指

吸手指或指甲的动作是婴儿行为的延续,成年人做出这样的动作是个性或性格不成熟的表现,即所谓的"乳臭未干"。

4)手呈尖塔状

两手手指并拢并置于胸的前上方呈尖塔状,表明充满信心,这种动作多见于西方人,特别是会议主持人、领导者、教师在主持会议或上课时,用这个动作以示独断或高傲,以起到震慑学生或与会者的作用。

5)手放胸腹部

手与手连接放在胸腹部的位置,是谦逊、矜持或略带不安心情的反应。歌唱家、获奖者、等待被人介绍时常用这样的姿势。

6）两臂交叉于胸前

两臂交叉于胸前，表示防卫或保守，两臂交叉于胸前并握拳，则表示怀有敌意。

7）握手

握手的动作来自原始时代的生活。原始人在狩猎或战争时，手掌中持有石块和棍棒等武器。陌生者相遇，若互相之间没有恶意，就要放下手中的东西，并伸开手掌，让对方摸掌心，表示手中未持武器。久而久之，这种习惯逐渐演变成今日的"握手"动作。

握手的原始意义不仅表示问候，也表示一种保证、信赖和契约。标准的握手姿势应该用手指稍稍用力握住对方的手掌，对方也应该用手指稍稍用力回握，用力握的时间为1~3秒。如果发生与标准姿势有异的情况，便有了除问候与礼貌以外的附加意义。主要有以下几种情况。

（1）握手时对方手掌出汗，表示对方处于兴奋、紧张或情绪不稳定的心理状态。

（2）若某人用力回握对方的手，表明此人具有好动、热情的性格，凡事比较主动。美国人大都喜欢采用这种方式的握手；反之不用力握手的人，若不是个性懦弱、缺乏气魄，便是傲慢矜持，摆架子。

（3）凝视对方再握手，是想将对手置于心理上的劣势地位。先注视一下对方，相当于审查对方是否有资格与其握手的意思。

（4）向下握手，表示想取得主动、优势或支配地位，手掌向下，是居临高下的意思；相反，手掌向上，是性格软弱，处于被动、劣势或受人支配的表现。手掌向上有一种向对方投靠的含意。

（5）两只手握住对方的一只手并上下摆动，往往是热情欢迎、真诚感谢、有求于人、肯定契约关系等意义。在日常生活中，我们常常可以看到，为了表示感谢对方，或欢迎对方，或恳求对方等，一方会用两只手去握住对方的一只手。

6.2.6 下肢动作的语言

1）"二郎腿"

与对方并排而坐时，对方若架着"二郎腿"并上身向前向你倾斜，意味着合作态度；反之则意味着拒绝、傲慢或有较强的优越感。相对而坐时，对方架着"二郎腿"却正襟危坐，表明他是比较拘谨、欠灵活的人，且自觉处于很低的交易地位，成交期望值很高。

2）架腿

对方与你初次打交道时就采取架腿（把一只脚架在另一条腿的膝盖或大腿上）这个姿势并仰靠在沙发靠背上，通常带有倨傲、戒备、怀疑、不愿合作等意味。若上身前倾同时又滔滔不绝地说话，则意味着对方是个热情但文化素质较低的人，对谈判内容感兴趣。如果频繁变换架腿姿势，则表示情绪不稳定、焦躁不安或不耐烦。

3）并腿

交谈中始终或经常保持这一姿势并上身直立或前倾的对手，意味着谦恭、尊敬，表明对方有求于你，自觉交易地位低下，成交期望值很高。时常并腿后仰的对手大多小心谨慎，思虑细致全面，但缺乏自信心和魄力。

4）分腿

双膝分开、上身后仰者，表明对方是充满自信的、愿意合作的、自觉交易地位优越的人，但要指望对方做出较大让步是相当困难的。

5）摇动足部

摇动足部，或用足尖拍打地板，或抖动腿部，都表示焦躁不安、无可奈何、不耐烦或欲摆脱某种紧张情绪。

6）双脚动作

双脚不时地小幅度交叉后又解开，这种反复的动作表示情绪不安。

6.2.7 腰部动作的语言

腰部在身体上起"承上启下"的支持作用，腰部位置的"高"或"低"与一个人的心理状态和精神状态是密切相关的。

1）弯腰动作

鞠躬，点头哈腰等属于低姿势，把腰的位置放低，精神状态随之"低"下来，向人鞠躬是表示某种"谦逊"的态度或表示尊敬。例如，在心理上自觉不如对方，甚至惧怕对方时，就会不自觉地采取弯腰的姿势。

从"谦逊"再进一步，即演变成服从、屈从，心理上的服从反映在身体上就是一系列在居于优势的个体面前把腰部放低的动作，如跪、伏等。因此，弯腰、鞠躬、作揖、跪拜等动作，除了礼貌、礼仪的意义之外，都是服从或屈从对方，压抑自己情绪的表现。

2）挺腰板

使身体及腰部位置增高的动作，反映出情绪高昂、充满自信。经常挺直腰板站立、行走或坐下的人往往有较强的自信心及自制和自律的能力，但为人可能比较刻板，缺少弹性或通融性。

3）手叉腰间

表示胸有成竹，对自己面临的事物已做好精神上或行动上的准备，同时也表现出某种优越感或支配欲。有人将这视作领导者或权威人士的风度。

6.2.8 腹部动作的语言

腹部位于人体的中央部位，它的动作带有极丰富的表情与含义。在我国，一直重视腹部的精神上的含义，把腹、肚、肠视为高级精神活动与文化的来源，以及知识、智慧的储藏所。若某某人有学问，就称之为"满腹经纶"；作家构思称为打"腹稿"等。

（1）凸出腹部，表现出自己的心理优势，自信与满足感，可谓腹部是意志与胆量的象征。这一动作也反映了意在扩大自己的势力圈，是威慑对方，使自己处于优势或支配地位的表现。

（2）抱腹蜷缩，表现出不安、消沉、沮丧等情绪支配下的防卫心理，病人、乞丐常常这样做。

（3）解开上衣纽扣而露出腹部，表示开放自己的势力范围，对于对方不存戒备之心。

（4）系皮带、腰带的动作与传达腹部信息有关。重新系一下皮带是在无意识中振作精神的意思与迎接挑战的意识。反之，放松皮带则反映出放弃努力和斗志开始松懈，有时也意味着紧张的气氛中的暂时放松。

（5）腹部起伏不停，反映出兴奋或愤怒，极度起伏，意味着那是将爆发的兴奋与激动状态而导致呼吸的困难所至。

（6）轻拍自己的腹部，表示自己有风度、雅量，同时也包含着经过一番较量之后的得意心情。

6.2.9 其他姿势的语言

（1）交谈时，对方头部保持中正，时而微微点点头，说明他对你的讲话既不厌烦，也非太感兴趣；若对方将头侧向一边，尤其是倾向讲话人的一边，则说明他对所讲的事很感兴趣；若对方把头垂下，甚至偶尔合眼似睡，则说明他对所讲的事兴趣索然。

（2）谈话时，对方不断变换站、坐等体位，身体不断摇晃，常表示他焦躁和情绪不稳；不时用一种单调的节奏轻敲桌面，则表示他极度不安，并极具警戒心。

（3）交谈时，对方咳嗽常有许多含义，有时是焦躁不安的表现，有时是稳定情绪的缓冲，有时是掩饰说谎的手段，有时听话人对说话人的态度过于自信或自夸表示怀疑或惊讶而用假装清清喉咙来表示对他的不信任。

（4）洽谈时，若是戴眼镜的对方将眼镜摘下，或拿起放在桌上的眼镜把镜架的挂耳靠在嘴边，两眼平视，表示想用点时间稍加思考；若摘下眼镜，轻揉眼睛或轻擦镜片，常表示对争论不休的问题厌倦或是喘口气准备再战；若猛推一下眼镜，上身前倾，常表示因某事而气愤，可能进行反攻。

（5）拿着笔在空白纸上画圈圈或写数字等，双眼不抬，若无其事的样子，说明已经厌烦了；拿着打火机，打着了火，观看着火苗，也是一副烦相；放下手中物品，双手撑着桌子，头向两边看看后，双手抱臂向椅子上一靠，暗示对方：没有多少爱听的了！随你讲吧；把桌子上的笔收起，本子合上，女士则照镜子或拢拢头发、整整衣裙，都是准备结束的架势。

（6）扫一眼室内的挂钟或手腕上的表，收起笔，合上本，抬眼看着对手的眼睛，似乎在问："可以结束了吧？"这种表现足以说明"别谈了"的意思；给助手使个眼神或做个手势（也可小声说话），收拾桌上的东西，起身离开会议室，或在外面抽支烟、散散步，也表明对所言无望，可以结束谈判了。

以上是谈判及交往中常见的动作语言及其能传送的信息。当然，这些动作仅仅是就一般情况而言的，不同的民族、地区，不同的文化层次及个人修养，其在动作、姿势及其所传达的信息方面都是不同的，应在具体环境下区别对待。另外，我们在观察对方动作和姿态时，不能只从某一个孤立的、静止的动作或姿态去进行判断，而应从其连续的、一系列的动作进行分析和观察，特别是应结合讲话时的语气、语调等进行综合分析，这样才能得出比较真实、全面、可信的结论。

【特别提示】

在商务谈判过程中，对方完全可能会利用某些动作、姿态来迷惑我们，这就需要我们从对方连续一贯的动作来进行观察，或者与对方前后所做的动作，以及当时对方讲话的内容、语音、语气和语调等相联系，以便从中寻找到破绽，识别其真伪，然后采取必要的措施。

【技能训练6-2】

无声语言沟通

训练背景：在商务谈判过程中，特殊的语音现象、眼睛动作的语言、眉毛动作的语言、嘴巴动作的语言、吸烟动作的语言、上肢动作的语言、下肢动作的语言、腰部动作的语言、腹部动作的语言、其他姿势的语言等无声语言技巧贯穿于整个商务谈判过程中,这些语言技巧的运用会影响到谈判的结果,那么在实际谈判中我们应该如何运用这些语言技巧呢?

训练要求:以小组为单位,组建两个模拟公司,分别为买卖双方。之后就某一产品的进出口进行谈判,可针对产品的质量、价格、运输等方面进行谈判,在谈判过程当中,充分运用所学过的无声语言沟通技巧。

内容要点

商务谈判的过程,其实就是谈判各方运用各种语言进行沟通的过程。成功的商务谈判都是谈判双方出色运用沟通技巧的结果。依据语言的表达方式不同,商务谈判语言可以分为有声语言和无声语言。

有声语言是通过人的发音器官来表达的语言,一般理解为口头语言。这种语言是借人的听觉传递信息、交流思想。在商务谈判中,运用有声语言的技巧主要体现在听、问、答、叙、辩、说服等方面。

无声语言又称行为语言或体态语言,是指通过人的形体、姿态等非发音器官来表达的语言。一般理解为身体语言。这种语言是借人的视觉传递信息、表示态度、交流思想等。运用无声语言的技巧主要体现在:特殊的语音现象、眼睛动作的语言、眉毛动作的语言、嘴巴动作的语言、吸烟动作的语言、上肢动作的语言、下肢动作的语言、腰部动作的语言、腹部动作的语言、其他姿势的语言等。

实务重点

语言沟通,有声语言,无声语言。

基本知识训练

一、选择题

1. 商务谈判的语言多种多样,从不同的角度或依照不同的标准可以把它分成不同的类型,通常依据语言的表达方式不同可归类为有声语言和( )。
   A. 身体语言   B. 无声语言   C. 姿势语言   D. 肢体语言
2. 在一般的谈判场合的提问主要划分为封闭式问句和( )问句两大类。
   A. 开放式   B. 综合式   C. 肯定式   D. 展开式
3. 针对对方答复重新让其证实或补充的一种问句是( )问句。
   A. 选择式   B. 暗示式   C. 参照式   D. 澄清式
4. 商务谈判中的回答有3种类型,即( )、迂回回答和避而不答。
   A. 直接回答   B. 正面回答   C. 反面回答   D. 多次回答
5. 当有些问题不好回答时,回避答复的方法之一是"( )"。
   A. 部分回答   B. 答非所问   C. 慎重作答   D. 拖延答复

6. （　　）是借助一些宽泛模糊的语言进行答复，使自己的回答具有弹性，即使在意外情况下也无懈可击。

　　A. 沉默不答　　　　B. 答非所问　　　　C. 模糊答复　　　　D. 拖延答复

7. 谈判中说服对方的基本原则是要做到有理、（　　）、有节。

　　A. 有力　　　　　　B. 有度　　　　　　C. 有情　　　　　　D. 有爱

8. 一般来说，语调可分为平直调、上扬调、降抑调和（　　）4种类型。

　　A. 三声调　　　　　B. 弯曲调　　　　　C. 左右调　　　　　D. 曲直调

9. 重音就是说话时着重突出某个字、词，以示强调。一般来说，重音有3种类型：逻辑重音、（　　）、感情重音。

　　A. 单词重音　　　　B. 句子重音　　　　C. 语法重音　　　　D. 语调重音

10. 停顿是因内容表达和生理、心理的需要而在说话时所做的间歇。一般来说，停顿可分为4种：语法停顿、逻辑停顿、感情停顿和（　　）。

　　A. 身体停顿　　　　B. 生理停顿　　　　C. 生气停顿　　　　D. 语调停顿

11. 在谈判中，对方的视线经常停留在你的（　　）或与你对视，说明对方对谈判内容很感兴趣，想急于了解你的态度和诚意，成交的希望程度高。

　　A. 头上　　　　　　B. 眼上　　　　　　C. 脸上　　　　　　D. 嘴巴

12. 扫一眼室内的挂钟或手腕上的表，收起笔，合上本，抬眼看着对手的眼睛，这种表现足以说明"（　　）"的意思。

　　A. 时间到了　　　　B. 结束了　　　　　C. 吃饭了　　　　　D. 别谈了

13. 轻拍自己的腹部，表示自己（　　），同时也包含着经过一番较量之后的得意心情。

　　A. 有风度　　　　　B. 有腹部　　　　　C. 肚子疼　　　　　D. 肚子饿

14. 洽谈时，若是戴眼镜的对方将眼镜摘下，或拿起放在桌上的眼镜把镜架的挂耳靠在嘴边，两眼平视，表示（　　）。

　　A. 对争论不休的问题厌倦　　　　　　　B. 想用点时间稍加思考

　　C. 表示因某事而气愤　　　　　　　　　D. 表示喘口气准备再战

二、判断题

1. 商务谈判的语言多种多样，从不同的角度或依照不同的标准可以把它分成不同的类型。（　　）

2. 有声语言是通过人的嘴巴、耳朵、眼睛等器官来表达的语言，一般理解为口头语言。这种语言是借人的听觉传递信息、交流思想的。（　　）

3. 谈判中的倾听，不仅指运用耳朵这个器官去听，而且还应用眼睛去观察对方的表情、反应，用心去感觉谈判的气氛及对手的心情，用脑去分析对方所表述的含义。（　　）

4. 以第三者意见作为参照系提出的问句是暗示式问句。（　　）

5. 封闭式问句是指在广泛的领域内带出广泛答复的问句，通常无法采用"是"或"否"等简单的措辞做出答复。（　　）

6. 在谈判过程中，提问者要多听少说，多运用封闭式问句。（　　）

7. 不要提出含有敌意的问题。一旦问题含有敌意，就会损害双方的关系，最终会影响交易的成功。（　　）

8. 为使谈判成功，在谈判时要以法官的态度来询问对方，问起问题来接连不断。（　　）

9．提出问题后应保持沉默、闭口不言、专心致志地等待对方做出回答。（ ）

10．商务谈判中的"叙"是一种受对方提出问题的方向、范围的制约，是带有主动性的陈述。（ ）

11．谈判人员在商务谈判的陈述当中，常常会由于种种原因而出现陈述上的错误，谈判者应及时发现加以纠正，以防造成不应有的损失。（ ）

12．特殊的语音现象是伴随着有声语言出现的。包括语气、语调、语速、停顿等，是语言表达中不可缺少的部分。（ ）

13．吸一口烟后，烟从嘴角缓缓吐出，往往表示积极、自信，因为此时伴随吐烟的动作，身体的姿势也是向上昂起的。（ ）

14．握手的原始意义不仅表示问候，也表示一种保证、信赖和契约。（ ）

15．与对方并排而坐时，对方若架着"二郎腿"并上身向前向你倾斜，意味着拒绝、傲慢或有较强的优越感。（ ）

三、简答题

1．简述商务谈判中有声语言与无声语言的含义。
2．商务谈判中有声语言运用技巧主要体现在哪几个方面？
3．商务谈判中无声语言运用技巧主要体现在哪几个方面？

综 合 实 训

一、案例分析

1．三位日本商人代表日本航空公司和美国一家公司谈判。谈判从早上8点开始，进行了两个半小时。美国代表以压倒性的准备资料淹没了日方代表，他们用图表解说、电脑计算、屏幕显示以及各式的数据资料来回答日方提出的报价。而在整个过程中，日方代表只是静静地坐在一旁，一句话也没说。终于，美方的负责人关掉了机器，重新扭亮了灯光，充满信心地问日方代表："意下如何？"一位日方代表斯文有礼、面带微笑地说："我们看不懂。"美方代表的脸色忽地变得惨白："你说看不懂是什么意思？什么地方看不懂？"另一位日方代表也面带微笑地说："都不懂。"第三位日方代表以同样的方式慢慢答道："当你将会议室的灯关了之后。"美方代表松开了领带，斜倚在墙边，喘着气问："你们希望怎么做？"日方代表同声回答："请你再重复一遍。"美方代表彻底地失去了信心。谁有可能将秩序混乱而又长达两个半小时的介绍重新来过？美方终于不惜代价，只求达成协议。

（资料来源：http://blog.sina.com.cn/s/blog_52ec17270100bwtb.html.）

问题：这3位日本商人运用了什么谈判技能，使得美方代表失去信心，不惜代价只求达成协议？

2．一位世界著名谈判家的邻居是一位医生，在一次台风过后，医生的房子受到了严重的损害。医生希望能从保险公司多获得一些赔偿，但自感自己没有这种能力，于是找到了这位谈判家。

谈判家答应帮忙，并问医生："你希望能得到多少赔偿呢？"

医生回答："我希望通过你的帮助，保险公司能赔偿我500美元。"

谈判家点点头，然后又问道："那么请你实实在在地告诉我，这场台风究竟使你损失了多少钱？"

医生回答道："我的房子实际损失在500美元以上。"

几个小时以后，保险公司的理赔调查员找到了谈判家，并对他说："我知道，像您这样的专家，对于大数目的谈判是权威，但这次您恐怕无法发挥才能了，因为根据现场的调查情况，我们不可能赔得太多。请问，如果我们只赔您300美元，您觉得怎么样？"

谈判家沉吟了一会，然后对调查员说："你的顾客受到这么大的损失，你居然还有心思开玩笑？任何人都不可能接受这样的条件。"双方沉默了一会儿，理赔调查员打破了僵局："您别把刚才的价钱放在心上，不过我们最多也就能赔400美元了。"

谈判家回答说："看一看毁坏的现场，你就会知道这点钱是多么的可怜。绝对不行！"

"好吧，好吧，500美元总该行了吧？"

"小伙子，别轻易下结论，我们再一起去看看现场吧。"

在谈判家的一再坚持下，这一桩房屋理赔案的谈判，最终竟以不可思议的1 500美元的赔偿费了结，这大大出乎医生的预料。

（资料来源：http://blog.sina.com.cn/s/blog_52ec17270100bwtb.html.）

问题：谈判家到底从理赔员的谈话中听出了什么，以致他放心大胆地与对方讨价还价，甚至当对方已出到他和医生预先设定的价格时仍不让步？

二、实训操作

1. 实训目的

通过实训，培养学生在商务谈判中灵活运用有声语言与无声语言技巧的能力。

2. 实训组织和要求

将班级中的学生划分为若干谈判小组进行商务谈判，小组规模一般是3～5人。根据本章节内容进行不同沟通技能的运用，教师在学生谈判过程中提供必要的指导和建议，并组织同学进行经验交流，最后针对共性问题在课堂上组织讨论和专门的讲解。

3. 实训内容

1）灵活运用有声语言进行商务谈判

可通过互联网进行有声语言相关案例的收集，根据收集到的案例开展商务谈判，在谈判过程当中灵活运用有声语言的技巧。

2）灵活运用无声语言进行商务谈判

可通过互联网进行无声语言相关案例的收集，根据收集到的案例开展商务谈判，在谈判过程当中灵活运用无声语言的技巧。

模块 4 商务谈判结束

任务 7

商务谈判的结束与签约

SHANGWU TANPAN DE JIESHU YU QIANYUE

 【任务目标】

知识目标
- 了解商务谈判结束的方式，合同签约仪式的礼仪礼节
- 掌握判断商务谈判结束的方法

技能目标
- 具有判断商务谈判结束与否的能力
- 具有安排合同签约仪式的能力

实训目标
- 通过对商务谈判的结束与签约的学习，使学生能运用结束与签约的相关知识，具备分析商务谈判结束与否，选择合适的合同签约方式，从而达成圆满结束谈判的技能

【案例导入】

A 公司与某国际大品牌 G 公司进行 OEM 代工合作的谈判。G 公司自视甚高,对 A 公司要求苛刻,压缩利润,导致谈判无法进行下去。休会后,G 公司的谈判代表准备结束谈判立即返回总部。A 公司热情地邀请 G 公司的谈判代表参观 A 公司的生产线,并给予一些指导。参观过程中,A 公司管理的井然有序、员工的勤奋敬业给 G 公司的谈判代表留下了深刻的印象。参观完后,A 公司还安排 G 公司的谈判代表共进午餐,双方交谈很愉快,G 公司的谈判代表也爽快地答应了择期再进行一次谈判。通过 A 公司的努力,谈判得以继续进行,最终走到签约的环节。

【任务实施】

7.1 商务谈判结束

在案例导入中,A 公司的谈判代表为使商务谈判继续下去,要考虑哪些影响因素?对这些影响因素进行分析,注意应从商务谈判结束的判断、商务谈判结束的方式、商务谈判的结果、商务谈判结束前应注意的问题、促成谈判成交的策略等方面进行相关资料的收集并分析。

商务谈判的结束也称收尾,是商务谈判过程中非常重要的一个环节。作为谈判人员,应该学会正确判断商务谈判的终结,并采取有效的策略,促成双方圆满的结局。而谈判的最终结果就是签订合同,把双方在谈判中达成的目标、条件和意见肯定下来,经双方签字后成为具有法律约束的书面文件。

7.1.1 商务谈判结束的判断

商务谈判何时结束?是否已到协议的时机?这是商务谈判结束阶段极为重要的问题。谈判者必须正确判定谈判终结的时机,才能运用好结束阶段的策略,及时促成双方的合作。

1. 从谈判涉及的交易条件来判定

通常可从谈判所涉及的交易条件解决状况来分析判定整个谈判是否进入终结阶段。谈判的中心任务是交易条件的洽谈,在磋商阶段双方进行多轮的讨价还价,临近终结阶段要考察交易条件经过多轮谈判之后,是否达到以下 3 条标准,如果已经达到,那么就可判定谈判终结。

1)考察交易条件中尚余留的分歧

首先,从数量上看,如果双方已达成一致的交易条件占据绝大多数,所剩的分歧数量仅占极小部分,就可以判定谈判已进入终结阶段。因为量变会导致质变,当达到共识的问题数量已经大大超过分歧数量时,谈判性质已经从磋商阶段转变为终结阶段,或者说成交阶段。

其次,从质量上看,如果交易条件中最关键、最重要的问题都已经达成一致,仅余留一些非实质性的无关大局的分歧点,就可以判定谈判已进入终结阶段。谈判中的关键性问题常常会起决定性作用,也常常需要耗费大量的时间和精力。谈判是否即将成功,主要看关键问题是否达成共识。如果仅仅在一些次要问题上达成共识，而关键性问题还存在很大差距，是不能判定进入终结阶段的。

2）考察谈判对手交易条件是否进入己方成交底线

成交底线是指己方可以接受的最低交易条件，是达成协议的下限。如果对方认同的交易条件已经进入己方成交底线范围之内，谈判自然进入终结阶段。当然己方还可争取到更好一些的交易条件，但是己方已经看到可以接受的成果，这无疑是值得珍惜的主要成果，是不能轻易放弃的。如果能争取到更优惠的条件当然更好，但是考虑到各方面因素，此时不可因强求最佳成果而重新形成双方对立的局面。

3）考察双方在交易条件上的一致性

谈判双方在交易条件上全部或基本达成一致，而且个别问题如果做技术处理也达成共识，可以判定终结的到来。首先，双方在交易条件上达成一致，不仅指价格，而且包括对其他相关问题所持的观点、态度、做法、原则都有了共识。其次，个别问题的技术处理也应使双方认可。因为个别问题的技术处理如果不恰当、不严密、有缺陷、有分歧，就会使谈判者在协议达成后提出异议，使谈判战火重燃，甚至使达成的协议被推翻，使前面的劳动成果付之东流。因此，在交易条件基本达成一致的基础上，个别问题的技术处理也达成一致意见，才能判定终结的到来。

2．从谈判时间来判定

谈判必须在一定时间内结束，当谈判时间即将结束时，自然就进入终结阶段。受时间的影响，谈判者调整各自的战术方针，抓紧在最后的时间做出有效的成果。时间判定有以下 3 种标准。

1）双方约定的谈判时间

在谈判之初，双方一起约定整个谈判所需要的时间，谈判进程完全按约定的时间安排，当谈判已接近规定的时间时，自然进入谈判终结阶段。双方约定多长时间要视谈判规模大小、谈判内容多少、谈判所处的环境形势，以及双方政治、经济、市场的需要和本企业利益而定。如果双方实力差距不是很大，有较好的合作意愿，紧密配合，利益差异不是很悬殊，就容易在约定时间内达成协议，否则就比较困难。按约定时间终结谈判能让双方产生紧迫感，促使双方提高工作效率，避免长时间地纠缠一些问题，争辩不休。如果在约定时间内不能达成协议，一般也应该遵守约定的时间将谈判告一段落，或者另约时间继续谈判，或者宣布谈判破裂，双方再重新寻找合作伙伴。

2）单方限定的谈判时间

由谈判一方限定谈判时间，随着时间的终结，谈判随之终结。通常是在谈判中占有优势的一方，或是出于对本方利益的考虑需要在一定时间内结束谈判，或是还有其他可选择的合作者，因此请求或通告对方在己方希望的时限内终结谈判。单方限定谈判时间无疑对被限定方施加了某种压力，被限定方可以随从，也可以不随从，关键要看交易条件是否符合己方的谈判目标，如果认为条件合适，又不希望失去这次交易机会，可以随从，但要防止对方以时间限定向己方提出不合理要求。另外，也可利用对方对时间限定的重视性，向对方争取更优惠的条件，以对方的优惠条件来换取己方在时间限定上的配合。如果以限定谈判时间为手段向对方施加不合理要求，会引起对方的抵触情绪，破坏平等合作的谈判气氛，从而造成谈判破裂。

【案例 7-1】

谈判中的买方限定谈判时间的例子有①"我方 12 月 31 日以后就无力购买了";②"如果你不同意,下星期一我们就要找别的卖主商谈了";③"我方要在 4 月 1 日之前完成全部订货";④"这是我们的生产计划书,假如你们不能如期完成,我们只好另找其他的供应商了。"

谈判中的卖方限定谈判时间的例子有①"存货不多,欲购从速";②"如果你方不能在 9 月 1 日以前给我们订单,我们将无法在 10 月 30 日前交货";③"如果我方这星期收不到货款,这批货物就无法为你方保留了";④"从 5 月 1 日起价格就要上涨了";⑤"优惠价格将于 9 月 30 日截止"。

3)形势突变的谈判时间

由于谈判的外部环境是在不断发展变化的,谈判进程可能会受这些变化的影响。本来双方已经约定好谈判时间,但是在谈判进行过程中形势发生突然变化,如市场行情突变、外汇行情大起或大落、公司内部发生重大事件等,谈判者突然改变原有计划,要求提前终结谈判。

【案例 7-2】

在美国某乡镇有一个由 12 个农夫组成的陪审团。在一次案件的审理过程中,陪审团中 11 个人认定某被告有罪,只有一个人表示了不同的看法,认为该被告无罪。由于陪审团的判决只有在其全体成员一致通过的情况下才能成立,于是陪审团中认定被告有罪的这 11 个人花了将近一天的时间劝说表示不同看法的那个人。此时,忽然天空中乌云密布,眼看一场大雨就要来临。那 11 个农夫急着要在大雨之前赶回去,收回晒在外面的干草。可是,持不同意见的这位农夫仍然不为所动,坚持己见。那 11 个农夫急得像热锅上的蚂蚁,他们的立场开始动摇了。随着"轰隆"一声雷鸣,那 11 个农夫再也等不下去了,转而一致投票赞成持不同意见农夫的意见:宣判被告无罪。

3. 从对方传递的信息来判断

谈判人员要学会判断对方传递的信息。通常如果对方提及以下问题,意味着对方已有结束谈判的意图。

(1)询问交货的时间。
(2)打听新旧产品及有关产品的比价问题。
(3)对质量和加工提出具体要求。
(4)要求把价格说得确切一些。
(5)要求将报盘的有效期延续几天。
(6)要求实地试用产品。
(7)提出了某些反对意见。

要想使谈判圆满地结束,辨认对方传递的信号是一个重要的先决条件,而后应巧妙地运用一些策略,促成双方谈判的结束。

4. 从谈判策略来判定

谈判过程中有多种多样的策略,如果谈判策略实施后谈判必然进入终结,这种策略就称为终结策略。终结策略对谈判终结有特殊的导向作用和影响力,它表现出一种最终的冲击力量,具有终结的信号作用。常见的终结策略有以下几种。

1）最后立场策略

谈判者经过多次磋商之后仍无结果，一方阐明己方最后的立场，讲清只能让步到某种条件，如果对方不接受，谈判即宣布破裂；如果对方接受该条件，那么谈判成交。这种最后立场策略可以作为谈判终结的判定。一方阐明自己的最后立场，成败在此一举，如果对方不想使谈判破裂，只能让步接受该条件。如果双方并没有经过充分的磋商，还不具备进入终结阶段的条件，一方提出最后立场就含有恫吓的意味，让对方俯首听从。这样并不能达到预期目标，反而过早地暴露己方最低限度的条件，使己方陷入被动局面，这是不可取的。

2）折中进退策略

折中进退策略是指将双方条件差距之和取中间条件，作为双方共同前进或妥协的策略。例如，谈判双方经过多次磋商后互有让步，但还存在残余问题，而谈判时间已消耗很多，为了尽快达成一致，实现合作，一方提出一个比较简单易行的方案，即双方都以同样的幅度妥协退让，如果对方接受此建议，即可判定谈判终结。折中进退策略虽然不够科学，但是在双方很难说服对方，各自坚持己方条件的情况下，也是寻求尽快解决分歧的一种方法。其目的就是化解双方矛盾差距，比较公平地让双方分别承担相同的让步幅度，避免在残余问题上过多地耗费时间和精力。

3）总体条件交换策略

双方谈判临近预定谈判结束时间或阶段时，以各自的条件做整体交换以求达成协议。双方谈判内容涉及许多项目，在每一分项目上已经进行了多次磋商。经过多个回合的谈判后，双方可以将全部条件通盘考虑，做"一揽子交易"。例如，涉及多个内容的成套项目交易谈判、多种技术服务谈判、多种货物买卖谈判，可以统筹全局，一次性进行条件交换。这种策略从总体上展开一场全局性磋商，使谈判进入终结阶段。

7.1.2 商务谈判结束的方式

常见的商务谈判结束的方式有3种：成交、中止、破裂。

1．成交

成交即谈判双方达成协议，交易得到实现，成交的前提是双方对交易条件经过多次磋商达成共识，对全部或绝大部分问题没有实质上的分歧。成交方式是双方签订具有高度约束力和可操作性的合同或协议书，为双方的商务交易活动提供操作原则和依据。

2．中止

中止谈判是谈判双方因为某种原因只达成部分协议，而由双方约定或单方要求暂时终结谈判的方式。中止如果发生在整个谈判进入最后阶段的时刻，在解决最后分歧时发生，就是终局性中止，并作为一种谈判结束的方式被采用。中止可分为有约期中止与无约期中止。

1）有约期中止

有约期中止谈判是指双方在中止谈判时，对恢复谈判的时间予以约定的中止方式。如果双方认为成交价格超过了原规定计划或让步幅度超过了预定的权限，或者尚需等上级部门的批准，使谈判难以达成协议，而双方均有成交的意愿和可能，于是经过协商，一致同意中止谈判。这种中止是一种积极姿态的中止，是主动中止方式，它的目的是促使双方创造条件，最后达成协议。

2）无约期中止

无约期中止谈判是指双方在中止谈判时对恢复谈判的时间无具体约定的中止方式，无约期中止的典型做法是冷冻政策。在谈判中，或者由于交易条件差距太大，或者由于特殊困难存在，双方又有成交的需要而不愿使谈判破裂，双方于是采用冷冻政策暂时中止谈判。此外，双方对造成谈判中止的原因无法控制时，也会采取无约期中止的做法。例如，涉及国家政策突然变化，经济形势发生重大变化等超越谈判者意志之外的重大事件时，谈判双方难以约定具体的恢复谈判的时间，只能表述为"一旦形势许可"、"一旦政策允许"，然后择机恢复谈判。这种中止，双方均出于无奈，对谈判最终达成协议造成一定的干扰和拖延，是被动中止方式。

3. 破裂

谈判破裂是指双方经过最后的努力仍然不能达成共识和签订协议，交易失败，从而结束谈判。谈判破裂的前提是双方经过多次努力之后，没有任何磋商的余地，至少在谈判范围内的交易已无任何希望，谈判再进行下去已无任何意义。谈判破裂依据双方的态度分为友好破裂结束谈判和对立破裂结束谈判。

1）友好破裂结束谈判

友好破裂结束谈判是指双方互相体谅对方面临的困难，讲明难以逾越的实际障碍而友好地结束谈判的做法。在友好破裂方式中，双方没有过分的敌意态度，只是各自坚持自己的交易条件和利益，在多次努力之后最终仍然达不成协议。双方态度始终是友好的，能充分理解对方的立场和原则，能理智地承认双方在客观利益上的分歧。对谈判破裂抱着遗憾的态度，谈判破裂并没有使双方关系破裂，反而通过充分的了解和沟通，产生了进一步合作的愿望，为今后双方再度合作留下可能的机会。我们应该提倡这种友好的破裂方式。

2）对立破裂结束谈判

对立破裂结束谈判是指双方或单方在对立的情绪中愤然结束未达成任何协议的谈判。造成对立破裂的原因有很多，如对对方的态度强烈不满，情绪激愤；在对待对方时不注意交易利益的实质性内容，较多责怪对方的语言、态度和行为；一方以高压方式强迫对手接受己方条件，一旦对方拒绝，便不容商量断然破裂；双方条件差距很大，互相指责对方没有诚意，难以沟通和理解，造成破裂。不论何种原因，造成双方在对立情绪中使谈判破裂毕竟不是好事，这种破裂不仅没有达成任何协议，而且使双方关系恶化，今后很难再次合作。所以，在破裂不可避免的情况下，首先，要尽力使双方情绪冷静下来，不要使用过激的语言，尽量使双方能以友好的态度结束谈判，至少不要使双方关系恶化；其次，要摆事实讲道理，不要攻击对方，要以理服人，以情感人，以礼待人，这样才能体现出谈判者良好的修养和风度。

7.1.3 商务谈判的结果

商务谈判结果可以从两个方面看：一是双方是否达成交易，二是经过谈判双方关系发生何种变化。这两个方面是密切相关的，我们根据这两个方面的结果联系起来分析，可以得出6种谈判结果，见表7-1。

表 7-1　商务谈判结果及其表现

结　　果	表　　现
达成交易并改善了关系	双方谈判目标顺利完成，并且实现交易，双方关系在原有基础上得到改善，促进今后进一步的合作。这是最理想的谈判结果，既实现了眼前利益，又为双方长远利益发展奠定了良好基础。要想实现这种结果，首先双方要抱着真诚合作的态度进行谈判，同时谈判中双方都能为对方着想并做出一定的让步
达成交易，但关系没有变化	双方谈判结果是达成交易，但是双方关系并没有改善也没有恶化。这也是不错的谈判结果。因为双方力求此次交易能实现各自利益，并且没有刻意去追求建立长期合作关系，也没有太大的矛盾造成不良后果，双方平等相待，互有让步，实现交易成功
达成交易，但关系恶化	虽然达成交易，但是双方付出了一定的代价，双方关系遭到一定的破坏或是产生阴影。这种结果从眼前利益来看是不错的，但是对今后的长期合作是不利的，或者说是牺牲双方关系换取交易成果。这是一种短期行为，对双方长远发展没有好处，但为了眼前的切实利益而孤注一掷也可能出于无奈
没有成交，但改善了关系	谈判没有达成协议，但是双方关系却得到良好发展。虽然由于种种原因双方没有达成交易，但是在谈判中双方经过充分的交流和了解，实现了相互之间的理解和信任，都产生了今后要继续合作的愿望，此次谈判为将来双方成功合作奠定良好的基础
没有成交，关系也没有变化	这是一次毫无结果的谈判，双方既没有达成交易，也没有改善或恶化关系。这种近乎平淡无味的谈判没有取得任何成果，也没有造成任何不良后果。双方都彬彬有礼地坚持己方的交易条件，没有做出有效的让步，也没有激烈地相互攻击，在今后的合作中也有可能进一步发展双方关系
没有成交并且关系恶化	这是最差的结果。谈判双方在对立的情绪中宣布谈判破裂。双方既没有达成交易，又使原有关系遭到破坏；既没有实现眼前的实际利益，也对长远合作关系造成不良的影响。这种结果是谈判者不愿意看到的，所以应以避免这种结果的出现。当然，在某种特殊环境中、特殊情况下，出于对己方利益的保护，对己方尊严的维护，坚持己方条件不退让，并且反击对方的高压政策和不合理要求，虽然使双方关系恶化，也是一种迫不得已的做法

7.1.4　商务谈判结束前应注意的问题

1. 对前阶段谈判的回顾和总结

（1）是否所有的内容都已谈妥，是否还有一些未能解决的问题，以及对这些问题的最后处理方案。

（2）所有交易条件的谈判结果是否已经达到己方期望的交易结果或谈判目标。

（3）最后让步的项目和幅度。

（4）采用何种特殊的收尾技巧。

（5）着手安排交易记录事宜。

这种回顾的时间和形式取决于谈判的规模，可以安排在一个正式的会议上，也可以安排在一天谈判结束后的 20 分钟休息时间里。

2. 最终报价和最后让步

1）最终报价

最终报价时要非常谨慎，因为报价过早会被对方认为还有可能做额外让步，等待再获得利益的机会。报价过晚，则会对局面所起作用或影响较小。因此，最后一次报价通常把最后的让步分成两部分：主要让步部分在最后期限前提出，刚好给对方留出一定的时间考虑；次要让步部分可作为"甜头"，安排在最后时刻做出。

2）最后让步

要严格把握最后让步的幅度，其大小必须足以成为预示最后成交的标志。在决定最后让步幅度时，一个主要因素是看对方接受让步的这个人在其组织中的级别和地位，合适的让步幅度应该：刚好能满足职位较高的谈判对手维护他的地位和尊严的需要；对职位较低的谈判对手，足以使对方的上司不至于指责他未能坚持到底。而且让步与要求要同时提出，除非己方在让步时全面接受对方的最后要求，否则必须让对方知道，不管是在最后让步之前还是在做出让步的全过程，都希望对方予以回应，做出相应的让步。

3. 谈判的记录及整理

在谈判中，双方一般都要做谈判记录。包括双方已经达成共识的议题在内的重要内容应交换整理成简报或纪要，向双方公布，得到双方的认可，这样可以确保协议日后不被违背。这种文件具有一定的法律效力，在以后的纠纷中尤其有用。在最后阶段，双方要检查整理记录，如果双方共同确认记录准确无误，记录所记载的内容便是起草书面协议或合同的主要依据。在一项长期、复杂，甚至需要若干次会谈的大型谈判中，每当一个问题谈妥之后，都需要通读双方的记录，核对一致，力求使达成的协议不存在任何含混不清的地方，这点在激烈的谈判中更加重要。

4. 谈判者的心态表现

对于愿意接受的交易条件，谈判者在不同的场合下可以表现出 3 种不同的心态。

1）面对谈判对手

面对谈判对手时，应该表现出如下态度：虽然己方无利可图或是获利甚微，但为了发展双方关系，己方最终还是不得已接受了这些条件，装出一副遭受重大损失的样子。

2）面对管理部门或领导

面对自己的管理部门或上司，应该表现出如下态度：这些成交条件正是谈判目标范围内的，而且在某些方面比预计的好得多。己方的条件不能太苛刻，否则会使谈判失败。

3）面对个人

在面对自己时，则将表现出一种辩证的、模糊的态度，我同意这些交易条件，是因为这已经是尽可能争取到最大的优惠，而且对方从该项交易中获利并不多。虽然这次我获得的利益不是特别丰厚，但是在今后的业务中，可以努力向对方推荐新产品，报价时多报一点儿，从今后的订单中多赚一些利润就行了。

5. 谈判中非原则性问题的磋商

非原则性问题包括实质性谈判中没有引起重视或未确定的、与双方利益关系不大的交易条件，以及结束谈判过程前后的一些程序等形式上的问题。在对主要交易条件、原则性交易条件取得一致以后，谈判结束之前，还存在一些非原则性的问题需要进一步磋商确定下来。

由于每项交易的具体情况不同，会出现不同的非原则性问题。在一项交易中，某些交易条件属于原则性问题，为双方所重视，而在另一项交易中，这些交易条件则退居非原则性问题，在激烈的实质性谈判中并不被谈判双方所重视。

当主要条件取得一致后，非原则性问题的磋商不会出现大的分歧，双方的让步也容易得多，"两利相权取其重"的道理双方都明白，但是谈判者也必须持谨慎态度，因为这些问题的存在并非可有可无。

7.1.5 促成谈判成交的策略

商务谈判双方经过谈判前几个阶段的交锋,消除了许多障碍和分歧,但这只是为成交铺平了道路,商务谈判人员还需经过一番努力以促成双方下定决心,做出具体的成交行动。因此,商务谈判的促成,是谈判人员在谈判过程中的一项重要任务。谈判人员必须面对谈判所处的具体情势,相机而动,努力促成谈判。

1. 均衡条件下促成谈判成果的策略

商务谈判的均衡条件是指谈判双方势均力敌,双方谈判的主谈人的谈判能力差别不大,双方呈均势状态。同时,在谈判中双方已经表现出初步的求大同存小异的意向或承诺,决心适应彼此需要,坚持不让枝节问题改变根本决策或影响大局等。

1) 均衡条件的基础

均衡条件主要源于谈判双方均势状态下所存在的共同利益。对于谈判双方存在的共同利益,至少有以下几个方面。

(1) 双方都要求格局稳定,保持均势。

(2) 双方都希望达成双方大体满意的谈判协议。

(3) 双方都期望维持良好的合作状态。

(4) 双方都愿意维护良好的、长期的业务关系。

所以,明确谈判双方的共同利益,保护谈判双方的均衡状态,有利于促成谈判。

2) 均衡条件下促成谈判成果

在均衡条件下促成谈判,应该注意把握好以下问题。

(1) 清醒地认识并保持谈判双方的均衡状态。均衡状态是保持稳定的必要格局,没有均势就难有和谐。谈判双方实力失去平衡,谈判局势往往呈现恶化的状态。因此,在商务谈判中,必须通过对双方或多方力量的牵制与制约,始终保持均衡之势,避免直接对抗。

(2) 努力为实现合作双赢的目标创造和谐气氛。正是由于均势条件主要源于双方的共同利益,所以,应当把商务谈判当做一项合作的事业,双方权衡共同利益与各自的独立利益,为实现合作双赢的谈判目标,双方相互适应、彼此迁就、密切合作,营造和谐的谈判气氛以利于谈判。

(3) 警惕谈判一方打破均衡、恶化谈判局势的企图。均衡和谐的谈判局势的维持是有难度的,因为谈判双方实力大体相当,任何一方都没有明显的优势,不排除其中一方企图打破均衡,争取处于谈判的有利地位。如果超过双方实力的平衡点,双方的力量对比发生倾斜,处于劣势的一方就会处于不利位置。所以,从促成谈判的角度看,要防止局势的恶化。

2. 优势条件下促成谈判成果的策略

优势条件,意味着商务谈判双方的实力对比悬殊,或双方谈判的主谈人的谈判能力存在明显差异。其具体表现为,己方在经济实力、政治背景、协作关系等方面占有较大优势;对方的经济实力、谈判能力较弱,且多为外来客户。

商务谈判中一方处于优势是很常见的现象。当己方处于优势时,通常情况下,只要充分利用其优势,促成交易并不困难。但当己方谈判的动机为对本次交易有较急迫的要求,或者想与对方形成长期的合作关系时,就要注意技巧,不仅要注意树立"大家风范",态度平和、诚恳，更要防止仗势欺人，否则很可能适得其反，无法促成交易。优势条件下谈判的促成，应尽量满足于实现己方的理想目标，取得既定利益。为此，谈判过程中应该注意以下问题。

1）主动地营造和谐的谈判气氛

处在优势的己方应该充分利用自身的优势条件，先入为主，以平等的姿态坦诚对待对方，当仁不让地以友好热情的方式主持谈判，赢得对方的信任与支持。要千方百计地让对方将己方视为靠山，引导其与己方合作并建立长期的业务关系。

2）行为举止尽量表现出豁达大度

由于己方力量强大，对方难免有警惕心理。为促成谈判，己方应表现出豁达、宽容，要平等对待对方的谈判人员，使双方的发言态势平衡，最好给人以扶持对方的感觉。切忌出现居高临下、独霸一方的局面。

3）引导对方按照己方设定的目标进行思维和行动

谈判主体的平等地位决定了己方优势的真正意义在于对方的认可，并逐步将谈判推向成功的彼岸。实践证明，"漫天要价"式的谈判并不利于成交，反而会葬送谈判。

4）密切关注对方的策略选择，谨防"对抗行动"

当对方意识到双方差距过大，抗衡条件明显不利时，很可能以对抗行动方式逼迫己方大幅让步。例如，以"疲劳战术"、"休会"等方式拖延谈判，令己方左右为难。对此，必须采取针锋相对的策略变被动为主动，但不能仗势欺人。

3．劣势条件下促成谈判结果的策略

劣势条件通常表现为谈判双方的实力对比中，己方处于弱势，对方处于强势；双方不对等，己方有求于人，对方需求不急迫。

谈判是双方实力的竞争，如果一方在谈判中处于劣势地位，就难以进行势均力敌的较量，至少失去与对方抗衡的筹码，难以达成令双方都满意的协议。所以，正确看待谈判中的劣势，并转化谈判中的劣势就显得尤其重要。

1）处于劣势的原因

在谈判中，某一方处于劣势既可能是由于对方有优势，也可能是由于己方存在不利因素，主要由于以下几个方面因素。

（1）对方实力雄厚、企业规模大、资金来源充足，能够从各个方面提供较优惠的条件，或者是公司有良好的经营业绩，知名度较高。

（2）市场货源紧缺，对方具有垄断的趋势。在这种情况下，卖方会利用产品在市场占有率高的优势，提高产品售价，迫使买方接受条件。

（3）产品具有较强的竞争力，表现为产品的性能、质量好及新颖美观，或者是世界知名产品，这些都会成为谈判桌上讨价还价的砝码。

（4）能够提供独特的技术或服务，没有竞争对手，使得卖方能够从各方面迫使买方做出让步。

（5）市场供大于求，买方可以从容地选择卖方，并以此要求卖主提供各种优惠条件。

（6）一方急于达成协议也会使自己处于劣势。例如，急于销售库存、迫切需要资金周转等情况，一方往往会急于求成，不惜代价。

另外，公司的信誉度、谈判人员的综合素质、掌握国际市场信息的状况等，也会影响双方的地位与实力。

由此可见，上述情况的出现，都可能造成某一方在谈判中处于劣势，进而影响双方的利益分配。实践证明，转变在谈判中的不利地位，抓住谈判的主动权或争取优势促成谈判是完全可能的。

2）转化谈判中劣势的办法

一方处于谈判中的劣势，如何取得商务谈判的主动权，关键在于选择恰当的方法。

（1）提出最佳选择方案，维护自己的利益。谈判处于劣势，最常见的一种情况是担心不能成交，过分地迁就对方，采用最低标准来保护自己。最低标准虽然对改变劣势有一定的作用，却也有不利的一面，往往会限制谈判策略与技巧的灵活运用，限制了谈判者的想象力，不能启发谈判者去思考别的变通方式，因而并非上策。

要避免谈判中处于劣势地位可能带来的不利后果，较好的方法是根据实际情况，提出多种选择方案，从中确定一个最佳方案，作为达成协议的标准。在这些方案中，至少要包括：对谈判结果的设想，对方根据什么向己方提出条件，不利于己方的因素有哪些，怎样克服，己方所能达到的目的是什么，在哪些方面进行最佳选择等。在谈判中，对讨论协议有多种应付方案，就会大大增强己方的实力，留有选择进退的余地。

（2）尽量利用自己的优势。谈判对手有优势，并不意味着在所有的方面都有优势。例如，己方要进口一批产品，谈判对手是实力雄厚的大公司，生产批量大、周期短、交货迅速，这些都是对方的优势。但是对方可能急于出售产品以免错过销售季节或需要回笼资金，加速周转，这就是它的劣势。己方资金充足，付款信誉好，这正是己方的优势，应该充分利用。

谈判双方在谈判中的优势、劣势并不是一成不变的，可以随着多种方案的提出，出现优劣互相转换。有时，己方的优势可能被忽视，未让对方认清。所以，在谈判中如何利用自己的优势，发挥自己的长处，攻击对方的短处，也是谈判者应掌握的策略。

（3）掌握更多的信息情报。广泛收集信息情报，了解更多的内幕与市场行情，可以有效地避免被动，并发现更多的机会。例如，交易双方就价格问题反复磋商，卖方倚仗其商品质量高，不给予优惠价。如果买方对近期原材料市场行情非常清楚，对该产品市场价格呈下降趋势或新的替代产品即将出现的预测有根有据，就可以据此向对方施加压力，利用卖方急于销售产品的心理，掌握谈判的主动权。

无数经验表明，谈判人员掌握的信息越多，在谈判桌上就越主动。所以，熟悉更多信息情报，是创造谈判优势的秘密武器。

（4）积极主动地调节对方的言行。由于对方处于谈判的有利地位，在言行上表现为居高临下、不可一世是常见的。这时的谈判氛围往往是紧张、对立的，对处于劣势的己方明显不利。这时己方应不予计较、以诚相待、以理服人，用真情打动对方，据理力争、积极影响、调动对方的言行，缓和谈判气氛，使对方改变态度，从而变消极因素为积极因素，使谈判向均衡状态发展，促使交易达成。

【案例7-3】

意大利某公司与我国某公司谈判出售某项技术，谈判已进行了一周，但进展不大，于是意方代表罗尼（Ronnie）先生在前一天做了一次发问后告诉中方代表李先生："我还有两天时间可以谈判，希望中方配合，在次日拿出新的方案来。"次日上午，中方李先生在分析的基础上，拿出了一个方案，比中方原要求调整了

5%（由要求意方降价40%改为35%）。意方罗尼先生讲："李先生，我已降了两次价，共计15%，还要降35%，实在困难。"双方相互评论，解释一阵后，建议休会，下午2：00再谈。

下午复会后，意方要中方报新的条件，李先生将其定价的基础和理由向意方做了解释，并再次要求意方考虑其要求。罗尼先生又重申了己方的看法，认为中方要求太高。谈判到4：00时，罗尼先生说："为表示诚意，我向中方拿出最后的价格，请中方考虑，最迟明天12：00以前告诉我是否接受。若不接受我就乘下午2：30的飞机回国。"说着把机票从包里抽出在李先生面前显示了一下。中方把意方的条件理清后（意方再降5%），表示仍有困难，但可以研究。谈判即结束。

中方研究意方价格后认为还差15%，但能不能再压价？明天怎么答复？李先生一方面向领导汇报，与助手及项目单位商量对策，一方面派人调查明天下午2：30的航班是否有。结果证实2：30的航班根本不存在，李先生认为意方的最后还价——机票是演戏，据此判断意方可能还有余地。于是在次日10点时给意方去了电话，表示："意方的努力，中方很赞赏，但双方距离仍然存在，需要双方进一步努力。作为响应，中方可以在意方改善的基础上，再降5%，即从30%降到25%。"意方听到中方有改进的意见后没有走，留下来继续谈判。

请分析中方是如何判断谈判并没有结束，仍继续与意方开展谈判？意方的戏做得如何？效果如何？它还有别的方式做戏吗？

【分析提示】判断谈判结束与否是一个成功谈判专家应具备的技能。在此案例中，中方正确地分析了与意方的谈判并没有真正结束，因此能在不动声色的情况下继续与意方开展谈判，成功地避免了做出过多让步；意方的戏做得不好，效果也没达到。若仍以机票为道具，则应把时机改成确有回意大利航班的时间，至少有顺路航班的时间。若为表示"最后通牒"，可以把包合上，丢下一句："等贵方的回话"。即结束谈判，效果会更好。或仍用原话，但不讲"若不接受，我就乘下午2：30的飞机回国"的话也仍能达到不错的效果。

（资料来源：http://zhidao.baidu.com/question/287531169.html.）

【技能训练7-1】

商务谈判结束

训练背景：在商务谈判过程中，商务谈判结束的判断、商务谈判结束的方式、商务谈判的结果等分析技巧贯穿于整个商务谈判过程中，运用这些技巧来分析谈判的成功与否至关重要，那么要如何运用呢？

训练要求：以小组为单位，组建两个模拟公司，分别为买卖双方。之后就某一产品的销售价格进行谈判，可针对产品的质量、价格、订购数量等方面进行谈判，在谈判过程当中，充分运用所学过的判断谈判结束与否的技能。

7.2 商务谈判签约

案例导入中，A公司与G公司经过磋商阶段，谈判双方对大部分问题取得了一致，最终走到签约阶段，为使签约顺利进行，要考虑哪些影响因素？请从商务合同的特征、订立合同应注意的问题、合同签订时应避免的错误等方面进行相关资料的收集并分析。

商务谈判双方经过你来我往多个回合的讨价还价、较量与让步，就商务交往中的各项重要内容完全达成一致以后，为了明确彼此之间的权利和义务，同时也为了给以后的履行提供一个标准，取得法律的确认和保护，一般都要签订商务合同。商务谈判的签约是谈判最后阶段的任务，签约工作做得好坏关系到整个商务谈判是否取得了成功，它是全部谈判过程的重要组成部分，是谈判活动的最终落脚点。

7.2.1 商务合同

《中华人民共和国合同法》（以下简称《合同法》）第二条规定："合同是平等主体的自然人、法人、其他组织之间设立、变更、终止民事权利义务关系的协议"。

一般来说，合同由前言（Preamble）、正文（Main Body）和结尾（Final Clauses）3个主要部分组成。合同的内容是合同当事人的权利和义务。这些权利和义务除少部分是由法律直接规定外，大部分是由合同条款规定的。合同的内容由合同当事人约定，根据《合同法》规定，一般包括以下条款。

1. 当事人的姓名和住所
2. 标的

标的是合同权利义务所指向的对象。标的是一切合同的必备条款，没有标的，就失去了订立合同的出发点和归宿。标的可以是物，如买卖合同中出卖的货物；可以是行为，如运输合同中运送旅客或货物的行为；可以是智力成果，如技术转让合同中的专利权；可以是货币，如借款合同中的标的就是货币。

3. 数量

数量是用计量单位和数字来衡量标的的尺度，它决定了当事人之间权利义务的大小。合同的数量必须准确，应当选择双方当事人都接受的计量单位、计量方法和计量工具。根据不同情况要求不同的精确度，允许尾差、磅差、超欠幅度、自然损耗率等。

4. 质量

质量是标的的具体特征，是标的的内在素质和外观形态的综合。包括标的的品种、规格、型号、标准、等级、技术要求等。标的的质量条款是合同中的重要内容，应尽量明确、详细、具体。

5. 价款或者报酬

价款或报酬是指一方当事人向另一方当事人所付代价的货币表现，是有偿合同的主要条款。价款是取得标的物所支付的代价，通常是指标的物本身的价款，有时还包括运费、保险费、保管费等额外费用。报酬是指接受对方提供的劳务、服务或完成一定工作而应支付的报酬，如保管合同中的保管费，运输合同的运费。价款或报酬除必须执行国家定价的以外，由当事人议定。

6. 履行期限、地点和方式

履行期限是指当事人依照合同约定的交货、付款和完成一定工作任务的时间，是衡量是否发生迟延履行的依据。履行地点是指当事人行使权利、履行义务的地点、场所。履行方式是指当事人履行合同义务的具体方式，如交货方式、价款或者报酬的支付方式、运输方式等。

7. 违约责任

违约责任是指当事人不履行义务或者履行义务不符合约定时应承担的责任。违约责任是促使当事人履行义务,使非违约方免受或减少损失的措施。对于违约责任,法律、法规有规定的,按规定执行,没有规定的,由当事人双方协商确定。

8. 解决争议的方法

解决争议的方法主要有和解、调解、仲裁和诉讼。

【知识链接】

国际商务谈判合同通常由约首、正文和约尾及附件4部分组成。

1. 约首

约首是合同的首部,是合同的重要组成部分。在约首中,一般应包括合同的名称(类型)、编号、订立合同的时间和地点、签订合同双方的名称、单位所在地、地址(所属国家)等内容。合同签字日期往往涉及合同生效问题。合同签订的地点与适用法律、解决争议有关。有时还要注明据以签订合同的有关函电的日期及编号,合同中有关概念的定义与解释。

2. 正文

正文是表述合同的重要条件和实质性内容的部分,是合同的核心。根据我国《合同法》的规定,其内容主要应包括:合同标的、数量、价格、总值及交货时间、质量标准、结算方式、履行的期限、地点和方式、违约责任等条款。

合同的种类很多,具体内容各异,但主要条款包括以下内容:

1) 合同的标的

2) 合同的质量标准和技术条件

质量条款即品质条款,对于品质条款的规定应注意以下问题。

(1) 根据商品特性,正确运用各种表示品质的方法,能用一种方法表示品质的,就不要用两种或两种以上的方法表示。

(2) 对品质的要求要切合实际,不能偏高或偏低,要贯彻平等互利原则。

(3) 对某些品质规定要有一定的弹性幅度。例如,在一些工业(或手工制品)合同中,有些质量指标允许有"公差"。

(4) 产品质量的技术指标,要具体详细,国际贸易合同更要注意。

3) 数量条款

数量条款包括货物数量和计量单位。对于按重量计量的商品,还要注明计量方法,写清按毛重还是净重。在规定数量条款时,应注意以下几点。

(1) 正确掌握成交数量。出口时,要考虑国外的市场需求量与价格动态,国内的生产能力与货源情况;进口时,要考虑国内的实际需求与支付能力、市场行情变化等。

(2) 明确具体。数字一定要具体、准确,避免用"大约"、"左右"等笼统文字。对某些大宗、散装商品的交货数量可以规定一定的弹性幅度。在涉外合同中,如出口煤炭、杂粮等,可以通过"溢短装"条款来规定。

4) 包装条款

包装条款包括包装要求、包装材料、包装方式、包装费用、运输标志等。在规定包装条款时,应做到以下几点。

(1) 对包装规定要明确具体,不宜用"海运包装"或"习惯包装"等模糊文字。

(2) 要考虑商品特性。包装材料及包装方式应该根据商品性质确定。例如，运输玻璃时，应该用塑料布和纸箱包装后再用木箱加固，这样可避免在运输途中撞碎。

(3) 要考虑不同运输方式要求。不同的运输方式对包装的要求不同。

(4) 考虑有关国家对包装的法律规定。有些国家禁止用木制包装，如美国。澳大利亚规定木制包装的商品在离开启运港时一定要熏蒸，并在进口报关时提供熏蒸证，否则不能进口。有些国家对包装标志与每件包装的重量，有特殊规定和要求。包装条款中的包装费用通常由卖方负担，当买方要求使用特制包装时，其费用一般由买方负担。本条款中的运输标志（也称唛头）通常由卖方设计确定，如果买方指定唛头，应在布置订单时通知卖方。

5）商品检验条款

商品检验条款经常作为交易双方交接货物、支付货款和处理索赔的依据，主要内容包括检验机关、检验证书、检验方法、检验标准、检验地点等。

6）合同标的适用的标准条款

在确定合同标的适用的标准时，应注意同种类商品、技术的标准问题，有国际标准、国家标准、行业标准等，如 ISO9001、ISO9004、ISO14000 等。

7）合同履行的期限、地点和方式

合同履行的期限是指合同当事人实现权利和履行义务的时间限制。合同履行的地点指当事人享受权利和履行责任义务的地点。合同履行方式是指合同当事人以什么样的方式实现权利并履行各自的义务与责任。涉外合同的装运条款指合同中对货物装运期、装运港、目的港、装卸时间、装运通知的规定。装运条款是国际货物贸易合同履行期限、地点和方式比较典型的条款。

8）价格条款

国际货物贸易合同的价格条款由单价和总值构成。通常由4部分组成：一是计价货币，通常可以从以下3种里选一种——出口国货币，进口国货币，第三国货币（通常是硬通货）。当前的国际贸易中，用美元结算的较多；二是价格本身，通常用阿拉伯数字表示；三是价格术语，如 FOB、CIF、CFR 等；四是计量单位，如"吨"、"英尺"、"米"、"件"等。

9）付款方式

付款方式为支付货币的种类、支付金额（总值）、支付方式及支付期限。货币种类、支付金额应与价格条款一致。付款方式一般有汇付、托收和信用证。

10）附加费用条款

附加费用是指除交易货物的价值外的一切其他费用。主要有运输费、装卸费、保险费、进出口关税、仓储费、检验费、包装费等。其中一部分已在价格条款中谈妥。

11）保险条款

保险条款的主要内容是保险费用的承担者、险种、保险加成等。在价格术语中，规定了保险费用的承担者。

12）违约责任

违约责任是违反合同义务的当事人应承担的法律责任。合同规定违约责任有利于督促当事人自觉履行合同，有利于发生纠纷时确定违约方所承担的责任，这是合同履行的保障性条款。

13）解决争议的方法

合同发生争议时，其解决方法包括当事人协商、第三方调解、仲裁、法院诉讼等几种。当事人在订立合同时，应尽量约定争议解决的方法。

3. 约尾

即合同尾部，通常包括以下内容：双方当事人签名、盖章；单位地址，电话号码，邮政编码；开户银行名称、账号等。

4. 附件

主要是对合同标的条款或有关条款的说明性材料及相关证明材料。例如，技术性较强的商品买卖合同，需要用附件或附图形式详细说明标的的全部情况。合同附件是合同的共同组成部分，同样具有法律效力。

7.2.2 商务谈判签约应注意的事项

在商务谈判中，必须十分重视合同的签订，不仅要严肃、认真地讨论合同中的每一个条款，还要慎重地对待合同签约的最后这一阶段。这一阶段的任何一个漏洞都会影响合同的实际履行，造成无可挽回的损失。在签约阶段应注意以下事项。

1. 合同的起草

书面合同由哪一方起草，没有统一规定。一般来讲，文本由谁起草，谁就掌握主动。因为口头上商议的东西要形成文字，还有一个过程，有时，仅仅是一字之差，意思就有很大区别。起草一方的主动性在于可以根据双方协商的内容，认真考虑写入合同中的每一条款。而对方则毫无思想准备，有些时候，即使认真审议了合同中的各项条款，但由于文化上的差异，对词意的理解也会不同，难以发现于己不利之处。在商务谈判中，应争取由己方负责起草，如果做不到这一点，也要与对方共同起草合同文本。

1）合同中条款的思路必须清晰

书写合同必须将口头讨论过的谈判内容清晰化、具体化，围绕谈判各方的目的，有条不紊地把各条款的内容组织起来，使之可以切实操作、执行。其实质是思考、推敲有关谈判内容和口头达成协议的影响因素、条件、可行性及未来可能产生的对之有利或不利的发展变化，将之落实到书面上，使合同无懈可击，巩固谈判成果，保证合同本身不至成为违约的根据。通常情况下，多数的谈判合同采用条款结构的方式，依靠意思表达的自然程序组织来划分层次段落。如果合同包含的内容较多，还可以划分章节，使复杂的谈判内容和附加条款层次分明、一目了然。

2）合同内容应该明确、具体、用词恰当

书写合同要根据谈判时的原始文件进行，对谈判内容进行严格、准确的文字表达，应实事求是，全面、准确、严谨地用文字表达谈判内容及其实质。在书写中避免使用虚词和弹性词语，如"争取"、"以最大努力"、"尽可能"等词语。合同文字如果含糊不清，模棱两可，在执行过程中，往往争议纷纷，扯皮不断，甚至遗祸无穷。例如，某一合同中有这样一条："合同生效后不得超过 45 天，乙方应向甲方缴纳××万美元的履约保证金。……超过两个月如未能如期缴纳，则合同自动失效。"这里"两个月"究竟从哪一天开始算起，是合同生效之日开始算起？还是合同生效 45 天以后算起？写得不明确。

3）合同中的权利义务条款应该详细、全面、公平

条款不全的合同，如合同中注明了出口腈纶毛衣的克重、针数、颜色等要求，而对辅料（如拉链、纽扣、洗水标、成分标）、包装（塑料袋、纸盒）等未做规定的，容易在交货时引起纠纷；条款不详的合同，如合同中规定了从生产利润中提取一定比例作为机器维修和新产品的研究资金，其中的"一定比例"究竟是多少和执行的规定没写清楚；不公平的合同，如来料加工协议只规定了交货期和过期罚款的条款，没规定来料未按规定时间到达应承担的法律责任，显然对加工方是不公平的。

4）合同的违约责任必须具体明确

应针对双方当事人实际履行协议的能力，认真考虑违约后可能造成的后果，对违约责任做出详细具体的规定。违约责任规定得明确合理，能很好地促进当事人履行协议。

5）合同的起草应符合行业特点、国际惯例与要求

2．合同的审核

1）审核合同的内容

一般来讲，谈判合同是以法律效力形式对谈判结果的记录和确认，它们之间应该完全一致。但是，却常有人在起草合同时更改谈判结果，在数字、日期、关键性的概念上做手脚，甚至推翻谈判中达成的共识。因此，谈判人员必须特别警惕，谨慎小心地对待最后的签约，仔细认真地核对合同，以免疏漏影响合同的实际履行，甚至造成无法挽回的经济损失。

合同条款之间必须协调一致。在签订合同时，应注意合同条款的一致性，各个条款之间必须协调一致，相互对应。例如，在国际货物买卖合同中，价格条件按照"CIF"（Cost, Insurance and Freight，成本加保险费加运费）来成交，那么运输条款和保险条款等均应与此保持一致。

此外，还要审核签约当事人的签约资格，审查其证明合法资格的法律文件，如"经营许可证"、"委托书"或"授权书"等；审核合同条款是否完备、细致，内容是否合法、具体，责任是否明确；审核合同文字、概念的确切性，中文与外文对照的一致性；核对各种批件，如进口许可证、项目批件、执业资格证、设备分交文件、用汇证明、合同内容与批件内容是否相符等。

实践证明，文本与所谈条件不一致的情况屡屡发生。审核文本，必须对照原稿，不能凭记忆"阅读式"审核，必须做到一字不漏。对于在谈判中谈过而在文字中故意歪曲的，可明确指出。对仗势欺人、以不签约相威胁的对手，决不可退却，否则，对方会得寸进尺、步步紧逼，得到更多的利益或条件。对在谈判中没有明确，或虽然经过谈论但没有一致结论的地方，还必须耐心再谈。对不能统一又属于非原则性的问题，可以删除、不记录在文本中。总之，对审核中发现的问题，要及时互相通告，态度要好，通过再谈判，达到谅解和共识，并相应推迟签约时间。

2）审核合同成立的有效条件

合同必须建立在明确有效成立的条件基础上，如果合同有违反法律、法规和有关惯例的情形，缺少了合同有效成立要件，就得不到法律的保护。商务谈判合同的类型、内容虽有差异，但关于合同有效成立的条件却基本一致，主要有以下几点。

（1）合同必须合法。这是首要条件。谈判合同的签订必须合法且不得损害社会公共利益及社会公共道德，这是签约的两大原则，任何违背这两项原则的协议均无效。例如，买卖毒品的进出口合同、为赌博融资的贷款合同等都不受法律保护。对于国际贸易买卖合同，其内容、条款等方面就必须符合谈判各方国家的有关法律规定。例如，各国进出口许可证管理、外汇管理、国家安全、外交政策、税收等方面的法律规定，并且考虑国际经济活动中的一些国际惯例等。

（2）合同必须体现平等互利、等价有偿。首先，谈判合同文件对双方权利义务的规定必须公平合理，谈判任何一方不得将己方的意志强加于人，任何第三方也不得非法干预，不得存在"胁迫"或"欺诈"行为。"胁迫"是指谈判一方利用己方在财力、物力、技术和管理经验等方面的优势，给另一方施加精神上、心理上的压力或威胁，以达到自己的目的。"欺诈"是谈判方为达到签约目的，对重要的事实进行隐瞒或歪曲。因胁迫、欺诈而订立的协议是无

效的，受害方可要求赔偿。其次，合同要体现等价有偿。等价有偿就是要以对价做依据。对价的意思是报酬和代价，它是英美合同法中的一个重要概念，指在合同中应明确表示当事人一方所享受的权利与其所承担义务对应且其价值相等。双方应互有权利和义务，并且相互对应。最后，商务谈判合同必须具备主要条款。在谈判合同中必须就双方达成的各种贸易条件用合同条款的方式明确下来，以免在执行的过程中出现争议和法律问题。作为一项合同最主要的条款（标的、数量、价款等）绝对不可或缺。

3．争取在我方所在地举行合同的缔约或签字仪式

比较重要的谈判，双方达成协议后，举行的合同缔约或签字信式，要尽量争取在我方举行。因为签约地点往往决定采取哪国法律解决合同中的纠纷问题。根据国际法的一般原则，如果合同中对出现纠纷采用哪国法律未做具体规定，一旦发生争执，法院或仲裁庭就可以根据合同缔结地国家的法律来做出判决或仲裁。

7.2.3 合同成立的形式

合同的成立一般分为自动成立、确认成立、批准成立3种形式。

1．自动成立

合同的自动成立，是指合同的各方当事人就合同内容以书面形式达成一致的、完全的意思表示。由于当事人或当事人的法定代表人或当事人授权的委托代表人签字，合同即告成立。它适用于当事人当面签订合同而又无须经批准的情况。

2．确认成立

通过信件、电报、电传达成协议，是我国对外贸易交往中习惯采用的协议方式。在实践中，采用这种方式达成协议后，会出现下列两种情况：一是当事人不要求签订确认书，合同当事人就可以通过信件、电报、电传做出有关内容的承诺，达成协议时，合同即告成立；二是一方当事人要求签订确认书，只有各方在确认书交换签字后，合同方能成立。确认书是根据一方当事人的要求而做出的，确认是通过信件、电报、电传所达成的协议的一种书面凭证。确认书分为简式、繁式两种，繁式确认书实际上与合同没有差别。

3．批准成立

凡依据中华人民共和国的法律、行政法规规定应当由国家批准的合同，须在获得批准时，合同方能成立。

由国家授权的审查批准的合同，主要有中外合资经营企业合同、中外合作经营企业合同、中外合作勘探开发资源合同、涉外信贷合同、技术转让合同等。这些合同与其他涉外合同，特别是进出口贸易合同相比，具有期限长、连续性强、内容复杂、牵涉面广、政策法律性强、当事人之间的经济利益紧密等特点，对国民经济的影响较大，有的还涉及国家主权。因此，必须经国家或国家授权的审批机关批准后，才能有效成立。所以，这些合同的成立日期，不是各方当事人在合同上签字的日期，而是审批机关批准的日期。

【案例7-4】

甲公司与乙公司订立一份合同，约定由乙公司在10天内向甲公司提供新鲜蔬菜6 000千克，每千克蔬菜1元。乙公司在规定的期间内向甲公司提供了小白菜6 000千克，甲公司拒绝接受这批小白菜，认为

自己是职工食堂所消费的蔬菜,炊事员有限,不可能有那么多人力用于洗小白菜,小白菜不是合同所要的蔬菜。双方为此发生争议,争议的焦点不在价格,也不涉及合同的其他条款,唯有对合同的标的双方各执一词,甲公司认为自己的食堂从来没有买过小白菜,与乙公司是长期合作关系,经常向其购买蔬菜,每次买的不是大白菜就是萝卜等容易清洗的蔬菜,乙公司应该知道这种情况,但是其仍然送来了我公司不需要的小白菜,这是曲解了合同标的。乙公司称合同的标的是蔬菜,小白菜也是蔬菜,甲公司并没有说清楚要什么样的蔬菜,合同的标的规定是新鲜蔬菜,而小白菜最新鲜,所以我公司就送了小白菜过去,这没有违反合同的规定。甲公司称蔬菜就是大白菜或萝卜的说法太过牵强附会,既没有合同依据也没有法律依据,不足为凭。

本合同的标的是什么?你如何解释该合同的标的?为何合同中的甲公司与乙公司各执己见?试分析案例中甲乙公司合同争议的原因何在。

【分析提示】根据我国《合同法》第125条的规定,当事人对合同条款的理解有争议的,应当按照合同所使用的词句、合同的有关条款、合同的目的、交易习惯及诚实信用原则,确定该条款的真实意思。从上述材料来看,甲乙之间的合同对合同标的——蔬菜的具体种类约定不清,彼此的争端在于对蔬菜种类的理解不同,因此,需要依照《合同法》第125条对蔬菜种类进行解释。甲公司与乙公司存在长期的合作关系,彼此间有交易习惯——甲公司"每次买的不是大白菜就是萝卜等容易清洗的蔬菜",因此,乙公司应当向甲公司交付的蔬菜种类为大白菜、萝卜等容易清洗的蔬菜。

(资料来源:http://wenku.baidu.com/view/9002907831b765ce05081411.html。)

【技能训练7-2】

商务谈判签约技能训练

训练背景:在商务谈判的签约阶段中包含了许多工作,其中包括合同的起草与审核。设定中国A公司与美国B公司就一份引进100万美元的设备进口合同,经过长达一年半的谈判,最终双方达成了一致。

训练要求:分小组担任中方公司和美方公司的谈判人员,讨论并设计完成合同的起草与审核。要充分运用所学过的商务合同的特征、订立合同的基本程序、合同的起草、合同成立的形式、订立合同应注意的问题、合同签订时应避免的错误等方面的知识。

7.3 签约礼仪

在案例导入中,A公司与G公司合同文件起草并审核后,走到合同的最终阶段——准备签约仪式。为使签约得以顺利进行,要考虑哪些影响因素?请从举行签约仪式作用、签字人的选择、选择恰当的签字仪式、签约前的准备、签约仪式的程序、签约注意事项、签约后关系的维护等方面进行相关资料的收集并分析。

在商务活动中,尤其是国际贸易中,合同是规定双方在交易中各自的权利和义务的书面协议。交易合同不仅涉及交易双方的利益,而且还关系到与交易活动有关的一系列当事人的利益,同时也涉及国家的权益和政策法令。因此,签订合同是整个交易程序十分重要的环节,合同文件起草并审核后,就进入了合同的最终形成阶段——准备签约仪式。签约仪式是签署合同的高潮,其时间虽然短暂,但却是程序最为规范,气氛最为庄严、隆重而热烈的。

举行签约仪式可以表达愉快的心情、修复维持谈判双方良好的关系、扩大影响。

7.3.1 签字人的选择

商务谈判的主谈人不一定是合同的签约人。这种合同一般由企业法人代表或其授权人签约。如果预计会有出口业务成交的话,如去展览会参展或者去拜访客户,通常由谈判人员带着预先盖好公司名称和法人签字章的固定格式的合同前去谈判,如果业务谈成,就当场填好谈判中协商好的内容,由国外客户签字后,每人各持一份。当然,如果法人当时在场的话,可以直接在合同上签字。

【知识链接】

如今,进出口贸易企业种类较多,出现了许多比较灵活的新做法。大致有4种情况。
(1) 金额较小的合同由业务员或部门经理签字。
(2) 金额较大的合同由部门经理签字。
(3) 成交金额大、内容系高技术领域的合同由公司领导签字。
(4) 交易内容涉及政府或交易履行与政府相关的,由政府代表和企业代表在合同的某些文件中共同签字。政府代表一般情况下不签字,只有当商务合同需要由政府出面承诺时,为了保证合同的顺利执行可由政府代表签字。例如,有些援助国外的项目,技术要求不是很高,就先由政府代表先和国外政府代表签援助项目合同,然后再由我国政府的主管人员和国内的工厂签合同。中国政府援助阿富汗受灾群众的1 000顶救灾帐篷,是由中华人民共和国民政部援外司和阿富汗政府首先签字,然后再由援外司负责这个项目的工作人员代表政府和河北省廊坊地区的工厂签署购买救灾帐篷的合同。

在我国和许多国家,都对政府参与商务交易活动的权限进行了限制,要注意遵守。在有的国家,一些企业习惯在签约前,让对方签约人出示授权书,授权书是签约人身份的证明文件。若签约人就是公司的最高领导,可不出具授权书,但也需要以某种方式证明其身份。若签约人不是公司的最高领导,则需出具所属企业或公司最高领导人签发的授权书。

7.3.2 选择恰当的签字仪式

为了表示合同的不同分量和影响,签约的仪式也不同。

(1) 对于一般性合同的签订,己方主谈人与对方主谈人签字即可。地点在谈判间或在宴请的饭店即可。签字仪式简单,与会者可站到签字人身后,也可不站。具体的在主场谈判时应视对方的要求而定,双方一致同意,亦可摄影留念。

(2) 对于较大型的合同签字,应由领导出面签约时,仪式应稍隆重一些。这时要做些签字仪式方面的准备工作。例如,备有专门签字的桌子,桌上要盖有装饰布,并选择好适当的签字场所。有时可在谈判间设置签字桌,有时在宴请宾馆设桌签字。宴请要排好座次,席间最好安排祝酒活动。

(3) 特别重大的合同,如涉及政府参与合同签字仪式,需选择较高级的饭店,如北京饭店、长城饭店等。亦可选择较为隆重的会堂,如人民大会堂等作为签字仪式举办的地点。另外,签字可在一个厅,宴会应另选一个厅。亦可安排部级或国家领导等官员会见对方代表团成员。在签字时,应专设签字桌,后排站领导及双方贵宾,并请新闻界记者参加。宴会前,双方代表应致词，期间应祝酒。宴会桌次、座次要严格按照来宾身份进行排列，并在席桌上列有名人标识牌。

签字仪式的繁简并无绝对规定，要视双方的态度而定。作为我方原则上要按照国家规定办事，但当对方提出要求时，我们也应尽力配合，最好不要在这个阶段为签字仪式问题产生误会或不快。问题是要注意礼宾程序，不可擅自做主，应向上级主管部门及时汇报情况。

此外，由于经济限制，仪式也可从简。有时双方为了扩大影响，以利其股票上市或别的竞争事宜，宁愿出钱办得隆重一些。例如，该公司为了与另一公司竞争，自己出钱租用人民大会堂两个厅举办签字仪式。

大型签字活动，一定要注意安全。入场的凭证、交通的调度、安全警卫均要有所安排。新闻稿件的发布要注意审稿。如果签约双方均想在各自国家的报刊上发稿，事先应征求对方同意，或双方事先统一稿件的内容。

作为大型商业企业的签字活动，如有领事馆的代表参加，或有国家领导人出面，抑或使馆高级外交官参加时，联系工作最好由外事部门经办。若自己与有关使领馆官员较熟，也可以直接联系，但也应向外事部门汇报，请求他们的指导。实践证明，这样做不仅不失礼节，而且也便于全面地做好工作。

7.3.3 签约前的准备

1. 签约厅的布置

签约厅有常设专用的，也有临时以会议厅、会客厅来代替的。布置它的总原则是要庄重、整洁、清静。

一间标准的签字厅，应当室内铺满地毯。除了必要的签约所用桌椅外，其他一切的陈设都不需要。正规的签约桌应当为长桌，其上最好铺设深绿色的台布。按照仪式礼仪的规范，签约桌应当横放于室内。在其后，可摆放适量的坐椅。签署双边性合同时，可放置两张坐椅，供签字人就座。签字人在就座时，一般应当面对正门。

在签字桌上，应事先安放好待签的合同文本，以及签字笔、吸墨器等签字时所用的文具。与外商签署涉外商务合同时还需在签字桌上插放有关各方面的国旗。插放国旗时，在其位置与顺序上，必须按照礼宾序列而行。例如，签署双边性涉外商务合同时，有关各方面的国旗须插放在该方签字人坐椅的正前方。

2. 签约的座次安排

签约时各方代表的座次，是由主方先期排定的。在正式签署合同时，各方代表对于礼遇均非常在意。因而主方人员对于在签字仪式上最能体现礼遇高低的座次问题，应当认真对待。

1）签署双边性合同

在签署双边性合同时，应请客方签字人在签字桌右侧就座，主方签字人就座于签字桌左侧。双方各自的助签人，应分别站立于各自一方签字人的外侧，以便随时对签字人提供帮助。双方其他的随员，可以按照一定的顺序在己方签字人的正对面就座，也可以依照职位的高低，依次列成一行，站立于己方签字人的身后。当一行站不完时，可以按照"前高后低"的惯例，排成两行、三行或四行。原则上，双方随员人数，应大体上相近。

2）签署多边性合同

在签署多边性合同时，一般仅设一个签字椅。各方签字人签字时，须依照有关各方事先同意的先后顺序，依次上前签字，他们的助签人则应随之一同行动，并站立于签字人的左侧。与此同时，有关各方的随员，应按照一定的序列，面对签字桌就座或站立。

3. 待签合同文本的预备

在正式签署合同之前，由举行签字仪式的主方负责准备待签合同的正式文本。

签约仪式上的待签合同应当是正式的、不再进行任何更改的标准文本。签约各方应指定专人审查合同的文字措辞，共同监督合同的定稿、校对、印刷与装订。按常规，主方应为在合同上正式签字的有关各方，均提供一份待签的合同文本。必要时，还可再向各方提供一份副本。

签署涉外商务合同时，待签的合同文本应同时使用有关各方法定的官方语言，或是使用国际上通行的英文、法文。此外，亦可同时并用有关各方法定的官方语言与英文或法文。使用外文撰写合同时，应反复推敲，字斟句酌，不要望文生义或不解其意而滥用词汇。

待签的合同文本，应以精美的白纸印制而成，按大八开的规格装订成册，并以高档质料，如真皮、金属、软木等，作为其封面。

4. 签约人员的服饰要求

在出席签字仪式时，签字人、助签人及随员应当穿着深色西装套装、中山装套装或西装套裙，并且配以白色衬衫与深色皮鞋。男士还必须系上单色领带，以示正规。签字仪式的礼仪人员、接待人员应穿统一的工作制服，或是旗袍之类的礼仪性服装。

7.3.4 签约仪式的程序

签约仪式的时间短暂，但程序规范、庄重而热烈。签约仪式的正式程序共分为 4 项，它们分别如下。

1. 签字仪式正式开始

有关各方人员进入签字厅，在既定的位次上各就各位。

2. 签字人正式签署合同文本

商务礼仪规定，签署合同文本采用"轮换制"。具体做法：每一位签字人首先在己方保存的合同文本的首位签字；然后交由他方签约人签字。"轮换制"的含义是在位次排列上，轮流使有关各方均有机会居于首位一次，以显示机会均等、各方平等。

3. 交换合同文本

签字人正式交换已经由有关各方正式签署的合同文本。此时，各方签字人应相互握手，互致祝贺，同时交换各自一方刚才使用过的签字笔，以做纪念。全场人员应鼓掌，表示祝贺。

4. 共饮香槟酒互相道贺

交换已签的合同文本后，签字人及有关人员要当场干上一杯香槟酒，以增添喜庆色彩，并祝贺签约仪式圆满成功。

7.3.5 签约时应注意的问题

1. 大型的签约活动，一定要注意安全

人员通行的管理、交通的调度、安全警卫都要妥善安排。对新闻稿件的发布要注意审稿，如果双方都想在报刊上发稿，事先应征求对方的同意，或双方事先统一稿件的内容。

2. 签约时不能过分地喜形于色

签约过程中应当着对方主谈人上司或其同事的面称赞其才干。这样做，会减少对方因为收获少而导致的心理失衡，使对方逐渐地由不满转为满足。

3. 不能只为自己庆祝，应注意为双方庆贺

讽刺对方无能，或向对方实话实说，都不合适。对方会被你的行为激怒，将前面已经约定的事情全部推翻，或者故意提出某些苛刻的要求使己方无法答应而不能签约。即使对方勉强签了协议或合同，在今后的执行中也会想办法搞破坏，作为报复。

当商务谈判即将签约的时候，可谓大功告成。此时，己方可能因在交易中获得比对方多的利益而心中暗喜，但同时一定要注意为双方庆贺强调谈判的结果是我们共同努力的结晶，以使对方心理平衡。

7.3.6 签约后关系的维护

合同签字并不意味着交易双方关系的了结，相反，它表明双方的关系进入了一个新的阶段。从短期来讲，合同把双方紧紧地联系在一起；从长远来讲，该次交易为今后双方继续合作奠定了基础。因此，为了确保合同得到认真彻底地履行，以及考虑到今后双方的业务关系，应该安排专人负责同对方保持经常联系，谈判者个人也应和对方谈判人员保持私交。例如，在很多外贸公司，每到圣诞节前15天左右，业务人员会买好一些精美的贺卡，写上祝福的语句，寄给各自的谈判对手。这样，就能使双方的关系保持良好的状态，将来再坐到谈判桌前，对方会在内心里对己方有良好的印象，甚至是心存感激，那样，很多条款就会比较容易达成一致意见。

【技能训练 7-3】

签约礼仪

训练背景：在商务谈判的签约阶段中包含了许多工作，在合同起草及审核完毕之后便进入签约仪式。设定国内 A 公司与一国外 B 公司就某一项技术的引进达成共识后，双方进入签约仪式。

训练要求：分小组担任国内 A 公司与国外 B 公司的谈判人员，讨论并设计完成签约任务方案。注意签约仪式要点。在训练过程中要充分运用所学过的举行签字人的选择、选择恰当的签字仪式、签约前的准备、签约仪式的程序等方面的知识。

内容要点

商务谈判的结束也称收尾，是商务谈判过程中非常重要的一个环节。作为谈判人员应该学会正确判断商务谈判的终结，并采取有效的策略，促成双方圆满的结局。谈判结束的判断：从谈判涉及的交易条件来判定；从谈判时间来判定；从对方传递的信息来判断；从谈判策略来判定。常见的商务谈判结束的方式有3种：成交、中止、破裂。

商务谈判结束前应注意的问题：对前阶段谈判的回顾和总结；最终报价和最后让步；谈判的记录及整理；谈判者的心态表现；谈判中非原则性问题的磋商。

商务谈判合同通常由约首、正文和约尾及附件4部分组成。签约时应注意的问题：大型的签约活动，一定要注意安全；签约时不能过分地喜形于色；不能只为自己庆祝，注意为双方庆贺。

合同签字并不意味着交易双方关系的了结，相反，它表明双方的关系进入了一个新的阶段。要注意签约后关系的维护。

实务重点
谈判结果，成交，中止，破裂，订立合同。

职业能力训练

基本知识训练

一、选择题

1. 常见的商务谈判结束的方式有3种：成交、中止、（   ）。
   A. 继续　　　　　B. 破裂　　　　　C. 改期　　　　　D. 合好
2. 谈判时间的判定有3种标准：双方约定的谈判时间，单方限定的谈判时间和（   ）。
   A. 形势突变的谈判时间　　　　　B. 第三方约定的谈判时间
   C. 中间人约定的谈判时间　　　　　D. 随机决定的时间
3. （   ）谈判是指双方在中止谈判时，对恢复谈判的时间予以约定的中止方式。
   A. 无约期中止　　B. 无约期停止　　C. 有约期中止　　D. 有约期停止
4. （   ）是指当事人一方向对方提出的订立合同的建议和要求。
   A. 承诺　　　　　B. 约首　　　　　C. 约尾　　　　　D. 要约
5. 正式合同也称（   ），一般有一定的具体格式，条款较多，内容全面、完整，并且对交易双方的权利、义务及出现争议后的解决方案都有明确的规定。
   A. 全式合同　　　B. 正规合同　　　C. 要式合同　　　D. 签订合同
6. （   ）是合同的首部，是合同的重要组成部分。
   A. 要约　　　　　B. 约首　　　　　C. 合首　　　　　D. 意约
7. 涉外合同的装运条款指合同中对货物装运期、装运港、目的港、装卸时间、（   ）的规定。
   A. 装运通知　　　B. 装运报告　　　C. 装运人员　　　D. 装运计划
8. 合同的成立一般分为（   ）、确认成立、批准成立3种形式。
   A. 单方成立　　　B. 自动成立　　　C. 双方成立　　　D. 手动成立
9. 法人必须具备行为能力与责任能力，才能签署国际商务合同，法人必须是经过（   ）认可、依法定程序组成的组织。
   A. 双方　　　　　B. 单方　　　　　C. 国家　　　　　D. 公司

10．签署业务协议就是谈判双方（　　）或充分授权代表在协议上签字。这是业务协议生效的关键环节。
　　A．公司代表　　　　B．法人代表　　　　C．企业代表　　　　D．授权代表
11．国际商务合同必须遵守双方（　　）规定，符合国家政策和计划要求。
　　A．公司法律　　　　B．国家法律　　　　C．公司章程　　　　D．国家章程
12．成交确认书也称（　　），如销售确认书或订单，其包括的内容比较简单。通过往来函电或口头谈判的交易，成交后，一方可寄给对方确认书，列明达成交易的条件，作为书面证明。
　　A．简式合同　　　　B．全式合同　　　　C．要约合同　　　　D．正式合同
13．谈判双方通过要约、（　　）达成一致意向后，通常就应开始起草正式合同文本。
　　A．约首　　　　　　B．约尾　　　　　　C．承诺　　　　　　D．正文
14．包装条款中的运输标志，也称（　　），通常由卖方设计确定。
　　A．约头　　　　　　B．唛头　　　　　　C．箱头　　　　　　D．包头
15．一般来说，在国际交易中，凡金额较大、交易条件比较复杂，或者履行期限较长的，都应采用（　　）的形式。
　　A．正式合同　　　　B．成交确认　　　　C．电话合同　　　　D．书面合同

二、判断题

1．无约期中止谈判是指双方在中止谈判时对恢复谈判的时间无具体约定的中止方式。（　　）

2．谈判中止是指双方经过最后的努力仍然不能达成共识和签订协议，交易失败，从而结束谈判。（　　）

3．处在优势的己方应该充分利用自身的优势条件，先入为主，以居高临下、独霸一方的姿态对待对方。（　　）

4．承诺是指受要约人部分接受要约中的全部条款，向要约人做出的同意按要约签订合同的意思表示。（　　）

5．贸易合同是买卖双方为达到一定的经济目的，在自愿、平等、互利的基础上，经过谈判和协商，以符合各国法律规定的形式确定双方之间的权利和义务关系的书面文件。（　　）

6．包装条款对包装规定无明确具体要求，可使用"海运包装"或"习惯包装"等描述文字。（　　）

7．谈判合同的签订必须合法且不得损害社会公共利益及社会公共道德，这是签约的两大原则，任何违背这两项原则的协议均无效。（　　）

8．文字性审核即审核合同文字是否严谨、准确地表达了谈判内容。协议的每一项内容都要用恰当的语言表达，最忌使用模棱两可的语言，坚决反对使用歧义性文字。（　　）

9．合同中没有违约责任条款是非常完美的，在实践中，建议搞"君子协定"式的合同。（　　）

10．签署业务协议就是谈判双方法人代表或充分授权代表在协议上签字。（　　）

11．凡依据中华人民共和国的法律、行政法规规定应当由国家批准的合同，须在获得批准时，合同方能成立。（　　）

12. 交易内容涉及政府或交易履行与政府相关的，由企业代表在合同的某些文件中签字便可。（　　）

13. 各国法律规定，只有成年人才有签订合同的能力，未成年人（除特殊情况外）签订的合同无效。（　　）

14. 两类精神状态的人所签订的合同是无效的，这两类人指的是：精神病患者及失恋者。（　　）

15. 合同签字意味着交易双方关系的了结，再也不必去理会签约后关系的维护。（　　）

三、简答题

1. 谈判者可以通过什么来判断商务谈判是否进入结束阶段？
2. 商务谈判结束会有哪些结果？
3. 一般合同包括哪些条款？

综 合 实 训

一、案例分析

速达电子公司的一个客户有个奇怪的习惯，每次业务人员和电子公司谈妥所有条件后，客户公司的经理就会出面要求业务人员再给两个优惠。

开始时速达电子公司还据理力争，想把对方这一要求挡回去，后来打交道多了之后，就干脆在谈判的过程中预期留两项，专门等待对方经理来谈，然后爽快答应，双方皆大欢喜。

（资料来源：http://wenku.baidu.com/view/4482b7573c1ec5da50e2708f.html.）

问题：分析速达公司谈判成功的原因是什么？

二、实训操作

1. 实训目的

通过实训，培养学生运用本章所学知识圆满结束谈判的能力。

2. 实训组织和要求

将班级中的学生划分为若干项目小组，小组规模一般是3~5人，中途无特殊原因不允许组员变动，每小组选举小组长以协调小组的各项工作。辅导教师应及时检查学生方案的完成情况，提供必要的指导和建议，并组织同学进行经验交流，最后针对共性问题在课堂上组织讨论和专门的讲解。

3. 实训内容

1）设计完成签约任务方案

班级中不同小组分别扮演中外两方谈判人员，就某一项目进行商务谈判，经过多轮商谈成交后，进入合同起草、审核、签约阶段，讨论并设计完成签约任务方案。

2）安排签约仪式

合同起草审核完毕后，进行签约地点布置，安排双方的签约仪式。

模块5 国际商务谈判

任务 8

开拓国际商务谈判

KAITUO GUOJI SHANGWU TANPAN

【任务目标】

知识目标
- 了解国际商务谈判的概念与特征,国际商务谈判的基本程序
- 了解各国不同的谈判风格
- 理解 PRAM 的国际商务谈判模式

技能目标
- 具有把 PRAM 模式贯彻到国际商务谈判中的能力
- 具有根据不同国家的谈判风格制定合适谈判方案的能力

实训目标
- 通过对国际商务谈判基本知识的理解与掌握,使学生具备能根据各国不同的谈判风格和相关条件选择合适的谈判类型和方式的技能

【案例导入】

埃及法老埃赫那吞是埃及第十八王朝的第三位国王（公元前1379—前1362年在位）。他的金棺棺盒有一人高，重1 500千克，外层大部分由黄金制成，工艺十分精致，让众多的参观者流连忘返，赞不绝口。在20世纪上半叶，由于疏于管理，金棺棺盒不翼而飞，流落他乡。埃及方面直到1985年才得知金棺棺盒在德国慕尼黑埃及艺术博物馆进行修缮。埃及当即要求德方在金棺棺盒整修完毕后将其归还埃及，而德方则提出以埃及博物馆的其他文物作为交换，并且要求埃及补偿德方修缮金棺棺盒的费用。对德方提出的条件，埃及方面认为有违埃及的法律因此断然予以拒绝。而德方则认为金棺棺盒目前在德国，德国有实际所有权，并且德方修复金棺棺盒也付出了很高的代价，因此要求补偿。双方的立场相去甚远，谈判无果而终。从此谈判停顿了近10年。1994年德方再提出以埃及长期向慕尼黑埃及艺术博物馆出租文物为交换条件归还金棺棺盒，埃及仍不能接受，因为这样做既不符合埃及的法律，也不符合国际上归还失窃文物的惯例。谈判再度陷入僵局。2000年，在埃及总统穆巴拉克的直接干预下，谈判再次恢复了。埃及方面提出迟迟不归还金棺棺盒将对埃德两国间历史悠久的关系产生负面影响。在这样的压力下，德方最终同意无条件归还法老金棺棺盒。2002年1月25日，这具三千多年前的古代埃及法老金棺棺盒终返故里。

【任务实施】

8.1 国际商务谈判

从案例导入可以看出，国际商务谈判比国内商务谈判有着鲜明的特殊性。不但利益双方可能上升到国家的层次，内容方面不仅限于经济利益，更有可能牵涉到政治、文化等方面。而且，谈判的难度、复杂程度等因素也远远高于国内商务谈判。国际商务谈判是国际商务活动的重要组成部分，是国际商务理论的主要内容和核心，是国内商务谈判的延伸和发展。国际商务谈判是在对外经贸活动中，解决不同国家的商业机构之间不可避免的利害冲突，实现共同利益的一种必不可少的手段。

8.1.1 国际商务谈判的概念

1. 国际商务

国际商务（International Business）是跨国的商务活动，它涉及的主体不仅仅是企业这一经济主体，还包括行业、区域、国家乃至整个世界。国际商务涉及经济全球化过程的不同阶段，包括货物与服务的进出口、国际生产制造和对外直接投资等，涉及的层面包括全球性、区域、国家、地区及产业和企业。国际商务活动与国内商务活动有明显的不同，这些差异会对谈判产生明显的影响，因此必须对此有所认识。

国际商务活动与国内商务活动的差异主要表现在以下几个方面。

（1）在适用法律和管辖法律方面。适用法律指签约双方对合同适用的法律的选择权，国际商务适用的法律可以自主选择，国内商务不能自主选择；并且在管辖法律方面也有所不同。管辖法律指交易履行过程中所受管辖的法律。国际商务交易履行过程中所受管辖的法律可以是多个司法体系，国内商务是单一司法体系。

（2）在引用惯例方面。引用惯例指在合同建立中可以借鉴的行业的或商业的习惯做法。国际商务可以借鉴国际和国内行业的或商业的习惯做法，国内商务只能借鉴国内行业的或商业的习惯做法。

（3）在合同支付和合同交易对象方面。在合同支付方面，国际商务合同支付一般用外汇，但当本国货币为流通货币时，就不一定用外汇。例如，中国与东南亚一些国家做的边境贸易，用人民币结算即可。在合同交易对象方面，国际商务合同交易对象一般为不同国籍，在对方雇佣交易国人员时，情况有所不同，但最终交易人仍是不同国籍的人。

（4）在交易语言方面。国际商务谈判由双方选择使用的语言，国内商务谈判使用本国语言。

另外，在履约环节、争议处理等方面也存在不同。因此，必须看到国际商务与国内商务的不同点，在谈判中弄清它们的特点，加以注意才能取得好的效果。具体见表8-1。

表8-1 国际商务与国内商务的区别

项目 \ 类别	国际商务	国内商务
交易地域	跨国境，出关	境内，关内
合同支付	一般用外汇	本国货币
适用法律	自主选择	不能自主
管辖法律	多个司法体系	单一司法体系
引用惯例	国际，国内	国内
交易语言	双方选择	本国语言
争议处理	国际仲裁	国内仲裁或诉讼

2．国际商务谈判

国际商务谈判（International Business Negotiation），是跨越国界的当事人之间为实现一定的经济目的，明确相互的权利与义务关系而进行协商的行为。国际商务谈判是商务谈判的一种，是国内商务谈判的延伸和发展。具体而言，是指在国际商务活动中，不同国家或不同地区的商务活动当事人为了各自的利益，围绕一项交易，通过信息交流，就交易的各项要件进行协商，旨在达成参与各方都能够接受的协议的行为过程。

在现代国际社会中，许多交易往往需要经过艰难繁琐的谈判，尽管不少人认为交易所提供的商品是否优质、技术是否先进或价格是否低廉决定了谈判的成败，但事实上交易的成败往往在一定程度上取决于谈判的成功与否。在国际商务活动中，不同的利益主体需要就共同关心或感兴趣的问题进行磋商，协调和调整各自的经济利益或政治利益，谋求在某一点上取得妥协，从而使双方都感到有利而达成协议。

所以，国际商务谈判是一种对外经济贸易活动中普遍存在的十分重要的经济活动，是调整和解决不同国家和地区政府及商业机构之间不可避免的经济利益冲突的必不可少的一种手段。

3．国际商务谈判的特征

之前，我们已经认识到国际商务活动与国内商务活动有明显的不同。同样，国际商务谈判与一般的商务谈判比较，它的特征主要表现在以下几个方面。

1）谈判主体跨越国界，应按国际惯例办事

跨国性是国际商务谈判的最大特点，也是其他特点的基础。国际商务谈判的主体是两个或两个以上的国家或地区，谈判者代表了不同国家或地区的利益。由于国际商务谈判的结果会导致资产的跨国流动，必然在贸易、金融、保险、运输、支付、法律等领域都具有国际性，因此在国际商务谈判中必须按国际惯例或通行做法来操作。所以，谈判人员要特别熟悉各种国际惯例，熟悉对方所在国的法律条款，熟悉国际经济组织的各种规定和国际法规。

国际商务谈判在适用法律方面不能完全以任何一方所在国家或地区的经济法为依据。而必须以国际经济法为准则，按照国际惯例行事。在需要仲裁时，仲裁地点与仲裁所适用的规则直接相关。一般来说，规定在哪一国仲裁，往往就要适用该国的有关仲裁规则和程序。目前国际上有3项关于国际货物买卖的国际公约，它们是1964年《国际货物买卖统一法公约》、《国际货物买卖合同成立统一法公约》及1980年《联合国国际货物销售合同公约》。关于国际货物买卖的国际贸易惯例，主要有《国际贸易术语解释通则》（2010通则）和《华沙—牛津规则》（1932年制定）。另外，各国也就对外经济贸易活动建立起各自的法律体系，如美国的《美国贸易法》，英国的《英国货物买卖法》，中国的《中华人民共和国合同法》等。

【特别提示】

各项国际贸易的各种规定、法规、国际惯例并不具备普遍的约束力，只有当双方当事人在他们订立的国际货物买卖合同中采用了某种国际法规、惯例来明确他们之间的权利义务时，该法规、惯例才适用于该合同，并对当事人产生约束力。

2）谈判具有政策性

国际商务谈判的跨国性决定了它是政策性较强的谈判。国际商务谈判参与方处于不同国家的政治、经济环境中，谈判常常会牵涉到国与国之间的政治、外交关系，在谈判中，双方国家或地区政府常常也会干预和影响商务谈判的进程。因此，当事人会面对两个或两个以上国家的法律、政策和政治权利等方面的问题。这些法律和政策可能不是统一的，甚至是彼此直接排斥的。所以，国际商务谈判必须贯彻执行国家的有关方针政策和外交政策，同时还应注意别国政策，以及执行对外贸易的一系列法律和规章制度。这就要求国际商务谈判人员必须熟知本国和对手国家的方针政策、对外经济贸易的法律和规章制度。

3）内涵具有跨文化性

国际商务谈判参与方处于不同的文化、宗教、伦理环境中，谈判的各方一般具有不同的价值观、道德观、思维方式和行为方式，在语言表达及风俗习惯等方面也各不相同。因此，国际商务谈判的难度要大大高于国内商务谈判。国际商务谈判的各参与方在谈判时，不仅要注意协调好各自的经济关系，而且要努力尊重和协调好各自在文化、宗教和伦理等各方面的差异。

【案例 8-1】

日本历史固有的文化传统随时可以从其商家的谈判风格中看出。日本商家宴请外国客人时，主人不是坐在离主宾最近的地方，而是坐在末席。因为按照日本的文化解释，请人吃饭的主要目的是为了用美味佳肴款待客人，而不是为了社交，因此主人理应全心全意款待和服侍客人，而不应与主宾坐在一起接受招待人员的服侍。英国出版的《百国旅游手册》中指出,"访问日本的外国人必须懂得,日本人即使受到上级责备时,他仍会向你微笑,这并不说明他们无羞耻感,他们的想法是用微笑来使本来已很不愉快的事稍微变得愉快一些。甚至,当日本人家中有人去世,你向他表示慰问,他也会微笑着向你道谢。"他们并不只有在感到高兴愉快时,或表示同意、赞许时才微笑,他们把微笑视为一种礼节,即使在感到尴尬,甚至悲哀时仍会向对方微笑。

因此在谈判桌上,客方听到高兴之处时切不可对日本朋友贸然发出笑声,更不可朗朗大笑。反之,如果日本谈判者发出了笑声,那么对方应当做的不是随之发笑,而应弄清他发笑的原因,并考虑适当地向其表示歉意。这又与其他国家的习俗大相径庭。

(资料来源:汤秀莲. 国际商务谈判[M]. 北京:清华大学出版社. 2009:28.)

4)影响谈判的因素复杂、多变

复杂、多变是由跨国性、政策性、跨文化性等特殊性派生出来的。从事国际商务谈判的人员面临着国际环境多变复杂的局面,要花费更多的精力来适应。例如,贸易标的各方面的复杂多变、国际法的掌握、语言沟通的差异、风俗习惯的差异、价值观和思维方式的差异等,这些都增加了谈判的复杂多变性。国际商务谈判涉及不同国家、不同国家企业之间的关系,如果出现问题,需要协商的环节很多,解决起来也比较困难。因此,要求谈判人员事先估计到可能出现的问题和不测事件,加以相应的防范。

5)谈判的难度大,对人员的素质要求高

由于国际商务谈判的谈判者代表了不同国家和地区的利益,有着不同的社会文化和经济政治背景,人们的价值观、思维方式、行为方式、语言及风俗习惯各不相同,从而使影响谈判的因素更加复杂,谈判的难度更加大。在实际谈判过程中,对手的情况千变万化,作风各异,有热情洋溢者,也有沉默寡言者;有果敢决断者,也有多疑多虑者;有善意合作者,也有故意寻衅者;有谦谦君子,也有傲慢自大盛气凌人的自命不凡者。凡此种种表现,都与一定的社会文化、经济政治有关,不同表现反映了不同谈判者有不同的价值观和不同的思维方式。国际商务谈判的特殊性和复杂性,要求国际商务人员在知识结构、语言能力、谈判策略及技巧的实际运用能力、防范风险的能力等方面具备更高的水准。谈判人员必须具备广博的知识和高超的谈判技巧,不仅能在谈判桌上因人而异,运用自如,而且要在谈判前准备主要资料、收集信息,使谈判按预定的方案顺利进行。

4. 国际商务谈判的作用

在国际商务谈判活动中,不同的利益主体需要就共同关心和感兴趣的问题进行磋商,协调和调整各自的经济利益或政治利益,谋求在某一点上取得妥协,从而使双方都能获利而达成协议。所以,国际商务谈判是对外经济贸易活动中普遍存在的一项十分重要的经济活动,是调整和解决不同国家和地区政府及商业机构之间不可避免的经济利益冲突的必不可少的一种手段。

1)传递、沟通信息

谈判人员是公司与客户间的桥梁,谈判使沟通成为现实。在谈判过程中,谈判的双方都会得到诸如产品设计、质量、竞争及市场等方面的信息资料。例如,顾客对产品设计及对产品主要评价条件的要求;竞争者的产品品质、特点及功能;竞争者有关市场营销战略与战术的变化情况;顾客的抱怨及对产品的使用情况;顾客对价格的意见及顾客愿意支付价格与产品成本间的关系;同类产品市场及技术的变化情况等。

> 【特别提示】
>
> 在谈判过程中，不仅要搜集到自己所需的情报，而且还要向顾客传递有关产品、服务及企业发展的信息。有时候对方是因为产品而购买产品，有时候是因服务而购买产品，还有的时候是因为企业的生产条件和声望而购买产品。可见，这些信息对于签订合约和扩大企业影响是非常重要的。

2）解决利害冲突、实现共同利益

在市场经济条件下，组织与组织之间、组织与个人之间存在冲突是不可回避的现实，谈判可以消除和避免组织和上级部门、政府机构、合作者，以及竞争者等各类人员之间的误解、纠纷。例如，发展中国家与发达国家谈判建立一个合资企业，由发展中国家提供生产场地，发达国家提供先进技术。建立这样一个合资企业，发达国家方面的目的和需要是利润；而发展中国家的目的和需要利用先进技术，提高本国的生产水平，获得利润，这使谈判成为必须。有时在经济合作过程中，合同的某些缺陷会给工作带来麻烦，通过谈判求同存异，寻找解决问题的方法，可以使双方的利益都得到保证。

3）满足国际商务的需要

在经济全球化的今天，任何一个国家都不可能将自己封闭起来。世界在缩小，贸易往来日益频繁。从不同媒体广告中，我们接触到的外国产品或品牌不断增多。我国在境外的企业也在不断扩张，中国跨国企业的足迹已经遍及世界。国际贸易比国内贸易复杂得多，其特点在于语言不同、法律与风俗习惯不同、货币与度量衡制度不同、商业习惯不同、贸易各国存在壁垒、沟通接洽不便、海关及汇兑手续复杂、运输困难、保险及索赔技术不易把握，而且信用、汇兑、运输、价格、政治和商业风险极大。尽管经过长期的努力已形成了多种贸易术语，但明确贸易中彼此权利和义务仍是贸易双方谈判必不可少的环节，只有通过面谈、函电、电子网络进行磋商，才能更好地达成协议，化解双方的误解。

8.1.2 国际商务谈判的基本程序与内容

1. 国际商务谈判的基本程序

国际商务谈判一般要按照国际贸易交易洽商的步骤进行，具体包括准备、开局、正式谈判、签约4个程序。其中每一道程序都是整个谈判中的重要阶段。从法律的角度来看，每道程序之间有着本质的区别。国际商务谈判人员要想在整个谈判过程中控制全局，发挥自如，就必须精通各个环节。所以，熟练把握每道程序中的关键点，精通国际惯例及相关法律规律是国际商务谈判的重中之重。

1）准备阶段

谈判者在一场谈判中能否获得成功，按照预期的目标签约，不仅取决于谈判者在谈判桌上的综合表现，还有赖于谈判前充分细致的准备工作。在与经验丰富的对手谈判时，尤其要重视谈判前的准备工作，因为周密的事先准备是谈判取得成功的基石之一，是谈判者制定谈判策略、选择谈判战术和灵活运用谈判技巧的重要依据。

2）谈判的开局阶段

主要是指谈判双方进入谈判程序后，进入有关具体谈判议题之前，相互介绍、寒暄，以及就核心谈判内容以外的话题进行交谈的阶段。开局阶段属于谈判的气氛营造阶段，虽然占用的时间不长，谈论话题也与整个谈判的核心主题关系不大，但由于可以起到确定整个谈判基调的作用，因此，这个阶段很重要。

3）正式谈判阶段

是整个谈判过程的主体，又称实质性谈判阶段，是指从开局阶段完结到最终签订协议或谈判失败为止的这个阶段。在正式谈判阶段，谈判双方会就交易的具体内容和实现条件进行讨价还价，直至最终达成协议或谈判破裂。通常，正式谈判阶段要经历询盘、发盘、还盘、接受4个环节。

（1）询盘。又称询价，是指交易的一方为购买或出售某种商品，向对方口头或书面发出的探询交易条件的过程。其内容可繁可简，可只询问价格，也可询问其他有关的交易条件。询盘对买卖双方均无约束力，接受询盘的一方可给予答复，亦可不做回答。但作为交易磋商的起点，在商业习惯上，收到询盘的一方应迅速做出答复。询盘虽然不是国际商务谈判中必须经过的程序，但在谈判中所起的作用非常大。通过询盘，可以了解对方产品的详细信息，这样有利于在谈判中取得主动地位，从而影响谈判局势的发展。

（2）发盘。在国际贸易实务中，发盘也称报盘、发价、报价。法律上称之为"要约"。发盘可以是应对方询盘的要求发出，也可以是在没有询盘的情况下，直接向对方发出。发盘一般是由卖方发出的，但也可以由买方发出，业务称其为"递盘"。有实盘和虚盘两种。实盘是发盘人承诺在一定期限内，受发盘内容约束，非经接盘人同意，不得撤回和变更；如接盘人在有效期限内表示接受，则交易达成，实盘内容即成为买卖合同的组成部分。虚盘是发盘人有保留地表示愿意按一定条件达成交易，不受发盘内容约束，不做任何承诺，通常使用"须经我方最后确认方有效"等语以示保留。

（3）还盘。是指受盘人不同意或不完全同意发盘人在发盘中提出的条件，对发盘提出修改或变更的表示。还盘可以用口头方式或者书面方式表达出来，一般与发盘采用的方式相符。还盘不仅可以就商品价格的高低提出意见，也可以就交易的其他条件提出意见。一笔交易有时要经过还盘和再还盘，才能达成交易，而有时不经过还盘也可以达成交易。还盘是对原发盘的拒绝，还盘一旦做出，原发盘即失去效力，发盘人不再受其约束；进行还盘或再还盘时，可用"还盘"术语，但一般仅以不同条件的内容通知对方，就意味着还盘。

（4）接受。就是交易的一方在接到对方的发盘或还盘后，以声明或行为向对方表示同意。法律上将接受称作"承诺"。接受和发盘一样，既属于商业行为，也属于法律行为。

【特别提示】

询盘、发盘、还盘、接受都是正式谈判阶段的4个环节，但实际在法律上，只有"发盘"和"接受"是不可缺少的基本环节。

4）签约阶段

谈判双方经过多次讨价还价，在就谈判主题的各项重要条款达成协议之后，通常要签订书面合同，以文字的形式把各方的权利和义务确定下来。按照一般的法律规则，合同的成立取决于一方的发盘和另一方对发盘的接受的程序。签订书面合同不是合同有效成立的必备条件。《联合国国际货物销售合同公约》第十一条规定："销售合同无须书面订立或书面证明，在形式方面也不受任何其他条件的限制。销售合同可以用包括人证在内的任何方法证明。"但是在国际贸易实践中，在当事人双方经过磋商一致，达成交易之后，一般均须另行签订书面合同。

2．国际商务谈判的内容

1）货物买卖谈判

所谓的货物买卖谈判，就是对有形商品的交易进行的谈判。相对于其他国际商务谈判来讲，货物买卖谈判最突出的特点是相对简单。货物买卖谈判主要是买卖双方就买卖货物本身的有关内容，如货物数量、质量，货物的转移方式和时间，货物买卖的价格条件和支付方式，货物交易中双方的权利、义务和责任等问题进行的谈判。大多数货物均有通行的国际技术标准。有了这样一个统一的标准，就避免了谈判过程中因各国货物的具体差异所导致的谈判分歧。其次，大多数货物贸易均属重复性交易。另外，买卖谈判的条款比较全面。谈判中包括货物部分谈判、商务部分谈判和法律部分谈判，这些条款是谈判的传统条款，其内容也往往作为其他商务谈判参照的基础。货物买卖谈判是国际商务谈判中数量最多的一种谈判，在企业的国际经济活动中占有很重要的地位。

2）国际投资谈判

国际投资谈判主要是创办企业方面的谈判，就我国企业而言主要涉及以下两个方面：第一，开办海外企业的谈判，主要是指我国企业到境外开办企业的谈判；第二，举办外商投资企业的谈判，主要是指外商在中国境内举办中外合资企业、中外合作企业和外商独资企业的谈判。这种谈判是就涉及投资者在投资活动中的权利、义务、责任和相互间的关系所进行的谈判。

这类谈判对于企业来说是经常性的国际商务谈判，由于涉及面广，影响大，周期长，而尤其显得举足轻重。以往谈判中，有的企业经验不足，为了达成协议一再让步，结果造成了损失，很难挽回；也有的企业一味采取硬式谈判对待对方，结果谈判旷日持久，迟迟达不成协议。这两种极端的做法都是不可取的。

3）国际租赁及"三来一补"谈判

国际租赁谈判是指我国企业从国外租用机器设备而进行的国际商务谈判。这种谈判主要涉及机器设备的选定、交货、维修保养、租赁期终的处理、租金的计算与支付，以及在租赁期内租赁公司与承租企业双方的责任、权利、义务等方面的谈判。"三来一补"谈判是在我国许多企业，尤其是在中小企业中开展十分活跃的一种商务谈判。"三来"是指国外来料加工、来样加工和来件装配业务。这方面谈判的内容主要包括：来料、来件的时间，加工质量的认定，成品的交货时间，原材料的损耗率，加工费的计算与支付等。"一补"就是指补偿贸易谈判涉及技术设备的作价，质量的要求，补偿产品的选定与作价，补偿的时间，支付方式等方面的问题。

【特别提示】

随着我国对外经济活动的活跃，"三来一补"的形式也有所发展。不仅有从外方"三来"，也可以是我方"三去"。补偿贸易也可以是我们提供设备由外方用产品补偿，即在谈判中进行权利、义务、责任的换位而已，其基本要求仍是一样的。

4）国际工程项目谈判

国际工程项目谈判通常又称大型项目谈判，例如，利用外国政府或国际金融组织的贷款，对一些大型市政建设和环保项目，以及重要的技术改造项目进行的谈判。这种谈判主要是围绕着项目的目的、内容、发展前景、融资条件、招标与发包等一系列经济与技术上的问题进行谈判。建设项目的谈判通常分两部分进行，第一部分是由双方政府主管该项目的部门会同有关经济部门就双方合作的总体设想和商务关系进行的原则谈判，谈判涉及面较广，包括建设项目的性质、作用，建设项目的投资、贷款总额及支付方式，建设项目建设过程中双方的权利、责任等。第二部分是具体的技术和商务谈判，由双方的具体实施建设工程的部门或企业进行直接谈判，谈判涉及的内容较专业化，往往就其中一些技术细节和工程所用材料和设备、工程的技术标准、验收方式等进行谈判。前后两部分谈判是相辅相成的，第一部分的谈判决定了第二部分谈判的范围和要求，而第二部分谈判也对第一部分的谈判做了必要的补充。两部分的有机结合和互相补充决定了整个建设项目的成败，所以这种谈判要比其他谈判更加复杂、要求也更高。

5）国际知识产权贸易谈判

国际知识产权贸易谈判包括国际技术贸易谈判和国际版权贸易谈判。

（1）国际技术贸易谈判是指技术的接受方（即买方）与技术的转让方（即卖方）就转让技术的形式、内容、质量规范、使用范围、价格条件、支付方式等双方在技术转让中的一些权利、义务和责任关系等方面所进行的谈判。随着我国经济建设的发展和改革开放的深化，一方面需要从国外引进大量的先进技术，另一方面国内的技术也将越来越多地进入国际市场。因此，国际技术贸易谈判正在成为我国企业国际商务谈判的重要方面，受到更多的重视。

（2）国际版权贸易谈判，包括版权输出谈判或版权输入谈判。版权，在我国亦称著作权，是指作者对其作品依法享有的专有权，或者说，是指作者及其著作权人对文学、艺术和科学等类作品依法所享有的人身权和财产权的总和。版权贸易的基本形式分别是版权许可和版权转让。

6）国际融资谈判

国际融资谈判是指双方就如何提供进出口信贷、组织国际银团融资、在对方国发行债券、股票、提供资金担保等方面的谈判。这类谈判常常涉及融资的条件、融资的成本、支付的方法、担保的范围以及发展中国家外汇管理问题等。

7）国际服务贸易谈判

国际服务贸易谈判是目前国际贸易中应用面十分广泛并且发展得较快的谈判，包括：运输、咨询、广告、项目管理、设计、劳务、旅游等方面的商务合作谈判。国际服务贸易涉及的主要是无形的贸易，是以提供某一方面的服务为特征的。随着第三产业的发展和国际交流的频繁，服务贸易在国家之间的开展越来越经常化和多样化，这类谈判所占的比重也越来越大，成为国际经济活动中越来越重要的方面。

8）损害和违约赔偿谈判

损害和违约赔偿谈判与前几种类型的商务谈判相比是一种较为特殊的谈判。损害是指在商务活动中由于某方当事人的过失给另一方造成的名誉损失、人员伤亡损失和财物损失；违约是指在商务活动中并非不可抗力发生，合同的一方不履行或违反合同的行为。损害和违约负有责任的一方应向另一方赔偿经济损失。在损害和违约赔偿谈判中。首先要根据事实和合同分清责任的归属，在此基础上，才能根据损害的程度，协商谈判经济赔偿的范围和金额，以及某些善后工作的处理。随着我国国际商务活动的发展，损害和违约赔偿谈判是经常发生的，这方面的谈判应引起充分的重视，以维护我方的合法权益。

8.1.3 国际商务谈判成功的管理模式——PRAM

对商务谈判进行有效的管理，是谈判取得成功的有力保证。那么，如何对谈判活动进行管理呢？这里介绍一种 PRAM 的谈判管理模式。PRAM 模式是一种追求双赢的谈判管理模式。它包括 4 个步骤：计划（Plan）、关系（Relationship）、协议（Agreement）、持续（Maintenance），简称 PRAM 模式，如图 8.1 所示。

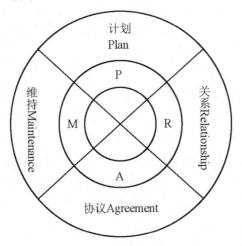

图 8.1　PRAM 谈判模式

这种谈判模式的出发点是，谈判是在双方互助合作关系基础上的协商过程；在谈判中不仅存在效益关系，而且还存在着人际关系，人际关系是实现效益关系的基础和保障；谈判各方不仅要着眼于本次谈判，而且还要考虑今后的交易往来，以期有再次的合作。

1．PRAM 谈判模式的构成

1）制订谈判计划（Plan）

PRAM 谈判模式的第一步是制订一个双赢式的谈判计划。这个计划的本意就是要回答以下问题：如何做才能使谈判对手愿意参与谈判？如何做才能使谈判对手愿意与我方打交道？

2）建立关系（Relationship）

在正式谈判之前，要建立起与谈判对手的良好关系。这种关系不是那种一面之交的关系，而是一种有意识形成的、能使谈判双方的当事人在整个协商过程中都愿意充分信任对方的关系。

3）达成使双方都能接受的协议（Agreement）

双方都能接受的协议是一种双赢式的协议，是指通过协调双方的目标，形成使买卖双方都能接受的协议。

4）协议的履行与关系维持（Maintenance）

履行职责的不是协议书而是人，不管协议书规定得多么严格，它本身并不能保证得到实施。因此，签订协议书是重要的，但履行协议，确保其得到贯彻实施更加重要。因此，在谈判达成协议之后，谈判参与者的当务之急就是要确保协议能得到彻底执行。一旦协议无法执行，双方的谈判成果也就丧失了，谈判也不能算作成功。谈判参与者必须要认识到"人+约定=执行"。在达成协议之后，就有了对方必须执行的条款的约定，而要想保证对方执行这一约定，则需要维持同谈判对手之间的双赢关系。维持这种关系的最好方式就是双赢式维持。双赢式维持包括两个方面：一是约定维持，二是关系维护。

2．PRAM 谈判模式实施的前提条件

1）谈判各方具备利益上的交集

所谓利益上的交集是指参与谈判各方都能够通过谈判获得收益，即大家必须有共同的利益，这是 PRAM 谈判模式实施的必备条件。如果谈判参与各方没有利益上的交集，谈判的结果通常都会出现利益受损的一方，这将大大减小达成协议的几率。

2）谈判各方须具有共赢的意识

利益上的交集使得 PRAM 谈判模式的实施成为可能，但要想使 PRAM 谈判模式的实施成为现实，谈判参与各方必须具备共赢的意识，放弃单纯追求己方利益的谈判思想。

3）谈判参与各方之间存在长期合作的可能性

要想使谈判成为一个连续的过程，也就是使持续这一步骤得以实现，还需要谈判参与各方之间存在长期合作的可能性。需要指出的是，这种可能性是 PRAM 谈判模式得以顺利实施的推动性元素，而非必备元素。

4）良好的信用环境

良好的信用环境可以制约谈判参与各方的失信行为。在良好的信用环境中，由于任何失信行为都会得到应有的惩罚，因此，良好的信用环境的存在为谈判参与各方之间的长期合作提供了保证，当然也会使各方有实施 PRAM 谈判模式的积极性。

3．PRAM 谈判模式的运转

PRAM 谈判模式的 4 个部分，实际上也就是进行谈判的 4 个步骤，依次经过这 4 个步骤，也就完成了某一具体交易的谈判过程。

【案例 8-2】

在纽约飞往东京的日航班机上，坐着一位美国商人，他虽然第一次去日本，但由于事先作了充分的准备，对面临的谈判充满了信心。飞机就要在羽田机场降落了。

美丽的日本空中小姐过来热情地打着招呼："先生，您真用功，还在看书学习，准备下机吧！"美国商人收拾起有关研究日本人精神及心理的书籍，飞机已经平稳地降落在跑道上。这时两名日本公司的职员已彬彬有礼地在机场上等候了。他们帮美国商人办好一切手续，开轿车带其到东京的一家高级宾馆。

进入陈设考究的客房后，日本职员问道："先生会日语吗？"

"略会一些，不过我带着字典，很想学学日语。"美国商人回答说。

"日语很容易学，凭先生的才能，用不了多少时间就能掌握的。但是，先生您非得准时回国吗？到时我们也好提前安排车前来接您去机场。"日本职员显得很关切的样子。

"时间够长的了。我得准时回国，喏——"美国商人递过了回程机票。

"唔，有 15 天时间，来得及。"

第二天，日本公司派来一位娟秀迷人的姑娘，说是帮助美国商人学习日语。学习两小时后，姑娘作为导游,陪伴他去观光旅游。以后每天如此,从皇宫游到神社,从城市玩到乡村,每天晚上还要参加日本公司董事分别宴请的家庭酒会。美国人按照日本习俗,半跪在硬木地板上,往往一顿饭要吃三四个小时,使他感到苦不堪言,但出于礼貌,他还是硬挺了过来。

当美国商人谈起商务谈判,日本人总是说:"有时间,来得及。"于是今天看精彩的相扑比赛,明天看古老的歌舞表演,后天听讲"禅机"。这些都使美国人大开眼界,了解了许多日本的风俗习惯。时间一天天过去了,美国商人的自尊心得到了极大的满足,他感到真是不虚此行。

到了第13天,谈判终于开始了,然而下午安排了高尔夫球,还没怎么谈时间就到了。到14天,谈判再度开始。但为了出席盛大的欢送宴会,不得不提前结束。晚上,美国人才感到时间紧迫了,急了起来。

第15天早上,谈判继续进行。在谈到紧要关头时,来接美国人去机场的轿车开来了。这时,主人和客人只得在开往机场的途中商谈关键的条件,在到达机场之前,谈判达成了协议,当然,协议的内容几乎全都有利于日本人。

【分析提示】 在这个案例中很好的体现了PRAM谈判模式。现就从PRAM谈判模式的4个组成部分来分析。

第一,制订完整的谈判计划——在美国商人刚抵达谈判目的地时,日方在不经意间就洞悉了美国商人此次谈判活动的时间安排,为后来安排一系列活动提供了重要信息。在接下来的时间里,日方热情款待,安排了大量的活动,看似无意去利用这些来占据原本该进行谈判的时间,却使得这场谈判草草开始,了的结束,还未切人主题就已经成定局了。结果是协议的内容全有利于日方。这一流程下来,可以看出日方在事先是已经做过充分详细的计划安排的。

第二,建立和发展双方友好合作关系——在美国商人到达之后,日本公司并没有马上展开有关谈判的活动,也未就有关谈判的内容与这位商人接触。相反,在涉及谈判之前,安排一系列的娱乐节目。派专人帮助他学习日语,陪伴他四处观光旅游,参加家庭酒席宴会,观看各种比赛表演来了解日本的风俗习惯。这一切都让这位美国商人乐不思蜀,自尊心得到极大满足,让他感到不虚此行,日本公司热情周到的款待让美国商人放松了在谈判时应有的警惕性。这样一来,还未开始谈判,双方就已经建立起了良好的合作关系,为以后谈判的顺利进行奠定了基础。

第三,达成双方都能接受的协议——在美国商人有限的谈判时间里,因为日本公司安排的各种活动,使得谈判迟迟不能进入正题。而到第13天,也就是美国商人返程的倒数第三天,谈判才刚刚开始,才刚刚进入正题。结果还没怎么谈,下午又安排了活动,第一天的谈判就结束了。第二天,同样情况,也是谈判还刚开始,却又因为安排了欢送宴会而被迫提前结束。在这位商人离程的那天早上,谈判才算真正意义上的开始,结果又因赶飞机使得谈判的关键在车上进行。这时,可想而知,这位美国商人为避免此次日本之行自己一无所获,也不多加思虑,草率答应日本公司提出的一些条件,达成协议,使得协议内容几乎全有利于日本人。这协议的达成看似是在双方你情我愿的情况下实现的,其实再细想一下,这位美国商人在踏上返程飞机的那一刻起,绝对是后悔不已,因为他没有充分利用原本很充足的谈判时间来解决重要问题,而使得公司遭受损失。这体现了日本公司在促成协议达成时使用的高明手段。

第四,协议的履行和关系的维持——在签订好协议之后,即使美方公司损失了部分利益,但在谈判期间,日本公司提供的热情招待也会让美国商人流连忘返,称赞不已,还是建立了一定的了良好合作关系,有利于客户之间关系的继续维持下去。

(资料来源:张立强.经典谈判谋略全鉴[M].北京:地震出版社.2006:38.)

4. PRAM管理模式的特点

(1)谈判的目标是满足双方的利益需要,不仅仅局限于牺牲对方利益来满足自身效益,而这种利益需要又是可以调和的。

（2）谈判协商是通过双方充分地理解彼此的利益要求，在肯定双方一致利益的基础上，通过双方共同的创造和努力，找出一个能使双方各有所获的方案来协商彼此之间利益上的矛盾。

（3）谈判的结果是使双方的利益要求都能够得到很好的满足，双方都找到最大利益共同点。

（4）谈判双方之间形成的关系是一种互助合作的关系，甲方在帮助乙方达到其目的的同时，乙方也在帮助实现甲方的目标。在双方利益都得到重视和满足的情况下，双方就能建立一种良好的人际关系，并且能不断地得到巩固和加强。这种人际关系是双方利益需要能够得到满足的前提、基础和保障。

【特别提示】

在这种谈判模式中，把谈判看成一种友好协商，就能比较容易地达到目的。而如果把谈判看作是一场双方的拉锯战，目标就难以实现。即使勉强达成协议，也难以保证协议能够得到很好的履行。

在这种谈判模式中，其4个组成部分是缺一不可的，制订谈判计划，建立关系，达成协议，协议的履行和关系的维持，这4个方面是互相连接的。如果其中有一环节出现问题，将会使谈判结果大打折扣。而如果将这4个方面运用自如，运用得合理恰当，将会使谈判结果事半功倍，将会得到很好的收益。因此，在谈判者运用PRAM谈判模式之前，一定要事先做好准备工作，各环节才能相互协调。

8.2 了解各国的文化差异与谈判风格

从案例导入埃及与德国关于金棺棺盒的谈判中，我们看出国际商务谈判相对于国内商务谈判无论是复杂度和谈判难度都要高得多，而其的主要成因就是国际商务谈判的跨文化性，它是国际商务谈判众多特性的核心。埃及与德国的这一次国际谈判拉力赛历经了整整16个年头，两个国家之前的宗教信仰、文化习俗乃至谈判风格上的巨大差异，是阻碍这场谈判顺利进行的重要因素。随着国际商务活动的日益频繁，不同地域、民族、社会的文化习俗会影响国际商务谈判。谈判双方在商务谈判之前，除对谈判项目合作可能性做出具体的分析和评估外，文化习俗也是必须考虑的一个因素。文化习俗是客观存在的势必在国际商务谈判中有所表现。那么，各国的文化有什么差异，在谈判时又各有什么风格呢？

8.2.1 文化差异对国际商务谈判的影响

国际商务谈判受到各自国家、民族的政治、经济、文化等多种因素的影响，而其中最难以把握的就是文化因素。文化是一个民族或群体在长期的社会生产和生活中的价值观念、宗教信仰、生活态度、思维方式、行为准则、风俗习惯等各方面所表现出来的区别于另一民族或群体的显著特征。正是这种文化上的差异导致了国际商务谈判中的文化碰撞甚至冲突。

"文化"是一个很抽象的概念，涉及人类生活的各个方面，它包括信仰、知识、艺术、习俗、道德等社会生活的多个方面。商务谈判中的文化包括3个要素：首先是隐性潜藏在个人意识里，个人外在的衣着服饰和行为举止会不自觉地打上成长社会的烙印；其次是中间层，个人信仰、社会价值和生活态度；第三是标准的行为模式，每个社会都有特定的约定俗成的道德标准来调节社会群体中的个人。文化差异是指不同国家、不同地区、不同民族在历史、政治、经济、文化传统及风俗习惯等方面的差异。国际商务谈判不仅是跨国的谈判，而且是跨文化的谈判。不同国家的谈判代表有着不同的社会、文化、经济、政治背景，国际商务谈判中文化差异客观存在，因此，只有正确认识国际商务谈判中的文化差异，克服文化差异障碍，谈判才能顺利进行。

1. 影响国际商务谈判的文化差异因素

1）思维方式

在一切谈判活动中，人的思维始终在发挥作用，可以说思维是谈判的原动力。但是，由于世界各国文化差异的影响，各个国家的谈判人员的思维方式是不同的。例如，以东方文化和英美文化为例，英美文化偏好抽象分析思维，美国学者斯图亚特（Stewart）在《美国文化模式》一书中指出美国人具有抽象分析和实用的思维取向，他们的思维过程是从具体事实出发，进行归纳概括，从中得出结论性的东西。欧洲人则是看重思想和理论，他们的演绎型思维方式侧重的是感知世界，他们喜欢运用逻辑手段从一个概念推导出另一个概念，他们依赖思想的力量。东方文化偏好形象思维和综合思维，习惯将对象的各个部分连合为整体，将它的属性、方面、联系等结合起来考虑。国际商务谈判就是不同文化的碰撞，如东方人受其社会习俗，道德伦理等方面的影响，思维形式上表现出顾及他人的主张和态度，谈判是以集体为核心，谈判小组成员全力支持首席代表人发言，而西方人的思维模式强调个体差异，小组成员互相尊重对方的思维，互不干涉，表现出彼此独立的个性。由此，形成不同的谈判作风及控制谈判进程的不同方法、手段。

2）语言交流和非语言交流

语言是任何国家、地区、民族之间进行沟通的桥梁，在国际商务活动中语言的差异是最直观明了的。几乎在各种谈判中，无论大小，重要或是不重要，包括口头语言和书面语言，都将成为是否达到谈判目的的决定因素。一般人在相同文化背景下讲话的内容尚有误差，可以想象，来自文化修养不同的国家，谈判人员谈判时会选用不同的沟通方式，如来自文化修养低的区域的谈判人员多直截了当地表达自己的意思，往往被另一方认为过于粗鲁，缺乏谈判的诚意，导致谈判的不愉快和失败。观念是指人们对客观事物的评价标准，包括时间观念、财富观念、对待生活的态度等。不同的观念会产生不同的沟通方式和交流内容。例如，中国人的隐私观念较为淡薄，交往中很自然地聊及彼此的生活境况，而西方人非常注重个人隐私，不愿意向别人过多提及自己的事情，更不愿意让别人干预。对中国人来讲本是关切的言辞，很可能被西方人认为是对个人隐私的不尊重，造成沟通失败。

谈判各方除了用口头语言来交流外，还通过手势、面部表情等身体语言来表达自己的意见和感受。文化差异会导致不同国家或地区的谈判人员在形体语言、动作语言的运用上有着巨大的差异。谈判人员以非语言的、更含蓄的方式发出或接受大量的、比语言信息更为重要的信息，而且所有这类信号或示意总是无意识地进行的。因此，当谈判人员发出不同的非语言信号时，具有不同文化背景的谈判对手极易误解这些信号，而且还意识不到所发生的错误。这种不知不觉中所产生的个人摩擦如果得不到纠正，就会影响商业关系的正常展开。例如，与美国人交往，如果你不看着他的眼睛，或者让人觉得眼神游移不定，那么他就会担心你是否不够诚实，或生意中有诈；而跟日本人交往，如果你盯着他，他可能认为你不尊重他。

3)价值观与时间观念

价值观念是以文化衡量人们的行为以及后果的标准。它们影响着人们理解问题的方式，也会给人们带来强烈的情感冲击。在不同的文化中，价值观念会有很大的差异。在一种文化中很恰当的行为在另一种文化中可能会被看成是不道德的。例如，美国人认为搞裙带关系是不道德的，但大多数拉丁美洲文化却将它视为一种义务；中国人一直接受儒家思想的教育和熏陶，因此"利他"观念在中国源远流长。而西方人往往信奉个人主义，"利己"观念在西方文化中已经成为一种集体意识；中国人讲求"卑己尊人"，讲究谦虚，西方人崇尚个性，崇尚自我肯定。西方人听到中国人否定别人对自己的赞扬或者听到其本人否定自己成绩的时候，会感到很难理解，认为中国人不诚实。不同的地域差异产生了不同地域的语言表达特征，处理不好这些细节会影响商务谈判的进展。谈判人员应考虑到这些沉积已久的风俗习惯，避免以本国文化的框框去套他国行为，以达到不同文化之间的理解、尊重和包容。

时间观念决定着谈判者的行动计划，对国际商务谈判有着广泛而无形的影响。日常谈判行为所体现的遵守时间方面的差异，就是最明显的表现。东西方文化在对待时间上有着不同的看法，甚至在同属于西方（或东方）文化的国家之间也有差异。发达国家的人工作和生活节奏快，时间观念强，因而在商务谈判中都很注意准时。精明的犹太商人非常重视时间，他们历来认为，时间远不止是金钱，时间和商品一样，是赚钱的资本。钱是可以借用的，而时间是不可以借用的，时间远比金钱宝贵。有位月收入 20 万美元的犹太富商曾经算过这样一笔账：他每天工资为 8 千美元，那么每分钟约为 17 美元。假如他被人打扰，浪费了 5 分钟的时间，那就相当于被窃现金 85 美元。强烈的时间观念提高了犹太人的工作效率，在工作中他们往往以秒计算，分秒必争。在犹太人身上，绝不会发生早退、迟到，或者拖延时间等情况。但在一些经济落后或是封建意识较为浓厚的国家里，人们往往不太重视时间，不讲究准时参加商务谈判和宴会，有时甚至有意识地拖延时间，以显示其地位的尊贵。对于商务谈判，南美商人有时迟到一二个小时都是有可能的。就韩国人来说，在商务谈判中，如果是对方选择的会谈地点，他们绝不会提前到达，总是准时或故意略微迟到。

【案例 8-3】

巴西一家公司到美国去采购成套设备，巴西谈判小组成员因为上街购物耽误了时间。当他们到达谈判地点时，比预定时间晚了 45 分钟。美方代表对此极为不满，花了好长时间来指责巴西代表不遵守时间，没有信用。谈判开始，美方还对此事耿耿于怀，对此巴西代表感到理亏，也无心与美方代表讨价还价，对美方提出的要求也没静下心来认真考虑，匆匆忙忙就签订了合同。等到合同签订以后，巴西代表才发现自己吃了大亏，但已经晚了。

【分析提示】不同的文化背景表现出不同的时间观念，北美人的时间观念很强，对他们来说，时间就是金钱；而东方和南美一些国家的时间观念不是那么强，迟到对他们来说并不是不可原谅。这个巴西的案例就充分说明了要了解不同国家的文化。

4）伦理与法制的观念

中国文化习惯于回避从法律上考虑问题，而是注重于从伦理道德上考虑问题。中国人重视官吏、人情，法制观念淡薄，习惯于依靠官员进行"后台"交易，习惯于通过舆论来发挥道德规范的作用。西方伦理学认为，必须使法律成为国家道德观念的具体体现，不实行法治就不可能满足理想国家的道德要求。因而他们对于纠纷的处置，惯用法律的手段，而不是靠良心和道德的作用。

中国的伦理观念较重。"熟人"和"关系"有其特殊的内涵和意义，一旦关系得到确立，双方成了熟人或朋友，优惠和慷慨相助的局面就出现了，信任和包容的程度也就提高了，所以中国人有较多的口头约定。美国人却不是这样，他们不大注意培养双方的感情，而且力图把生意和友情分开。对问题的处理，惯用的是法律手段，律师出面解决问题是常见的，显得生硬而不灵活，我们应清醒地认识这一点。但一旦签署了合同，他们非常注重合同的法律性，合同的履行率较高。中国代表团到了西方，可能长时间没人招待，而把这误解为主人对他们的访问不感兴趣；欧洲人来到中国，可能发现他们无论做什么事都有人陪着，而把这误解为主人对他们缺乏信任。对外国的一位高级来访者关照过多，更不用说宴请，往往被错误地认为这表示对他的公司或者公司的产品有一种偏爱，其实这只不过出于中国人的待客之道，这会导致后来的失望，甚至抱怨。

5）群体意识与集体观念

东西方由于文化传统和文化观念的不同，在谈判过程中对问题的看法往往容易产生对立或误解。中国的国民性中有一个很突出的现象，那就是十分看中面子或者说"体面"。在谈判桌上，如果要在"体面"和"利益"这二者中做出选择，中国人往往会选择"体面"。中国人为什么死要面子？就因为中国文化的思想内核是群体意识。依照群体意识，每个人都不是单独的个人，而是生活在一定社会关系中的人，没有面子，不能面对他人，没有面子，就"没脸见人"，就无法在社会和群体中生活，甚至会被社会和群体所抛弃。而西方人则不一样，他们则看重利益，谈判时"体面"和"利益"二者中会毫不犹豫地选择"利益"。中国人对于谈判的结果是否能为自己脸上争光，看得十分重要，以至有的西方谈判家们在他们的著作中，告诫读者，在和中国人谈判时，一定要注意利用中国的这种国民性。

另外，东方人的集体观念较强，强调的是集体的责任，所以谈判的模式基本上是集体出场，但拍板定案的是决定性的一人，甚至决定人根本未出场。这被文化学家称为"高距离权利文化"，在出现较复杂棘手的问题时，谈判人就难以决定；而西方的模式则被文化学家称为"低距离权利文化"，表面上看是一两个人出场，谈判人相应的权限已经赋予，或是智囊团辅助其决策，因而在谈判中，谈判人个人的责任较重，也较高、较灵活。

【特别提示】

只有正确地认识并妥善地把握中西方存在的国民性的差异，才能有效地帮助我们及时地纠正自己的缺点，强化自身的优势，利用对方的缺点，瓦解对方的优势。

2．文化差异对国际商务谈判的影响

1）对谈判逻辑的影响

判断标准和方式由逻辑思维决定，文化习俗影响谈判的逻辑思维，如欧美被称为线性思维，日本为非线性思维。每一位谈判者都有利益和优先事项，而且每一位谈判者都有策略。利益是构成谈判者立场基础的需要或原因。优先事项反映各种利益或立场的相对重要性。谈判策略是为达到谈判目标而选定的一组综合的行为手段。谈判者的利益、优先事项及策略的使用都受到文化的影响。

每一个谈判人员来到谈判桌前都带有自己的文化特征，它决定着谈判人员的逻辑思维方式。例如，美国人呈现实用思维取向，从细节入手，概括归纳做出结论，东方人呈现综合思维，由整体到分层再到细节；东方人重视原则，先谈原则，西方人重细节，认为细节是问题的本质，原则只是一种形式；西方人在谈判方式上会把大任务分成若干的小问题，逐项解决，而东方人注重对所有问题整体讨论。

【案例 8-4】

1925 年美国前总统福特访问日本，美国哥伦比亚广播公司（CBS）受命向美国转播福特在日的一切活动。在福特访日前两周，CBS 的谈判人员飞抵东京商谈租用日本广播协会（NHK）的器材、工作人员、保密系统及电传问题。美方代表是一位 20 岁左右的年轻人，雄心勃勃，争强好胜。在与 NHK 代表会谈时，他提出了许多过高的要求，并且直言不讳地表述了自己的意见。可是随着谈判的进展，NHK 方面的当事人逐渐变得沉默寡言。第一轮谈判结束时，双方未达成任何协议。两天以后，CBS 一位要员飞抵东京，他首先以个人名义就本公司年轻职员的冒犯行为向 NHK 方面表示道歉，接着就转播福特总统访日一事询问 NHK 能提供哪些帮助。NHK 方面转变了态度并表示支持，双方迅速达成了协议。当 CBS 的年轻谈判人员得知自己的行为方式几乎无助于解决问题时，他十分惊讶，并向日方赔礼道歉，同时嘀咕道："我还以为在日本谈判跟在美国一样呢！"

【分析提示】CBS 的年轻谈判员在与日本 NHK 最初的接触中根本无法了解日本人在想些什么。但是，一旦熟悉后，日本人的内部空间对你开放，就会坦诚相见，毫无保留。可见，日本人的谈判思维具有典型的东方特色，这与古老的儒家思想的影响不无关系。和日本人相反，美国人的思维，向人敞开的外部思维空间较大，因此和美国很好打交道。那些年轻谈判员直言不讳地表述意见，并提出许多要求，正反映了美国人坦率外露的思维方式。虽然美国人好打交道，但他不会随便向你吐露内心秘密，即美国人的内部思维空间虽小但封闭强度高，这就是美国人所谓的"个性"。美国是个年轻的国家，它的文化极其混杂，因而形成了这种开放式但又有"个性"化的思维方式。

（资料来源：http://wenku.baidu.com/view/aacc32afdd3383c4bb4cd2b5.html.）

2）对谈判目标的影响

东西方思维模式和价值观念的差异导致双方谈判目标的不同。"和为贵"的价值观念使东方人把创造和谐的气氛作为谈判的重要手段，在谈判过程中，追求永久的友谊和长久性的合作，尽量避免摩擦。谈判的过程就是建立人际关系的过程，谈判的目标更多的是建立和发展一种长期的合作关系。同时，中国人对于谈判的结果是否能为自己脸上争光看得十分重要。

西方人则认为谈判的最终目标是签订合同实现经济利益。他们在谈判中目标明确，如果要在利益和友谊之间做出选择，他们会毫不犹豫地选择利益。他们更注重于实际价值的实现和眼前的交易，而不是长期的合作关系。例如，美国和日本比较，则明显体现出东西方两种文化的差异。美国人性格开朗，表达直率，富有攻击性，这是具有开拓性的欧洲移民后代的典型特征。而日本人则受东方古老文化的影响，中国的儒家思想是其精神支柱之一，因而常是笑脸相迎，礼貌在先，慢慢协商，不争眼前利益，在防守的基础上考虑长远交易。

3）对谈判方式的影响

谈判有横向和纵向两种方式，横向谈判方式是采用横向铺开的方法，即首先列出要涉及的所有议题，然后对各项议题同时讨论，同时取得进展。纵向谈判则是确定所谈问题后，依次对各个议题进行讨论。

在国际商务谈判中，美国人是纵向谈判的代表，这是其大国地位在谈判人员心理上的反映。美国谈判代表，在谈判方式上总有一种"一揽子交易"的气概，使对手感到相形见绌。法国人则主要应用横向谈判，他们喜欢先为议题画一个轮廓，然后确定议题中的各个方面，再达成协议。这与美国人逐个议题商谈的方式正好相反，反映出其"边跑边想的人种"的性格特征。澳大利亚学者罗伯特 M·马奇（Robert M.Marchi）先生曾在教授美国和日本研究生国际商务谈判课程中进行过模拟谈判。在准备阶段，日本小组不考虑如何主动去说服对方，而集中讨论如何防守，谈判中日本人则默默无语，处于防守态势。美国人却赤裸裸地显示出强烈的求胜欲望，热切地主动交谈，这正是两种民族性格的鲜明对比。

4）对谈判决策过程的影响

当面临复杂的谈判任务时，来自不同国家的人将使用不同的方式来做出决策，形成顺序决策方法和通盘决策方法间的冲突。当面临一项复杂的谈判任务时，采用顺序决策方法的西方文化特别是英美人常常将大任务分解为一系列的小任务，将价格、交货、担保和服务合同等问题分次解决，每次解决一个问题，从头至尾都有让步和承诺，最后的协议就是一连串小协议的总和。采用通盘决策方法的东方文化则注重对所有问题整体讨论，不存在明显的次序之分，通常要到谈判的最后，才会在所有问题上做出让步和承诺，从而达成一揽子协议。例如，在美国，如果一半的问题定下来了，那么谈判就算完成了一半，但是在日本，这时好像什么事也没定下来，然后，突然间一切又全都定下来了，结果是美国商人常常在日本人宣布协议之前做出了不必要的让步，美国商人所犯的这种错误反映出来的是双方思维决策方式上的差异。

5）对谈判群体的影响

现代国际商务谈判大多是谈判小组的群体行动，这需要小组成员具有较强的群体观念，在谈判过程中互相配合。同样，文化习俗对谈判者的群体观念也有不同程度的影响。群体观念最强的首推日本人。日本谈判小组常推选出一位首席谈判人，其余组员团结一致，全力配合首席代表，使小组保持良好的整体性。相反，德国人、法国人很看重个人的作用，而很少考虑集体的力量。美国人的群体观念也不强，他们的谈判小组是个松散的联合体。在谈判发生争论时，日方谈判小组成员全力支持首席代表一人发言，以小组的整体性与对方抗衡，表现出强烈的群体观念；而美方谈判小组每个成员则竞相发言，比较松散。可见，美国人和日本人分别代表了东西方文化两种不同的群体观念。当两个日本人在一起时，会倾向于形成一个共同的整体，形成一体化的集体力量而一致对外；而两个美国人在一起时，他们会相互尊重对方的内部思维空间，他们绝不会合二为一，而是相互尊重，互不干涉，表现为彼此独立的个性。

8.2.2 不同国家地区的谈判风格

谈判风格，是指谈判人员在谈判过程中通过言行举止表现出来的、建立在其文化积淀基础上的主要气度和作风，与对方谈判人员明显不同的关于谈判的思想、策略和行为方式等的特点。

1. 美国商人的谈判风格、礼仪与禁忌

1）美国商人的谈判风格

（1）干脆坦率，直截了当。美国人属于外向的民族。他们的喜怒哀乐大多通过他们的言谈举止表现出来。在谈判中，他们精力充沛，热情洋溢，不论在陈述己方的观点，还是表明对方的立场态度时，都比较坦率。

（2）自信心强，自我感觉良好。美国是世界上经济技术最发达的国家之一。英语几乎是国际谈判的通用语言，世界贸易有50%以上是用美元结算的。美国人总是十分自信地进入谈判大厅，并不断地发表意见。他们十分赞赏那些精于讨价还价，为取得经济利益而施展手法的人。

（3）讲究效率，注重经济利益。美国人重视效率，喜欢速战速决。美国人常常抱怨其他国家的人员拖延，缺乏工作效率，而这些国家的人则常常抱怨美国人缺少耐心。美国人做生意时更多考虑的是做生意所能带来的实际利益，而不是生意人之间的私人交情。

（4）重合同，法律观念强。美国是一个高度法制的国家。美国人在商业谈判中对于合同的讨论特别详细、具体，当然也关心合同适用的法律，以便在执行合同时能顺利地解决各种问题。

2）美国商人的谈判礼仪及禁忌
（1）不必要过多地握手与讲客套，称呼比较随意亲切，习惯保持一定的身体距离。
（2）时间观念很强，约会要事先约定，赴会要准时。
（3）喜欢谈论政治和与商业有关的旅行、时尚方面的话题，不要涉及个人问题。
（4）美国商人在接受对方名片时往往并不回赠，通常是在认为有必要进行联系时才回赠。
（5）一般性款待在饭店举行，小费通常不包括在账单里。

2．日本商人的谈判风格、礼仪与禁忌

日本是一个人口密集的岛国，资源相对匮乏，日本人有较强的危机感，因此，日本人讲究团队和协作。日本文化受到中国文化的影响很深，儒家思想中的等级观念、忠孝、宗教观念深深影响着日本人。

1）日本商人的谈判风格

（1）具有强烈的群体意识，集体决策。日本文化所塑造的价值观念与精神取向都是集体主义的，以集体为核心。日本人认为压抑自己的个性是一种美德，日本的文化教育人们将个人的意愿融入和服从集体的意愿。在这种文化熏陶下，日本人形成世界闻名的团队精神，体现在谈判中就是集体决策、集体负责。

（2）讲究礼仪，爱面子。日本是一个礼仪的社会，日本人所做的一切，都要受严格礼仪的约束。日本人的等级观念较强，既讲究自己的身份、地位等，甚至同等职位的人，都具有不同的地位和身份。

（3）注重在谈判中建立和谐的人际关系。与欧美商人相比，日本人做生意更注重建立个人之间的人际关系。要与日本人进行良好的合作，朋友之间的友情、相互之间的信任是十分重要的。合同在日本一向被认为是人际关系协议的一种外在形式。

（4）准备充分，考虑周全，谈判时很有耐心。日本人在谈判中的耐心是举世闻名的。在许多场合日本人谈判非常有耐心，不愿意率先表达自己的观点和意见，而是耐心等待，静观事态的发展。为了一笔理想的交易，他们可以毫无怨言地等待两三个月，只要能达到他们预期的目标。

2）日本商人的谈判礼仪及禁忌

（1）看重贸易活动中的礼尚往来，礼不在贵，而要有特色和纪念意义。对不同地位的人送礼的差别明显。

（2）重视交换名片，在场所有人都会交换名片，年长者先出示，礼貌用语十分频繁和周到。

（3）有较强时间观念，切勿迟到。

（4）不要随意改变谈判队伍构成和增减谈判人数。忌讳在谈判团队中有律师、会计和其他职业顾问。

（5）谈判团队中尽可能不包括青年人和妇女。

（6）语言表达尽可能婉转含蓄，要不慌不忙，有足够的耐心，要认真做好谈判前的准备工作。要仔细揣摩对方的意思，不能简单理解。

（7）日方常常提供水平不很高的英文翻译，为避免沟通出现障碍，我方最好自带英语翻译。要提前将术语交代给翻译员，以免双方出现歧义。

（8）报价通常不高，也不希望对方出价太高，不喜欢讨价还价。对双方合作诚意和标准的一致性看法看得很重。

（9）不能当面批评日本商人，不要直接拒绝日方的请求，表达要委婉。如果有棘手问题最好请中间人传达。对于日方的频繁点头和"哈依"的表示，仅仅是礼貌的含义，绝不代表日方同意的意思。

🔍 【案例8-5】

1974年，日本砂糖公司与澳大利亚砂糖交易所签订长期合同，由澳大利亚给日本提供砂糖，并订下砂糖固定价格和交易数量。后来，国际砂糖价格狂跌，日本砂糖公司出现赤字。从1976年7月至1977年11月，16个月内，日本向澳大利亚多次提出降低砂糖价格的要求，同时，连续3个月拒收澳大利亚砂糖。在砂糖纠纷中，日方认为在日方陷入危机时，澳方理应帮助；而澳方则认为日方无理取闹。

【分析提示】日本人重视人情味，注重交易谈判中建立和谐的人际关系。在砂糖纠纷中，日方认为是澳方的老主顾了，已定合同并不重要，主要是情谊；而澳方则认为合同是神圣的，是合理合法的，法律是超越一切人情的固定原理。

（资料来源：http://wenku.baidu.com/view/aacc32afdd3383c4bb4cd2b5.html.）

3．韩国商人的谈判风格、礼仪与禁忌

1）韩国商人的谈判风格

（1）重视谈判前的咨询。韩国人在谈判前，一般通过海外有关咨询机构了解对方情况，如经营项目、规模、资金、经营作风及有关商品行情等。

（2）注重谈判礼仪和创造良好的气氛。韩国人十分注意选择谈判地点，一般喜欢选择有点名气的酒店、饭店会晤。会晤地点如果是韩国方面选择的，他们一定会准时到达。如果是对方选择的，韩国人则不会提前到达，往往会推迟一点时间到达。

（3）讲究谈判技巧。韩国人逻辑性强，做事喜欢条理化，谈判也不例外。在谈判开始后，他们往往是与对方商谈谈判的主要议题，开门见山。在谈判中也善于讨价还价，并针对不同谈判对象，施展谈判策略和技巧。在完成谈判签约时，喜欢使用合作对象的语言、英语、韩语3种文字签订合同。

2）韩国商人的谈判礼仪与禁忌

（1）十分注意谈判地点的选择。如果是韩方选择地点，韩方则准时到达；如果是非韩方选择地点，则韩方要稍迟一些到达。

（2）非常看重谈判者之间的眼神交流，被认为是诚意的表示。眼光相遇时，一定要报以微笑和轻轻点头。

（3）呈递名片用双手和鞠躬，商业款待中喜欢大量饮酒，交换礼物后不要当面打开。

4．德国商人的谈判风格、礼仪与禁忌

1）德国商人的谈判风格

（1）严谨保守。德国商人在谈判前往往准备得十分周到，他们会想方设法掌握大量详细的第一手资料，不仅要研究对方要购买或销售的产品，还要仔细研究对方的企业。他们只有在充分了解对方的基本情况后，才会坐到谈判桌前。

（2）讲究效率。德国人享有名副其实高效率的声誉，他们不喜欢对方支支吾吾，不喜欢"研究研究"、"考虑考虑"等拖拖拉拉的谈判语言。在德国人的办公桌上，看不到搁了很久、悬而未决的文件。他们认为，一个谈判者是否有能力，只要看一看他经手的事情是否快速有效地处理就清楚了。

（3）自信固执。德国商人自信而固执，他们自信对自己的产品极有信心，在谈判中常会以本国的产品为衡量标准。德国人考虑问题比较系统，缺乏灵活性和妥协性。他们总是强调自己方案的可行性；千方百计迫使对方让步，常常在签订合同之前的最后时刻，还在争取使对方让步。

2）德国商人的谈判礼仪与禁忌

（1）重视礼节，无论谈判还是交往均讲究正式称呼、正式着装、正式程序；双方交谈时双手不要插在口袋里。

（2）就餐期间，要等最后一位客人用餐完毕并上过咖啡和白兰地后才能吸烟。

（3）谈判语气严肃，直抒胸臆，不会用玩笑方式打破沉默，讲究双方的距离感。

5．英国商人的谈判风格、礼仪与禁忌

1）英国商人的谈判风格

（1）等级观念较强。英国是老牌的资本主义国家，但那种平等和自由更多地表现在形式上。在对外交往中，英国人比较注重对方的身份、经历、业绩，而不是像美国人那样更看重对手在谈判中的表现。

（2）谨慎、认真。英国人对谈判本身并不如日本人、美国人那样看重。相应的，他们对谈判的准备也不会太充分。在谈判中，表现更多的是沉默、平静、自信、谨慎，而不是激动、冒险和夸夸其谈。对物质利益的追求不像日本人那么强烈，也不像美国人那么直接。他们宁愿做风险小、利润少的买卖，不喜欢冒大风险的利润大的买卖。

（3）时间观念强。英国人严格遵守约定的时间，通常与他们进行商务活动一定要事先预约，并最好提早到达。

（4）灵活性差。英国人在谈判中缺乏灵活性，他们通常采取一种非此即彼，不允许讨价还价的态度。因此，在关键阶段，表现的既固执又不愿花费大力气。

2）英国商人的谈判礼仪与禁忌

（1）见面和告别时与男士握手，当女士先伸手时才能再握手。

（2）有很强的时间观念，约会要事先预约，赴约要准时，过早过晚都是不礼貌的。正式约会男士穿正装，女士穿裙装。男士忌讳带有条纹的领带；进餐时忌大声讲话。

（3）忌讳谈论皇家的家事，另外不要笼统地说英国人，而要具体地说英格兰人、苏格兰人和爱尔兰人。喜欢谈论艺术、历史、足球等体育运动话题。

6. 法国商人的谈判风格、礼仪与禁忌

1）法国商人的谈判风格

（1）珍惜人际关系，奉行个人主义。法国人重视关系，但同时他们又是奉行个人主义的国家。法国人的个人友谊甚至会影响生意。一些谈判专家认为，如果你与法国公司的负责人或洽谈人员建立了友好、信任的关系，那么你也就建立了牢固的生意关系。

（2）坚持使用法语。法国人在谈判中坚持使用法语，即使他们英语讲得很好也是如此。而且在这一点上很少让步。

（3）法国人偏爱横向谈判。他们喜欢先为谈判协议勾画出一个大致的轮廓，然后再达成原则协定，最后再确定协定中的各项内容。法国人通常是签署交易的大概内容，如果协议执行起来对他们有利，则会若无其事，如果对他们不利，也会毁约，并要求修改或重新签署。

（4）重视个人力量。法国的管理者在管理公司的时候具有独裁主义的风格。在商务谈判中，也多是由个人决策负责，所以谈判的效率较高。即使是专业性很强的洽谈，他们也能独挡几面。

（5）时间观念矛盾。正式宴请时身份越高，来得越晚。法国人自己总有无数理由迟到但绝不原谅别人迟到，需要来访者严格遵守商务会面时间，尤其是准备出售产品的时候更要如此。法国人严格区分工作时间和休息时间，这与日本人工作狂的态度相比有极大的反差。法国 8 月是度假的季节，全国上下，各行各业的职员都在休假，这时候想同他们做生意是徒劳的。

2）法国商人的谈判礼仪与禁忌

（1）见面时应主动握手，但不要主动向上级伸手，女士也一般不主动向男士伸手。

（2）就餐时保持双手而不是双肘放在桌子上，宴会结束时双方负责人应相互敬酒，受到款待后次日应电话或留言表示感谢。

（3）谈判时不能只谈问题，应适时穿插社会新闻、文化艺术等其他话题，活跃气氛，增进友谊。

7. 意大利商人的谈判风格、礼仪与禁忌

1）意大利人的谈判风格

（1）时间观念差。在欧洲国家中，意大利人并不像其他国家那样有很强的时间观念，约会、赴宴经常迟到，而且习以为常。即使是精心组织的重要活动，也不一定能保证如期举行。

（2）性格外向，决策慢。意大利人崇尚时髦，不论是商人还是旅行家，都衣冠楚楚，潇洒自如。他们的办公地点一般设施都比较讲究；他们对生活中的舒适十分注重；对自己的国家及家庭也感到十分自豪与骄傲。意大利人性格外向，情绪多变。在谈话中，他们的手势也比较多。

（3）看重商品的价格。意大利人有节约的习惯，与产品的质量、性能、交货日期相比，他们更关心的是产品的价格。

（4）注重非语言交流。无论是社交场合还是商务场合，意大利人站着的时候，人与人之间的距离比其他国家要近。并且意大利人习惯于身体接触。

2）意大利人的谈判礼仪与禁忌

（1）根据白天或晚上的活动而得体着装。给主人送花时不能送黄雏菊，因为这表示哀悼。在意大利，送礼千万不要送手帕，因为在意大利人眼中，手帕是亲人离别是擦眼泪的不祥之物。

（2）如遇13日又是星期五，千万不要请客，因意大利视这个日子不吉利。相见或相送时，应避免4个人同时交叉握手，因为意大利人认为十字架形状是不吉利的象征。

（3）握手的时间不要过长，摆动的幅度不要太大，与女士握手还不能过紧。拥抱则是比较亲近的朋友之间的礼节。男女拥抱，一般是女方采取主动，男方最好不要主动去拥抱女士。如果是很亲近的朋友，则不在此例。

8．俄罗斯商人的谈判风格、礼仪与禁忌

1）俄罗斯商人的谈判风格

（1）注重建立私人关系。在俄罗斯从事商务活动，必须与他们建立良好的私人关系。俄罗斯商人注重关系的含义可能与其他同样重视关系的国家不同，其中主要的是语言交流。

（2）讲究礼节。在人际交往中，俄罗斯人素来以热情、豪放、勇敢、耿直而著称于世。良好的文化素质使俄罗斯人非常重视人的仪表，举止。

（3）固守传统，缺乏灵活性。俄罗斯人喜欢按计划办事，如果对方的让步与他们原定的具体目标相吻合，容易达成协议；如果是有差距，他们做出让步就特别困难，甚至明知道自己的要求不符合客观标准，也拒不妥协让步。

（4）讨价还价能力强。俄罗斯人十分善于寻找合作与竞争的伙伴，也非常善于讨价还价。他们常常会采用招标的方式进行国际贸易，为达目的，会采取各种离间手段，让争取合同的对手之间竞相压价，相互残杀，最后从中渔利。

2）俄罗斯商人的谈判礼仪与禁忌

（1）要注意了解俄国国内的各种法规政策的变化情况，与其合作要有强烈的风险意识。

（2）注意礼仪均衡，讲求实效。

（3）重视仪表、整洁，无论天气如何都要西装笔挺，鄙视不修边幅之人，而且不能将手插在口袋里或袖子里。

（4）地位意识较强，称呼其要带头衔。

（5）对俄罗斯古老灿烂的文化遗产、杰出的体育成就有很强的自豪感。

（6）典型的款待使观看文艺表演或在酒店进餐，适当的礼物是必要的。

（7）对谈判的准备要充分，主谈人应对产品的技术性能有比较充分的了解。

9. 中国人的谈判风格

中华民族历史悠久，儒家文化的影响根深蒂固。中国人待人注意礼节，重人情，讲关系，素有"礼仪之邦"的美称。中国人吃苦耐劳，具有很强的韧性；谈吐含蓄，不轻易直接表露真实思想；工作节奏总体上不快；比较保守，不轻易冒险；工于心计，足智多谋。中国内地的谈判人员多具有奉献精神，而港澳台地区的谈判人员多注重实利，包括个人利益。

中国香港、澳门、台湾地区的商人受中国传统文化和世界各国文化的影响，一方面他们具有中国人勤劳智慧的特点，另一方面这些地区的商业气息极强。这些地区的商人在商业交易中，善于与对方拉关系、套近乎；也擅长施以小恩小惠。他们报价灵活，水分很大，常常一降再降给对方造成错觉，使对方感到他们已做了最大让步，其实成交价仍高于基本价。因此与他们谈判前，应充分了解产品的市场行情。港澳台地区的商人做生意时，惯于"放长线钓大鱼"，常常表示愿赠送一些设备。

【知识链接】

国际商务谈判大多用英语进行，而谈判双方的母语都有可能不是英语，这就增加了交流的难度。在这种情况下，我们要尽量用简单、清楚、明确的英语，不要用易引起误会的多义词、双关语、俚语、成语。也不要用易引起对方反感的词句，如"To tell you the truth"，"I'll be honest with you…"，"I shall do my best.""It's none of my business, but…"。这些词语带有不信任色彩，会使对方担心，从而不愿积极与我们合作。跨国文化交流的一个严重通病是"以己度人"，即主观地认为对方一定会按照我们的意愿，我们的习惯去理解我们的发言，或从对方的发言中我们所理解的意思正是对方想表达的意思。最典型的例子就是"Yes"和"No"的使用和理解。曾经有家美国公司和一家日本公司进行商务谈判。在谈判中，美国人很高兴地发现，每当他提出一个意见时，对方就点头说："Yes"，他以为这次谈判特别顺利。直到他要求签合同时才震惊地发现日本人说的"Yes"是表示礼貌的"I hear you."的"Yes"，不是"I agree with you"的"Yes"。实际上，"Yes"这个词的意思是非常丰富的，除了以上两种以外，还有"I understand the question"的"Yes"和"I'll consider it"的"Yes"。"No"的表达方式也很复杂。有些文化的价值观反对正面冲突，因此人们一般不直接说"No"，而用一些模糊的词句表示拒绝。

例如，巴西人用"Somewhat difficult"代替"Impossible"，没有经验的谈判者若按字面意思去理解，就会浪费时间，延缓谈判进程。因此，我们必须尽量了解对方的文化，对方的价值观和风俗习惯，只有这样才能正确无误地传递和接受信息。为了避免误会，我们可用"释义法"确保沟通顺利进行。"释义"法就是用自己的话把对方的话解释一遍，并询问对方我们的理解是否正确。例如，对方说："We would accept private if you could modify your specifications."我们可以说："If I understand you correctly, what you are really saying is that you agree to accept our price if we improve our product as you request."这样做的另一个好处是可以加深对方对这个问题的印象。

最后，为确保沟通顺利的另一个方法是在谈判结束前做一个小结，把到现在为止达成的协议重述一遍并要求对方予以认可。小结一定要实事求是，措辞一定要得当，否则对方会起疑心，对小结不予认可，已谈好的问题又得重谈一遍。

【技能训练 8-1】

各国不同的谈判风格

训练背景：在国际商业运作中，不同的产品特性针对来自不同国家民族背景的客户。要达成交易就必须了解不同国家客户的谈判风格。

训练要求：以小组为单位，组建一个模拟贸易公司，并为该公司选择一类的产品作为公司的产品。针对该类产品进行市场调查，从而确定该类产品可能面向哪些国家的客户，并对这些潜在客户的谈判风格进行调研分析，整理与之谈判时的注意事项及应对策略，最后总结形成报告。

内容要点

文化是一个民族或群体在长期的社会生产和生活中的价值观念、宗教信仰、生活态度、思维方式、行为准则、风俗习惯等各方面所表现出来的区别于另一民族或群体的显著特征。正是这种文化上的差异导致了国际商务谈判中的文化碰撞甚至冲突。

实务重点

影响国际商务谈判的文化差异因素，不同国家地区的谈判风格。

基本知识训练

一、选择题

1．国际商务活动与国内商务活动的差异主要表现在（　　）。
　　A．在适用法律和管辖法律方面　　　　B．在引用惯例方面
　　C．在合同支付和合同交易对象方面　　D．在交易语言方面
2．国际商务谈判的特殊性表现在（　　）。
　　A．影响谈判的因素复杂、多变
　　B．谈判的难度不大，对人员的素质要求不高
　　C．谈判主体是跨越国界，应按国际惯例办事
　　D．内涵具有跨文化性
3．国际商务谈判的作用，主要表现为（　　）。
　　A．传播文化交流　　　　　　　　　　B．传递、沟通信息
　　C．解决利害冲突、实现共同利益　　　D．满足国际商务的需要
4．国际商务谈判的基本原则可以概括为以下几方面（　　）。
　　A．自愿原则　　B．平等互利的原则　　C．求同存异原则
　　D．目标原则　　E．效益原则　　　　　F．遵法守约原则

5. 对国际商务谈判的种类划分，正确的表述有（　　）。
   A．按参加谈判的人数划分，分为小型谈判、中型谈判、大型谈判
   B．按参加谈判的利益主体划分，分为公开谈判、秘密谈判
   C．按政府的参与程度，分为民间谈判、官方谈判、半官半民谈判
   D．按商务交易地位，分为买方谈判、卖方谈判、代理谈判
6. 国际商务谈判的基本程序包括（　　）。
   A．准备阶段　　B．谈判的开局阶段　　C．实质性谈判阶段　　D．签约阶段
7. 以下属于国际商务谈判的内容包括（　　）。
   A．国际领土纷争　　　　　　　　B．货物买卖谈判
   C．国际工程项目谈判　　　　　　D．国际知识产权贸易谈判
   E．国际服务贸易谈判
8. PRAM模式是一种追求双赢的谈判管理模式。它包括下列（　　）步骤。
   A．计划（Plan）　　　　　　　　B．关系（Relationship）
   C．协议（Agreement）　　　　　　D．持续（Maintenance）
9. PRAM谈判模式实施的前提条件包括（　　）。
   A．谈判各方具备利益上的交集　　B．谈判各方须具有共赢的意识
   C．谈判参与各方之间是短期合作　　D．良好的信用环境
10. PRAM管理模式的特点包括（　　）。
    A．目标是满足双方的利益需要
    B．协商是通过双方充分地理解彼此的利益要求
    C．结果是使双方的利益要求都能够得到很好的满足
    D．双方之间形成的关系是一种互助合作的关系

二、判断题

1. 国际商务谈判（International Business Negotiation），是跨越国界的当事人之间为实现一定的经济目的，明确相互的权利与义务关系而进行协商的行为。（　　）
2. 国际商务谈判的原则是指商务谈判中谈判各方应当遵循的指导思想和基本准则，是商务谈判内在的、客观的、必然的行为规范，是在谈判的实践中不断认识、不断总结的制胜规则。（　　）
3. 自愿原则不是国与国进行商务谈判的前提。（　　）
4. 按所代表的组织或机构的层次，分为高级谈判、一般谈判、低层次谈判。（　　）
5. 国际服务贸易涉及的主要是有形实体的贸易，是以提供某一方面的服务为特征的。（　　）
6. PRAM谈判模式的出发点是，谈判是在双方互助合作关系基础上的协商。（　　）
7. "文化"是一个很抽象的概念，涉及人类生活的各个方面，它包括信仰、知识、艺术、习俗、道德等社会生活的多个方面。（　　）
8. 日本商人的谈判风格是干脆坦率，直截了当。（　　）
9. 欧美商人具有强烈的群体意识，喜欢集体决策。（　　）
10. 和德国商人的谈判时，可以用玩笑方式打破沉默，拉近双方的距离。（　　）

三、简答题

1. 文化习俗对谈判有什么影响？
2. 各国主要习俗与禁忌是什么？

综 合 实 训

一、案例分析

有一位美国销售人员哈里·斯力克（Harry Slick）开始了他的海外商务旅行。在他的旅程中发生了下列事件：

(1) 在英格兰，他打电话给一位长期客户，约请他来进行早餐商务会面，这样他就可在中午飞往巴黎。

(2) 在巴黎，他邀请一位潜在商业客户在银塔餐馆吃晚饭，并且这样说："叫我哈里就行了，加奎斯。"

(3) 在德国，在出席一次重要会议时，他迟到了10分钟。

(4) 在日本，他接过客户的名片，看也没看就放进了口袋。

问题：设想一下，这位美国销售人员哈里·斯力克在这次海外商务行程结束后能获得多少订单？

（资料来源：查尔斯 M 富特雷尔. 赵银德译. 销售学基础[M]. 9版. 北京：机械工业出版社. 2006:43.）

二、实训操作

1. 实训目的

通过实训，使学生能针对不同国家的谈判风格和礼仪禁忌，制定合适的谈判方案，并进行国际商务谈判模拟。

2. 实训组织和要求

将班级中的学生划分为偶数个项目小组，小组规模一般是5人左右，进行谈判计划制订，并两两进行模拟国际商务谈判。辅导教师应及时检查学生制订计划的情况，提供必要的指导和建议，并组织同学进行经验交流，最后针对共性问题在课堂上组织讨论和专门的讲解。

3. 实训内容

指导教师根据学生小组个数，提供相应的国家。各小组代表抽签决定自己所代表的国家，并抽签决定和自己谈判的相应国家，以此为基础准备谈判方案并进行模拟谈判。在制定谈判方案时注意本国与对方国家的谈判特点，并在模拟谈判时参考各国的礼仪与禁忌做好各个环节的具体安排。

参 考 文 献

[1] 李品媛. 商务谈判——理论、实务、案例、实训[M]. 北京：高等教育出版社，2010.
[2] 刘文广，张晓明. 商务谈判[M]. 2版. 北京：高等教育出版社，2009.
[3] 汤秀莲. 国际商务谈判[M]. 北京：清华大学出版社，2009.
[4] 窦然. 国际商务谈判与沟通技巧[M]. 上海：复旦大学出版社，2009.
[5] 杨雪青. 商务谈判与推销[M]. 北京：北京交通大学出版社，2009.
[6] 庞爱玲. 商务谈判[M]. 2版. 大连：大连理工大学出版社，2009.
[7] 谢明. 管理智慧[M]. 北京：中国人民大学出版社，2009.
[8] 白远. 国际商务谈判——理论案例分析与实践[M]. 2版. 北京：中国人民大学出版社，2008.
[9] 张志. 国际商务谈判[M]. 大连：大连理工大学出版社，2008.
[10] 周庆，商务谈判实训教程[M]. 武汉：华中科技大学出版社，2007.
[11] 乔淑英，王爱晶. 商务谈判[M]. 北京：北京师范大学出版社，2007.
[12] 李昆益. 商务谈判技巧[M]. 北京：对外经济贸易大学出版社，2007.
[13] 仰书纲. 商务谈判理论与实务[M]. 北京：北京师范大学出版社，2007.
[14] 鲁小慧. 商务谈判[M]. 郑州：中原农民出版社，2007.
[15] 王景山，范银萍. 商务谈判[M]. 北京：北京理工大学出版社，2007.
[16] [美]赫布·科恩. 谈判天下[M]. 谷丹译. 深圳：海天出版社，2006.
[17] [美]查尔斯·M·富特雷尔. 销售学基础[M]. 9版. 赵银德译. 北京：机械工业出版社，2006.
[18] 刘文广，张晓明. 商务谈判[M]. 北京：高等教育出版社，2005.
[19] 马克态. 商务谈判理论与实务[M]. 北京：中国国际广播出版社，2004.
[20] 罗树民. 国际商务谈判[M]. 上海：上海财经大学出版社，2004.
[21] 万成林，舒平. 营销商务谈判技巧[M]. 天津：天津大学出版社，2003.
[22] 王淑贤. 商务谈判理论与实务[M]. 北京：经济管理出版社，2003.
[23] 张立强. 经典谈判谋略全鉴[M]. 北京：地震出版社，2006.

北京大学出版社第六事业部高职高专经管教材书目

本系列教材的特色：

1. 能力本位。以学生为主体，让学生看了就能会，学了就能用；以教师为主导，授人以渔；以项目为载体，将技能与知识充分结合。
2. 内容创新。内容选取机动、灵活，适当融入新技术、新规范、新理念；既体现自我教改成果，又吸收他人先进经验；保持一定前瞻性，又避免盲目超前。
3. 精编案例。案例短小精悍，能佐证知识内容；案例内容新颖，表达当前信息；案例以国内中小企业典型事实为主，适合高职学生阅读。
4. 巧设实训。实训环节真实可行，实训任务明确，实训目标清晰，实训内容详细，实训考核全面，切实提高能力。
5. 注重立体化。既强调教材内在的立体化，从方便学生学习的角度考虑，搭建易学易教的优质的纸质平台，又强调教材外在的立体化，以立体化精品教材为构建目标，网上提供完备的教学资源。

经济贸易系列

序号	书名	书号	版次	定价	出版时间	主编
1	国际贸易概论	978-7-81117-841-8	1-4	28	2012年4月	黎国英
2	国际贸易理论与实务	978-7-5038-4852-0	1-2	40	2007年8月	程敏然
3	国际结算	978-7-5038-4844-5	1-2	32	2009年7月	徐新伟
4	国际结算	978-7-81117-842-5	1-2	25	2012年7月	黎国英
5	国际贸易结算	978-7-301-20980-6	1-1	31	2012年7月	罗俊勤
6	国际贸易实务	978-7-301-20929-5	1-1	30	2012年8月	夏新燕
7	国际贸易实务	978-7-301-16838-7	1-1	26	2012年8月	尚洁，肖新梅
8	国际贸易实务	978-7-301-22739-8	1-1	33	2013年7月	刘笑诵
9	国际贸易实务	978-7-301-19393-8	1-2	34	2013年1月	李湘滇，刘亚玲
10	国际贸易实务	978-7-301-20192-3	1-2	25	2013年5月	刘慧，吕春燕
11	国际贸易实务操作	978-7-301-19962-6	1-2	37	2014年1月	王言炉，刘颖君
12	国际贸易与国际金融教程	978-7-301-22738-1	1-2	31	2014年7月	蒋晶，石如璧
13	报关实务	978-7-301-21987-4	1-1	35	2013年8月	董章清，李慧娟
14	报关与报检实务	978-7-301-16612-3	1-2	37	2014年5月	农晓丹
15	报检报关业务：认知与实操	978-7-301-21886-0	1-1	38	2013年1月	姜维
16	进出口商品通关	978-7-301-23079-4	1-1	25	2013年8月	王巾，佘雪锋
17	进出口贸易实务	978-7-5038-4842-1	1-2	30	2008年5月	周学明
18	国际海上货运代理实务	978-7-301-22629-2	1-1	27	2013年6月	肖旭
19	国际货运代理实务	978-7-301-21968-3	1-1	38	2013年1月	张建奇
20	国际商务单证	978-7-301-20974-5	1-1	29	2012年7月	刘慧，杨志学
21	外贸单证	978-7-301-17417-3	1-1	28	2011年9月	程文吉，张帆
22	新编外贸单证实务	978-7-301-21048-2	1-1	30	2012年8月	柳国华
23	商务谈判	978-7-301-20543-3	1-3	26	2015年1月	尤凤翔，祝拥军

序号	书 名	书 号	版次	定价	出版时间	主 编
24	商务谈判	978-7-301-23296-5	1-2	35	2015年6月	吴湘频
25	商务谈判	978-7-5038-4850-6	1-2	32	2009年8月	范银萍
26	商务谈判实训	978-7-301-22628-5	1-1	23	2013年6月	夏美英,徐姗姗
27	国际商务谈判(第2版)	978-7-301-19705-9	2-2	35	2014年1月	刘金波,王葳
28	国际商务谈判	978-7-81117-532-5	1-3	33	2010年1月	卞桂英,刘金波
29	商务英语学习情境教程	978-7-301-18626-8	1-1	27	2011年8月	孙晓娟
30	外贸英语函电	978-7-301-21847-1	1-1	28	2012年12月	倪华
31	国际商法实用教程	978-7-5655-0060-2	1-2	35	2012年4月	聂红梅,史亚洲
32	国际市场营销项目教程	978-7-301-21724-5	1-1	38	2012年12月	李湘滇
33	互联网贸易实务	978-7-301-23297-2	1-1	37	2013年10月	符静波
34	外贸综合业务项目教程	978-7-301-24070-0	1-1	38	2014年4月	李浩妍

如您需要更多教学资源如电子课件、电子样章、习题答案等,请登录北京大学出版社第六事业部官网www.pup6.cn 搜索下载。

如您需要浏览更多专业教材,请扫下面的二维码,关注北京大学出版社第六事业部官方微信(微信号:pup6book),随时查询专业教材、浏览教材目录、内容简介等信息,并可在线申请纸质样书用于教学。

感谢您使用我们的教材,欢迎您随时与我们联系,我们将及时做好全方位的服务。联系方式:010-62750667、sywat716@126.com、pup_6@163.com、lihu80@163.com,欢迎来电来信。客户服务 QQ 号:1292552107,欢迎随时咨询。